MIMESIS
INTERNATIONAL

DESIGN MEANINGS

N. 2

Buchreihe herausgegeben von Renato Troncon
(Design Research Lab, Dipartimento di Lettere e Filosofia, Università di Trento)

GENDER (&) DESIGN

POSITIONEN ZUR VERGESCHLECHTLICHUNG IN GESTALTUNGSKULTUREN

Tom Bieling (Hg.)

MIMESIS
INTERNATIONAL

Dieses Buch wurde veröffentlicht mit Unterstützung des Dipartimento di Lettere e Filosofia, Università di Trento.

Book series: *Design meanings*, n. 2

Isbn: 9788869772429

Cover image: Ahwa, Kairo. © Till Beutling, 2012.

ÜBER DIE VERGESCHLECHTLICHUNG DER DINGE
EINE EINLEITUNG

Tom Bieling

Nur wenige Orte und Situationen in unserem Alltagsleben sind nicht von Gestaltung durchzogen. Kaum ein Lebenskontext, der nicht von Dinggestalten bevölkert wäre. Überall und immerfort mischen sich Artefakte in unsere kulturellen und sozialen Praktiken ein (vgl. Prinz/Moebius 2012). Unser Weltwissen und unsere Deutungsweisen sind somit stets auch an die Dinge gekoppelt, die uns umgeben. Und umgekehrt: Wie wir die Dinge gestalten, erlaubt Rückschlüsse auf unser Wertesystem. Dies gilt insbesondere für Aspekte des Geschlechts, geht man davon aus, dass Gestaltungsentscheidungen zumeist mit mehr oder weniger konkreten Annahmen hinsichtlich der potenziellen Nutzerinnen und Nutzer und somit auch mit geschlechtlichen Konnotationen einhergehen, die die Gestaltung prägen (Buchmüller 2016, 69ff).

Design ist demnach maßgeblich an den medial kursierenden Bildern von Geschlecht beteiligt. Etwa in Bezug auf Werbekampagnen, die Namensgebung von Marken oder die Farb- und Formgebung bestimmter Produkte. Durch solche Verbreitungen werden immer auch soziale Rollenbilder reproduziert, die von der „breiten Öffentlichkeit" immer wieder aufs Neue perzipiert, also aufgenommen und verinnerlicht werden. Als gestaltende Disziplin ist Design somit grundlegend an der Verbreitung und Verfestigung von Normalitätskonstrukten beteiligt, indem es aufgreift, widerspiegelt und zugleich vorgibt, wie es sich augenscheinlich um die Dinge verhält bzw. wie sie zu sein haben.[1]

Design tut das (vielmehr: Designerinnen und Designer tun das) beispielsweise in Form von bestimmten Schönheits- und Nutzeridealen oder anhand von Majoritätsprinzipien („Wir haben 100 Leute gefragt") und somit nicht zuletzt durch Dinge, die von manchen Menschen sehr gut angenommen werden, für andere hingegen gänzlich abwegig erscheinen oder unbrauchbar sind. Design hat dadurch einen un-

---

[1]   Design deutet und ordnet unsere Welt, ist Geschaffenes und zugleich Schaffendes (vgl. Englert/Roslon 2010, 10). Mads Nygaard Folkmann beschreibt diesen Zusammenhang so: *„Design frames and stages human experience"* (Folkmann 2018). Die damit in Verbindungen stehenden Diskurse rund um die Actor-Network-Theory (vgl. Latour 2001) und Material Culture Studies (vgl. Hicks/Beaudry 2018; Dant 1999) werden von dem Technikphilosophen Peter-Paul Verbeek für den Designkontext folgendermaßen zugespitzt: *„Things - and in our current culture especially technological artifacts - mediate how human beings are present in their world and how the world is present to them; they shape both subjectivity and objectivity"* (Verbeek 2005, 235).

mittelbaren Einfluss auf das, was von vielen Menschen als „normal" oder eben als „normabweichend" wahrgenommen wird.

Dies geht auch einher mit der Frage, welchen Gestaltungsmaßstab man einem Design, einer Architektur, einem Service oder Prozess eigentlich zu Grunde legt. Welche Bilder haben Designerinnen und Designer im Kopf, wenn Sie gestalten? Bilder vom Durchschnittsmenschen vielleicht? Vom Ideal-Nutzer? Vom Standard-User? Wer oder was soll das überhaupt sein? Und was passiert mit denjenigen, die gar nicht in diese Art von Ideal- oder Durchschnittsraster hineinpassen? Werden sie nicht womöglich erst recht von der Gestaltung ausgegrenzt?

Normative Kraft

An Fragen wie diesen verdeutlicht sich, welch normative Kraft von Design ausgeht (Bieling 2019b). Der Begriff ‚normativ' bezieht sich auf die Regulierung sozialer Konstellationen und Aktivitäten (z.B. durch gesellschaftliche oder kulturelle Strukturen und Werteordnungen, ethische Maßstäbe oder auch rechtliche Vorschriften). Aus soziologischer Perspektive werden jene sozialen Vorgänge als normatives Verhalten charakterisiert, die darauf abzielen, etwas gesellschaftlich akzeptabel zu machen oder ihm innerhalb einer Wertegemeinschaft Regelkonformität zu verleihen, es also zu ‚normalisieren'. Wenn nun also von der normativen Kraft die Rede ist, die von Design ausgeht, dann ist damit ein bestimmter Einfluss auf (soziales) Verhalten gemeint, welches nicht nur bestimmte Nutzungs- oder Handlungsweisen im Blick hat, sondern welches (bewusst oder unbewusst) an ein bestimmtes, ins Design eingeschriebenes oder durch das Design kommuniziertes Rollen- und Werteverständnis orientiert ist.

Im Kontext sozio-materieller Verknüpfungen in denen Gestaltung so häufig agiert, ist diese von Design ausgehende normative Kraft besonders signifikant, indem es etwa ästhetische Leitbilder von menschlicher aber auch Artefakt bezogener Perfektion transportiert. Diese Ausgangslage ermöglicht und erfordert es, dem Einfluss von Design auf das komplexe Phänomen „Gender", im Sinne einer kulturell verankerten, künstlich erzeugten und gesellschaftlich praktizierten Vergeschlechtlichung[2] auf den Grund zu gehen.

Der dem Englischen entnommene Begriff "Gender" als beschreibende Kategorie dient der sprachlichen Unterscheidung zwischen dem "biologischen" Geschlecht (im Englischen "Sex") und dem "sozialen" Geschlecht (eben „Gender"). Während ersteres vor allem in Zusammenhang mit körperlichen Geschlechtsmerkmalen und folglich naturwissenschaftlichen Verifizierbarkeiten steht, umschreibt letzteres vielmehr kulturell sich entwickelnde Arten und Weisen der Positionierung von Menschen als „typisch" Mann oder Frau. Etwaige Eigenschaften oder Verhaltens-

---

2   Der Begriff „vergeschlechtlicht" wird gegenüber dem englischen Ursprungsbegriff „gendered" bisweilen als unpräzise kritisiert (vgl. Brandes 2014, 33). Gleichwohl findet er im gender-thematischen Sprachgebrauch – und somit auch in diesem Buch – zumal mangels plausibler Alternativen mithin Verwendung.

weisen sind demnach nicht unweigerlich festgeschrieben, sondern *„Ausdruck kulturell geformter und qua Sozialisation ererbter Vorstellungen und Zuschreibungen"* (Pfaff 2017). Design ist als Gestaltungsdisziplin in seiner gesamten Bandbreite an Medien- und Produktwelten maßgeblich an der kulturellen Produktion und Distribution damit verbundener Bilder und Deutungsweisen von Geschlecht beteiligt, die oft genug zu bewussten oder unbewussten Rollenvorbildern werden. Der Begriff Gender steht in diesem Buch insbesondere für diese gestaltungsmäßige Form der kulturellen und sozialen Konstruktion von Geschlechterrollen.

Das spannende dabei: Wenn solche Normvorstellungen, also die Vorstellung was normal ist und was nicht, die Vorstellung was richtig oder falsch ist, durch Design mit konstruiert werden, so bedeutet das im Gegenzug auch, dass sie sich durch Design dekonstruieren, also verändern oder zumindest umdenken und kritisch hinterfragen lassen. Design kann hier also auch Gegenmodelle entwickeln und somit der Frage nachgehen, inwieweit eigentlich die Gestaltung und unsere Vorstellung von Wirklichkeit miteinander zusammenhängen. Und wie schnell wir dabei Gefahr laufen, in unserer Gestaltung lediglich Klischees und Stereotype zu reproduzieren.

Soziale Funktion des Designs

Besonders deutlich wird dies, wenn man Gestaltung als Konstruktion *für* – und somit auch als Konstrutkion *von* – sozialen Prozessen versteht. Denn wie wir uns zueinander verhalten, steht immer auch in Verbindung mit der uns umgebenden, gestalteten Umwelt. Es besteht also ein kausaler Zusammenhang der sozialen zur dinglichen Welt. Design ist somit weitaus mehr als nur Formgebung und Oberflächenerscheinung, sondern steht immer auch in Zusammenhang zu einem gesellschaftlichen Entwurf. Der Kerngedanke der Moderne hatte genau darin bestanden: Mit den Dingen, Räumen und Prozessen, die wir gestalten, entwerfen wir stets auch unsere Lebensweise, wodurch wir unweigerlich auch Gesellschaft verändern (können). Ein humanistisches Ideal, welches sich im historischen Verlauf immer wieder mit seinen eigenen Kehrseiten konfrontiert sieht. Denn die soziale Dimension von Gestaltung ist nicht zwangsläufig immer nur positiv konnotiert.[3] Die Struktur der Städte, die Anordnung und Einrichtung unserer Unterkünfte, die sinnliche, konzeptionelle und kontextuelle Beschaffenheit der alltäglichen Gegenstände. All dies ist nur schwer zu trennen von kulturellen Setzungen, sozialen Prozessen und gesellschaftlichen Hierarchien. Und so ist es nur allzu oft eine Frage der Perspektive, inwieweit es sich bei Gestaltung um soziales oder anti-soziales, wenn nicht gar asoziales Design handelt.

Hier zeichnet sich ein regelrechtes Gestaltungsdilemma ab, in dem Designerinnen und Designer schnell Gefahr laufen, es keinem so richtig recht machen zu kön-

---

3   Das Wesensmerkmal der Moderne ist in vielen Beschreibungen von einer generellen Ambivalenz gekennzeichnet. So konstatiert Norbert Bolz, sie habe uns *„mit idealistischen Zumutungen überlastet und mit humanistischen Idealen geködert. […] sie ist Utopie und Alptraum zugleich"* (Bolz 1997).

nen. Soll man nun eher gender-sensibel oder gender-ignorant gestalten? Gestaltet man eher so, als würde es Geschlechterunterschiede oder doch eher so, als würde es keine geben? Wie lässt sich einerseits im Sinne einer Klischee-Vermeidung (also anti-stereotyp) gestalten und wie kann man andererseits vermeiden, dass eine Gestaltung stigmatisiert. Vielleicht auch gerade weil sie so schwer zu beantworten sind, werden solche Fragen zumeist gar nicht erst gestellt, wodurch sich die Gefahr einer gender-stereotypen Gestaltung erneut potenziert und beispielsweise in den viel zitierten Farbcodierungen (rosa, blau) und Themenwelten (Küchenutensilien für Mädchen, Technik für Jungen) mündet.

Mimetische Handlungsmuster

Beispielhaft lässt sich der Frage nach der sozialen und kulturellen Konstruktion von „Weiblichkeit" oder „Männlichkeit" bereits mit einem gezielten Blick in die Schaufenster unserer Einkaufspassagen, speziell in die Welt der darin postierten und posierenden Schaufensterpuppen genauer auf den Grund gehen. Denn die dort thematisierten Produkt- und Inszenierungswelten reflektieren nicht nur unser Weltverständnis, sie prägen es auch. Die Schaufensterpuppen fungieren dabei als kulturelle Stereotypen, die durch ihre hohe Präsenz im öffentlichen Raum täglich von der breiten Masse wahrgenommen werden und dadurch einen indirekten Einfluss auf Rollenbilder haben (vgl. Bieling 2008).

Die beidseitige Verinnerlichung tradierter Bilder von Männlichkeit und Weiblichkeit,[4] ob auf begründeten oder unbegründeten Voraussetzungen beruhend, „bestimmt unsere Sichtweise (von Realität) [...] und strukturiert überdies unser Erleben und ist damit in gewisser Weise unsere Wirklichkeit" (Hollstein 1993, 50). Judith Butler beschreibt Geschlechtsidentität als „eine Art ständiger Nachahmung, die als das Reale gilt", die permanente Wiederholung einer Norm (Butler 1991, 8). Geschlecht existiert demnach nicht einfach, es wird hergestellt, immer wieder aufs Neue realisiert. Butler kehrt hierbei das Verständnis von Sprache um, indem sie die beschreibende Funktion von Sprache in Frage stellt. Sprache, so die These, beschreibe nicht eine Realität, sondern stelle die Realität mit ihrer Benennung erst her. Sie sei also performativ, das heißt, im sprachlichen Akt werde erst das zur Existenz gebracht, wovon die Rede ist (vgl. Roedig 1997, 48).

---

4   Die binäre Gegenüberstellung der zwei Geschlechter und damit verbunden die Legitimierung der Geschlechterhierarchie ist in unserer Kultur tief verwurzelt (Mostegl/Ratzinger 2008, 11). Diese soziokulturelle Tradierung scheint dabei der dialektischen „Grundordnung unseres Universums" (Badinter 1996, 169) zu entsprechen, welche sich in Gegensatzpaaren (hell-dunkel, jung-alt, groß-klein...) äußert. Die jahrtausendelang tradierten, wenngleich sich stets aktualisierenden Bilder von Männlichkeit und Weiblichkeit finden nicht zuletzt in der geschichtlichen und mythologischen Überlieferung ihren Ausdruck. Und werden dabei zu weiten Teilen mit einer scheinbar nicht hinterfragbaren Tatsache begründet: dem Körper (ebd.). „Nach den Vorgaben hegemonialer Norm/alität folgt aus sex (dem ‚biologischen' Geschlecht) notwendig (ein entsprechendes, sprich: identisches) gender [Anm.: ‚soziales' Geschlecht], aus diesen beiden notwendig das Begehren nach einem Objekt entgegengesetzten Geschlechts" (Breger 2005, 57).

Im vorliegenden Buch wollen wir davon ausgehen, dass ein ähnliches Prinzip auch im Gestaltungskontext besteht. Design ist als Gestaltungsdisziplin in seiner gesamten Bandbreite an Medien- und Produktwelten maßgeblich an der kulturellen Produktion und Distribution damit verbundener Bilder und Deutungsweisen von Geschlecht beteiligt, die oft genug zu bewussten oder unbewussten Rollenvorbildern werden. Vielleicht sogar gerade weil sie sich häufig nicht (allein) auf der sprachlichen Ebene, sondern beispielsweise optisch, haptisch, als Service, in von Form Interaktion oder User Experience vollziehen.

Nicht nur im beidseitig normativen Beziehungsgeflecht Mensch – Schaufensterpuppe ist dabei maßgeblich, dass eine mimetische Handlung zugleich zeigenden und darstellenden Charakter hat. Sowohl das körperliche Handeln der Schaufensterpuppe, als auch das des Menschen, haben also eine „zeigende" Seite die im Interaktionsmodus zugleich eine „sehende" Seite vorausgesetzt. Diese mimetischen Prozesse des „Sich Anschmiegens" (Adorno 1970; vgl. Schmid Noerr 1990, 146, 150) oder der, wie Walter Benjamin sie beschreibt, „Solidarität mit dem Gegenstand" (Benjamin 1972, 272) verdeutlichen, dass es sich bei ihnen einerseits nicht um intellektuelle Akte handelt und dass sich andererseits die Nachahmung auch nicht auf motorische Reaktionen beschränkt. Gebauer und Wulf beschreiben den Menschen vor diesem Hintergrund als „Kunstgeschöpf", der unter dem Einfluss seiner gesellschaftlichen und natürlichen – und wie wir an dieser Stelle ergänzen können: gestalteten – Umgebung geformt wird (Gebauer/Wulf 1998, 23).

In vielleicht abstrahierter, abgewandelter Form lassen sich die mimetischen Prozesse sozialer Konstruktion auch im Interaktionsmechanismus des Beziehungsgeflechts Mensch – Schaufensterpuppe identifizieren (Bieling 2018), was aus verkaufsstrategischer Sicht freilich nicht unerheblich ist. Denn die Widerspiegelung von gelerntem, gewohnheitsmäßigem und sympathischem Körper- und Rollenverhalten durch Schaufensterpuppen vermag (oder soll zumindest) auf Käuferseite Akzeptanz und positive Reaktion provozieren.

Der Puppenkörper fungiert somit als Medium, sein „Körperverhalten" als sendender und empfangender Mittler von geschlechterrelevanten Rollenaspekten. Solche Rollenaspekte drücken sich zum einen in den jeweiligen Posen selbst, aber auch in den räumlichen Anordnungen der Puppen (untereinander oder gegenüber den Betrachtenden) aus, die mit ebensolch gelernten Assoziationsketten verknüpft sind: Nähe, Distanz, Dynamik, Statik, körperliches Territorialverhalten, Koketterie, Flirt oder die Andeutung körperlicher Statussymbolik werden dann zum Indiz für Geschlechterrollen, die ihrerseits gekoppelt sind an Assoziationen wie Dominanz oder Unterwürfigkeit.

Das mimetische Handlungsmuster menschlicher Sozialisation, aus dem sich auch die soziale Konstruktion von Geschlecht ableiten lässt, ist ergo auch Teilbestandteil der Schnittstelle Mensch–Schaufensterpuppe. Die vom Menschen geschaffene, positionierte, inszenierte und präsentierte Puppe – als zugleich menschliches Ab- und Spiegelbild – übernimmt dabei eine gleichermaßen aktive und passive Funktion: Ebenso wie gesellschaftlich manifestierte Rollenbilder des Menschen sozial konstruiert sind, so artikulieren sich auch „Wesen" und „Verhalten" der Schaufensterpuppe über ihre soziale Konstruiertheit. Nicht zuletzt aufgrund ihrer hohen Präsenz, etwa im Stadtbild, nimmt die Schaufensterpuppe dabei „aktiv", das heißt manipulierend am Sozialisationsprozess des Menschen teil.

Die durch sie transportierten, stereotypen Rollenbilder (vgl. Whiteley 1993, 137 ff.) werden von den handelnden Akteuren (z.B. Designer*innen, Werbe- und Marketing-Strateg*innen, Dekorateur*innen) häufig unreflektiert weitergegeben. Zum Teil überholt geglaubte Klischees vom „starken" und „schwachen" Geschlecht werden dabei vielfach weiterhin aktualisiert, indem weibliche Schaufensterpuppen häufig in körpersprachlichem Tiefstatus, männliche hingegen im Hochstatus inszeniert werden. Dabei wird übrigens auch deutlich, dass die männliche Status-Bandbreite weniger vielgestaltig ausfällt als die weibliche (Bieling 2008, 135f). Beinahe ausnahmslos signalisieren männliche Schaufensterpuppen den Eindruck von Überlegenheit und Stärke, wohingegen weibliche eine größere Heterogenität hinsichtlich der Rollenskala aufweisen. Durchaus in Bezug stehend zu sozio-ökonomischen, -kulturellen oder -demografischen Kontexten der jeweiligen Zielgruppen oder der Marken- und Produktsemantik transportieren weibliche Schaufensterpuppen eine höhere Image-Bandbreite der unterschiedlichen Parameter (stark/schwach, aktiv/ offensiv/passiv etc.). Hieran verdeutlicht sich eine Pluralität der Rollenbilder die sich insbesondere auch geschlechtsintern vollzieht. Eine derartige Vielfalt widerlegt letztlich das Konzept von geschlechtlicher Eindeutigkeit und Unmissverständlichkeit, denn allein die Tatsache, dass es innerhalb eines biologischen Geschlechts derartig vielfältige Inszenierungsmethoden gibt, ist schon ein Indiz für die soziale Konstruktion, und wichtiger noch: für die Dynamik der Geschlechterkonstruktion.

Geht man davon aus, dass das soziale Geschlecht dem Prozess steter Modifikation unterliegt, so lässt sich daraus auch ableiten, dass Geschlecht prinzipiell veränderbar ist. Die These der sozialen Geschlechter-Konstruktion über mimetische Prozesse wird hierdurch noch unterstrichen, da sie auch impliziert, dass sich im Sozialisationsprozess nicht nur permanent alte Rollenbilder wiederholen, sondern sich eben auch neue entwickeln und bilden können. Ein Prozess der unweigerlich durch Design und dessen Akteure beeinflusst und moderiert wird.[5]

Gender und Design

Was hier am Beispiel der Schaufensterpuppe beschrieben wurde, kann anhand der folgenden Kausalkette demnach auch für Design allgemein gelten. Wenn Individuum und Gesellschaft im wechselseitigen Prozess (d.h. rezeptiv und produktiv)

---

5   Das hat nicht nur, aber auch damit zu tun, dass Design häufig in Kontexten verortet ist, die mit „Moden" oder „Trends" assoziiert werden. Über deren Sinnhaftigkeit, Ursprünge und Wahrheitsgehalt lässt sich freilich streiten, Tatsache ist aber auch, dass es sie gibt und dass sie bewusst adressiert, formuliert und un/ bewusst aufgenommen bzw. angewendet werden. Auch dies ist letztlich ein Indiz für die Veränderlichkeit von Geschlechterrollen. Inspiziert man beispielsweise Werbeanzeigen aus dem Blickwinkel der Darstellungsweisen des „modernen Mannes" bzw. der „modernen Frau", so wird man große Unterschiede heutiger Anzeigen gegenüber solchen von vor 25, 50 oder 100 Jahren finden.

geformt werden und auch geschlechtliche Rollenbilder dabei zu weiten Teilen sozial konstruiert werden und wenn Design als Projektion ebendieser sozialen Konstruktion fungiert, dann sind auch Design und die mit ihm einhergehenden Inszenierungsformen und Distributionskanäle Teil des sozialen Konstruktionsprozesses, in dem Design gleichermaßen rezipiert und signalisiert, sendet und empfängt und somit nicht nur passiv gestaltet wird, sondern unsere Lebenswelt allein schon durch seine Präsenz „aktiv" mitgestaltet.

Geht man davon aus, dass mit Hilfe von Produktinszenierungen gezielt Männer- und Frauenbilder geschaffen oder zitiert werden, über die wiederum Produkte effizienter verkauft werden (sollen), so wird schnell deutlich, dass sich kulturelle Konstruktionen von Geschlecht nicht nur in sprachlichen oder institutionellen, sondern gerade auch in visuellen, virtuellen und materiellen Gestaltungspraktiken vollziehen.

Gerade dann, wenn gezielt für Männer oder Frauen gestaltet wird, bedeutet dies folglich immer auch, dass dadurch konkrete Vorstellungen des Männlichen oder Weiblichen mitgestaltet werden.[6] Unweigerlich zeichnen sich stereotype Kategorien von Weiblichkeit und Männlichkeit in die Erscheinungsformen, Themenwelten, Bildsprachen sowie die intendierten Nutzungsweisen vieler Produkte mit ein. Gesellschaftliche (vielleicht patriarchalische) Normen werden hier perpetuiert. Dieser Logik folgend, adressieren Haushaltswaren vorwiegend Frauen, während Werkzeuge sich tendenziell eher an männliche Nutzer richten.[7] Design für männliche oder weibliche Rezipienten geht somit immer auch einher mit einer Gestaltung von Männlichkeit oder Weiblichkeit, ergo mit dem Design von Geschlecht.

Ohne die Faktizität von (z.B. biologischen) Geschlechterunterschieden grundsätzlich in Frage zu stellen, ist augenscheinlich, dass mitunter sehr kuriose Bilder von „männlich" oder „weiblich" kursieren, die sich im Laufe der Zeit und in unter-

---

6   Uta Brandes stellt hierbei ein Phänomen der selbsterfüllenden Prophezeiung fest: *„Die gesellschaftlichen Konstruktionen von Genderzuschreibung inkarnieren in den meisten Fällen auch heute noch bipolar angelegte Artefakte: Viele Produkte werden als ‚Frauensachen' und ‚Männersachen' gestaltet und als solche gekauft und genutzt […] Das Debakel setzt als self-fulfilling prophecy ein: Das aufs eindeutige (biologische) Geschlecht abzielende Design und Marketing treffen auf hohe Akzeptanz bei sich als Frauen oder Männer definierenden Menschen."* (Brandes 2017, 45)

7   Vgl hierzu die, z. T. experimentellen, praxis-basierten Untersuchungen Karin Ehrnbergers bezüglich verschiedener produktbezogener Gender-Codierungen. In deren Rahmen entstand unter anderem ein Handmixer dessen Anmutung an eine Bohrmaschine erinnert, sowie eine Bohrmaschine die formalästhetisch an einen Küchenmixer erinnert. Auch die Namensgebung der beiden Geräte erfolgt unter Verkehrung gender-stereotypischer Vorzeichen. So wird der Handmixer zum „Mega Hurricane Mixer", die Bohrmaschine hingegen zum Modell „Doplphina" (vgl. Ehrnberger/Räsänen/Ilstedt 2012). Ehrbergers Beispiel zeigt deutlich, wie Design gleichermaßen Forschungsgegenstand sein kann, indem sie aufdeckt, wie geschlechtliche Aspekte semiotisch in (bestehenden) physischen Produkten eincodiert sein können. Zugleich zeigt es, wie Design / Designforschung – in der Entwurfstätigkeit – als Medium wissenschaftlicher Erkenntnis fungieren können, indem sie (vielleicht eigene) Perspektiven zu (vielleicht anderen) Wissensgebieten wie z. B. den Gender Studies beisteuern. Und zwar auf einem praxis-basierten, prototypischen Level. Anhand eigens entwickelter Dinge und Interventionen, die ihrerseits wiederum zu einem zentralen Bestandteil eines Theorieaufbaus werden können.

schiedlichen kulturellen Zusammenhängen zudem immer auch verändert haben. Design ist selber maßgeblich daran beteiligt, dass solche Bilder entstehen, weshalb ihm auch eine Sonderrolle zufällt, wenn es um die gesamtgesellschaftliche Aushandlung geschlechtsbezogener Deutungslinien geht.

Doch wie lässt sich dem Gestaltungs-Dilemma entkommen? Wie können Designerinnen und Designer zumindest versuchen, diese „wicked Problems" (Rittel/Webber 1973), diese „unlösbaren Probleme"[8] (Brock 2011) zu konterkarieren?

Partizipation als sozialer Katalysator

Ein Versuch, sich dem zu widmen, findet sich in Ansätzen des Participatory Design und der teilhabeorientierten Forschung, die sich gezielt um Fragen der Mitbestimmung und Teilhabe an Planungs- und Gestaltungsprozessen bemühen. Seit einigen Jahren wird partizipatives Design vermehrt wieder als politische Intervention im Dienste des sozialen Wandels verstanden (Joost 2012, 64). Dass das Prinzip Teilhabe zunehmend in Bereiche des Designs und der Forschung vorgedrungen ist, kann als Indiz dafür gelten, Gestaltung auch als Mittel gesellschaftlicher Demokratisierungsprozesse zu verstehen. Beispielhaft sei hier die Position Pelle Ehns erwähnt, der eine eher politisch[9] orientierte Variante des Participatory Design vertritt, bei der es um den Miteinbezug von Bürgerinnen und Bürgern in gesellschaftliche (Entscheidungs- und Gestaltungs-) Prozesse geht, und bei der – nicht nur – aber insbesondere auch die Handlungsbevollmächtigung von benachteiligten Gesellschaftsgruppen[10] im Fokus steht (Björgvinsson/Ehn/Hillgren 2010, 41ff).

---

8   Bazon Brock stellt fest, dass „Probleme" grundsätzlich nur unter Entstehung neuer Probleme zu lösen sind. Eine ähnliche Sichtweise findet sich zuvor bereits bei Horst Rittels und Melvin Webbers Überlegungen zu so genannten „wicked problems" (Rittel/Webber 1973). Mit diesem, ins Deutsche bisweilen als verzwickte, bösartige Probleme übersetzten Begriff, bringen Rittel und Webber zum Ausdruck, dass jeder noch so simpel erscheinende Sachverhalt mit einem hochkomplexen Netz an neuen, sich möglicherweise erst daraus ergebenden Problemen verbunden sein kann, die sich ihrerseits wiederum aus einer singulären Perspektive weder erschließen, noch beheben lassen. Demzufolge könne es auch „keine ‚Lösungen' im Sinne von endgültigen und objektiven Anworten" geben (Rittel/Webber 2013, 20).

9   Der Begriff des ‚Politischen' sorgt in Designdiskursen immer wieder für Verwirrung und Missverständnisse. Anders als der Begriff der „Politik", der in erster Linie so etwas wie die „institutionelle Ordnung des Gemeinwesens" meint (Fezer 2018, 165), bezieht sich das „Politische" im hiesigen Sinnzusammenhang auf ein generell „das Gemeinwesen beeinflussende Handeln" (vgl. Oswald 2016). Die Ausgangspositionen und Handlungsfelder eines mehr oder minder explizit „politischen Designs" hängen folglich nicht zuletzt davon ab, ob es sich um ein „Design for Politics" oder um „political Design" handelt (vgl. DiSalvo 2012).

10 Denn die gestaltungsmäßigen Bedingungen einer designten Umwelt treffen häufig vor allem diejenigen am härtesten, die sich in marginalisierten gesellschaftlichen Positionen befinden (vgl. Bieling 2019). Joanna Boehnert wendet in diesem Zusammenhang den Begriff der "symbolischen Gewalt" an, anhand derer Design die Ausbeutung und Unterjochung bestimmter Bevölkerungsgruppen befördert, indem es Ideen, Praktiken, Prozesse und Werkzeuge bereit stellt oder reproduziert, die mit Machtkonstellationen und damit verbundenen Formen von struktureller Gewalt einhergehen (Boehnert 2007). „*Design reproduces existing social norms and often encourages new normative behavior. [...] Design disciplines the public by encouraging social hierarchies where people distinguish themselves [...]. While designers address the*

Ein ähnliches Verständnis liegt auch jenen artverwandten Konzepten zu Grunde, die unter Begriffen wie „Social Design" (vgl. Banz 2016), „Design for Social Innovation" (vgl. Manzini 2007), „Transfromation(s) Design" (vgl. Jonas 2015; Yee/Jefferies/Michlewski 2017; Sommer/Welzer 2016), „Transition Design" (vgl. Irwin 2015; Irwin/Kossoff/Tonkinwise 2015) oder auch dem von Bazon Brock und Lucius Burckhart bereits in den 1970er Jahren formulierten „Sozio-Design"[11] (vgl. Burkhardt/Brock 2017; Brock 1985) kursieren, die allesamt gewissermaßen für eine Art Paradigmenwechsel im Design stehen: Weg von einem nutzer- (oder gar verbraucher-) orientierten, hin zu einem gesellschafts-zentriertem Design.

In vielen, wenn auch längst nicht allen Fällen eint sie der Ausdruck einer Grundhaltung zur Offenlegung und Entgegenwirkung von Machtverhältnissen zwischen Gestaltungsinitiatoren (Designer*innen) und Gestaltungsrezipienten (Nutzer*innen). Denn wie bereits deutlich geworden ist, sind Fragen der Gestaltung unweigerlich an Machtfragen gekoppelt. Horst Rittel fasst den Machtbezug und die damit einhergehende politische Dimension von Design folgendermaßen zusammen *„Was der Designer weiß, glaubt, fürchtet, wünscht, geht in seine Denkweise bei jedem Schritt des Prozesses ein und beeinflusst seinen Gebrauch der epistemischen Freiheit. Er wird sich – natürlich – den Standpunkten verschreiben, die zu seinem Glauben, seinen Überzeugungen, Vorlieben und Wertvorstellungen passen, wenn er nicht von jemand anderem – oder aus eigener Einsicht – überredet oder überzeugt wird. Design ist mit Macht verbunden. Designer planen, Ressourcen zu binden, und beeinflussen dadurch das Leben anderer. Designer sind aktiv in der Anwendung von Macht. Daher ist Design bewusst oder unbewusst politisch."* (Rittel 1971)

Sach- und Machtordnung

Dass eine Vergeschlechtlichung durch Design häufig unbewusst geschieht, liegt auf der Hand, denn in vielen bisherigen sowie gegenwärtigen Gestaltungspraktiken

needs and desires of their audiences and users (as they interpreted them), they can also perpetuate symbolic violence by embedding racist, sexist, classist and ecoist assumptions into design" (Boehnert/Elzenbaumer/Onafuwa 2017). Der Begriff "Symbolic Violence" geht zurück auf die Überlegungen des Anthropologen Juris Milestones zu "Design as Power" (Milestone 2007), die von Boehnert für die Einbettung in den Kontext intersektionaler Perspektiven des Designs aufgegriffen werden. „Feminist, race, class and anti-colonisation scholars and activists have described how structural and symbolic violence functions in society through the oppressive 'isms' (sexism, racism, classism, colonialism, imperialism, etc.) which are reproduced by institutions and cultural practices and artifacts in everyday life. [...] The concept of symbolic violence explains how ideas are reproduced by design. Design encourages people to do new things and think in new ways: it works in the domain of influencing behaviours and sensibilities. As such design often produces and reproduces social and power relations. Designers are implicated with replicating the 'isms' often without realising the extent of their own complicity with structural and symbolic violence" (Boehnert/Onafuwa 2016, 2).

11   Im deutschsprachigen Raum schien der Begriff über Dekaden hinweg in Vergessenheit geraten zu sein. Erst seit kurzer Zeit wird er auch international und anhand aktueller Projektbeispiele unter dem Begriff „Socio-Design" verhandelt (vgl. Stocker 2017; Gründler 2017).

werden vor allem zwei Phänomene deutlich: *„Geschlecht wird entweder in stereotyper Weise oder gar nicht berücksichtigt"* (Buchmüller 2016, 102–122). Dies lenkt den
Betrachtungswinkel auf eine Erforschung des Wechselverhältnisses zwischen Gestaltung und Geschlecht aus einer machtkritischen Perspektive,[12] denn sowohl die
explizite Benennung als auch die Nichtberücksichtigung geschlechtlicher Aspekte
im Design, haben Auswirkungen auf seine Rezipienten. In seiner These des un-
terwerfenden, entmächtigenden Designs erläutert Friedrich von Borries, inwiefern
auch *„ein vermeintlich neutrales [...] Design, das sich nur einer unpolitischen Problemlö-
sung verschrieben zu haben meint, [nicht] der immanenten Bindung des Designs an die
Sphäre des Politischen"* entgeht. Denn *„oft sichert ein problemlösungsorientiertes Design
die bestehende Ordnung – und übernimmt damit, auch ohne es zu wollen, eine politische
Funktion"* (von Borries 2016, 21). Dies wird umso deutlicher, geht man davon aus,
dass der Mensch in seinen Alltagshandlungen nicht nur von Objekten beeinflusst
wird, sondern diese buchstäblich Macht ausüben (vgl. Latour 2005; 2007) und somit ein gewisses Eigenleben führen mögen (vgl. Brandes 2017, 258).

Design ist somit niemals neutral.[13] Mit jeder Erfindung, jeder Entwicklung, jeder Gestaltung, jedem Entwurf produzieren wir zugleich Sachordnungen, denen
wir dann selbst unterworfen sind. Dinge, die ihrerseits eigene Prämissen in unsere Lebenswelt miteinführen, denen wir dann selbst untergeordnet sind. *„What
we design, designs us back"* (vgl. Christensen/Conradi 2017). Der Zusammenhang ist
offensichtlich: *„People and things configure each other"* (Boradkar 2010,4)[14] oder wie
Ernst Cassirer es unter Bezugnahme auf Friedrich Schiller im Jahre 1930 beschreibt:
Die Technik, die unsere Schöpfung ist, wird zugleich zu unserer zweiten Schöpferin
(vgl. Cassirer 1930). Besondere Aktualität gewinnt diese Betrachtung vor dem Hintergrund der Entwicklungen im Bereich der Künstlichen Intelligenz (KI).[15] Denn
eine der zentralen Herausforderungen in Bezug auf Chancen und Risiken der KI
ist an die Frage geknüpft, ob sie sich dereinst gegen den Menschen wenden oder in
seinem Interesse handeln wird, wenn sie dann selbst lernen kann und ihn für ihr
Weiterbestehen und ihre Fortentwicklung nicht mehr benötigt.[16]

---

12 Buchmüller stützt ihre Thesen dabei auf Erkenntnisse und Ansätze der Genderforschung, der feministischen
Wissenschafts- und Technikkritik sowie daraus resultierenden feministischen Wissenschafts- und
Erkenntnistheorien als Grundlagen für eine machtkritische und geschlechterinformierte Designforschung
und -praxis. Geschlecht wird dabei als historisch gewachsene, zeit- und kontextgebundene, damit
veränderbare und gestaltbare Macht- und Erfahrungskategorie begriffen, die alle Wissenschafts-,
Forschungs-, Gestaltungs- und Nutzungsprozesse durchdringt und somit auch in die Designforschung und
-praxis grundlegend mit einzubeziehen ist (vgl. Buchmüller 2016).

13 Denn dem Design inhärent sind ein gewisser Gestaltungswille und (s)eine Zielorientierung.

14 Folkmann charakterisiert diese Art der Wechselbeziehung als Kernthema der Design Phänomenologie: *„We
can examine how we design things, and how we are, in turn, designed by the things we design"* (Folkmann
2018, 5).

15 Der Begriff Künstliche Intelligenz ist nicht unumstritten. Ein großer Teil der KI-Community nutzt stattdessen
durchgängig die Bezeichnung „Machine Learning".

16 Der Zeitpunkt, ab dem Maschinen sich selbst verbessern können und somit nicht nur den technischen
Fortschritt massiv beschleunigen, sondern - dann ihren eigenen Gesetzen und Logiken folgend - zum
Risiko für den Fortbestand des Menschen bzw. seine Rolle im sozio-technischen Hierarchiegefüge werden

Möglich, dass es dann um noch viel „existenziellere" Fragen gehen wird, als „nur" um solche der Geschlechterrollenverhältnisse. Doch wird hieran auch deutlich, wie massiv Design in unsere gesellschaftlichen Grundverständnisse und die daran geknüpften Handlungsweisen eingreift. Eine Elementarfrage, die sich hieraus ergibt lautet „Wer gestaltet die Gestaltung?" (vgl. Mareis/Held/Joost 2013) beziehungsweise „Wer bestimmt, was geplant wird (und was nicht?)" (Burckhardt 1974). Schritte hinaus aus der designdiskursiven Echokammer werden dabei unumgänglich.

Die hier versammelten Beiträge aus Theorie und Praxis, Forschung und Anwendung sollen Design außerhalb disziplinärer Pedanterien umspannen und ernst nehmen. Sie spiegeln zum einen eine wachsende Vernetzung im Bereich Gender und Design wider und unterstreichen zugleich die Notwendigkeit weiterer Genderforschung *im, für* und nicht zuletzt *durch* Design. Sie sind als Initiierung und Moderationsbegleitung eines transdisziplinären Dialogs zu Geschlechterfragen jenseits und zwischen Wissenschaft, Design, Technik, Kunst und Öffentlichkeit zu verstehen.

Zum Aufbau des Buches

Die Beiträge stammen von ausgewiesenen Expertinnen und Experten, die in den vergangenen Jahren bereits an der Diskursbildung im erweiterten Themengeflecht Gender–Design beigetragen haben. Sie nun – mitsamt ihren teils konträren, teils komplementären Positionen – in einem Sammelband zu vereinen und einander gegenüber zu stellen, ist ein vorsichtiger Navigationsversuch, der dabei helfen soll grundlegende theoretische, methodische und praxisrelevante Kenntnisse der Design- und Gender-Forschung an der Schnittstelle zu Forschungs- und Anwendungsbereichen dies- und jenseits der Gestaltungsdisziplinen zu vermitteln.

Die Konstellation der Autorinnen und Autoren spannt ein inhaltlichen Bogen von historischen Bezügen der Genderforschung aus Sicht der Produkt-, Informations- und Kommunikationsgestaltung, über die Bedeutsamkeit des Technologischen und Gender Fragen in den Digitalen Medien, Blickwinkeln aus der Modetheorie, der Konsumkritik oder den Game Studies, machtkritischen und feministischen Perspektiven der Designforschung und Wissenschaftstheorie, bis hin zu konkreten anwendungsbezogenen Methoden und Anknüpfungspunkten zu einer vielfältigen und inklusiven Gestaltungspraxis. Die jeweiligen Kapitel blicken dabei stets auch über den disziplinären Tellerrand, indem sie kultur- und medienwissenschaftliche ebenso wie wissenschaftshistorische, raum-, ding- und techniksoziologische Standpunkte und Betrachtungsweisen mit einbeziehen. In dieser Dramaturgie ist der Sammelband darauf ausgerichtet, anhand der Gender- und Diversity-Forschung Technik- und Gestaltungswissen in gesellschaftlichen und kulturhistorischen Kontexten einzuordnen und sich konstruktiv mit den – nicht zuletzt sozialen – Folgen technischer Entwicklungen

können, wird auch als Singularität („Singularity") bezeichnet (vgl. Kurzweil 2005; Shanahan 2018; Wagner 2015).

auseinanderzusetzen. Die versammelten Beiträge widmen sich Erkenntnissen, Deutungs- und Betrachtungsweisen unterschiedlicher Forschungskontexte und Denkschulen, wobei sie stets darauf ausgerichtet sind, deren Bezugsmöglichkeiten zur Designforschung und -praxis aufzuzeigen und einzuleiten.

Im **ersten Kapitel** („Kontext") wird dabei zunächst veranschaulicht, in welchen Diskursen Gender/Design zu verorten ist, und vor welchem Hintergrund technologischer, gestalterischer und sozialer Entwicklungen es zu verstehen ist. Das **zweite Kapitel** („Prinzipien und Praktiken") dient dazu, konkrete Merkmale und Erscheinungsformen vergeschlechtlichter Gestaltung und gestalteter Vergeschlechtlichung an unterschiedlichen Schnittstellen und Operationsfeldern des Designs aufzuspüren. Denn ebenso wie Design, so „passiert" auch Gender in verschiedenen Handlungszusammenhängen die gestalterisch bedingt sind und aus denen sich Wissen in andere Praxisbereiche übertragen lassen kann, wie z. B. im Kontext Gender und Technik, Gender und Konsum, Gender und Mode, Gender und Gaming, Gender und Raum, Gender und Film, Gender und Computer Sciences, Gender und Soziotechnische Systemgestaltung. Diese Aufschlüsselung dient zugleich als Basis für das **dritte Kapitel** („Ansätze und Interkationen"), welches sich auf eine Bündelung des Gender- und Designforschungsdiskurses im (informations- und kommunikations-) techniksoziologischen Blickwinkel des Bereichs Mensch-Maschine-Interkation konzentriert. Eine der zentralen Schnittstellen ist hierbei das Interaction Design. Die dort getätigten Überlegungen fußen weniger auf einem überholten Interface Begriff, sondern auf einem erweiterten Begriff, der Virtuelles, Unsichtbares, Smartes oder Materielles nicht voneinander trennt, sondern miteinbezieht. Die körperliche Bedingtheit des menschlichen Aktionsspektrums kann dabei freilich nicht isoliert betrachtet werden, sondern muss stets in Auseinandersetzung mit anderen Dingen, Körpern, Techniken oder Materialien passieren.[17] Dieses Kapitel interessiert sich folglich dafür, wie die Berücksichtigung und Integration von Geschlechteraspekten in Designpraktiken theoretisch konzeptualisiert und methodisch gedacht werden können. Dazu werden verschiedene Herangehensweisen zum Umgang mit Geschlecht im Kontext der Mensch-Computer-Interaktion analysiert und aufgezeigt, welche Auswirkungen eine veränderte Berücksichtigung von Gender im (Forschungs-)Design haben kann. Im **vierten Kapitel** („Fallbeispiele und Austragungsorte") geht es schließlich um Austragungsorte der Vergeschlechtlichung als Spannungsfeld gesellschaftlicher, kultureller und intellektueller Entwicklungen, sowie um die Frage inwiefern sich soziale Verhältnisse in materiellen und performativen räumlichen Strukturierungen manifestieren. Der Begriff „Ort" bezieht sich dabei sowohl auf physische Orte (Beutling; Döring), als auch ideologische Schlachtfelder (Hornuff) oder die Verquickung aus beidem (Meier-Menzel).

---

17   *„Eine angemessene Wirklichkeitserfahrung des Menschen besteht [somit] immer aus beiden Welten, der körperlichen und der virtuellen"* (Weltzien/Scholz 11). Letztlich ist genau dies, woraus Design als soziale Praxis erst einen Sinn erfährt: nämlich, dass es *„über Wahrnehmbarkeit, also Material, einem Sachverhalt eine Bedeutung zuschreibt"* (ebd.).

Die Beiträge

Die Erörterung von Geschlecht als sozialer Konstruktion wird in sehr vielen Wissenschaftsbereichen schon lange geführt, und Gender-Fragen werden mittlerweile auch in der institutionellen und unternehmerischen Praxis thematisiert. Merkwürdig genug, dass diese Diskurse im Design erst seit einiger Zeit und immer noch nicht umfassend und eher zögerlich als entschieden oder gar selbstverständlich beginnen. **Uta Brandes** verschafft uns eine Art synoptischen Überblick über bisherige Ansätze und legt exemplarisch dar, dass die Interaktion zwischen Subjekten und den gestalteten Artefakten notwendig vergeschlechtlicht verläuft und wie dies geschieht.

Kontraste bestimmen unsere Wahrnehmung. Wir können die Größe, die Helligkeit, die Form oder im Allgemeinen die Eigenschaften eines Objektes oder einer Person nur ins Verhältnis zu einem anderen Objekt oder einer anderen Person setzen. Das stetige präzise Vergleichen hilft uns bei unserer Orientierung und Positionierung in der Welt. Wir setzen unsere Erfahrungen in ein Verhältnis zu dem Gesehenen oder Erlebten. Ein Design, welches sich mehr um Vereinfachung und Stereotype als um Diversität kümmert, läuft schnell Gefahr, Rollenbilder lediglich zu karikieren. Das Geschlecht steht fest, der Code ist generiert und wir haben uns in der jeweils zugeordneten Produktwelt zurechtzufinden. Wie diese Welt aussieht, welche geschlechterspezifischen Verhaltensweisen damit verbunden werden und was all dies für persönliche Entscheidungen, Vorlieben und Entwicklungsmöglichkeiten in der Gesellschaft bedeutet, arbeiten **Katharina Krämer** und **Birgit Weller** in ihrem Beitrag heraus. In Form von Produktbeispielen werden Gender Codes aufgezeigt und damit verbundene stereotype Verhaltensweisen hinterfragt. Letztlich geht es um die anschauliche Beantwortung der Frage: was kann Design leisten, um Produkte, Services und Prozesse demokratisch und gendersensibel zu gestalten und damit einen Beitrag zur Gleichberechtigung der Geschlechter zu leisten?

Die Frage, was Gender für Design bedeutet, eröffnet gleich mehrere Perspektiven: So könnte man sich mit den Designerinnen und Designern als gestaltende Personen auseinandersetzen, mit Produkten und Werbekampagnen, die weiblich oder männlich konnotiert sind (wie z.B. die viel zitierten Nassrasierer, die sich farblich und formal je nach Geschlecht anders darstellen, in der Funktion aber identisch sind) oder mit der Gesellschaft für die Designerinnen und Designer letztlich gestalten. **Sabine Foraita** fokussiert insbesondere diese gesellschaftliche Perspektive. Ausgangspunkt hierfür ist der Umstand, dass Designerinnen und Designer stets in kulturellen Kontexten gestalten, als Teil eben dieser Kultur. Diese Kontexte werden durch eine Vielzahl an Einflussfaktoren bestimmt und unterliegen somit einem steten Wandel, der wiederum unsere Idealvorstellungen, die sozialen Strukturen als auch unsere sozialen Handlungen determiniert. Vor diesem Hintergrund geht Foraita der Frage nach, wie eine (Design-)Forschung konzipiert sein müsste, die sich mit der Vermeidung von Klischees auseinandersetzt: Eine Forschung, die in Bezug auf Gestaltung den Menschen als Menschen sieht und damit genug Spielraum bietet, um Verschiedenheit und Anderssein zuzulassen.

Die Genese von Geschlechterbildern durch Design ist auch gekoppelt an die Geschichte der Geschlechterverhältnisse im Design. **Marion Godau** beschäftigt sich mit der Frage, welche Möglichkeiten Frauen im Laufe der Designgeschichte hatten, um in gestalterischen Berufen zu arbeiten. Ihre These: Gestalterinnen versuchten zum einen Nischen zu erobern, die für ihre männlichen Kollegen keine ‚Gefahr‘ darstellten, als ‚weibliche Domänen‘ galten oder Nischen, die durch politische oder technologische ‚Ausnahmesituationen‘ entstanden. Eine weitere Möglichkeit: viele Gestalterinnen fanden in Design und Architektur Arbeit in von Männern geführten Büros oder ‚halfen‘ als Ehegattin bei der gestalterischen Arbeit – was ihnen meist versagt blieb war designhistorische Anerkennung.

Geschlechtsrelevante Dimensionen des Designs sind vielgestaltig. Zusammenhänge von Geschlecht und Konsum – zum Beispiel – lassen sich auf unterschiedlichen Ebenen explizieren. Etwa mit Blick auf kulturelle Muster, gesellschaftliche Praktiken oder mediale Inszenierungen. Ebendiese verlaufen nicht selten stereotyp. Bestimmte Konsumpraktiken gelten als männlich, andere als weiblich. Es scheint fast so, dass unsere im Privaten geführten Versuche zur Vermeidung von Geschlechterklischees und zur Herstellung von Geschlechtergerechtigkeit immer noch stark durch die klischeebeladene Gestaltung und Vermarktung von Konsumprodukten torpediert wird. Produkt- und Werbewelt werden zu „heimlichen“ Erziehern hinsichtlich der Vermittlung von Geschlechterzuordnungen und Rollenbildern – Geschlechterordnungen werden nicht zuletzt durch Praktiken des Konsumierens konstituiert. Warum es so schwer fällt, sich diesem Diktum zu entziehen, sich von ihm zu emanzipieren, oder es – als Nutzer*in – kritisch in Frage zu stellen, und inwieweit sich Geschlechterordnungen durch Praktiken des Konsumierens womöglich subversiv unterlaufen lassen, ist Gegenstand des Gesprächs mit **Wolfgang Ullrich**.

Der gesellschaftliche Stellenwert, den käufliche Dinge und Dienstleistungen in Wohlstandsgesellschaften haben, erfordert eine gesonderte Betrachtung der Konsumkultur in der feministischen Wissenschaft. Diesem Leitsatz folgend, beleuchtet **Antonia Wagner** Diskurverläufe und sich wandelnde Bedeutungszuschreibungen in Bezug auf Konsumphänomene aus feministischer Perspektive.

Der kommerzielle Film fungiert innerhalb einer visuell geprägten Kultur als einer der wichtigsten Autoren und Agenten kultureller und sozialer Sinnstiftung. In seiner Komplizität zum Kapitalismus tradiert und gestaltet er häufig Bilder des Begehrenswerten oder des Abzulehnenden – oder verkehrt diese ins Gegenteil. Vor allem das Genre des Horrorfilms verhandelt diese Fragestellungen in Bezug auf Gender, häufig sich in einer präzedenzlosen Grafik präsentierend, in der das filmische Material mehr und mehr eine Ebene gewinnt, auf der realgeschichtliche Politiken ikonographisch diskutiert werden – zumal in Bezug auf Kategorien wie Körperlichkeit, Täterschaft oder Viktimisierung. Wie divers die Kombinationen und Verflechtungen von Weiblichkeit, Sexualität, Rollenmodellen, Fetischisierung und nicht zuletzt Gewalt ausgestaltet werden können, veranschaulichen **Sarah Reininghaus** und **Julia Willms** anhand einer rezenten Produktion. *The Neon Demon* (2016) zeigt sich als innovativ für das Genre, indem er abstrakte Tropen des Horrorfilms wie Frauen als Ware, Schönheit als Währung, Konsum von Körpern genau so verhandelt, wie die Frau als Opfer und Täterin, dysfunktionale Familienmodelle und die Verortung des Menschen innerhalb von Gesellschaft und Natur.

Computer- und Videospiele haben in den letzten Jahren eine rasante Entwicklung gezeigt: wirtschaftlich wie gesamtgesellschaftlich; ästhetisch wie kulturell; politisch wie medial. Obwohl ein großer Teil der User weiblich ist, gelten Games in der gesellschaftlichen Wahrnehmung bislang eher noch als „Boys Toys", was voranging darin begründet liegt, dass die überwiegende Mehrheit der Computerspielhelden männlich ist, Frauen eher in wenig bekleideten Kostümen und in narrativ eher wenig bedeutsamen Rollen erscheinen. Die männlich geprägten Spielecharaktere bzw. die männlich geprägte Games-Kultur insgesamt scheint nicht zu überraschen, angesichts von nicht mehr als rund 20% weiblicher Beschäftigten in den Unternehmen der Spieleindustrie. Doch entwickeln Frauen tatsächlich andere Spiele und wenn ja, welche Design Präferenzen haben sie? Gibt es einen Zusammenhang zwischen Gender und Game Design, auch im Hinblick auf weibliche Konsumpräferenzen? Und warum sind bislang so wenige Frauen in der Spieleentwicklung involviert? In ihrem Beitrag rückt **Sabine Hahn** einerseits aus kulturwissenschaftlicher Perspektive die Spielerinnen in den Fokus und wirft andererseits aus mediensoziologischer bzw. kommunikationswissenschaftlicher Perspektive einen Blick hinter die Kulissen der Games-Industrie.

Geschlechterfragen in Designpraktiken zu berücksichtigen, ist nicht nur eine langjährige Forderung von Seiten der Geschlechterforschung sowie feministischen Initiativen, sondern gewinnt zunehmend politisches Gewicht, etwa als Voraussetzung für die Beantragung von (Projekt-)Fördermitteln. Vor diesem Hintergrund interessieren sich **Bianca Prietl** und **Tanja Paulitz** in ihrem Beitrag dafür, wie die Berücksichtigung und Integration von Geschlechteraspekten in Designpraktiken theoretisch konzeptualisiert und methodisch gedacht wird. In einer Erweiterung und Übertragung des Konzepts der Ko-Konstruktion von Technik und Geschlecht auf die Gestaltungspraxis wird angenommen, dass Design Geschlechterverhältnisse und -vorstellungen nicht bloß abbildet und distribuiert, sondern in zentraler Weise an deren Hervorbringung beteiligt ist. Prietl und Paulitz setzen sich kritisch mit jüngeren Initiativen für ein geschlechterkritisches und intersektionalitätsgerechtes Design aus Perspektive der sozial- und kulturwissenschaftlichen Geschlechterforschung auseinander. Potentiale und Problemlagen dieser Gestaltungspraktiken werden dabei ebenso diskutiert, wie Möglichkeiten ihrer Weiterentwicklung. Damit geht es nicht primär um die Rekonstruktion struktureller Geschlechterverhältnisse im Design (als einer Männerdomäne) oder um die Einschreibungen und Materialisierungen von Geschlechterverhältnissen und -vorstellungen in Artefakte. Vielmehr wird mit Blick auf die Frage nach der Berücksichtigung von Geschlecht in Designpraktiken ein Plädoyer für eine feministisch-partizipative und interdisziplinäre Gestaltungspraxis vorgelegt. Damit zielt der Beitrag auf das Hinterfragen und Reduzieren sozialer Ungleichheiten, Ausschlüsse und Marginalisierungen qua Geschlecht in und durch das Design.

Geschlecht ist ein grundlegendes Organisationskriterium der menschlichen Wahrnehmung. Designprozesse, die von Menschen gesteuert werden oder sich an

Menschen orientieren, können also immer auch unter dem Blickwinkel betrachtet werden, in welcher Weise hier vergeschlechtlichte Personenwahrnehmung eine Rolle spielt. Wird Geschlecht im Gestaltungsprozess nicht thematisiert, birgt dies die Gefahr, Geschlechterstereotype unreflektiert in das Design technischer Artefakte einzubetten. **Nicola Marsden** analysiert verschiedene Herangehensweisen zum Umgang mit Geschlecht im Kontext der Mensch-Computer-Interaktion (HCI). Am Beispiel von „Personas" stellt sie Möglichkeiten und Grenzen des Zugangs zu Nutzer*innen im Gestaltungsprozess dar.

Die Nutzung interaktiver Medien ist eines der Kernthemen genderrelevanter technologischer Forschung. Entwicklung innovativer Medien ist immer auch Forschung an der Schnittstelle zum Menschen. Doch obwohl die Kompetenzen der Zielgruppen in der Mediennutzung unterschiedlicher nicht sein könnten, gibt es in der Medienentwicklung häufig blinde Flecken, und den Anforderungen der Zielgruppen wird nicht überall gleichbleibend gut entsprochen. Anhand von Best Practise Projekten erläutert **Dorothea Erharter**, wie durch die Berücksichtigung von Gender im Forschungsdesign derartige Gaps geschlossen und Potenziale besser genutzt werden können.

Wie sich Gender- und Diversity-Aspekte in soziotechnischen Systemen sichtbar und gestaltbar machen lassen, ist Gegenstand des Beitrages von **Claude Draude**. Sie macht deutlich, inwiefern die Gender- und Diversity-Forschung technikwissenschaftliche Disziplinen bereichern kann. Werden Vielfaltsaspekte, z.B. was die Nutzung und Kontexte angeht, frühzeitig im Entwicklungsprozess identifiziert und integriert, können beispielsweise Akzeptanzschwierigkeiten und wirtschaftliche Fehlschläge des Endprodukts vermieden werden. Gender- und Diversity-Forschung erschließt jedoch nicht nur im Anwendungsfall neue Bedarfe. Als Reflexionswissenschaft, die den Blick besonders auf marginalisierte Positionen und blinde Flecken richtet, kann sie innovativ wirken und neue Forschungsfragen eröffnen. Draude diskutiert Methoden und Anknüpfungspunkte für eine vielfältige und inklusive soziotechnische Gestaltung sowie die damit verbundenen Herausforderungen. Hierzu stellt sie ein Vorgehensmodell zur Integration von Gender- und Diversity-Aspekten in die Informatikforschung und -entwicklung vor.

Die Konstitution von Raum ereignet sich stets im Spannungsfeld gesellschaftlicher, kultureller und intellektueller Entwicklungen. Soziale Verhältnisse manifestieren und perpetuieren sich in materiellen und performativen räumlichen Strukturierungen, in Grenzziehungen zwischen Innen- und Außenräumen von gruppenspezifischer Verfügbarkeit. Ganz zentral trifft dies auch auf spezifische kulturelle Konstruktionen von Geschlechterunterschieden zu. »Gender« lässt sich somit als räumliche Praxis begreifen und analysieren. Die neuere Raumsoziologie bietet mit dem Modell des »relationalen Raums« die entsprechenden begrifflichen und methodischen Mittel, um jene komplexen Konstellationen ganzheitlich zu erfassen – und somit auch die konkreten Einflüsse und Einflussmöglichkeiten des Design zu berücksichtigen, das als Entscheidungsinstanz in der Produktion von Objekten, Services, Interfaces und visuellem Material kontinuierlich Anteil an der Konstitution und der Manipulation des sozialen Raums nimmt. In seinem Beitrag unternimmt

Till Beutling den Versuch, den Zusammenhang von Gender, Raum und Design am Beispiel von „Gender Spaces" in Kairo aus raumsoziologischer Perspektive zu untersuchen und plausibel zu machen.

Dass Technologien stets als Kennzeichen gesellschaftlicher Machtverhältnisse fungieren, ist Gegenstands eines Gesprächs mit **Daniela Döring**. Aus verschiedenen Blickwinkeln der Techniksoziologie, der Medienwissenschaft und Wissenschaftsgeschichte werden unterschiedliche Ebenen von (Geschlechter-) Normen und kulturellen Identitäten durchleuchtet, die sich in Technologien, ihrer Entwicklung, Nutzung, Tradierung und Vermittlung vollziehen. Dabei wird auch deutlich, dass Technologieentwicklung immer auch ein Narrativ der Standardisierung beinhaltet, die ihrerseits gekoppelt ist an eine Vermessung des Körpers. Normgrößen in der Textilindustrie etwa, sind zum einen auf die Praxis der maschinellen Produktion zurückzuführen, zum anderen erfolgt die Erhebung von Größenmaßstäben anhand von Mittelwerten, denen gegenüber vieles unweigerlich als Abweichung wahrgenommen werden muss.

Wie stark gesellschaftliche Aushandlungsprozesse der Geschlechterrollenverteilung auf Praxisfeldern der Kunst und des Designs sowie deren didaktischen Vermittlung auf institutioneller Ebene verortet liegen, deckt **Fred Meier-Menzel** am Beispiel der Akt-Kunst im westöstlichen Spannungsfeld auf. Die Aktmalerei der ehemaligen Kolonialmacht Ägyptens, dem viktorianischen England, die Ausdruck westlicher Kunstgeschichte ist, wird dem Umgang mit Nacktheit in Kunst und Gesellschaft im Ägypten von heute gegenübergestellt. Der weibliche Körper dient in beiden Fällen als Schlachtfeld patriarchaler Machtdiskurse. Meier-Menzel befragt Lehrende der staatlichen Kunstakademie Kairos und berichtet von eigenen Erfahrungen aus dem Klassenraum als Lehrende an der German University in Cairo (GUC).

Wohl kaum eine akademische Disziplin hat in den letzten Jahren derart viel Gegenwind bekommen, wie die Geschlechterforschung. Gender-Bashing – häufig in rechtspopulistischen Hanglagen gereift – entpuppt sich dabei in der Regel als entrüstete, hochmütige, nicht selten chauvinistische, pauschale Form der Diffamierung, deren Ziel es zu sein scheint, die Geschlechterforschung als akademische Idiotie zu entlarven. **Daniel Hornuff** zeigt hingegen auf, dass sowohl Geschlecht als auch Design jeweils nicht essentialisierbar sind – folglich also das, was sie jeweils bedeuten, als Zuschreibung erhalten und nicht aus sich selbst heraus generieren. Eine solche Perspektive einzunehmen ist freilich nicht ohne Konsequenz. Denn sie bestimmt wesentlich darüber, in welcher Weise über Geschlecht und Design gesprochen wird. Die Geschlechterforschung kritisch wertzuschätzen, wie Hornuff es tut – und dabei ganz nebenbei offenzulegen, welche Schnittpunkte zwischen Design- und Geschlechterforschung bestehen – hieße demnach auch, die Wissenschaft an sich gegen ihre dogmatischen Feinde zu behaupten.

Literatur

Adorno, Theodor W. et al. (1970): Soziologie zwischen Theorie und Empirie – Soziologische Grundprobleme. Nymphenburger Verlagshandlung, München.

Badinter, Elisabeth (1996): Ich bin Du – Die neue Beziehung zwischen Mann und Frau. Dtv, München.

Banz, Claudia (Hg.) (2016): Social Design – Gestalten für die Transformation der Gesellschaft. Transcript, Bielefeld.

Benjamin, Walter (1972): Das Kunstwerk im Zeitalter seiner technischen Reproduzierbarkeit – Drei Studien zur Kunstsoziologie. Suhrkamp, Frankfurt a.M.

Bieling, Tom (2008): Gender Puppets – Geschlechterinszenierung anhand der nonverbalen Kommunikation von Schaufensterpuppen. Lit, Münster.

Bieling, Tom (2018): Wer gestaltet hier wen? Mimesis und Geschlechterkonstruktion im Beziehungsgeflecht Mensch – Schaufensterpuppe. In: Iris Kolhoff-Kahl (Hg.): Doll up 'n' down. WEFT, Paderborn.

Bieling, Tom (2019): Inklusion als Entwurf. Teilhabe orientierte Forschung über, für und durch Design. B.I.R.D. – Board of International Research in Design. Birkhäuser, Basel.

Bieling, Tom (2019b): Design and Inclusion: An Approach to Aspects of Integrative Design. In: Ralf Michel (Ed.): Integrative Design – Essays and Projects on Design Research. Birkhäuser, Basel.

Björgvinsson, Erling / Ehn, Pelle / Hillgren, Per-Anders (2010): Participatory design and „democratizing innovation". Proceedings of the 11th Biennial Participatory Design Conference – PDC'10 (29. November 2010) Sydney, S. 41–50.

Boehnert, Joanna (2017): Design/Ecology/Politics: Towards the Ecocene. Bloomsbury, London.

Boehnert, Joanna / Elzenbaumer, Bianca / Onafuwa, Dimeji (2016): Design as Symbolic Violence: Addressing the 'isms'. In DRS2016 Proceedings, Brighton/UK.

Boehnert, Joanna / Onafuwa, Dimeji (2016): Design as Symbolic Violence: Reproducing the 'isms' + A Framework for Allies. In: Intersectional Perspectives on Design, Politics and Power School of Arts and Communication, Malmö University 14 and 15 November 2016.

Bolz, Norbert (1997): Theorie der Müdigkeit – Theoriemüdigkeit. Telepolis.

von Borries, Friedrich (2016): Weltentwerfen: Eine politische Designtheorie. Suhrkamp, Berlin.

Brock, Bazon (1985): Ästhetik als Vermittlung – Arbeitsbiographie eines Generalisten. DuMont, Ostfildern.

Brandes, Uta (2014): Erste Erkundungen im Dickicht des Gender-Diskurses im Design. In: Öffnungszeiten. Papiere zur Designwissenschaft. 28/2014 „Design und Gesellschaft: Wandel der Lebensformen". Kassel University Press, Kassel. S. 25–33.

Brandes, Uta (2017): Gender Design – Streifzüge zwischen Theorie und Empirie. Birkhäuser, Basel.

Breger, Claudia (2005): Identität, in: Christina von Braun, Inge Stephan (Hg.): Gender@Wissen. Ein Handbuch der Gender-Theorien, Böhlau/UTB, Köln/Wien.

Brock, Bazon (2011): Für einen neuen Umgang mit komplexen Problemen - Bazon Brock im Gespräch mit Stephan Karkowsky; Deutschlandradio Kultur, Sendung vom 7.12.2011.

Buchmüller, Sandra (2016): Gestaltung, Macht, Gestaltung – Gestaltung Macht Geschlecht. Der Entwurf einer machtkritischen und geschlechterinformierten Designmethodologie. Dissertation, Universität der Künste, Berlin.

Burckhardt, Lucius (1974): Wer plant die Planung. In: Jesko Fezer / Martin Schmitz (2004): Lucius Burckhardt. Wer plant die Planung? Architektur, Politik und Mensch. Martin Schmitz Verlag, Berlin.

Burkhardt, François / Brock, Bazon (2017): Social Design im designreport. Leserbrief. Gesellschaft für Designgeschichte GfDg http://gfdg.org/neues/2017/social-design-im-designreport [Letzter Zugriff: 9.5.2017].

Butler, Judith (1991): Das Unbehagen der Geschlechter. Suhrkamp, Frankfurt a.M.

Cassirer, Ernst (1930): Form und Technik. In: Ernst Cassirer, Gesammelte Werke. Hamburger Ausgabe. Hg. von Birgit Recki. Band 17: Aufsätze und kleine Schriften (1927-1931), Hamburg [Felix Meiner Verlag] 2004, S. 139–183.

Christensen, Michelle/Conradi, Florian (2017): Open-source cyborgs and DIY data: Chances and challenges for a democratisation of gender, GENDER, 3-2017, S. 81–90.

Dant, Tim (1999): Material Culture in the Social World: Values, Activities, Lifestyles. Open University Press, Maidenhead.

DiSalvo, Carl (2012): Adversarial Design. MIT Press, Cambridge MA.

Ehrnberger, Karin / Räsänen, Minna / Ilstedt, SSara (2012): Visualising Gender Norms in Design: Meet the Mega Hurricane Mixer and the Drill Dolphia. In: International Journal of Design, 6 (3), S. 85–98.

Englert, Carina Jasmin / Roslon, Michael (2010): Design (be-)deutet die Welt. Hellblau, Essen.

Fezer, Jesko (2018): Parteiisches Design. In: Marius Förster, Saskia Hebert, Mona Hofmann & Wolfgang Jonas (Hg.): Un/Certain Futures – Rollen des Designs in gesellschaftlichen Transformationsprozessen. Transcript, Bielefeld. S. 162–173.

Folkmann, Mads N. (2018): Conceptualizing Aesthetics in Design: A Phenomenological Framework. In: S. Vial, & P. Vermaas (eds.), Advancements in the Philosophy of Design (pp. 263-283). London: Springer.

Gebauer, Gunter / Wulf, Christoph (1998): Spiel Ritual Geste – Mimetisches Handeln in der sozialen Welt. Rowohlt, Berlin.

Gründler, Josef (2017): Transforming Societies through Design. In: Karl Stocker (Hg.) Socio-Design: Relevant Projects – Designed for Society. Birkhäuser, Basel. S. 151–176.

Hicks, Dan / Beadry, Marc C. (Hgs.) (2018): The Oxford Handbook of Material Culture Studies. Oxford Handbooks.

Hollstein, Walter (1993): Der Kampf der Geschlechter. Kösel, München.

Irwin, Terry (2015): Transition Design: A Proposal for a New Area of Design Practice, Study and Research. Design and Culture Journal, 9/2015. Taylor & Francis, Abindgon, UK.

Irwin, Terry / Kossoff, Gideon / Tonkinwise, Cameron (2015): Transition Design: An Educational Framework for Advancing the Study and Design of Sustainable Transitions. 6th International Sustainability Transitions Conference (8/2015), University of Sussex, UK.

Jonas, Wolfgang (2015): Social Transformation Design as a Form of Research Through Design (RTD): Some Historical, Teoretical, and Methodological Remarks. In: Wolfgang Jonas, Sarah Zerwas, Kristof von Anshelm (Hg.) (2015): Transformation Design – Perspectives on a New Design Attitude. Board of International Research in Design. Birkhäuser, Basel. S. 114–133.

Joost, Gesche (2012): Partizipative Formen der Gestaltung und die Verwicklungen von Theorie und Praxis. In: Martin Ludwig Hofmann (Hg.): Der menschliche Faktor – Wie Architektur und Design als soziale Katalysatoren wirken. Fink, Paderborn. S. 59–73.

Kurzweil, Raymond (2005): The Singularity Is Near. When Humans Transcend Biology. Viking, New York.

Latour, Bruno (2001): Das Parlament der Dinge – Für eine politische Ökologie. Suhrkamp, Frankfurt a.M.

Latour, Bruno (2005): Reassembling the Social. Oxford University Press, Oxford.

Latour, Bruno (2007): Eine neue Soziologie für eine neue Gesellschaft. Einführung in die Akteur-Netzwerk-Theorie. Suhrkamp, Frankfurt a. M.

Manzini, Ezio (2007): Design Research for Sustainable Social Innovation. In: Ralf Michel (Hg.) Design Research Now. Essays and Selected Projects (Board of International Research in Design - BIRD), Birkhäuser, Basel.

Mareis, Claudia /Held, Matthias / Joost, Gesche (Hg.): Wer gestaltet die Gestaltung? Praxis, Theorie und Geschichte des partizipatorischen Designs. Transcript, Bielefeld.

Milestone, Juris M. (2007): Design as Power: Paul Virilio and the Governmentality of Design Expertise, in: Culture, Theory and Critique. 48:2, 175–198.

Moebius, Stephan / Prinz, Sophia (Hg.) (2012): Das Design der Gesellschaft – Zur Kultursoziologie des Designs. Transcript, Bielefeld.

Mostegl, Sabine / Ratzinger, Gudrun (Hg.) (2008): Matrix – Geschlechter, Verhältnisse Revisionen. Springer Wien New York.

Oswald, David (2016): Das Politische im Design. Vortrag auf der DGTF Tagung „Reflecting Research" der Deutschen Gesellschaft für Designtheorie und -forschung (18.11.2016). Hochschule Anhalt, Dessau.

Pfaff, Marc (2017): Vorwort BIRD, in: Uta Brandes: Gender Design – Streifzüge zwischen Theorie und Empirie. Birkhäuser, Basel.

Rittel, Horst / Webber, Melvin (1973): Dilemmas in a General Theory of Planning. In: Policy Sciences, Vol. 4, p 155–169. Elsevier, Amsterdam (Neuauflage) in: Nigel Cross (Hg.) (1984): Developments in Design Methodology. J. Wiley & Sons, Chichester. S. 135–144.

Rittel, Horst / Webber, Melvin (2013): Dilemmas in einer allgemeinen Theorie der Planung. In: Horst Rittel (2013): Thinking Design – Transdiziplinäre Konzepte für Planer und Entwerfer. Herausgegeben von Wolf D. Reuter und Wolfgang Jonas, BIRD, Birkhäuser, Basel. S. 20–38.

Roedig, Andrea (1997): Versuch über die Verwirrung der Geschlechter als Zeitphänomen. In: Gölger, Gisela (Hg.): Sie und Er – Frauenmacht und Männerherrschaft im Kulturvergleich). Rautenstrauch-Joest-Museum, Köln.

Schmid Noerr, Gunzelin (1990): Das Eingedenken der Natur im Subjekt. Zur Dialektik von Vernunft und Natur in der Kritischen Theorie Horkheimers, Adornos und Marcuses. Wissenschaftliche Buchgesellschaft, Darmstadt.

Shanahan, Murray (2018): Die technologische Singularität. Matthes & Seitz, Berlin.

Sommer, Bernd / Welzer, Harald (2016): Transformationsdesign – Wege in eine zukunftsfähige Moderne. Oekom, München.

Stocker, Karl (2017): Designing Societies – Improving the World through Design? In: Karl Stocker (Hg.) Socio-Design: Relevant Projects – Designed for Society. Birkhäuser, Basel. S. 11–26.

Verbeek, Peter-Paul (2005): What Things Do: Philosophical Reflections on Technology, Agency, and Design. University Park: Pennsylvania State University Press.

Wagner, Thomas (2015): Robokratie. Google, das Silicon Valley und der Mensch als Auslaufmodell. Papyrossa, Köln.

Weltzien, Friedrich / Scholz, Martin (Hg.): Sprachen des Materials. Reimer, Berlin.

Whiteley, Nigel (1993): Design for Society. Reaktion, London.

Yee, Joyce / Jefferies, Emma / Michlewski, Kamil (2017): Transformations – 7 Roles to drive Change by Design. BIS, Amsterdam.

I. KONTEXT

GEGEN DEN STRICH
DIE WIRKUNGSMACHT DER OBJEKTE

Uta Brandes

Gender-Identifizierung der Artefakte

Dieser Text konzentriert sich deutlich auf die Interpretation des Phänomens vergeschlechtlichte Objekt-Macht oder eben auf das Gegenteil: -Ohnmacht im Kontext von Design. Er spart mit Bedacht und bewusst den aktuell insbesondere in den Sozial- und Kulturwissenschaften geführten feministischen und Gender Studies-Diskurs aus, der mit der Intersektionalitäts- und Diversity-Debatte[1] zu großen Disparitäten, ja, zu „Lagermentalitäten" neigt, die die feministische Bewegung und Theorie gegenwärtig einer gewaltigen Zerreißprobe unterzieht (vgl. dazu die Auseinandersetzungen und gegenseitigen Beschuldigungen, die im medial ausgetragenen Streit zwischen Judith Butler und Sabine Hark contra Alice Schwarzer[2] – unter Anfeuerung von Patsy L'Amour laLove (2017) – sozusagen gebündelt ihren Höhepunkt fanden).

Ich dagegen konzentriere mich, wie eingangs erwähnt, auf das Verhältnis von Gender-Macht im und durch das Artefakt, das unter der Design-Perspektive bisher so gut wie noch nie überhaupt thematisiert wurde. Dabei spielen in dieser ersten Annäherung Fragen nach intersektionalen und Diversity-Ansätzen deshalb keine Rolle, weil der Fokus auf der Vergeschlechtlichung des *Objekts* liegt (das selbstverständlich in der Folge von vergeschlechtlichten Subjekten wahrgenommen und genutzt wird). Diskutiert wird diese Wirkungsmacht des Gestalteten – das ist wichtig zu betonen – beschränkt auf westliche Kulturen, Erfahrungen, Literaturen.

Dass die Menschen sich mit Objekten umgeben, mit ihnen hantieren, kommunizieren und notwendig in allen Aktionen und Lebenssituationen auf sie verwiesen sind, ist hinreichend bekannt und bedarf keiner weiteren Ausführung. Dass Objekte ihrerseits die Menschen beeinflussen, ist ebenfalls unstrittig. Dass aber schließlich Objekte ein gewisses Eigenleben führen mögen, sie selbst Macht aus-

---

1 Vgl. beispielhaft Walgenbach et al (2008).
2 Vgl. u. a. www.emma.de/artikel/gender-studies-sargnaegel-des-feminismus-334569, www.zeit.de/2017/32/gender-studies-feminismus-emma-beissreflex, www.google.com/search?client=safari&rls=en&q=die+verleumdung+butler&sa=X&ved=0ahUKEwjwrNWV3P3WAhUEnBoKHchTDH0Q1QIIYSgB&biw=1386&bih=748, www.zeit.d2017/33/gender-studies-judith-butler-emma-rassismus/seite-2, www.zeit.de/2017/33/gender-studies-judith-butler-emma-rassismus, www.taz.de/!5439384/, www.deutschlandfunkkultur.de/alice-schwarzer-contra-judith-butle-ueberfaelliger-streit.1013.de.html?dram:article_id=394048 (alle Zugriff 23.10.2017).

üben, ist vielleicht weniger bekannt, allerdings philosophisch und kulturell längst nicht erst seit Bruno Latours gegenwärtig geradezu penetrant modisch rezipierter Akteur-Netzwerk-Theorie (vgl. Latour 2007) en vogue. Die Objekte spielen unterschiedliche Rollen je nachdem, wo und bei wem sie sich befinden: Während Kinder den Dingen eine Seele einhauchen, sie zu Helden oder Tröstungsobjekten machen (vgl. Winnicott 1969; Winnicott 2006; Piaget 1992), verwandeln sie sich in der Erwachsenenwelt in Objekte mit einem Eigenleben, die mal kommunizieren (vgl. Antonelli 2011), ein anderes Mal Macht ausüben (vgl. Sturm 2009) und gelegentlich sogar gewalttätig werden (vgl. Antonelli/Hunt 2015).

Meine Analyse konzentriert sich auf ein Phänomen, das eben deshalb so häufig ignoriert wird, weil es im Bewusstseinshorizont gar nicht auftaucht: dass nämlich Design, also die Gesamtgestaltung der analogen und digitalen Brands, Produkte, Kommunikationen etc. sich geschlechterspezifisch aufdrängt. Denn ob es uns gefällt oder nicht, ob es uns bewusst ist oder nicht: Alle Produkte, Zeichen, Dienstleistungen, denen wir – entweder gezwungenermaßen – täglich konfrontiert sind oder mit denen wir uns – freiwillig – alltäglich umgeben, sprechen zu uns immer auch vergeschlechtlicht.

Diese Kommunikation ist hoch komplex und funktioniert nach dem klassischen double-bind-Muster: Die immateriellen und materiellen Objekte versuchen mit allen Mitteln, unsere Aufmerksamkeit zu erregen: Sie dienen sich uns an, suchen uns zu verführen, mühen sich, ihren Nutzen unter Beweis zu stellen ... – und wir reagieren als ebenfalls geschlechtliche Wesen auf die materiellen und immateriellen Objekte, deren Funktionalität und Anmutung. Wir sind in unserer Kultur, in unserem Alltag immer noch in allen Bereichen und jederzeit von Projektionen über Weiblichkeit und Männlichkeit geprägt. Geschlechterklischees und -vorurteile sind heutzutage in den westlichen Gesellschaften zwar subtiler und manchmal durchaus uneindeutiger geworden, keinesfalls jedoch überwunden. Orientierungen und Identitäten haben sich diversifiziert und werden offener ausgelebt, aber mit der zweifellos sich verstärkenden Verwischung eindeutig gekennzeichneter Geschlechtszugehörigkeit korrespondiert auf der anderen Seite eine Verunsicherung über die Geschlechtsidentifizierung. Die westliche Kultur neigt insgesamt zu einem starken Denken und Handeln in Polaritäten; und nach dieser Logik der alternativen Eindeutigkeit werden die Menschen konventionell vergeschlechtlicht mit Eigenschaften und Attributen belegt. Sie werden identifiziert, um als männlich oder weiblich konstruiert erkannt und benannt zu werden; das dient der gesellschaftlichen Majorität als Abwehr von Verunsicherung und als angstabwehrender Versuch der Bewahrung der eigenen Geschlechtsintegrität.

Ob „geschlechtsspezifisches" Design als Strategie eingesetzt wird oder „aus Versehen" passiert: Die Gender-Perspektive versetzt in Erstaunen, fördert Verborgenes zutage und zeigt Defizite in der Recherche, Konzeption, dem Designprozess auf.

Mach 3 Turbo versus Venus Embrace Sensitive

Ich möchte nun beispielhaft an einigen Produkten demonstrieren, was da alles auf den unterschiedlichen Ebenen an banalen Geschlechterklischees mitschwingt. Es wird sich daran auch zeigen, dass das Konstrukt „Macht" niemals auf so genannte „weibliche" Produkte zutrifft, sondern für „männliche" reserviert ist. Beginnen wir mit einem von allen Geschlechtern genutzten und bereits hin und wieder als Beispiel erkundeten sehr niederkomplexen Produkt, das dennoch an der Oberfläche hegemoniale Macht oder unterlegene Ohnmacht demonstriert. Zugegeben füge ich hier ein sehr simples, nichtsdestotrotz wirkmächtiges Objekt an: den Nassrasierer.

Die Männer adressierenden Rasierer warten auf mit kräftigen Farben – schwarz, dunkelblau oder metallic-farben und (Ferrari-)rot. Die markigen Formen sind klar, wenige Rundungen, dafür Griffe, die das Zupacken nahelegen. Und dann die langen Produktnamen: *Power Select, Sword Quattro Titanium Precision, Mach 3 Turbo* oder *Fusion Power Stealth* (der von Designern für das US-Militär gestaltete „Stealth Bomber", ein Tarnkappenflugzeug, war bekanntlich aufgrund seiner Form für Radar unsichtbar). Die Namen glänzen mit physikalischer und mathematischer Kompetenz, und sie sind sehr schnell: Düsenjet, (Schall)Geschwindigkeit, Strömungsverhältnisse (Mach-Zahl). Hinzu gesellen sich kriegerische Sportlichkeit wie beim Schwert, zusätzlich verbirgt sich ein Automodell (Audi Quattro) hinter der umständlichen Produktbezeichnung und, besonders machtvoll eingefangen, die Doppelbedeutung von Titan(ium): einerseits das Metall Titanium, das besonders beständig und widerstandsfähig ist, eine hohe Festigkeit bei geringer Dichte und einen hohen Korrosionsschutz aufweist; andererseits in der griechischen Mythologie verankerte Riesen in Menschengestalt und ein mächtiges Göttergeschlecht, die Titanen. Der männliche Nassrasierer verspricht weit gefächerte Macht und bedient nahezu alle Stereotypen männlich-patriarchaler Herrschaft und (Pseudo-)Intelligenz. Relevant in diesem Zusammenhang ist die gänzlich auf die Oberfläche gerichtete Bedeutung: Namen, Farben, Metaphern. Auf die Funktion oder gar die Qualität der Nassrasierer wird in keinem Beispiel eingegangen. Die Funktionsbeschreibung könnte auch nichts Nennenswertes dazu beitragen, und schon gar nichts über eine qualitative Differenz zwischen sogenannten Herren- und Damenrasierern berichten. Bestenfalls über die je nach Körperteil unterschiedliche Dichte, Struktur, Länge und Härte der Behaarung könnten Aussagen getroffen werden – die aber würden die ideologische Unterscheidung zwischen Männer- und Frauenrasierern nicht betreffen.

Schauen wir uns nun auch bei den auf Frauen zielenden Rasierern die drei Charakteristika Form, Farbe, Naming an: Die Griffe sind entweder kreisrund oder elliptisch, die Farben ausnahmslos pastellig: lila, fliederfarben, pink, türkis. Die Ladyshavers warten mit ebenfalls erstaunlich klischierten Namen auf: *Venus Embrace Sensitive, Venus Breeze Spa, Intuition Sensitive Care, Lady Protector, Angel.* Auch hier darf die mythologische Götterwelt nicht fehlen, nun inkarniert in schierer Weiblichkeit: Venus, die römische Göttin der Liebe, Erotik, Sinnlichkeit, Schönheit, geriet zum schwärmerischen Motiv vieler allesamt männlicher Künstler; das bekannteste und gelungenste dürfte Sandro Botticellis „Geburt der Venus" von 1484/85 sein – übrigens insofern ein Tabubruch, als es sich um den ersten weiblichen Akt der Neuzeit handelt.[3] Neben der Venus erscheint als Nassrasierer-Benamung der Engel – heutzutage ein ebenso liebliches wie mittlerweile zum Weiblichen mutiertes Wesen. Und im weltlichen Kontext wird die Frau zur „Lady" geadelt. Bezeichnend sind auch die weiteren diesen Grazien beigegebenen Verbindungen: Sinnlichkeit und Sensibilität verweisen auf das Feine und Ästhetische, weshalb auf jeden Fall ein Hauch, eine Brise aus dem Wellness-Bereich herüberweht, um die Schönheit zu bewahren und zu schützen („Protector"); dazu passt die Umarmung doppelt: als eine der Schönheit innewohnende und sie zugleich umarmende Sinnlichkeit. Diese Begriffe verschmelzen ferner zu einem Konglomerat, in dem sich das Emotionale der Umarmung mit Schutz, Fürsorge, Pflege und weiblicher Intuition vereinigt – nur Empathie fehlt in diesem Kaleidoskop angenommener und zugemuteter weiblicher Kompetenzen und Interessen.

Die Funktion männlicher und weiblicher Rasierer müsste sich im übrigen in keiner Weise voneinander unterscheiden. Denn ihr einziger Sinn und Zweck ist es, Haare an unterschiedlichen Stellen aller Körper zu entfernen. Dazu bedürfte es wahrlich all dieser schmuckhaften Unterschiede nicht, denn die Technik ist ohnehin die gleiche.

Weiblich überformte Produkte

Dieses schlichte Beispiel erhellt, dass kulturell weiblich überformte Produkte in der westlichen Welt offenbar per se nicht die Kraft besitzen, Macht zu demonstrieren. Macht, da historisch so lange fast ausschließlich männlich besetzt, scheint eben deshalb an Vorstellungen von Männlichkeit zu kleben. *„Macht bedeutet jede Chance, innerhalb einer sozialen Beziehung den eigenen Willen auch gegen Widerstreben durchzusetzen, gleichviel worauf diese Chance beruht."* (Weber 1972) In konsequenter Entgegensetzung zu solch patriarchaler Hegemonialität erscheint alles weiblich Konnotierte schwach, niedlich, sanft, harmlos – oder sogar lächerlich.

Zu Aktionen, die als weiblich – und aus diesem Grund als dumm und dämlich – tituliert werden, habe ich Im Netz bestürzend häufig Bilder gefunden, die notorische Vorurteile gegenüber als dumm denunzierten Frauen darstellen– die „Echtheit" dieser Fotos ist nicht zu beurteilen, aber das ist im Kontext der Verunglimpfung auch irrelevant: So oder so erfüllen sie ihre Funktion.

Bei meinen Recherchen entdeckte ich viele Postings unter dem Motto „Yes, it's a woman", die ich hier beschreiben möchte: Das erste zeigt ein metallenes geschlossenes Garagentor, in dessen unterem Drittel lauter kleine horizontale Dellen zu sehen sind. Das ist nicht ungewöhnlich, gewiss sehen nach längerer Zeit viele Garagento-

---

3   Der erste männliche lebensgroße Nackte in der Kunst nach der Antike war die in der Frührenaissance um 1430-40 erschaffene Bronze-Freifigur David von Donatello (Donato di Niccoló di Betto Bardi) (vgl. u.a. Poeschel 2014; Hurschmann et al. 2000).

re so aus. Den Clou liefert ein real existierendes Parkplatzschild, das oberhalb der Dellen angebracht ist: das übliche weiße „P" auf blauem Grund, gefolgt von dem Wort „Frauenparkplatz". Damit die beiden Dinge – ein Garagentor und das Schild für einen Frauenparkplatz – zu einem Witz reüssieren, bedarf es dieser Kombination. Wäre auf der leicht verbeulten Garagentür lediglich das Schild „Parkplatz" oder, noch drastischer, „Männerparkplatz" angebracht worden, hätte niemand gelacht, sondern sich gefragt, wieso solch ein Foto gezeigt wird. Der „Humor", wenn wir ihn denn so nennen wollen, funktioniert einzig und allein durch den Wortteil „Frau".

Sehr ähnlich stellt sich der „Witz" eines zweiten Bildes dar: Aus der Vogelperspektive fotografiert, ist ein Parkplatz zu sehen, auf dem parallel verlaufende Markierungen die jeweiligen Parklücken signalisieren und voneinander abgrenzen. Bis auf einen Platz sind alle anderen ordentlich belegt, nur die eine Ausnahme irritiert: In einer Parkbucht zwischen den vielen anderen steht ein kleines Auto quer, d. h. im rechten Winkel zu den Markierungen und Autos. Des Weiteren sind zwei Personen zu sehen, die offenbar auf dem Weg zu ihren jeweiligen Autos sind, die eine männlich, die andere weiblich. Die Frau geht auf das quer geparkte Auto zu, das Auto und sie sind in einem markierten Kreis eingefangen, und am unteren Ende des bearbeiteten Fotos findet sich der fett in Gelb geschriebene Satz: „Yes, it's a Woman!!!"[4] Und wieder geht der Witz auf Kosten des weiblichen Geschlechts; eine andere Lesart als die, dass Frauen eben ihre Unfähigkeit und Dummheit in vermeintlich männlichen Kompetenzbereichen (hier: Auto) demonstrieren, kann es nicht geben.

Das Töricht-Weibliche

Vor einiger Zeit entdeckte ich im Netz etwas, das ich „Auto-Posing" genannt habe: Ein erstes ziemlich gewohnt-gewöhnliches Bild zeigt junge Frauen, die in kurzen Röckchen, mit langen Beinen, laszivem Blick und sexy Haltungen vor Autos posieren – hinreichend bekannt durch Auto-Shows oder, noch sexistischer, Pin-up-Kalender, die gern in KFZ-Werkstätten herumhängen. Aber als nächstes folgt in der anonymen Netz-Präsentation ein verwirrendes Bild: Männer in genau den gleichen Posen – und diese Inszenierung wirkt keineswegs verführerisch, sie gerät weder attraktiv noch gar erotisch, sondern allein lächerlich.

Versuchen wir nun kurz einen experimentellen Rollentausch: Was geschieht, wenn die machtlosen Objekte und Handlungen Männern zugeordnet werden? Auch hier wieder ein Objekt und eine Handlung, die sich auf der gleichen Ebene wie die zuvor erwähnten abspielen – nun allerdings haben die Objekte eben einen Genderswap durchlaufen, wurde ein männliches Objekt par excellence "verweiblicht": Urinoirs wurden durch eine so oberflächliche Veränderung wie pink- und türkis-farben eingefärbt und zusätzlich mit rosa Schleifchen verziert. Durch diese

---

4   Vgl. Circle City Communities: Yes, it's a Woman, www.circlecity.co.uk/picture_jokes/wpark.php#top (Zugriff 22.10.2017).

dekorative Veränderung wirken sie komisch, ja lächerlich. Allein aus dem Grund, weil Farben und Schmuck so eindeutig weiblich assoziiert sind, dass das mannhafte Objekt plötzlich schwach und dumm wirkt. So also bedeutet das die Ohnmacht aller Objekte, die gesellschaftlich als eindeutig der weiblichen Sphäre zuzuordnende konstruiert sind.

Eine Frau hingegen, die raumgreifend, also der sozialen Konstruktion nach „männlich" posiert, oder einen Panzer lenkt, wirkt womöglich einschüchternd oder befremdlich, aber mitnichten lächerlich. Das bedeutet: Die „Verweiblichung" von Dingen und Handlungen wirkt nie mächtig, sondern immer harmlos, niedlich, schwach, fragil, albern etc., während eine „Vermännlichung" stark macht, ermächtigt. Entsprechend sind Macht oder Ohnmacht immer einem eindeutig alternativ-vergeschlechtlichten Objekt zugewiesen, die damit wiederum an ein ebenso vergeschlechtlichtes Subjekt gebunden wird.

Machtkonventionen

Bisher also musste festgestellt werden, dass machtvoll und mächtig wirkende Artefakte, einer konventionellen Logik folgend, männlich konnotiert sind. Und dies gilt nicht nur für Produkte aus dem militärischen (Waffen, Uniformen) oder kriminellen Umfeld (Messer, Schlagringe, Ketten, etc.), sondern etwas subtilere Formen finden sich darüber hinaus in bestimmten Sportgeräten, Autos und Motorrädern, artikulieren sich aber auch in gewissen Werkzeugen (Beil, Hammer, Elektrobohrer), sogar Haushaltsgeräten (große Messer, spezifische Küchenmaschinen) sowie Mode (Tarnmuster, Cowboy- oder Military-Stiefel) – die Aufzählung ließe sich fortsetzen. Dabei ist es ganz unerheblich, ob auch andere Geschlechter diese Dinge de facto nutzen oder besitzen, denn hier geht es exklusiv um die gesellschaftlich konventionalisierte Wirkungsmacht, die solche Produkte in ihrem Eindruck und Einfluss als der männlichen Sphäre zugehörig identifizieren.

Unweigerlich jedoch stellt sich die Frage, ob tatsächlich überhaupt keine Objekte existieren, die gesellschaftlich als Ausdruck weiblicher Macht gelten (können). Meine Recherchen ergaben schließlich doch ein etwas differenzierteres Bild. Wobei ich darauf hinweisen muss, dass es sich um noch sehr experimentelle Versuche der Kristallisation weiblich inkarnierter Objektmacht handelt. Ich probiere im Folgenden ein Objekt, das womöglich auf den ersten Blick als sein Gegenteil: als außerordentlich modisch-harmlos erscheint, und erst auf den scharfen zweiten Blick sein gewaltiges Machtpotenzial enthüllt.

Die Handtasche

Ich werde nun ein ebenso gewohntes wie stereotyp weiblich konnotiertes Objekt als einen möglichen Kristallisationspunkt vorstellen, an dem sich Macht in sehr spezifischer Weise bündelt. Es ist unausweichlich, dieses symptomatische Objekt aus den Dingkategorien herauszugreifen, da es über hohe symbolische Kraft verfügt und zudem einer rigiden Geschlechterspezifik folgt: Die Handtasche gehört, so müssen wir konstatieren, zu (vielen) Frauen wie der Hobbykeller zu (vielen) Männern. Taschen im Sinne von „Bags" können von allen Geschlechtern getragen werden, obwohl Form und Farbe dann doch häufig „Gender Markers" kommunizieren. Die *Hand*tasche aber scheint die Inkarnation (eben tatsächlich als Einverleibung) eines weiblichen Accessoires zu sein. *„Indeed, researchers have found that the average 30-year-old owns 21 handbags and buys a new one every three months. That adds up to 111 over the course of a lifetime (...) Five per cent of those surveyed even admitted to owning more than 100 at present.*"[5] Handtaschen können einen hohen Wert haben, wenn sie den „richtigen" Brand aufweisen; Kennerinnen vermögen alltägliche, „billige" Handtaschen sehr genau von den teuren Marken zu unterscheiden. So übernimmt die Handtasche auch die Rolle, die eigenen Vorlieben zu kommunizieren, Geschmack und Status zu demonstrieren. Obwohl stumm, legen die Handtaschen beredtes Zeugnis über Wertigkeit und Kennerschaft ab.

Seit vielen Jahren diktiert die Mode große und vielfach weiche Taschen, so genannte „XL-Taschen". Die weibliche Tasche stellt sozusagen die voluminöse und streng nach innen abgedichtete Außenhaut des verborgen zu haltenden Innenlebens dar, das mit seiner wilden Dinge-Mischung das persönliche Leben wie eine Kurzgeschichte enthält. Denn die Handtasche (ver)birgt so viele Dinge vor den Augen anderer. Wollten wir die Dinge clustern, so ergäben sich mindestens fünf Kategorien: Ökonomie/Finanzen, Schönheit, mobiler Werkzeugkoffer/Emergency Kit, Sicherheit/Kontrolle, Arbeit/Freizeit.

Die Handtasche, so meine These, ist der bisherige Inbegriff und zugleich ganz buchstäblich die beste Verkörperung weiblicher Macht durch ein Objekt. *„Taschen sind Zeichen von Übergang und Veränderung im Leben einer Frau. Sie kommen und gehen mit den verschiedenen Lebensphasen und -übergängen, mit den jeweiligen Orten und Zielen. Die erste Tasche ist für viele ein Übergangsritus von der Kindheit zur erwachsenen Frau.*"[6] Wir können die Handtasche berechtigt als ein Dazwischen-Medium bestimmen: zwischen sachlich und emotional changierender Funktionalität und dem dekorativem Accessoire, das häufig auch zusätzlich nach außen sichtbar mit diversen Schmuckelementen besetzt ist: Steinen, Verschlüssen, Nieten, Federn, Pelz. Dieses „Schmuckkästchen", das Freud als Symbol für die Frau schlechthin interpretierte (vgl. Freud 1991, 158) beweist im übrigen literarisch und mythologisch seine hohe Symbolik im weiblichen Kontext; ich erwähne lediglich ein sehr bekanntes Beispiel: Die Büchse der Pandora stellt einmal mehr das Cliché der neugierigen Frau her, die die von Zeus ihr übergebene Büchse den Menschen schenken, ihnen aber mitteilen

---

5   The Bag Forum: „Sienna Miller syndrome: Why a woman owns 111 handbags in her lifetime", www.thebagforum.com/news/8049-sienna-miller-syndrome-why-woman-owns-111-handbags-her-lifetime.html (Zugriff 22.10.2017).

6   Colibri Research/WeJane: Bag Stories - Was Handtaschen über Frauen verraten, Amsterdam (ESOMAR/ European Society for Opinion and Market), www.colibri-research.de/wp-content/uploads/2013/05/bag_stories_colibri.pdf (Zugriff 22.10.29017).

sollte, dass sie sie niemals öffnen dürften. Und Pandora öffnet die Büchse „natürlich" gleich selbst. Damit bringt sie der Welt alle Laster und Verderbnisse, die zuvor unbekannt waren: Krankheit, Tod, Arbeit usw. Nun hätte die Dose auch die Hoffnung enthalten, aber bevor diese entweichen konnte, schloss sie sich wieder – die fundamentale Schuld der Frau, wie in der Bibel, hier in der griechischen Mythologie etwas anders formuliert.

Die Handtasche wird zu einem Beziehungsobjekt (ein „Schmelztiegel" weiblichen Lebens), kann Ausdruck von Identität sein (Spiegelung des Selbst nach innen und außen), soziale Signale aussenden (Kommunikation von Gruppen-Zugehörigkeit und Gruppen-Abgrenzung), und sie ist ein Kontrollinstrument (auf alles vorbereitet sein, die Dinge im Griff haben).[7] Vor allem aber ist sie zutiefst geheimnisvoll und intim.

„If I don't have my bag hanging from my shoulder, I feel little naked. The handbag becomes part of me as if it is an essential part of my body, like my womb. (...) I know the bag as well as my own body." (Farber 2016) Sharon Farber geht in ihrer Beschreibung einer zutiefst libidinösen Beziehung sogar so weit, die Tasche als ihrem Körper direkt zugehörig zu fühlen – und zwar nicht irgend einem eher äußeren Teil, sondern einem vollkommen intimen weiblichen Organ, dem Unterleib oder Uterus!

Sigmund Freuds Verdienst der Entdeckung und Veröffentlichung der Sexualität als höchster Wunsch wird ohne Zweifel durch seine vollkommene Fehleinschätzung der weiblichen Sexualität gemindert. Auch wenn ihn offenbar nichts hinderte, sich sehr ausführlich mit der weiblichen Sexualität zu beschäftigen, gab er doch immerhin an manchen Stellen seine komplette Ignoranz zu: *„Vom Geschlechtsleben des kleinen Mädchens wissen wir weniger als von dem des Knaben. Wir brauchen uns dieser Differenz nicht zu schämen, ist doch auch das Geschlechtsleben des erwachsenen Weibes ein dark continent für die Psychologie."* (Freud 1991 b, 241) Petra Rainer hat an Freuds Thesen übrigens eine sehr differenzierte Kritik dargelegt, die diese Anfänge der Psychoanalyse nicht pauschalisierend verdammt (vgl. Rainer 2009).

Handtaschen sind in der Tat konkave Behälter, mit einem großen „Schlund" versehen, der Verschlingungsängste hervorrufen mag, und der in eine dunkle Höhle führt, von der Außenstehende nicht wissen, was sich darin befindet. Und Außenstehende sind eigentlich alle außer der Handtaschenbesitzerin – bestenfalls wissen andere Frauen um das mögliche Innenleben einer Tasche aus eigener Erfahrung. Eine meiner Kenntnis nach weltweit geltende strikte Regel besagt, dass Dritte, insbesondere Männer, keinen Zutritt zu einer weiblichen Tasche haben. Insofern wirkt dieses weibliche Modeaccessoire zutiefst unheimlich, es verbirgt, vorzugsweise vor den männlichen Einblicken, alles, was in einem weiblichen Leben unabdingbar mit sich getragen wird. Das Innenleben dieses von außen so modisch und auffällig gestalteten und branded Objekts erlaubt es, das geheimnisvolle, sogar tabuisierte Innere als (eindeutig weiblich konnotierte) Macht der Intimität zu begreifen. Und die Macht erweitert sich konsequent dahingehend, dass Frauen dazu tendieren, in diesen großen Handtaschen stets etwas zu suchen (das sich, eben we-

---

7   Vgl. Colibri Reserach/WeJane: Bag Stories, a.a.O.

gen der unübersichtlichen Größe, so schwer finden lässt). Daran konnten bislang auch alle Lifestyle-Tipps nichts ändern – etwa, die wichtigsten Dinge wie Schlüssel und Telefon in einem Extra-Beutel auffälliger Farbe in der Tasche zu verwahren. Es scheint eher so, als ob Frauen, un- oder vorbewusst, subtile Macht verströmen, indem sie durch langes Suchen die anderen (Männer) passiv und hilflos zuschauend warten lassen. „Sie suchte in ihrer Handtasche" – Max Frisch über Ingeborg Bachmann.

Diese geheimen Orte wirken dadurch noch einschüchternder, weil eine Ahnung existiert, dass sie wohl tatsächlich das intime Leben, komprimiert, en miniature, enthalten. Dadurch werden die vielen ebenso unsichtbaren wie geheimnisvollen Dinge in der Tasche, von denen niemand Genaueres weiß, noch zu Symbolen erhöht. Sie tragen große, unverständliche Bedeutung, sie sind zu unsichtbaren, unerkannten Erkennungszeichen für etwas geworden, das von jenen, die nicht „dazu gehören", nicht dechiffriert werden können. Diese Unsicherheit erzeugt Macht auf der einen, Verunsicherung und Verhaltensschwierigkeiten auf der anderen Seite. – Und noch ein Indikator für die Mächtigkeit dieses so modisch und auf den ersten Blick trivialen Zubehörs findet sich: Die Handtasche als womöglich einziges Objekt ermächtigt deren Besitzerin, sich eine in den Raum erweiterte Extension ihres Körpers zu erlauben.

Die Waffe einer Frau

Die weibliche Handtasche als Machtinstrument, als Waffe: Das mag Vielen als übertrieben oder überinterpretiert erscheinen, aber ich möchte sie eines Besseren belehren. Einige begnügen sich zwar mit eher harmlosen Tiger-Applikationen oder -Stickereien. Aber schon die langen Metallketten, die manche Taschen als von der Schulter zu hängende Bügel zieren, sind durchaus gewalttätig zu interpretieren: Ketten, die kreiselnd geschwungen werden, sind schlicht gefährlich. Andere Bügel sind mit dicken metallischen Stacheln besetzt. Christian Loubotin, ansonsten bekannt für seine absurd hohen High Heel-Schuhe mit roten Sohlen, hat sich eine Handtasche einfallen lassen, die mit Dornen bestückt ist und „Artemis" heißt, so fortan auch der Name dieser Tasche und nicht mehr nur der Name der griechischen Jagdgöttin und Hüterin der Frauen und Kinder. Andere aber designen noch direkter die „Waffen einer Frau", mal nicht metaphorisch: Es gibt (sehr teure) Handtaschen, bei denen die Designer gewalttätige Schmuckelemente applizieren: Der morbide Alexander McQueen designte beizeiten gleich den gesamten Korpus der Tasche als Granate. Seine Nachfolgerin Sarah Burton – erstaunlicherweise nicht die einzige Designerin, die solche Tötungsinstrumente in Luxustaschen umsetzt – gestaltete die Abendtasche „Knuckle Duster Clutch" mit Totenköpfen und Schlagring. Für 27.000 Euro bietet „The Row" eine große Tasche aus aggressiv wirkender Alligatorhaut an. Maria Grazia Chiuri entwarf für Valentino die über und über mit Nieten übersäte „Rockstud Dome Satchel Bag".

Fakt ist, dass Frauen, die es sich leisten können, solche Taschen kaufen, einige dieser „Waffen" waren wohl nach kurzer Zeit ausverkauft. Frauen panzern sich und ihr Innenleben gegen die Unbill des Außen, und sie drohen der Außenwelt mit Abschreckungs-Artefakten.

Gewalttätige Taschen

Was sich hier als vielleicht obszöner, zumindest aber bizarrer Auswuchs des Modedesigns manifestiert, realisiert sich in für europäische Verhältnisse ungeahnter Härte, wenn wir in die USA blicken: Denn dort wird tatsächlich ernst gemacht. In den USA werden inzwischen Taschen zum Kauf angeboten, die ganz praktisch und materiell als Waffencontainer designed wurden und sich „concealment bags" nennen: *„Ladies' purses for concealed weapons need to be durable and efficient. While style concerns typically take second place for this type of bag, designers are also becoming more attuned to creating attractive, professional styles of concealment bags."*[8] Der Begriff „Concealment" wird sehr häufig auch im Deutschen für Unreinheiten der Gesichtshaut überdeckende Stifte gebraucht – Tarnung oder Verschleierung durch Makeup. Aber als Waffentasche trifft „concealment" den Sachverhalt wahrlich noch besser, weil die Tasche wie das Gerät von Geheimagenten (weniger: -agentinnen) funktioniert, die wir alle eher aus Filmen denn als Anschauungsmaterialität des Alltäglichen kennen. In einem harmlos wirkenden Gegenstand, einer Handtasche, lauert im dunklen Innern ein gefährliches Verteidigungs- oder Angriffsinstrument, der Revolver. Auffällig ist, dass die Waffenhandtaschen-Designer mittlerweile aufgerufen sind, aus den ersten biederen Frauentaschen, die bis dato lediglich „haltbare" und „leistungsfähige" Behälter als Waffenversteck präsentierten, nun zusätzlich „attraktiv" und „professionell" gestaltete Tarnungsträger anbieten sollen.

Nachdem ich zu Beginn meiner Recherche annahm, dass das Angebot von Waffen-Handtaschen für Frauen ein absonderliches, gleichwohl singuläres Geschäftsmodell sein müsste, wurde ich fatalerweise eines Besseren belehrt. Wenn auch nicht auf europäischen, so wurde ich doch auf US-Websites fürchterlich und reichlich fündig. Im Folgenden werde ich einige der Unternehmen benennen und deren Slogans zitieren.

Alle werben mit Macht und Femininität zugleich. Damit die Weiblichkeit nicht zu kurz kommt, imitiert das Web-Design kitschige und stereotype „Frauen"farben (rosa, lila, pastell), „Frauen"schriften (kursiv, ornamental) und nennt die Handtaschen nach berühmten Frauen-Vornamen (Gwyneth, Kate, Penelope, Belladonna, Jaqueline). Soweit ersichtlich, sind zumindest einige der Firmen von Frauen gegründet oder positionieren diese prominent. Der wahre Durchbruch moderner schöner Frauen-Handtaschen, die Waffen verbergen, begann mit der Gründung des Brands „GunGoddess" – ein ebenso schrecklicher wie immanent gelungener Name: die Waffengöttin. Göttinnen sind jedenfalls selbstbewusst, erhaben über weltliche

---

8   Radcliff, Michelle: „Ladies' Purses for Cocealed Weapons", http://handbags.lovetoknow.com/Ladies_ Concealed_Weapon_Purse (Zugriff 24.10.2017).

Belange, sie sind mächtig – und sei es auch nur durch ein geheimes, mächtiges Accessoire. Die aus Griechenland stammende und durch ihre Heirat mit einem Armee-Angehörigen zur Amerikanerin gewordene Athena Means ist dabei, das Image der Geheimtaschen aufzupolieren und aus ihnen schicke Taschen und Clutches zu machen. Auf das Geschäft mit dem Vertrieb von solchen Waffen-Shoppers kam sie durch *„my own frustration with trying to find feminine, colorful shooting accessories (...). While I am serious about my shooting, I also like to look like a woman while I am doing it. (...) I would like to move in the direction of more GunGoddess-branded items. I definitely plan to expand the t-shirt line. I am also working on a GunGoddess line of range bags and gun cases. (...) Quality is critical. I test and use every product before offering it.*"[9] Means' Liebe zum professionellen Schießsport, den sie offenbar für männlich hält, da sie „dennoch feminin aussehen" möchte, brachte sie auf die Geschäftsidee für weibliche Waffen und -accessoires. Der Aufmacher der Website lautet: „Carrying a firearm for self defense in a stylish, high-quality concealed carry purse is far better than not carrying at all."[10]

Es folgt eine Aufzählung einiger der anderen Anbieter und deren werblicher Slogans:

The Well Armed Woman: "Where the Feminine and Firearms Meet".[11]

eGunBags: "Designer Gun Bags for the Professional Woman".[12]

Concealed Carrie: "Why should women be forced to compromise fashion for function?"[13]

IT'S IN THE bag: "Pretty outside, powerful inside".[14]

Insbesondere dieses letzte Motto folgt meiner Interpretation der durch ein ästhetisiertes nach Außen verschleierten Macht-Innere ziemlich direkt – wenn auch verkürzt und unter vollkommen anderen Gesichtspunkten und mit diametraler Intention.

Aus der Reihe der Waffentaschen fällt lediglich der fast ironisch klingende Brand „Gun Tote'n Mamas"[15]: mattes Grün-Blau für den Namen in kräftigen Versalien, die mich entfernt an Stempelschrift oder den Wilden Westen erinnern, klare Informationen, relativ geradlinige Leder-Handtaschen ohne viel Schnick-Schnack; und der Slogan betont sowohl bei den Designerinnen und Inhaberinnen als auch bei den Kundinnen weibliches Selbstbewusstsein: „A Certified Women-Owned Company" und „inspired and developed by women for women, taking control in style".[16] Die Verbindung von „stilgerecht" und „Kontrolle übernehmen" ist ziemlich clever ge-

---

9   the won: „Meet Athena Means - the woman behind ‚GunGoddess.com'", 31.01.2012, www.womens-outdoornews.com/2012/01/meet-athena-means-the-woman-behind-gungoddess-com/ (Zugriff 25.10.2017).

10   GunGoddess: „Concealed Carry Purses", www.gungoddess.com/concealed-carry-purses/ (Zugriff 24.10.2017)

11   The Well Armed Woman: https://thewellarmedwoman.com/ (Zugriff 25.10.2017).

12   eGunBags: www.egunbags.com/gun-purses-1/ (Zugriff 23.10.2017).

13   Concealed Carrie: www.concealedcarrie.com/ (Zugriff 25.10.2017).

14   IT'S in the BAG: www.itsinthebagboutique.com/ (Zugriff 25.10.2017).

15   Vgl. Gun Tote'n Mamas: https://guntotenmamas.com/ (Zugriff 25.10.2017).

16   ebd.

wählt, ohne allzu pathetisch und gar süßlich zu wirken. – Bedauerlich, dass die „Gun Mamas" mittlerweile Waffentaschen gestalten und vertreiben, denn zuvor waren sie im Geschäft mit Reisetaschen und accessoires.

Aus der Deckung zielen

Zu Beginn der Überlegungen hinsichtlich weiblich konnotierter Macht, inkarniert in Produkten, war mir nicht klar, was sich am Ende kristallisieren könnte. Als ich schließlich im langen Verlauf meiner Suche auf die Handtasche als Verkörperung weiblicher Macht gekommen war, die so ganz anders strukturiert sein musste als die gewohnte männlich assoziierte Herrschaft, hatte ich das weibliche US-Waffentaschengeschäft noch gar nicht entdeckt. Bis zu jenem Zeitpunkt hatte ich die „Macht-Tasche" der Frau als zwar wirkungsvoll interpretiert – aber auf symbolischer Ebene. Dass die Taschen auch reale, materielle Gewalt erfolgreich inkarnieren können, nehme ich als Beleg für die Richtigkeit meiner These von der geheimnisvollen Produktmacht entgegen der offensiven männlichen Macht.

Folgerung: Gendered Tarnungs-Macht

Die Handtasche gehört also zu jenen Objekten, die nicht der gesellschaftlichen Ding-Konvention – Beeindruckung durch das Objekt an sich selbst – folgen, und die wir als machtvoll und mächtig zu interpretieren und zu akzeptieren gelernt haben. Weiblich konnotierte Macht existiert, nur wird sie eher im sozialen Kontext sichtbar. Sie muss erklärt werden. Sie kann nicht so einfach in Produkte eingeschrieben werden, weil traditionelle und uns verständliche Symbole der Macht – wie sie sich immer auch in Objekten manifestieren – eben gesellschaftlich männlich konstruiert sind.

Ein zweites, damit zusammenhängendes Kriterium: Weibliche Macht zielt aus der Deckung heraus. (Nicht von ungefähr gebrauche ich hier den Begriff „zielen".) Es sind weniger die Objekte selbst, die explizit und nach außen gerichtet Macht ausdrücken. Es sind die Kontexte, in denen Frauen mit spezifischen, weiblich konnotierten Objekten hantieren, die den Männern unverständlich bleiben, die klein oder groß, spitz und scharf, vor allem aber unscharf sein können; die undurchsichtig, verschleiernd, verdeckend, manchmal sogar unsichtbar und damit direkte Macht negierend, ihre Macht entfalten.

Es sind also keine spektakulären, sondern ganz normale, manchmal sogar banale Alltagssituationen und -objekte, in denen Dinge mit Individuen kommunizieren; oder in denen als sicher angesehene Feststellungen überraschende andere Einsichten bieten; oder in denen durch ironische Eingriffe sich das wahre „Objektgeschlecht" entpuppt; und so der Nachweis geführt wird, dass die Gender-Kategorie eine lebendige, erhellende und wichtige Inspirationsquelle ist, das Design einer kritischen Überprüfung auszusetzen.

Literatur

Antonelli, Paola (Hg.) (2011): Talk to Me! Design and the Communication between People and Objects, New York, NY: The Museum of Modern Art, Kat.

Antonelli, Paola/Hunt, Jamer (Hg.) (2015): Design and Violence, New York, NY: Museum of Modern Art, Kat.

Farber, Sharon K. (2016): „Why Getting a New Handbag Makes Me Crazy". In: Psychology Today, 02.07.2016, www.psychologytoday.com/blog/the-mind-body-connection/201607/why-getting-new-handbag-makes-me-crazy (Zugriff 22.10.2017).

Freud, Sigmund (1991): „Das Motiv der Kästchenwahl". In: Ders.: Werke aus den Jahren 1913-1917, Gesammelte Werke in 18 Bänden, Bd. X, Frankfurt a. M. 1991, 8. Aufl. S. Fischer.

Freud, Sigmund (1991 b): „Die Frage der Laienanalyse". In: Ders.: Werke aus den Jahren 1925-1931, Gesammelte Werke in 18 Bänden, Bd. XIV, Frankfurt a.M.: S. Fischer.

Hurschmann, Rolf / Weiler, Ingomar / Willers, Dietrich (2000): Nacktheit. In: Der Neue Pauly (DNP), Bd. 8, Stuttgart: Metzler, Sp. 974–978.

L'Amour laLove, Patsy (Hg.) (2017): Beißreflexe. Kritik an queerem Aktivismus, autoritären Sehnsüchten, Sprechverboten, Berlin: Querverlag.

Latour, Bruno (2007): Eine neue Soziologie für eine neue Gesellschaft. Einführung in die Akteur-Netzwerk-Theorie, Frankfurt a. M.: Suhrkamp.

Piaget, Jean (1992): Das Weltbild des Kindes, München, 8. Aufl. DTV.

Poeschel, Sabine (2014): Starke Männer – schöne Frauen. Die Geschichte des Aktes, Darmstadt: WBG/Wissenschaftliche Buchgesellschaft.

Rainer, Petra (2009): „Der dunkle Kontinent spricht! Karen Horney und Simone de Beauvoir als Avantgarde". In: SAP Zeitung, Nr. 14, März 2009, http://sap.or.at/wp-content/uploads/2016/08/Rainer_Zeitung_Nr14.pdf (Zugriff 24.10.2017).

Sturm, Dominic (2009): Powerful. Macht und Mächtigkeit im Produktdesign, Diplomarbeit MAS Design/Art + Innovation, FHNW, Basel 2009 (unverö. Ms.), www.bureau-sturm.ch/pdfDownloads/POWERFUL_D.STURM_MAS.pdf (Zugriff 05.05.2017).

Walgenbach, Katharina / Dietze, Gabriele / Hornscheidt, Antje / Palm, Kerstin (Hg.) (2007): Gender als interdependente Kategorie. Neue Perspektiven auf Intersektionalität, Diversität und Heterogenität, Opladen: Verlag Barbara Budrich.

Weber, Max (1972): Wirtschaft und Gesellschaft. Grundriß der verstehenden Soziologie, Tübingen: J.C.B. Mohr, 5. rev. Aufl., S. 28.

Winnicott, Donald W. (1969): Übergangsobjekte und Übergangsphänomene. In: Psyche, 23(9), 1969, S. 666–682.

Winnicott, Donald W. (2006): Vom Spiel zur Kreativität, Stuttgart, 11. Aufl. Klett Cotta.

DIE RUNDE UND DIE KANTIGE WELT

GENDER CODES IM DESIGN

Katharina Krämer und Birgit Weller

Wahrnehmen

Kontraste bestimmen unsere Wahrnehmung. Wir können die Größe, die Helligkeit, die Form oder im Allgemeinen die Eigenschaften eines Objektes oder einer Person nur ins Verhältnis zu einem anderen Objekt oder einer anderen Person setzen. Du bist zum Beispiel kleiner und blonder als ich. Die Unterschiede nehmen wir wahr, aber bewerten diese nicht gleichzeitig qualitativ. Das stetige präzise Vergleichen hilft uns bei unserer Orientierung und Positionierung in der Welt. Wir setzen unsere Erfahrungen in ein Verhältnis zu dem Gesehenen oder Erlebten. Erst in dieser Phase bewerten wir.

Wie absurd ist es nun, dass diese besondere Fähigkeit der menschlichen Wahrnehmung nur noch zu einem Bruchteil bei Gestaltung von Rollenbildern genutzt wird. Es geht nicht mehr um Vielfalt und Unterschiedlichkeit, sondern um Stereotype und um eine extreme Vereinfachung. Schon als ungeborenes Kind wird das Geschlecht bestimmt und wir werden Tochter oder Sohn. Und ganz im Gegensatz zu vielfältigen Wahrnehmungen, Beobachtungen und anschließenden Einordnungen werden wir nun schon als süße Prinzessin und wilder Raufbold zugeordnet. Das Geschlecht steht fest, der Code ist generiert und wir haben uns in der jeweils zugeordneten Produktwelt zurechtzufinden.

Da Kontraste unsere Wahrnehmung bestimmen, ist es verantwortungslos und fahrlässig wie mithilfe dieser Kontraste bereits in den Spielwelten von Kindern deren Verortung in der Gesellschaft verankert wird: Während Jungs als Wissenschaftler die Welt entdecken und gestalten, dürfen die Mädchen als Pferdepflegerin oder Friseurin agieren. Diese in der Kindheit festgelegten Rollenbilder stellen eine Herausforderung für jeden jungen Menschen dar. Der Mut sich diesen Klischees zu widersetzen erfordert Kraft, die für die persönliche Entwicklung wichtig ist. Immerhin waren im Schuljahr 2015/16 noch 89% der Grundschullehrer*innen[1] weiblich.[2] Das Zutrauen in Führungspositionen und gestaltende Positionen

---

1 Das statische Sternchen* stellt vielfältige Geschlechteridentitäten heraus, macht auf die Differenzierung auch innerhalb eines Geschlechts aufmerksam und verweist außerdem auf andere Diversitätsdimensionen. Es wird in diesem Zusammenhang als bewusste Sprachhandlung genutzt, um in den zweigeschlechtlichen begrifflichen Festlegungen Raum zu eröffnen für vielfältige Perspektiven - auch über die Frage von Geschlecht hinaus.

2 Statistisches Bundesamt, Statistisches Jahrbuch 2017, *Bildung*, 2017-01-0205, S. 89

wird bei Mädchen seltener gefördert und es fehlt an Vorbildern. Die Resultate sehen wir auch in aktuellen Statistiken: Nur knapp 25% aller Professor*innen an bundesdeutschen Hochschulen sind weiblich[3] bei nahezu 50% Studentinnen und 50% Studenten.[4] Auch die Zusammensetzung des Bundestages 2017 mit gerade 30,7% weiblichen Bundestagsabgeordneten[5] zeigt Handlungsbedarf in der Gesellschaft. Ebenso finden sich nach wie vor Unterschiede in den Gehältern, die sich im „Gender Pay Gap"[6] ausdrücken: „Der durchschnittliche Bruttostundenverdienst der Arbeitnehmerinnen in Deutschland liegt deutlich unter dem ihrer männlichen Kollegen. Während Frauen im Jahr 2016 pro Stunde durchschnittlich 16,26 Euro verdienten, erzielten Männer einen Stundenlohn von 20,71 Euro."[7] Diese Zahlen lassen sich endlos erweitern: Sind derzeit nur 24% der Beschäftigten im Gesundheitswesen männlich[8], so findet sich in den Vorständen der 100 bzw. 200 größten deutschen Unternehmen ein Frauenanteil von etwas über 8%.[9]

Theoretisch und fiktiv sind wir doch bereits in der Gleichberechtigung angekommen: Zahlreiche gesetzliche Vorgaben sowie politisch und institutionell gesteuerte Maßnahmen zielen auf Gleichstellung im privaten und beruflichen Kontext: Vereinbarkeit von Familie und Beruf, Kinderbetreuung, Elterngeld, Frauenquoten, Ehe für alle – trotz vorhandener Strukturen scheint die Praxis noch nicht gefolgt zu sein und eine faktische Gleichstellung in der Gesellschaft noch nicht angekommen. Unsere Wahrnehmung bezüglich geschlechtlicher Stereotype wird durch diese theoretisch zur Verfügung stehende Gleichberechtigung getrübt. Die Diskrepanz zwischen dem, was wir annehmen zu sein – nämlich gleichberechtigt – und dem was wir sind – nicht gleichgestellt – wird von Männern und Frauen nur noch selten wahrgenommen. Jede Diskussion, jedes Gespräch über Gleichberechtigung und Gleichstellung berührt uns Menschen in unserer Geschlechterzuordnung persönlich, was einen sachlichen Austausch erschwert.

Codieren

Die Welten von Tarzan und Jane sind scheinbar noch immer faszinierend, sodass wir sie bewahren möchten. Erst durch die direkte Konfrontation mit statistischen Auswertungen und mit der realen „rosafarbenen" und „hellblauen" Produktwelt

---

3   Statistisches Bundesamt, Statistisches Jahrbuch 2017, *Bildung*, S. 101
4   Statistisches Bundesamt, Statistisches Jahrbuch 2017, *Bildung*, S. 98
5   vgl. www.bundestagswahl-2017.com/ergebnis/#frauenanteil [Zugriff 07.11.2017]
6   vgl. www.destatis.de/DE/PresseService/Presse/Pressemitteilungen/2017/03/PD17_094_621.html
7   Statistisches Bundesamt (Destatis) (2017): Verdienste auf einen Blick, S. 18 www.destatis.de/DE/Publikationen/ ThematischVerdiensteArbeitskosten/Arbeitnehmerverdienste/BroschuereVerdiensteBlick0160013179004. pdf?__blob=publicationFile [Zugriff 01.11.2017]
8   vgl. www.destatis.de/DE/ZahlenFakten/GesellschaftStaat/Gesundheit/Gesundheitspersonal/Gesundheits personal.html [Zugriff 07.11.2017]
9   vgl. https://de.statista.com/statistik/daten/studie/180102/umfrage/frauenanteil-in-den-vorstaenden-der-200-groessten-deutschen-unternehmen/ [Zugriff 07.11.2017]

öffnen sich viele Augen. Wer in einer weniger umfassend über das Geschlecht differenzierten Produktwelt sozialisiert wurde, wundert sich über diese Aneinanderreihung klischeehafter, überholt geglaubter Zitationen von „weiblich" und „männlich" in den Produkten und ihrer Vermarktung. Menschen, die in der Phase unserer Gesellschaft aufgewachsen sind, in der Gleichstellung strukturell angestrebt wird und die diese auch selbstverständlich leben, werden erst durch den bewusst wahrgenommenen Gender-Produkt-Dschungel mit der Wirklichkeit konfrontiert und schockiert. Nach einem fokussierten Besuch der Spielwarenabteilungen zum Beispiel und einer Analyse der dort präsentierten Produkte versteht man die Dramatik der Situation. „Männer und Frauen sind gleichberechtigt", heißt es im Artikel 3 des Grundgesetzes der Bundesrepublik Deutschland. Bei Kinderprodukten jedoch klaffen die Rollenbilder immer mehr auseinander und machen auch vor Schulbüchern nicht halt.[10] Inwieweit sich Jungen mit den Zuschreibungen ihrer vermeintlich durchsetzungsstarken, kämpferischen und technikaffinen ‚Natur' identifizieren können ist ebenso fraglich wie die Reduzierung von Mädchen auf ihre häuslichen und sozialen Interessen und Kompetenzen.

Ausgehend von dieser Beobachtung stellt sich die Frage nach der Rolle des Designs[11] in diesem Prozess der geschlechtlichen Zuordnung, der scheinbar naturgegeben durch das Geburtsgeschlecht seinen Anfang nimmt und bereits in der Kindheit fortgeführt und zugleich manifestiert wird. Es ist fast unmöglich nicht in die „Rosa-Hellblau-Falle" zu tappen (vgl. Verlan/Schnerring 2014). Diese geschlechtlich zweigeteilte Welt, die bis Ende 2018 durch ein drittes Geschlecht erweitert werden wird,[12] wächst auch in unserem weiteren Leben als Konsument*in nicht zusammen. Jeder erwachsene Mensch muss sich täglich entscheiden: Bin ich Tarzan oder Jane? Vom Duschgel bis zu Verpackungen werden Farb-, Form- und Materialcodes in oftmals banalem Rekurs auf flache Stereotypisierungen verwendet. In den letzten fünfzehn Jahren haben wir diese zunehmend ausdifferenzierte Gestaltung von Alltagsprodukten nahezu unbemerkt angenommen. „Nivea", „Florena" oder „Creme 21" waren vor zwanzig Jahren genderneutrale Pflegeprodukte. Dies ist heute kaum noch vorstellbar. Auf der Suche nach neuen Absatzmärkten und der damit verbundenen Produktdiversifizierung zur Gewinnung immer neuer Zielgruppen werden diese immer konsequenter genderspezifisch gestaltet. Dabei unterscheiden sich die Produkte immer weniger in ihrer wirklichen Funktionalität, sondern nur in ihrer äußeren Gestalt, die über Form, Farbe, Typografie und Material vermittelt wird. Auch in den Produktkonzepten sowie in der Verwendung von Schrift- und Bildsprache einschließlich Produktnamen und verbalen Produktbeschreibungen auf Produktverpackungen und in Vermarktungsstra-

---

10 Die Textaufgaben und Rechenübungen „für Jungs" und „für Mädchen" des PONS Verlages aus dem Jahr 2009 wurden mittlerweile aus dem Sortiment genommen, sind aber weiterhin online über andere Quellen verfügbar.

11 Zum Zusammenhang von Gender und Design vgl. Brandes 2002 sowie Brandes 2017.

12 vgl. www.spiegel.de/panorama/justiz/verfassungsgericht-fordert-anerkennung-dritten-geschlechts-eintrag-in-geburtenregister-a-1176974.html [Zugriff 08.11.2017]

tegien finden den Geschlechtern zugeordnete Vorlieben und Bedürfnisse ihren Ausdruck. Hier wurde das Gender Marketing als ein wirksames Instrument zur Vermarktung geschlechtsspezifischer Produkte von der Industrie erkannt und die Konsument*innen werden gezielt geschlechtsspezifisch adressiert. Wie sehr wir in diese differenzierte Produktwelt verstrickt sind, zeigt auch das spezifische Angebot an Nahrungsergänzungsmitteln und Lebensmitteln.[13] oder die Beobachtung, dass heute sogar an der Wirksamkeit von Produkten gezweifelt wird, wenn sie geschlechtsunspezifisch genutzt werden.[14]

Welche Konsequenzen ergeben sich aus dieser Gestaltungspraxis? Im Hinterfragen geschlechtsspezifischen Designs geht es weniger darum, Differenzen zu negieren oder ‚Gleichmacherei‘ zu betreiben. Geschlechtsdifferenzierende und -spezifizierende Gestaltung wird dort problematisch, wo Nutzer*innen stigmatisiert, eingeschränkt oder ausgeschlossen werden, sei es durch festgelegte visuelle oder gestaltete Codes oder Produktkonzepte, die mit stereotypen Attributen verknüpft sind. Ein Werkzeug ‚für Frauen‘, dessen Qualität bezogen auf die Funktionalität, Technologie, Materialwahl und Verarbeitungsqualität weit unter den technischen Möglichkeiten und hinter der Qualität vergleichbarer Produkte ‚für alle‘, die sich oft an ‚männlichen‘ Normen, Standards und Vorstellungen orientieren, bleibt, hat eine ordnende, hierarchisierende, wenn nicht diskriminierende Funktion: Die Arbeit kann mit diesem Werkzeug nicht adäquat ausgeführt werden. Dies führt zu Frustration bei der Nutzerin und letztlich zu einem schlechten Ergebnis, was im Rückschluss zu einer Minderbewertung ‚weiblicher‘ Kompetenz im handwerklichen Kontext führen kann. Umgekehrt wird die Nutzung sogenannter ‚Frauenprodukte‘ von Männern oft als abwertend empfunden und die Nutzung von ‚Männerprodukten‘ durch Frauen wird mit einer Kompetenzsteigerung assoziiert.

Die Beispiele zur Verwendung von Gender Codes in der aktuellen Produktwelt sind vielfältig und unübersehbar. In der Produkt- und Verpackungsgestaltung werden gegensätzliche Welten generiert: Eine dunkle, harte, eckige, glänzende, intelligente, starke, geordnete und praktische sowie eine helle, rosafarbene, weiche, runde, matte, leichte, schwache, verspielte und dekorative. Die geschlechtliche Zuordnung der Objekte ist an verschiedenen Merkmalen ablesbar. So werden Produkte anhand des biologischen Geschlechts differenziert oder anhand stereotyper Rollenbilder zugeordnet. Gestaltungsbestimmend sind außerdem Farbcodierung, Formsprache und Materialität sowie Komplexität oder Proportionen. Vom Kinderspielzeug über Pflegeprodukte bis hin zu Nahrungsmitteln werden Gender Codes auf verschiedenen Kommunikationsebenen und in unterschiedlichen Intensitätsgraden eingesetzt, um Produkte für die Käufer*innen ‚lesbar‘ zu machen.

Am Beispiel von Pflegeprodukten lässt sich dies sehr anschaulich verdeutlichen.

---

13   vgl. z.B. Frauensalz und Männersalz unter www.gourmetmanufaktur-hamburg.de/unsere-produkte/category/gewuerze [Zugriff 08.11.2017]

14   vgl. www.gutefrage.net/frage/kann-man-als-frau-auch-gesichtscreme-fuer-maenner-benutzen [Zugriff 08.11.2017] und www.gutefrage.net/frage/kann-man-als-mann-auch-gesichts--und-koerperpflegeprodukte-fuer-frauen-verwenden [Zugriff 08.11.2017]

Hier gibt es eine klare Trennung zwischen Produktlinien für Frauen und Männer, deren Gestaltung eben diese stereotypen Bilder und Rollenbilder sichtbar macht und gleichzeitig auf die hohe kulturelle Bedeutung des Körpers verweist. Auf der einen Seite finden wir die an Männer gerichteten Produktserien, die in der Verpackungsgestaltung vielfach eine formale Geradlinigkeit in der Formsprache aufweisen, die standfest und durch Fugenverläufe und Radien trotzdem dynamisch wirkt. Die insgesamt dunkle Farberscheinung der Produktpaletten ist getragen von Schwarz-, Grau- und Metallictönen, die durch kontrastreiche Farbakzente in Grün- und Blautönen sowie Akzente in Rot-, Orange- und Gelbtönen ergänzt wird. Sowohl Farb-, als auch Formgebung rufen eine technische Anmutung der Produkte hervor, die durch Motive und Muster mit sportlichem und technischem Kontext unterstützt wird. In Namensgebungen und Produktbeschreibungen wird auf die Effektivität und Stärke der Produkte verwiesen, durch die Gestaltung typografisch unterstützt durch in Versalien gesetzte Schriftzüge.

Im gestalterischen Gegensatz dazu stehen die an Frauen adressierten Produktserien. In geschwungenen, fließenden, teilweise taillierten Formen wird versucht, Attribute von Anmut, Zartheit, Leichtigkeit und Zurückhaltung zu evozieren und gleichzeitig Assoziationen zum ‚weiblich gerundeten‘ Körper hervorrufen. Die insgesamt helle Farberscheinung der Produktpaletten bildet ein Spektrum an Weißtönen ab, das mit Pastelltönen, gedeckten Farben, Goldtönen und auch Rosa-, Lila- und Pinktönen ergänzt wird. Farb- und Formgebung bewirken eine natürliche Anmutung, die durch Motive aus dem Naturkontext unterstrichen wird. Namensgebung und Produktbeschreibungen verweisen auf natürliche, zart verwöhnende Pflege, in der Gestaltung typografisch unterstützt durch in Minuskeln gesetzte Schriftzüge. Es lohnt sich ein Blick in die Drogerieregale.

Mit diesen Unterscheidungen wird die Zuschreibung von Natur als ‚weiblich‘ auf der einen und Kultur und Technik als ‚männlich‘ auf der anderen Seite reproduziert. Dieses Schema setzt sich in der Bewerbung von Produkten und auf den entsprechenden Websites fort. Nach der ersten Entscheidung durch die Navigation in der Menüauswahl für eines der beiden Geschlechter treten wir entweder in diese natürliche oder eben in die technisierte Welt ein und werden mit den ‚zugehörigen‘ harten stählernen oder stetig verfügbaren weichen Körpern in Form von Werbefiguren konfrontiert. Sowohl auf der Ebene des Produktkonzeptes, der Gestaltung als auch des Inhaltes werden klischeehaft und stereotyp Bilder von Frauen und Männern in Zusammenhang mit den für sie jeweils ‚passenden‘ Produkte vermittelt.[15]

Dass diese konsumorientiert gezeichneten Welten sich nicht mit den Lebenswirklichkeiten der Konsument*innen decken und diese verzerrten visuellen Welten sich negativ auf die Persönlichkeitsentwicklung und die Entwicklung der Geschlechterverhältnisse auswirken, haben nicht nur die Kritiker*innen dieser Produkte erkannt, sondern auch die herstellenden Unternehmen. Über zahlreicher werdende Kampagnen im Rahmen ihrer Corporate Social Responsibility (CSR)

---

15 Markante Beispiele sind hier z.B. die Webauftritte www.gillette.de und www.gillettevenus.de [Zugriff 01.11.2017]

nehmen sie sich in den letzten Jahren beispielsweise der vermehrten Problematik eines gestörten Selbstwertgefühls junger Menschen, insbesondere Mädchen, aufgrund stereotypisierender Fremdzuschreibungen an.[16] Auch die mit dem iphiGenia Gender Design Award 2017 ausgezeichnete Kampagne „Image_Hack" von Dove in Zusammenarbeit mit Mindshare Denmark[17] versucht Stereotype in der Darstellung von Frauen in Werbebildern zu durchbrechen. Es wurde gendersensibles Bildmaterial in die durch die Werbung genutzten Bilddatenbanken eingespeist und mit Suchbegriffen wie „beautiful woman" oder „real woman" verlinkt. Spektakulär ist daran, dass vielfältige Körperbilder von Frauen in die normierte Einheitsbildwelt der Werbung vordringen können. Dieses unkonventionelle Herangehen ermöglicht erfolgreiche Werbung, die auf stereotype Bilder verzichtet. Mit diesen durch die herstellenden Unternehmen beauftragen Kampagnen werden einerseits stereotype Rollenbilder in Frage gestellt und andererseits die eigenen Marketingstrategien konterkariert, da die Produkte nach wie vor gegendert codiert und adressiert werden. Das Bewusstsein für die unzulässige Vereinfachung wächst, spiegelt sich aber leider noch zu wenig in den Produkten wider.

Analysieren

Die Unterschiedlichkeit, Gegensätzlichkeit und Anziehung der Geschlechter ist faszinierend. Es geht nicht um die Nivellierung von Gegensätzlichkeiten. Problematisch wird es, wenn aus Gegensätzlichkeiten Rollenzuweisungen abgeleitet und auf eine geschlechtsspezifische Attribution zurückgeführt werden und damit folglich Geschlechtern hierarchisierend zugeordnet werden. So stellt sich die Frage, ob in einer modernen, aufgeklärten, auf Gleichberechtigung ausgelegten Gesellschaft die Differenzierung nach Geschlecht durch permanentes Sichtbarmachen für unser Zusammenleben notwendig ist.

Während heute einerseits Geschlechterungleichheiten in Bereichen des Einkommens (Gender Pay Gap), der Verteilung der Hausarbeit und der sexuellen Gewalt weiterhin Bestand haben, gibt es andere Bereiche wie den Bildungsgrad oder das Recht, in denen die Unterschiede zwischen den Geschlechtern schwinden oder wie im Beispiel des Erwerbsverhaltens von spezifischen Bedingungszusammenhängen beeinflusst sind. Geschlecht stellt hier kein primäres Unterscheidungsmerkmal mehr dar, sondern wirkt als sekundäre Differenzierung (vgl. Heintz 2001, 9–29). Die permanente visuelle und verbale Darstellung von Geschlecht und Geschlechtszugehörigkeit – auch oder besonders durch gestaltete Produkte, Körper und Prozesse – macht Geschlecht stets präsent und unübersehbar. Auch in Bereichen oder Situationen, in denen die Geschlechtszugehörigkeit primär kein Unterscheidungskriterium darstellt, werden Personen Geschlechterrollen zugewiesen und zugeord-

---

16   Beispiele sind hier die Kampagne „Use Your And" von Gillette Venus (umgesetzt von BBDO New York, 2015) oder die Kampagne „#Like A Girl" von P&G Always (umgesetzt von Lauren Greenfield mit Leo Burnett, 2014)

17   vgl. www.mindshareworld.com/denmark/ sowie www.youtube.com/watch?v=UmDtdInvTvM [Zugriff 06.11.2017]

net. Aus einem beruflichen Gespräch wird ein Gespräch zwischen weiblichen und männlichen Mitarbeiter*innen, die durch Anredeformen, Kleidungs- und Verhaltenscodes zu geschlechtlichen Personen mit bestimmten Rollenerwartungen und -ordnungen werden. Obwohl das Geschlecht für den beruflichen Zusammenhang irrelevant sein kann, fließt die geschlechtliche Unterscheidung durch die Personen ein und wird relevant.[18]

Die auf vielen Standesämtern immer noch gängige Forderung nach geschlechtlicher Eindeutigkeit bei der Wahl des Vornamens, die stetige geschlechtsdifferenzierende Anrede von Personen („Frau", „Herr", „Fräulein" als ermahnende Anrede von Mädchen), geschlechtsdifferenzierte Kleidung, nach Geschlecht getrennte sanitäre Anlagen, Umkleidekabinen, Sportdisziplinen: Es gibt eine Vielzahl institutioneller Gefüge, die auf eine kulturell und sozial tief verwurzelte Zweigeschlechtlichkeit verweisen (vgl. Hirschauer 2001). Es bildet sich ein Rahmen, in welchem Geschlecht und Geschlechtszugehörigkeit in täglichen Interaktionen hergestellt und sichtbar gemacht wird und in dem das Einhalten der zur jeweiligen Geschlechterkategorie ‚passenden' Konzeptionen, Verhaltens- und Handlungsweisen vorausgesetzt wird („Doing Gender").[19] Zugleich erhält dieser institutionelle Rahmen durch die permanente ‚Ausführung' von Geschlecht seine Gültigkeit. Geschlecht wird damit zu einer alltäglichen, systematischen und wiederkehrenden Hervorbringung. Dabei sind wir auf eine Erkennbarkeit angewiesen, die es uns und unserem Gegenüber ermöglicht, anhand eindeutiger Kriterien die Zugehörigkeit zu einem Geschlecht abzulesen, um ‚entsprechend' agieren und reagieren zu können.

Sowohl auf individueller, sozialer und gestalterischer Ebene bedienen wir diese Systematik der zweigeschlechtlichen Eindeutigkeit durch Konzepte, Praktiken und Inszenierungen. Brechen wir dieses System auf, indem wir daraus ausbrechen, es unterlaufen oder konterkarieren, so führt dies zuerst einmal Irritationen herbei. Uneindeutigkeiten werden als Abweichung von der Norm natürlich konzipierter Zweigeschlechtlichkeit eingeordnet und mit Sonderstatus versehen. Dies muss nicht immer und in allen Lebenszusammenhängen problematisch sein: fluide Grenzen von Geschlechtlichkeit, androgyne Darstellungsformen (z.B. in der Mode) oder Cross Gender Inszenierungen finden sich heute ebenso in Werbebildern wie polarisierende und auf traditionelle Stereotypen zurückgreifende Darstellungen von Geschlecht.

Die Rolle von Design mit seinen Potenzialen und Einflüssen wird in der Schule nur unzureichend betrachtet. Ein stetiges, im Bildungssystem (von der Schule bis in die Designausbildung) verankertes Thematisieren der Zusammenhänge eröffnet Möglichkeiten zur Reflexion und damit zur Sensibilisierung. In unserer Beobachtung der Warenwelt und der realen Gegenüberstellung von genderspezifisch konzipierten und gestalteten Objekten – wir sprechen hier von „Fundstücke[n] aus einer gender codierten Welt" – wird deutlich, wie professionalisiert das Gender-

---

18   vgl. zu Dethematisierung und Rethematisierung von Geschlecht z.B. Pasero 1995 oder zu Aktualisierung und Absehung von Geschlecht vgl. Hirschauer 2001 sowie Weinbach/Stichweh 2001.
19   siehe dazu West/Zimmerman 1987.

marketing Anwendung findet (Weller/Krämer 2012). Exemplarisch wird dies in einer Sammlung von Fundstücken sichtbar gemacht, welche die binäre Codierung aktueller Konsumprodukte aus verschiedenen Markt- und Preissegmenten zeigt, die für Konsumenten und Konsumentinnen unterschiedlichen Alters in den Regalen bundesdeutscher Kaufhäuser, Drogerien und Baumärkte bereitliegen und mit entsprechenden Werbebotschaften an den Mann und an die Frau gebracht werden wollen. Die Grenzziehung zwischen den Geschlechtern durch Gender Codes wird im Marketing aggressiv genutzt und geht bis zur Entwicklung von speziellen Medienformaten, Zeitschriften oder Fernsehsendern.[20] In der Auseinandersetzung mit den Zusammenhängen von Gender und Design benötigen wir einen anschaulichen Zugang zum Thema, der ergänzend zu den theoretischen Diskursen über die Konstruktion von Geschlecht, die Bedeutung von Geschlechterdifferenzen und die daraus resultierenden Geschlechterverhältnisse einen praxisbasierten und anwendungsbezogenen Ansatz darstellt. Mithilfe gewöhnlicher, bekannter und aus dem Leben gegriffener Objekte lässt sich die geschlechtliche Unterscheidung, die über Formen, Farben und Materialien gemacht und durch Proportionen und Komplexitäten verstärkt wird, greifbar und haptisch erlebbar machen.

Welche geschlechterspezifischen Verhaltensweisen werden mit diesen Adressierungen verbunden und was bedeutet dies für persönliche Entscheidungen, Vorlieben und Entwicklungsmöglichkeiten in der Gesellschaft? Am Beispiel der Pflegeprodukte wird in Verbindung mit Medienformaten wie „Germany's Next Topmodel" deutlich, welche idealisierten Vorstellungen zu Körpern und Eigenschaften von Mann und Frau der Gesellschaft massenmedial zur Verfügung gestellt werden. Diese Vorstellungen dienen insbesondere den adressierten pubertierenden Konsument*innen als Vorbilder. Diese Vorbildfunktion führt im Abgleich mit der lebenswirklichen (körperlichen) Unterschiedlichkeit und Vielfältigkeit zu Verunsicherung und nicht zu einer Stärkung des Selbstbewusstseins. Stereotype Klischees in der Darstellung und Adressierung von Frauen und Männern beeinflussen auch Berufsentscheidungen. Während pflegerische und fürsorgende Berufe nach wie vor in der Mehrzahl von Frauen ausgeübt werden, bilden diese in Bauhandwerksberufen immer noch die Ausnahme. Trotz vielfältiger Förderungs- und Wahlmöglichkeiten und trotz wachsender Akzeptanz in Bezug auf alternatives Rollenverhalten bleiben die Vorstellungen zu vielen Berufen geschlechtlich besetzt. Personen, die in ‚gegengeschlechtliche' Berufsfelder wechseln, sehen sich im Alltag genötigt sich beständig zu erklären, ihre Wahl zu begründen und sich zu positionieren. Auch im Design werden trotz ausgeglichener Studierendenzahlen die Karrieren in den diversen Berufsfeldern geschlechtsspezifisch verfolgt: während Männern im Automobildesign die Gestaltung des Exterieurs obliegt, sind die Frauen für Colour and Trim verantwortlich.

Das menschliche Zusammenleben funktioniert durch und orientiert sich an Einordnungen, Kategorisierungen und Zuordnungen. Letztere sind dabei nicht nur eine Frage von Zugehörigkeit und Identifikation, sondern entscheiden über

---

20   vgl. www.dmax.de sowie www.sixx.de [letzter Zugriff 06.11.2017]

Chancen und Hindernisse im persönlichen, sozialen und beruflichen Kontext. Zuordnungen bedingen Hierarchien und somit Machtverhältnisse auf persönlicher, sozialer, kultureller und ökonomischer Ebene. Wenn wir weiterhin als Gesellschaft Männern und Frauen, Jungen und Mädchen durch diese nonverbale Kommunikation – welche Produktgestaltung darstellt – Eigenschaften zu- oder aberkennen, werden wir keine Gleichstellung der Geschlechter erreichen können. Die „Generation Y" stellt dieses Schubladendenken zunehmend in Frage. Gefragt sind nicht mehr nur Produkte für die Rolle als Mutter oder als Vater – es geht um das Elterndasein. Wo bleiben anpassungsfähige Produkte für die ganze Familie? Unsere Produktwelt und das Marketing müssen demokratischer gestaltet werden. Die Bedeutung eines ganzheitlichen Designs von Konsumartikeln ist insofern prägend, da diese uns täglich subtil beeinflussen und unsere Entscheidungen und unser Verständnis prägen.

Verantworten

Design wird als formgebender und zugleich formender Prozess verstanden. Indem wir mit Formen, Farben, Materialien, Proportionen, Komplexitäten arbeiten, geben wir den Dingen nicht nur ein äußeres Erscheinungsbild, das sich an kulturell erlernten, gesetzten und konventionalisierten ästhetischen Maßstäben orientiert. Zugleich formen wir mit diesen Produkten die Interaktion der Objekte mit den Nutzer*innen, stellen Zusammenhänge her zwischen dem, was sichtbar gestaltet ist und denen, die das Gestaltete gebrauchen. Wir formen über das gestalterische Mittel der Sprache die Kommunikation über das Gestaltete, setzten es in einen lebenswirklichen Zusammenhang, wecken oder befriedigen damit Bedürfnisse, formen über Gestalt und Sprache Kultur und letztlich soziale Interaktion, die durch unsere Gestaltung ermöglicht, optimiert, zumindest aber beeinflusst ist. Design kann als soziale Praxis formuliert werden, in der sich Gesellschaft nicht nur offenbart, sondern konstituiert (vgl. Banz 2016).

Durch das Design wird Geschlechtlichkeit in sämtlichen Lebensbereichen thematisiert. Neben den generierten Artefakten spielen dabei auch die Geschlechtsidentitäten der Gestalter*innen und ihre Erfahrungen damit eine Rolle. Vorannahmen von Designer*innen über Konsument*innen und ihre Verhaltensweisen, Kaufentscheidungen und Gebrauchsweisen fließen – bewusst oder unbewusst – in Produkte und Prozesse ein. Sie materialisieren sich offensichtlich in Gestaltungsattributen wie Form, Farbe, Material, Größe, Proportion und finden sich ebenso im Subtext der Produktkonzepte wieder und reproduzieren so erlernte und vielfach stereotype Konzepte von „Weiblichkeit" und „Männlichkeit". Die vielfältigen Variationen und Unterschiede innerhalb einer als homogen gelesenen Gruppe von „Karrierefrauen" und „Hausmännern" bleiben dabei unberücksichtigt. Gender Marketing, als gezielt geschlechtsspezifisches Adressieren, platziert das Gestaltete als Antworten auf, und Lösungen für die jeweilige Zuordnung im binären System von Geschlecht.

Mit der Wiederholung bestehender Standards und dem Zitieren von Gender Codes bleiben Designer*innen weit hinter ihren Möglichkeiten zurück. Design verantwortet längst mehr als die Generierung von Produkten. Unter dem Postulat eines erweiterten Designbegriffs geht es vor dem Hintergrund globalisierter Produktion gestalteter Artefakte nicht mehr nur um das Wecken oder Befriedigen von Bedürfnissen, sondern um die Frage nach den Bedarfen. Bedarfe, die Gestaltung mit ihren Kompetenzen aufspüren kann, sichtbar machen kann und für die Gestalter*innen Lösungen entwickeln können. Diese Antworten unterliegen nicht nur formalästhetischen Ansprüchen, sondern auch denen einer (lokal und global) sozialen Verträglichkeit sowie Nachhaltigkeitsansprüchen im Wissen um die Endlichkeit von Ressourcen. Gestaltung stellt Gegebenes in Frage und sucht nach dem, was sein kann. Design gestaltet die Beziehung zwischen Produkten und Menschen. Dieser prozessorientierte Ansatz eröffnet stetig neue Felder: Social Design oder auch Service Design sind Ausdruck der Gestaltung von Beziehungen. Die Methoden, die in der Designentwicklung Anwendung finden, wie das Beobachten von Situationen, die Analyse, Aufgabenformulierung, Konzeptentwicklung und stetige Überprüfung der Lösungen durch Prototyping und Einbeziehung der Nutzer*innen, bieten das Potenzial für neue Wege. Dies ist nicht nur eine Frage der Demokratisierung unserer Gesellschaft, es ist auch verbunden mit der Vermeidung von Folgeschäden durch künstlich erzeugte Bedarfe. Sowohl Designer*innen als auch Konsument*innen brauchen dem Konsumwahnsinn nicht tatenlos zuzusehen, noch müssen sie daran teilnehmen. Die Möglichkeiten für Verantwortung, Positionierung und Kommunikation der eigenen Haltung sind gegeben. Der Begriff der Empathie ist in aller Munde: Was bedeutet dies in unserem Szenario? Es braucht Neugierde, Offenheit, die Fähigkeit des Perspektivwechsels, Durchhaltevermögen und außerdem die Bereitschaft, den Blick auf unterschiedliche Nutzer*innen und unterrepräsentierte Gruppen zu richten. Die kurzen Entwicklungszeiten von Produkten ermöglichen es nicht mehr, die Lösungen vor Aufnahme der Massenproduktion zu testen. Wir dürfen nicht müde werden, den sozial verträglichsten und demokratischsten Lösungsansatz zu suchen. Jede*r Akteur*in ist für die Folgenabschätzung des eigenen Handelns selbst verantwortlich: Die politischen, sozialen und kulturellen Auswirkungen der Gestaltungstätigkeit. Die notwendige ganzheitliche Betrachtung der Kriterien des Designprozesses lässt sich nicht mehr negieren. Diese neuen Wege erfordern Mut, Widerstand und ein Nachdenken über die Auswirkungen unseres Handelns auf uns als Individuen und Gemeinschaften.

Design mit all seinen Facetten, Möglichkeiten und Kompetenzen kann von der Konzeptionierung von Produkten und Prozessen über ihre Funktionalität bis hin zu formalen Entscheidungen einen entscheidenden Beitrag auf dem Weg zur Umsetzung von Gleichstellung leisten. Voraussetzung dafür ist die bewusste und sensible Reflexion des Istzustandes und eine gesellschaftliche Vision, wie wir zusammenleben wollen.

„Designer denken in Möglichkeiten und überprüfen sie anhand der gegebenen Bedingungen. Viel zu oft lassen wir uns dabei aber von viel zu engen Vorgaben einschränken. Erst wenn wir beginnen, diese zu hinterfragen, zu durchbrechen und neu zu verknüpfen, eröffnet sich der Möglichkeitsraum." (Rosenstein 2015, 64)

Wer oder was hindert uns daran, ‚gegengeschlechtlich' konnotierte Kleidung und

Frisuren zu tragen, Produkte zu gebrauchen, Berufe zu ergreifen, Verhaltensweisen zu praktizieren? Wir sind es selbst. Unser Wohlstand macht uns satt. Mehr denn je verhalten wir uns angepasst, erfüllen die medial produzierten Erwartungen. So verwundert es nicht, dass Castingshows wie „Germany's Next Topmodel" noch immer Generationen von Teenager*innen beeinflussen. Ein gesellschaftlicher Diskurs über die semantische und semiotische Bedeutung der Produkte kann bei der Sensibilisierung helfen.

Design kann in Form einer Unabhängigkeitsbewegung agieren, die es Personen ermöglicht, sich von geschlechtlich festgelegten Rollen, Erwartungen, Produkten unabhängig zu machen, indem Designer*innen ein variables Angebot konzipieren und bereitstellen. Variabilität meint in diesem Zusammenhang nicht eine Weiterführung gegensätzlich komponierter Produkt- und Kommunikationswelten. Es geht weniger um die Differenzierung von Produkten als um eine Diversifizierung von Gestaltungs- und Anwendungsmöglichkeiten, die einem möglichst breiten Spektrum von Personen zugänglich sein sollten: Modulare, je nach Anwendungskontext modifizierbare Angebote mit vergleichbarer Qualität.

Als eine sich stetig wandelnde Disziplin muss Design die Umbildungen der gesellschaftlichen Kategorie Geschlecht im Blick behalten und mit sich verändernden Designprozessen reagieren, um hierarchiefreie Gestaltungslösungen entwickeln zu können.

Gestaltung kann dazu beitragen, unreflektierte Sichtweisen und Interpretationen in Bezug auf Geschlecht und andere Dimensionen menschlicher Persönlichkeit[21] aufzulösen. Produkte, Medien und Prozesse können eine Vielfalt an Geschlechtern und Lebensweisen widerspiegeln. Wir benötigen fluide Konzepte, welche Befremdliches oder Abweichendes zulassen und die Nicht-Festlegung akzeptieren. Auf der Ebene der formalen Gestaltung können beispielsweise Codes, die gemeinhin ‚weiblich' oder ‚männlich' konnotiert sind, entweder gleichzeitig eingesetzt oder miteinander verschmolzen werden, um eine eindeutige Zuweisung zu einem Geschlecht zu vermeiden. Codes können konträr eingesetzt werden, um auf Zuweisungen aufmerksam zu machen und diese zu hinterfragen. ‚Eindeutige' geschlechtliche Codes können vermieden und durch ‚neutrale' Codes ersetzt werden (vgl. Haslinger 2006).

Die skizzierten Produktbeobachtungen können als „Spitze des Eisberges" verstanden werden, an dessen sichtbarer, gestalteter Oberfläche sich die Wirkung stereotyper Codierung zeigen lässt. Im Zuge der Digitalisierung nimmt der Einfluss digitaler Artefakte und Anwendungen auf das soziale Zusammenleben und damit auf die Konstruktion von Gender zu. Gleichzeitig wurden die Demokratisierung

---

21   Neben dem Geschlecht können sich auch andere Dimensionen oder Merkmale menschlicher Persönlichkeit wie Alter, Religion, sexuelle Orientierung, kultureller Hintergrund, physische und psychische Verfasstheit, sozialer und bildungsbiografischer Hintergrund, beruflicher Werdegang, Einkommen, Familienstand, Gewohnheiten stereotypisierend in der Gestaltung abbilden oder durch Produkt- und Prozesskonzeptionierungen in hierarchisierender Weise wirksam werden. Ebenso kann eine Verknüpfung mehrerer Dimensionen zu Mehrfachdiskriminierungen führen.

von Design und die Möglichkeiten von Partizipation durch diese technologischen Möglichkeiten der Digitalisierung längst auf den Weg gebracht. Durch Open Source, Maker-Labs und Social Media wird jede mit technischem Wissen ausgestattete Person ermächtigt, ihr Lebensumfeld eigenverantwortlich und nach eigenen Vorstellungen mitzugestalten. Das birgt ebenso Chancen wie Herausforderungen für die Perspektiven auf Geschlecht (vgl. Christensen/Conradi 2017).

Dass die ausgeprägte Ver(zwei)geschlechtlichung im Konsumgüterbereich wandelbar ist und die kritischen Stimmen nicht ungehört bleiben, zeigen verschiedene Beispiele von Kampagnen und Initiativen, die Hoffnung machen. So haben einige britische Unternehmen die geschlechtliche Sortierung ihrer Sortimente und deren Folgen überdacht und ihre Ladenkonzepte entsprechend verändert, wenn auch teilweise nur für begrenzte Zeit.[22] Initiativen und Kampagnen klären auf und initiieren Bildungsangebote.[23] Die Fragestellung hat sich geändert: Formen wir die Artefakte oder (wie) formen die Artefakte uns? Inwieweit die Designprofession im Bereich der Konsumgüterentwicklung zu dieser Bewegung beitragen wird, bleibt abzuwarten. Um so wichtiger und längst überfällig erscheint die Grundlegung eines Bewusstseins für die Wirkmächtigkeit von Genderaspekten im Designprozess bereits in der Designausbildung.

Kontraste bestimmen unsere Wahrnehmung. Man sieht nur, was man weiß (Goethe). Erst, wenn wir wissen, was die in der genderspezifischen Gestaltung von Produkten stereotyp eingesetzten Kontraste wie bewirken, können wir mit der Gestaltung von Produkten und Prozessen angemessen darauf reagieren. Komplexität zu reduzieren kann in einer kulturell, sozial und geschlechtlich von Vielfalt geprägten Gesellschaft nicht bedeuten, dass die für die Kommunikation notwendigen Vereinfachungen einfältig und stigmatisierend ausfallen. Die Herausforderungen, die ein gesellschaftlicher Wandel bedingt, brauchen die Verknüpfung unterschiedlicher Disziplinen mit vielfältigen Kompetenzen. Die interdisziplinäre und systemische Entwicklung von Produkten und Prozessen eines System Designs kann Wege öffnen, auf denen Design als Element von Gesellschaft Verantwortung trägt.

---

22 vgl. www.fayetoogood.com/space/agender und www.theguardian.com/lifeandstyle/2012/jul/20/harrods-toy-kingdom-boy-girl-divide sowie www.theguardian.com/money/2013/apr/30/boots-removes-gender-signs-toys [Zugriff 08.11.2017]

23 vgl. www.lettoysbetoys.org.uk, www.pinkstinks.de [Zugriff 08.11.2017]

Literatur

Banz, Claudia (Hg.) (2016): Social Design: Gestalten für die Transformation der Gesellschaft. Bielefeld: transcript.

Brandes, Uta (2002): Die Geschlechtersprache der Produkte In: Zeitschrift für Frauenforschung und Geschlechterstudien, Heft 4. Bielefeld: Kleine Verlag, S. 51–64.

Brandes, Uta (2017): Gender Design: Streifzüge zwischen Theorie und Empirie. Basel: Birkhäuser.

Christensen, Michelle und Conradi, Florian (2017): Open-source cyborgs and DIY data: Chances and challenges for a democratisation of gender. In: Gender, Zeitschrift für Geschlecht, Kultur und Gesellschaft, 9. Jahrgang, Vol.9, Heft 3, Opladen: Verlag Barbara Budrich, S. 81–89.

Haslinger, Susanne (2006): Gender & Design – Leitfragen, Hrsg. Zentrum Frau in Beruf und Technik (ZFBT).

Heintz, Bettina (2001): Geschlecht als (Un)Ordnungsprinzip: Entwicklungen und Perspektiven der Geschlechtersoziologie. In: Heintz, Bettina (Hg.), Geschlechtersoziologie, Kölner Zeitschrift für Soziologie und Sozialpsychologie, Sonderheft 41, Wiesbaden: Westdeutscher Verlag, S. 9–29.

Hirschauer, Stefan (2001): Das Vergessen des Geschlechts: Zur Praxeologie einer Kategorie sozialer Ordnung. In: Heintz, Bettina (Hg.), Geschlechtersoziologie, Kölner Zeitschrift für Soziologie und Sozialpsychologie, Sonderheft 41, Wiesbaden: Westdeutscher Verlag, S. 208–235.

Pasero, Ursula (1995): Dethematisierung von Geschlecht In: Pasero, Ursula und Braun, Friederike (Hg.), Konstruktion von Geschlecht, Pfaffenweiler: Centaurus-Verlags-Gesellschaft, S. 50–66.

Rosenstein, Kai (2015): Kein Design ohne Verantwortung. In: form, Design Magazine No. 260, Frankfurt: Verlag form, S. 60–65.

Statistisches Bundesamt, Statistisches Jahrbuch 2017.

Verlan, Sascha und Schnerring, Almut (2014): Die Rosa-Hellblau-Falle: Für eine Kindheit ohne Rollenklischees, München: Verlag Antje Kunstmann.

Weinbach, Christine und Stichweh, Rudolf (2001): Die Geschlechterdifferenz in der funktional differenzierten Gesellschaft In: Heintz, Bettina (Hg.), Geschlechtersoziologie, Kölner Zeitschrift für Soziologie und Sozialpsychologie, Sonderheft 41, Wiesbaden: Westdeutscher Verlag, S. 30–52.

Weller, Birgit und Krämer, Katharina (2012): Du Tarzan Ich Jane: Gender Codes im Design, Hannover: Blumhardt Verlag.

West, Candace und Zimmerman, Don H. (1987): Doing Gender In: Gender & Society, Vol. 1, No. 2, 1987, S. 125–151.

GENDER STUDIES UND DESIGNWISSENSCHAFTEN

Sabine Foraita

Gender Studies haben seit den Siebzigerjahren Eingang in fast alle wissenschaftlichen Bereiche gefunden, so auch in den Designbereich. An den gestalterischen Hochschulen werden Genderaspekte bereits seit einiger Zeit in den Veranstaltungen thematisiert.

Befragt man heutige Studierende zum Thema „Gender", so reagieren diese in den meisten Fällen mit Unverständnis, da eine gleichberechtigte Haltung innerhalb der Gesellschaft sowie das Bewusstsein für Genderfragen mittlerweile vorausgesetzt wird. Selbst die gendersensible Sprache, die an den Hochschulen praktiziert wird, wirft mitunter Fragen bei den Studierenden auf. Bei der Ankündigung einer Veranstaltung über „Gender und Design" wird häufig dargestellt, dass man diese Veranstaltung für überflüssig hält. Es braucht echte Überzeugungsarbeit, um dieses Thema zu platzieren und die Notwendigkeit dieser Fragestellungen deutlich zu machen. Warum sollten sich Designende explizit mit den Designerinnen und Designern als gestaltenden Personen auseinandersetzen? Warum mit Werbekampagnen und Produkten beschäftigen, die weiblich oder männlich konnotiert sind (wie z.B. die viel zitierten Nassrasierer, die sich farblich und formal je nach Geschlecht anders darstellen, in der Funktion aber identisch sind), oder insgesamt mit der Gesellschaft, für die wir gestalten?

Die Auseinandersetzung der Designenden mit der gesellschaftlichen Ebene unter designwissenschaftlicher Perspektive halte ich dabei für höchst interessant. Designschaffende gestalten für Menschen in einem kulturellen Kontext. Aufgrund dieses Kontextes wirken verschiedene Einflussfaktoren auf den Gestaltungsprozess ein, wie zum Beispiel die Natur, die Wissenschaften und die Technologie, die Wirtschaft, die Kunst und die Ideologie. Dadurch unterliegt der kulturelle Kontext einem steten Wandel, der wiederum unsere Idealvorstellungen, die sozialen Strukturen als auch unsere sozialen Handlungen determiniert. Dies deutlich zu machen und dabei aufzuzeigen, dass durch Design Möglichkeiten und Perspektiven gestaltet werden, sogar Teile der Gesellschaft ausgeschlossen oder inkludiert werden können, halte ich für eine wichtige Aufgabe. Dabei ist es ebenfalls erforderlich aufzuzeigen, welche Entwicklungen es diesbezüglich in den letzten Jahren gegeben hat.

Relevante Theorien der Gender Studies

Als Individuum in einer Gesellschaft beschäftigt sich jeder Mensch zwangsläufig mit Gender – schon allein dadurch, dass jeder Mensch Kategorisierungen vornimmt, sein Gegenüber zunächst zumindest in eine biologische Klasse einordnet. Diese Einteilung in (biologische) Geschlechtsklassen ist als Prototyp einer sozialen Klassifikation zu werten und in diesem Kontext, wie Erving Goffman es darstellt, als soziologische Kategorie zu verstehen.

Judith Butler hingegen beschreibt, dass das binäre System – bzw. auch die Erweiterung durch das dritte Geschlecht (divers) – als einzig gültige geschlechtliche Kategoriesierungen überholt sei und entwickelt folgerichtig das Modell der Performativität.[1] Sie geht davon aus, dass das Wiederholen von Handlungen zu den Kategorien männlich oder weiblich führt und dass diese Geschlechterbinarität eine grundlegende Unnatürlichkeit in sich birgt (vgl. Butler 1991, 218). Damit will Butler die „heterosexuelle Matrix" angreifen (Bergmann/Schößler/Schreck 2012, 120). Goffman hingegen richtet sich gegen das Konstrukt des „Doing Gender", als „... *eine andauernde Leistung von Handelnden [ist], dass also Geschlechtlichkeit fortwährend konstruiert [wird]*" (Goffman 2001, 41).

Was aber ist nun verbunden mit dieser soziologischen Kategorie, die zunächst auf unserer biologischen Kategorie basiert und die uns praktisch in die Wiege gelegt wurde?

Wenn man bedenkt, dass nach neuesten Forschungen bei Vögeln die vererbten Gene darüber entscheiden, ob sie Stand- oder Zugvögel werden, dann könnte möglicherweise auch unser Verhalten zum Teil genetisch mitbestimmt sein. Zumindest das Biologische gänzlich negieren zu wollen, halte ich auch im Hinblick auf das soziale Handeln für fragwürdig.

Goffman sagt, dass diese „Quelle zur Selbstidentifikation" eine der wichtigsten sei, die unserer Gesellschaft zur Verfügung stünden, und die Grundlage für soziale Interaktionen und soziale Strukturen bilde (vgl. Goffman 2001, 105).

Mit ihr verbindet sich auch die Gender Identity, also das Eigenbild, das man von sich selbst in Bezug auf die Geschlechtsklasse hat und natürlich nach außen hin präsentiert (vgl. Goffman 2001, 110).

Somit resultiert diese sogenannte Geschlechtsklasse einerseits aus der äußeren Erscheinung, die das biologische Geschlecht signalisiert, andererseits aus der inneren Haltung und dem Handeln, das aus dieser folgt — auch in Beziehung zu anderen. Diese Gender Identity unterliegt allerdings einem fortwährenden Entwicklungsprozess. Das Doing Gender ausschließlich als kulturelle Inszenierung zu verstehen, reicht dabei meines Erachtens nicht aus.

Innerhalb des Sozialisierungsprozesses übernehmen Kinder die Glaubensvorstellungen gesellschaftlich geprägter typischer Eigenschaften respektive Merkmale des als adäquat geltenden, geschlechterspezifischen Rollenverhaltens. Diese wirken sich

---

1   Mittlerweile ist in Deutschland ebenfalls durch einen Beschluss des Bundesverfassunggerichtes das dritte Geschlecht eingeführt worden (Aktenzeichen: 1 BvR 2019/16).

wiederum auf ihr eigenes Verhalten und Rollenverständnis aus.

Woher kommen diese Idealvorstellungen? Zunächst ist die Eltern-Kind-Beziehung entscheidend für die Bildung einer solchen Vorstellung. Die Eltern leben die entsprechenden Rollen auch in der Interaktion vor, die seitens des Kindes entsprechend – am Anfang noch unreflektiert – übernommen werden. Verändern sich also die Rollenbilder innerhalb der Familien, verändern sich auch die übernommenen Vorstellungen der Kinder. Würden wir also in einer Gesellschaft leben, in denen es keine Rollenbilder gäbe und es als übergreifende Rolle, die Rolle "Mensch" gäbe, würde es sicher eine solche Fragestellung nicht oder nicht in dieser Form geben.

Es ist zu beobachten, dass sich in unserer westeuropäischen Gesellschaft eine weitreichende Veränderung der Rollenbilder entwickelt, worauf auch in zunehmenden Maße das Design reagiert.

Im Rahmen der fortschreitenden kindlichen Sozialisation nehmen Institutionen wie Kindergärten und Schulen entscheidenden Einfluss: Das Kind entdeckt Vorbilder und Rollenmuster außerhalb des engsten Familienkreises, übernimmt sie in unterschiedlicher Relevanz und Reflektion in sein eigenes Vorstellungsschema. Parallel hierzu beeinflusst mit der zunehmenden Außenorientierung des Kindes auch die Informations- und Kommunikationsgesellschaft durch ihre Medienvielfalt die Vorstellung der Geschlechterrollen. Darüber hinaus prägen auch die Produkt- und Farbwelten die Rollenverständnisse.

Gender und Design

Die verschiedenen Medien und Produktwelten reflektieren, prägen aber auch unsere Einstellung zur Welt. Dabei wird teilweise auf Klischees zurückgegriffen, die eine Asymmetrie zwischen Mann und Frau zum Ausdruck bringt. Betrachtet man unter diesem Aspekt exemplarisch die gängige Werbung, so wird schnell augenfällig, dass immer noch bestimmte Werbungen deutlich das Klischee des „starken" Mannes und der „schwachen" Frau bedienen.[2]

Goffman hat dies eindrucksvoll in seinem Buch „Geschlecht und Werbung" dargestellt. Er konstatiert, dass dies in verstärktem Maße für die fotografische Darstellung der Geschlechterbeziehung gelte, die – in ihrem „kommerziellen Realismus" – diese Asymmetrie [zwischen den Geschlechtern] zum Ausdruck bringe (vgl. Goffman 2001, 43).

Ein Projekt, das Gesche Joost an der Hochschule für angewandte Wissenschaft und Kunst in Hildesheim an der Fakultät Gestaltung durchgeführt hat, zeigte dies ebenfalls sehr deutlich: Gängige Werbeanzeigen, in denen Frauen und Männer fotografisch dargestellt waren, wurden in den vertauschten Rollen nachgestellt. Dabei wurde deutlich, dass die Werbung immer noch Stereotypen bedient, die ein Frauen- und Männerbild konsolidieren, das vielleicht so nicht mehr funktioniert. Erst in der Umkehrung wird für den Betrachter sichtbar, wie unterschiedlich die

---

2   Aber auch an dieser Stelle existieren mittlerweile positive Beispiele.

Darstellung von Frauen und Männern in der Werbung ist (Joost/HAWK 2008).

Es gibt aber auch zunehmend Spots und Anzeigen, die gerade diese Klischees ad absurdum führen, ironisch mit ihnen spielen oder von ihnen zumindest abweichen. Oder aber es kommen diejenigen Akteure, die sich an die herkömmlichen Geschlechterrollen klammern, bei der Werbung leicht „unterbelichtet" rüber. Erinnert sei beispielsweise an die Touran-Werbung, die das Klischee des Familienwagens durch ein homosexuelles Pärchen revidieren wollte. Da ist die nette Nachbarin mit ihren tradierten Rollenmustern überfordert. Andere Formen des Zusammenlebens jenseits der typischen Mann/Frau-Kombination werden zunehmend in den Medien thematisiert und eröffnen neue Identifikationsmöglichkeiten.

Eine Umfrage der GfK Marktforschung zum Thema „Welche Eigenschaften schätzen Sie an Ihrem Partner, Ihrer Partnerin am meisten?" wurde im August 2008 in Deutschland unter 1432 Befragten durchgeführt. Die häufigsten Items für Frauen lauteten „Sie kann gut kochen" (45,6 %), „Sie sieht gut und gepflegt aus" (44,1 %) und „Sie ist tüchtig im Haushalt" (43,3%). In Bezug auf Männer lauteten die häufigsten Antworten „Er sorgt sich um mich und beschützt mich" (47,8 %) und „Er sorgt finanziell für mich" (33,8%).[3]

Also, Männer haben noch im Jahr 2008 zu beschützen und das Geld zu verdienen, während Frauen gut zu kochen, und dabei auch noch gut auszusehen haben.[4]

Das Klischee der „Frau", die gut aussehen muss, hält sich seit Jahrtausenden, und so scheint es auch für die Werbung schwierig zu sein, jenseits dieses Schönheitsideals zu agieren. Andererseits wird zunehmend das Abweichen von den sogenannten „Traummaßen" thematisiert. Nachdem Magersucht und Bulimie ein gesellschaftliches Problem darstellen, wird seitens der Medien reagiert: Modenschauen lehnen besonders dünne Frauen als Models ab, weil die Gefahr einer Magersucht bestehen könnte und damit auch ein falsches Idealbild von Frau dargestellt werden könnte. Barbies werden an natürlichere Körpermaße angepasst. In Frankreich müssen mittlerweile retuschierte Bilder ausgewiesen werden.

Das Klischee „Mann" wird dagegen in den meisten Fällen in der Werbung weiterhin als männlich markant, cool, erfolgreich, als Beschützer oder Verführer dargestellt.

Darüber hinaus dienen diese kulturellen Stereotypen der Reduktion von Komplexität, auch, wenn sie an sich veränderbar bzw. im stetigen Wandel sind. Derartige Veränderungen verlaufen jedoch sehr langsam. Folglich dauert es sehr lange, bis eine solche Veränderung auch Eingang in den gesellschaftlichen Mainstream gefunden hat. Der Rückgriff auf vertraute Klischees vereinfacht bis dahin die Aussagen. Eine Mischung, die gleichzeitig die Bandbreite unserer Gesellschaft abbildet, wäre vielleicht wesentlich interessanter.

---

3   Umfrage „Welche Eigenschaften schätzen Sie an Ihrem Partner, Ihrer Partnerin am meisten?" https://de.statista.com/statistik/daten/studie/1560/umfrage/partnerschaft-meist-geschaetzte-eigenschaften/ [Letzter Zugriff: 19.02.2018]

4   Aktuelle Daten für 2019 liegen derzeit leider nicht vor, die Hoffnung, dass es in den letzten elf Jahren Veränderungen gegeben hat, ist hoch. https://de.statista.com/statistik/daten/studie/1560/umfrage/partnerschaft-meist-geschaetzte-eigenschaften/

Mann und Frau in der Gesellschaft

Gender beschreibt vor allem die Art und Weise, in der Menschen sich zu ihrer Rolle in der Gesellschaft selbst positionieren und wie sie diese Rolle bewerten. Nach meiner Auffassung können Unterschiede, die Menschen in ihrer eigenen Rollenwahrnehmung leben, nicht verleugnet werden, aber die Bandbreite, auf der sich diese Unterschiedlichkeit abspielt, ist natürlich variabel und in dem einzelnen Individuum begründet. Mögliche Unterschiede prinzipiell wegzudiskutieren, halte ich für einen wenig tragfähigen Ansatz.

So lassen sich selbst im Rahmen einer Kindererziehung, in der eine bewusste Distanzierung gegenüber herkömmlichen Mann/Frau-Rollenklischees angestrebt wird, das Kind keinen Medienzugang hat und sich gleichberechtigt mit Mädchen und Jungen auseinandersetzt, Sozialisationsunterschiede ausmachen. Allerdings bedeutet die innerfamiliäre Sozialisation eben nur einen Bruchteil, einen Ausschnitt im gesamten Identifikationsprozess des Heranwachsenden. Eine klischeeentbundene Sozialisation könnte demnach, wenn überhaupt, nur mit einer grundlegenden Veränderung der Gesamtgesellschaft, d.h. der „Neutralisierung" aller am Sozialisationsprozess beteiligten Instanzen, ansatzweise erreicht werden. Nur unter solchen, quasi neutralen Bedingungen, ließe sich meines Erachtens der Nachweis überhaupt erst führen, dass kein kausaler Zusammenhang von biologischem und sozialem Geschlecht besteht.

Zudem gilt es zu beachten, dass im Rahmen eines Identifikationsprozesses (den jede Art von Sozialisation grundsätzlich darstellt), das Vorhandensein von Vorbildern elementare Voraussetzung ist. Mit der inhaltlichen Veränderung eines Rollenbildes (z.B. Frau gilt jetzt nicht mehr als schwach, sondern als stark) löst ein neues, da pauschal formuliertes, Klischee das alte ab. Regelmäßig zeichnet sich die Veränderung herkömmlicher Rollen- und Verhaltensmuster dadurch aus, dass entsprechend veränderte neue entstehen – aufgrund historischer Entwicklung oder forciert.

Allerdings ist festzustellen, dass gerade die ersten sozialen Kontakte, die außerhalb des Elternhauses stattfinden, nach eigenen Erfahrungen fast ausschließlich weiblich geprägt sind. In vielen Einrichtungen, wie z.B. in Kindertagesstätten oder Spielgruppen, gibt es wenige Möglichkeiten, sich an einem männlichen Vorbild zu orientieren, was ich als großes gesellschaftliches Defizit ansehe. Auch in der Grundschule setzt sich dieser vorwiegend weibliche Einfluss fort. Zweifellos steht dies in engem Zusammenhang mit den Neigungen sowie den Karriere- und Verdienstmöglichkeiten dieses Bereiches — was wiederum Folge eines tradierten Frauen und Männerbildes ist. Den Jungen fehlt in den ersten Jahren der gesellschaftlichen Sozialisation die Orientierung durch fehlende verschiedene Role Models.

Dag Schölper beschreibt, dass es den Jungen an positiven Leitbildern jenseits der traditionellen Rollenmuster fehle, vor allem, seit sich das Rollenbild der Frau in Veränderung befinde und sich damit auch das Rollenbild der Männer verändert habe. Er plädiert für eine Männerforschung, um „den gegenwärtigen Ist-Zustand der Lebensverhältnisse und Lebensbedingungen von Männern als auch die gesellschaftlich vorherrschenden Männlichkeitsnormen, -vorstellungen und -erwartungen sichtbar zu machen". Denn was Mann-sein bedeutet, wird zunehmend unklarer (Schölper 2008, 2 u. 11).

Fakt ist, dass den Kindern (Jungen wie Mädchen) durch fehlende Vorbilder männlichen Geschlechts eine wichtige Orientierungsmöglichkeit nicht, oder zumindest nicht ausreichend, angeboten wird. Wobei eine Veränderung an dieser Stelle mit Sicherheit positive gesellschaftliche Veränderungen hervorrufen würde. Dies würde aber bedeuten, dass sich die Rollenverteilung im Hinblick auch auf den Gender Care Gap ebenfalls verändern müsste. Die rechtlich zugesicherte Elternzeit für Väter ist ein wichtiger und entscheidender Schritt in diese Richtung.

Nicht nur die Gender Roles sind entscheidend für unsere gesellschaftliche Entwicklung, sondern auch die daraus resultierenden Gender Relations. Erving Goffman beschreibt das Arrangement der Geschlechter folgendermaßen: *„Frauen und Männer arrangieren sich so, dass die ihnen je zugeschriebenen Eigenheiten zum Ausdruck kommen können. Das Arrangement ist aber auch die Anordnung, in die Geschlechter durch Kulturmuster gebracht werden, die nicht zur Disposition stehen und die in ihren Handlungen nicht frei gewählt werden können"* (Goffman 2001, 40).

Die Frage nach Gleichheit oder Differenz kann ich daher nur mit einem klaren „Jein" beantworten. Als Menschen sind wir gleichwertig und -berechtigt, dennoch sind Menschen unterschiedlich. Die Rollenbilder bieten Orientierung, aber auch Abgrenzung. Was gilt, wenn eine Person nicht in das Rollenbild passt?

Die sozialen Rollen als Idealbild existieren noch in den Köpfen, werden aber de facto nicht einheitlich gelebt. Trotzdem bieten sie eine schnelle Orientierung, auch für solche, die diesen Rollenbildern auf den ersten oder zweiten Blick nicht entsprechen.

Rollenvorstellungen sind verbunden mit idealtypischen Vorstellungen von Verhaltensweisen, Idealen, Charaktereigenschaften und Erscheinungsbildern. Diese Klischees, die in einer Gesellschaft vorherrschen, werden durch die Medien gleichermaßen reflektiert wie gesteuert.

Wie wäre eine Gesellschaft, in der es keine klischeeverhafteten Rollen mehr gibt, eine Gesellschaft, in der es auf den Menschen ankommt und nicht auf Rollenverständnisse? Dies hätte für das Design entscheidende Impulse.

Fazit

Designer gestalten im kulturellen Kontext als Teil eben dieser Kultur. Verändern sich die Werte innerhalb einer Gesellschaft, verändern sich auch die Bedürfnisse. Gestaltung orientiert sich an den Bedürfnissen und den Nutzenden. Eine gendersensible Gestaltung würde einem Wertewandel in Bezug auf veränderte Rollenbilder Rechnung tragen. Bis hin zu einer Gestaltung, die die Kraft hätte, das Handeln im positiven Sinne zu verändern.

Die artefaktische Welt ist derzeit die bestimmende Umgebung in unserer vom

Konsum bestimmten Realität (vgl. Foraita 2010, 42). Einhergehend mit der zunehmenden Komplexität unseres Umgebungs- und Handlungskontextes wird es immer notwendiger eine wissenschaftliche Auseinandersetzung mit dem Artefaktischen zu installieren – vor allem unter den Aspekten Gender, Diversity und Inklusion. Der Mensch denkt, fühlt, handelt und gestaltet in Bezugnahme auf seine Umwelt. Den Menschen dabei als Phänomen in Beziehung zu seiner materiellen und immateriellen Umwelt (digitale Anwendungen und Services) zu erforschen, ist Aufgabe der Designwissenschaft, um Angebote zu schaffen, die Menschen ein- und nicht ausschließt.

Als wirklich interessanten Untersuchungsgegenstand nehme ich Produkte und Services (sozusagen als „role models") wahr, die eben nicht das Geschlecht als ausgewiesenes Unterscheidungsmerkmal ausmachen. Es gibt ebenfalls viele Produkte und Services, die man gendersensibel gestalten und bewerben könnte. Und wäre das nicht viel interessanter, Aspekte zu untersuchen, die jenseits der Stereotypisierung liegen? Dies setzt Designforschungsmethoden voraus, die Gendersensibilität in den Fokus setzen.

Denn wenn wir davon ausgehen, dass Design als zielgerichteter Prozess aufzufassen ist, der eine Fragestellung in gestalterischer Hinsicht löst und weiterhin davon ausgehen, dass die Designenden nicht mehr nur einen Gegenstand an sich, sondern vor allem die damit verbundenen Handlungsabläufe entwickeln, und dabei die Bezüge, die der Gegenstand zu anderen Gegenständen aufweist, also seinen Handlungs- und Umgebungskontext berücksichtigen (vgl. Foraita 2005, 185), dann bedeutet dies, dass Designende in hohem Maße auch an der Gestaltung des Doing Gender beteiligt sind. Das Projekt „Making Visible the Invisible by Switching product Language" von Karin Ehrnberger, Minna Räsänen und Sara Ilstedt zeigt dies sehr plakativ (Ehrnberger / Räsänen / Ilstedt 2012). In ihrer Studie wählten sie zwei alltägliche Haushaltsgeräte: einen Akkuschrauber von Bosch, der in seiner Produktsprache eher männlich konnotiert ist und einen Stabmixer von Braun, der in seiner Produktsprache eher weiblich konnotiert ist und vertauschten die Produktsprachen beider Geräte. Diese Intervention des Gender Swappings legt die Eindeutigkeit von Produktsprache vice versa offen und hinterfragt auf diese Weise artefaktisch die gängigen Rollenbilder.

Designende sollten, wie bereits erwähnt, eine hohe Sensibilität in Bezug auf Gender entwickeln und sich fortwährend innerhalb des Designprozesses fragen, welche Zugänge sie im Bereich Gender und Diversity durch ihre Gestaltung ermöglichen wollen. Wissend, dass Design an der Konstruktion unserer gesellschaftlichen Realität maßgeblich beteiligt ist.

„Es besteht die Möglichkeit zu grundlegender Innovation, wenn Gender von Beginn an einbezogen wird und damit die empirischen Zugänge, Methoden und adäquate Darstellung der Ergebnisse qualifiziert und designspezifisch formuliert und praktiziert werden." (Brandes 2017, 26)

Die artefaktische Welt ist der Spiegel der Gesellschaft, es handelt sich um gestaltete Gegenstände oder Services, in denen die Haltung und die Werte einer Gesellschaft inhärent sind, die jedoch auch an der Konstitution derselben beteiligt sind.

Eine wissenschaftliche Auseinandersetzung mit den Menschen in Bezug auf die Artefakte setzt zunächst eine Forschung über den Menschen voraus, die designrelevantes Wissen erzeugt in Bezug auf die Ergonomie, die Wahrnehmungspsychologie und die Handlungsoptionen. Ein wesentlicher Aspekt ist darüber hinaus die Forschung über die emotionale Wirkung von Artefakten.

Designende müssen Visionen über unser zukünftiges Zusammenleben entwickeln. Die Welt der Artefakte, als sogenannte zweite Kultur, ist an der Frage, wie wir leben und miteinander leben wollen wesentlich beteiligt. Wenn wir eine, in jeder Hinsicht, gleichberechtigte Welt erreichen wollen, sind die Gestaltenden gefragt.

Dies setzt jedoch eine Forschung zu Gender und Design voraus, die ständig aktualisiert und an die Entwicklung der Werte innerhalb der Gesellschaft angepasst werden muss. Eine Forschung, die sich vordringlich mit der Vermeidung von Klischees auseinandersetzt und die – in Bezug auf Gestaltung – den Menschen als Menschen sieht und damit genug Spielraum bietet, um Verschiedenheit und Anderssein zuzulassen.

Literatur

Bergmann, Franziska / Schreck, Bettina (Hrsg.) (2012): Gender Studies. Transcript, Bielefeld.

Brandes, Uta (2017): Gender und Design – Streifzüge zwischen Theorie und Empirie. Basel: Birkhäuser.

Butler, Judith (1991): Das Unbehagen der Geschlechter – Gender Studies. Titel im Original: Gender Trouble. Frankfurt am Main: Suhrkamp.

Ehrnberger, K., Räsänen, M., & Ilstedt, S. (2012): Visualising Gender Norms in Design: Meet the Mega Hurricane Mixer and the Drill Dolphia. International Journal of Design, 6/3, 2012, S. 85–98.

Foraita, Sabine (2005): Borderline – Das Verhältnis von Kunst und Design aus der Perspektive des Design. (Dissertation HfBK) Braunschweig.

Foraita, Sabine (2010): Designwissenschaft ist elementar. In: Felicidad Romero-Tejedor / Wolfgang Jonas (Hg.): Positionen zur Designwissenschaft. Kassel University Press. S. 42–46.

Goffmann, Erving (2001): Interaktion und Geschlecht. 2. Auflage. Frankfurt am Main: Campus.

Joost, Gesche & HAWK (Hg.) (2008): Gender & Design. Sonderpublikation zur Gastprofessur von Dr. Gesche Joost im Rahmen des Maria-Goeppert-Mayer-Programms an der Fakultät Gestaltung der HAWK Hildesheim.

Schölper, Dag (2008): Männer- und Männlichkeitsforschung – ein Überblick. Gender Politik Online web.fu-berlin.de/gpo/pdf/dag_schoelper/dag_schoelper_fragen.pdf

UNGEBETENE GÄSTE

STRATEGIEN DER SELBSTBEHAUPTUNG VON GESTALTERINNEN IN EINEM MÄNNERGEPRÄGTEN FELD

Marion Godau

Vor über 100 Jahren, mit dem Reichswahlgesetz vom 30. November 1918, erhielten Frauen in Deutschland das aktive und passive Wahlrecht. Bei der Parlamentswahl 1919 zogen dann aus dem Stand 37 weibliche Abgeordnete (bei 423 Gesamt-Sitzen) ins Parlament ein.

Gemessen an historischer Zeitrechnung sind 100 Jahre Frauenwahlrecht nur ein Wimpernschlag. So ist es eigentlich kein Wunder, dass auch heute ein großer Teil der politischen Arbeit von Frauen immer noch im Erstreiten von Gleichberechtigung und -behandlung in Beruf und Privatleben besteht. Auch tradierte Rollenverteilungen sind weiterhin wirksam. Nach einer Studie der OECD verbringen Frauen in Deutschland, gleich ob als Promovierte oder ohne Schulabschluss, im statistischen Mittel 164 Minuten täglich mit Hausarbeiten, Männer hingegen rund 90 Minuten.[1]

Und auch wenn Frauen sich einen Platz im Berufsleben erobert haben, so heißt dies noch lange nicht, dass sie wie ihre männlichen Kollegen anerkannt werden. Das geht auch Designerinnen nicht anders. Zwar waren laut Statistischem Bundesamt 2016 von den Studienberechtigten 52,9 % Frauen und 47,1 % Männer.[2] Doch ein Vergleich des Verhältnisses der Nennungen von Designerinnen zu Designern in maßgeblichen Büchern zur Designgeschichte (Bürdek 2005; Hauffe 2014; Eisele 2014) ergibt 2017 eine Quote von über 90% Männernennungen.[3] Kein Zweifel: die Designgeschichte ist männlich. Und dies schlägt sich auch im Berufsalltag von Designerinnen und Designern nieder: die zahlreichen weiblichen Vorbilder, die es gäbe, werden bis heute oftmals ignoriert. Ein Erlebnis aus eigener Erfahrung mag dies verdeutlichen:

2016 nahm ich an einem Berufungsverfahren teil und hörte einen Vortrag eines Hochschuldozenten über historische Persönlichkeiten, die Architektur und Design beeinflussten. Auf meine Frage, warum in seinem Vortrag nur Männer vorkamen

---

1   https://de.statista.com/infografik/1983/wie-lange-maenner-und-frauen-im-haushalt-arbeiten/ [Aufruf 26.10.2017]

2   https://www.destatis.de/DE/PresseService/Presse/Pressemitteilungen/2017/03/PD17_072_213.html;jsessionid=39F37376B7F6052E3793E9C6277C8920.InternetLive2 [Aufruf 26.10.2017]

3   Bürdek: 520 insgesamt, davon 50 Frauen (9,6%), Hauffe: 483 insgesamt, davon 50 Frauen (11,4%), Eisele 159 gesamt, davon 12 Frauen (7.5%)

antwortete der Referent treuherzig und ohne einen Anflug von Zweifel: „Ich würde ja mehr wichtige Gestalterinnen nennen, aber leider gibt es keine".

Der vorliegende Beitrag beschäftigt sich daher, und das geschilderte Erlebnis ist daran nicht unschuldig, mit folgenden Fragen: Warum schafften es so wenige Gestalterinnen in die Design-Geschichtsbücher? Welche Möglichkeiten hatten sie? Welche Strategien entwickelten Frauen, um in gestalterischen Berufen erfolgreich zu arbeiten?

Schließlich soll der Beitrag ganz konkret Designerinnen vorstellen, die bislang kaum bekannt sind oder deren Leistungen in designhistorischen Publikationen wenig gewürdigt werden.[4] Im historischen Fokus steht die Weimarer Republik stellvertretend für die Moderne, eine Zeit, die als besonders dynamisch und fortschrittlich gilt und in der Frauen begannen, emanzipatorische Erfolge zu erzielen.

Teil Eins: Die Konstruktion zweier Welten

„Zuerst muss die fast banale Feststellung gemacht werden, dass der Beruf der Designerinnen in der industriellen Gesellschaft seit dem 19. Jahrhundert im Widerspruch zum vorherrschenden patriarchalen Rollenverständnis der Geschlechter stand, das die Frau an Haus und Familie bindet. Diese Bindung war die höchste Barriere für die Frauen" konstatiert Beat Schneider (Schneider 2005, 250). Männer hatten die Macht und waren nicht gewillt sie zu teilen, auch nicht, wenn es um die ‚hehre Kunst' ging. Magdalene Droste macht darauf aufmerksam, dass nicht zuletzt unter dem Eindruck der fortschreitenden Industrialisierung die Rolle der Frau im 18. und 19. Jahrhundert in zunehmendem Maße von ihrer Geschlechtszugehörigkeit her festgelegt wurde: *„Demnach galten alle Tätigkeiten im Haus, für die Familie und im privaten Rahmen als angemessen. Künstlerische Tätigkeit war nur als dilettierende geduldet, Verdienst galt als ehrenrührig"* (Droste 1989, 175). Frauen wurden allgemein weibliche Eigenschaften zugeschrieben, nämlich: „zart, gefällig, lieblich, reizend verspielt" (ebd.). Insbesondere von Gestalterinnen wurde erwartet, dass ihre Produkte diesem Credo folgten. Gestalteten sie anders wurde dies als unweiblich kritisiert (ebd.). Umgekehrt zeigt Gumbrecht auf, dass bestimmte Berufe ein neues Image der Weiblichkeit annehmen, und zwar jene, die *„im Bereich der nichtkörperlichen Arbeit jegliche Initiative zu eigenem Handeln ausschalten – und weil Rollen, die sich weder durch Handlungsfähigkeit noch durch körperliche Tätigkeit auszeichnen, unweigerlich als weiblich gelten..."* (Gumbrecht 2003, 337). Ein Beispiel ist der neue Beruf der Telefonistin, das ‚Fräulein vom Amt'.

Hatten Frauen in Deutschland bis 1919 nur sehr eingeschränkt Zugang zu höherer Bildung änderte sich dies mit dem in der Weimarer Verfassung verankertem Grundsatz der Gleichberechtigung. Frauen standen endlich auch staatliche Schulen, Akademien und Universitäten offen. Doch relativiert Droste den Gleichberechtigungs-Effekt:
„Parallel zu den verbesserten Ausbildungsmöglichkeiten und zu einer stärkeren Präsenz in

---

4   Die folgenden Informationen über Gestalterinnen basieren auf eigenen Forschungen und einen interdisziplinären Forschungsprojekt, das seit 2016 an der Fachhochschule Potsdam durchgeführt wird.

der Berufspraxis, lässt sich eine Tendenz beobachten, die darauf hinzielt, Frauen weiterhin aus der ‚männlichen' Kunst auszugrenzen" (Droste 1989, 186). Die Kunsthistorikerin macht auf die Zuweisung der Frau in den Bereich des Kunsthandwerks aufmerksam, während Männer sich der Entwurfsarbeit für die Industrie zuwenden (ebd., 193). Und während sich Autorinnen wie Ada Schmidt freuten, dass, *„den Händen der Frau in gleicher Güte (wie dem Mann, M.G.) die Schale aus Ton, der Ring, das gehämmerte Service, der bemalte Teller, Gebrauchsplastik, der Emailleschmuck, der geflochtene, gewebte, gestickte Teppich, das Flächenmuster für Kleid und Wand, der Buchschmuck, das Plakat, die architektonische Gestaltung des Hauses, die Theaterdekoration und die Figurinen"* erwachsen, so verdeutlicht der Kunsthistoriker Hans Hildebrandt, dass Frauen in die Sphäre des Kunstgewerbes abgedrängt wurden und männliche Gestalter sich längst in anderen, nun als modern konnotierten Bereichen tummelten. Hildebrandt schreibt 1928, die Frau sei inzwischen in alle Bereiche kunstgewerblicher Arbeit aufgerückt, „die der Mann, heute vorwiegend der Technik, dem Bau, den Industriefragen zugekehrt, eben verließ" (zitiert in Droste 1989, 193). Noch im 19. Jahrhundert wurde eine vorwiegend männliche Avantgarde für ihren Reformgeist geehrt, so etwa die britische Arts&Crafts-Bewegung oder die sogenannte Kunstgewerbebewegung. In der Weimarer Republik definierte eine neue männliche Avantgarde, so z.B. Walter Gropius, das Feld des Kunsthandwerks und Kunstgewerbes als veraltet, das Gestalterinnen in Form von Weberei und dergleichen überlassen wurde.

„Das Konstrukt ‚weiblicher' Kunst (und weiblichen Kunstgewerbes, M.G.), dient also der Verstärkung patriarchaler Kunstpositionen. In wirtschaftlichen Umbruchssituationen können so Arbeitsplätze für Männer bewahrt werden, da die Höherwertigkeit der von ihnen hergestellten Kunst als gesellschaftliche Übereinkunft gesichert ist" (Droste 1989, 176),[5] stellt Droste fest. Diese Beobachtung gilt auch für das Design. Fortan ist der Ausruf „Das ist Kunstgewerbe" eine der vernichtenden Kritikpunkte in der Beurteilung eines Entwurfs, nur noch zu steigern durch das Attribut ‚weiblich'. So donnerte Max Bill noch 1964: *„Nun erhebt sich ... die Frage, was es überhaupt bedeutete, die nähere und weitere Umgebung des Menschen sinnvoll zu gestalten. Ich glaube..., es muss hier nicht besonders betont werden, dass ich mir unter Gestaltung der Umwelt weder Möbel im Gelsenkirchener Barock, noch irgendwelche andere ‚werteschaffende Ornamente' vorstelle, die entweder aus der Rumpelkammer hervorgenommen wurden oder der Phantasie verspielter Kunstgewerblerinnen entspringen"* (Bill 1964).

Die implizite Aufteilung der patriarchalen Lebenswelt in zwei durch das Geschlecht bestimmte Hemisphären mit unterschiedlichen Begabungen spielte in beinahe alle Bereiche des Lebens hinein und sorgte dafür, dass weibliche Konkurrenz, auch in der progressive Lebensformen zulassenden Weimarer Republik, recht effektiv aus der bisher den Männern vorbehaltenen Gestaltungs-Arbeitswelt herausgehalten wurden.

Die gesellschaftliche Konstruktion weiblich = emotional, verspielt, dienend und männlich = rational, technisch begabt, führend erwies sich als äußerst wirkungs-

---

5   Droste bezieht sich auf Forschungen von Parker und Pollock.

voll, so dass selbst herausragende Gestalterinnen trotz Studium kaum selbst glauben mochten, dass sie in der Lage waren, eigenständig Serien-Produkte zu entwickeln oder Häuser zu bauen:

Etel Mittag-Fodor etwa wundert sich rückblickend, dass sie am Dessauer Bauhaus einen Firmenkatalog gestalten durfte, obwohl sie selbst die erfolgreiche Akquisition erreichte (Mittag-Fodor 2014, 97).

Auch die Architektin der Frankfurter Küche, Grete Schütte-Lihotzky, erinnert sich: *„Es war ja damals nicht vorstellbar, sich von einer Frau ein Haus bauen zu lassen. Ich konnte es mir ja selbst nicht vorstellen. Mein Vater hat gefragt: ‚Wo wirst du denn arbeiten?' Und ich habe gesagt: ‚Ich werde halt in irgendeinem Büro Pläne bearbeiten'. Dass mich jemand Häuser bauen lässt, konnte ich mir damals selber nicht vorstellen".*[6]

Zusammenfassend kann man wie Beat Schneider von einer ideologischen Barriere in der Symbolsprache des Designs sprechen, die *„im Design der industriellen Produktion stark durch den Stempel männlicher Interessen (Maschinen, Automobile usw.) geprägt war. Das Vokabular der Moderne – denken wir nur an die Maschinenmetapher... – trug mit anderen Worten die Merkmale des herrschenden männlichen Geschlechts. Die Überwindung dieser Barriere verlangte von den Designerinnen der Vergangenheit, aber auch heute noch ein hohes Maß an bewusster oder unbewusster Anpassung an die herrschenden ‚Regeln des Designs'"* (Schneider 1005, 251).

Das patriarchale Rollenverständnis der Geschlechter, das die Frau an Haus und Familie bindet und die Schneider als die höchste Barriere für die Frauen begriff, war jedoch vergleichsweise einfach zu überwinden. Weit wirkmächtigere Barrieren stellten sich Frauen in Gestalt von institutionell festgelegten Hürden in Bildung und Beruf entgegen. Oder wie Gumbrecht für die Weimarer Republik ausführt: *„Die in den Medien vorherrschende Meinung läuft darauf hinaus, das Frauen und Männer die gleichen Rechte und die Möglichkeit haben sollten, ihre gesellschaftliche und berufliche Stellung unabhängig von ihrem Geschlecht selbst zu wählen. Nicht ideologisch motivierte Einwände, sondern Verfahrensprobleme und Trägheit der Institutionen stehen der Verwirklichung dieses Ideals im Wege"* (Gumbrecht 2003, 338). Zum Beispiel in Gestalt von Studien- und Prüfungsordnungen oder in Aufnahmebeschränkungen in Industrie-, Handels- oder Architektenkammern.

Teil 2: Von Hürdenläuferinnen und ihrem Startproviant

Maria May schuf als Mode- und Interior-Designerin zahlreiche abstrakte wie gegenständliche Dekore, sie entwickelte und perfektionierte die in den 1920er/30er Jahren populäre Schablonentechnik für Stoff, Tapete und Keramik und stattete die ‚Bremen IV' mit Mosaiken aus - 1929 das schnellste Passagierschiff auf der Transatlantikroute Europa – New York.

Else Meissner promovierte 1914 an der Berliner Humboldt-Universität als eine

---

6   Grete Schütte-Lihotzky im Interview mit Eugenie Kain, https://webarchiv.servus.at/hillinger/1997/497/jeder/jeder.html [Aufruf 9.4.2014]

von insgesamt 33 Frauen im Fach Staatswissenschaft.[7] Zuvor als Kunsthistorikerin ausgebildet wurde Meissner 1918 Geschäftsführerin der ,Sächsischen Landesstelle für Kunstgewerbe'. 1950 wird sie ihr Buch ,Qualität und Form in Wirtschaft und Leben' veröffentlichen, das in der jungen Bundesrepublik Deutschland lebhaft diskutiert werden wird und aus dem sogar vom damaligen Bundespräsidenten Theodor Heuss zitiert wurde.

Alice Matzdorf, geboren 1895, war Fotografin in der Weimarer Republik. In ihrem Fotostudio in der Berliner Kantstraße machte sie sich mit treffenden Portraits von Politikern, mit eindrücklichen Alltagsszenen und qualitätsvoller Gartenfotografie einen Namen. 1942 wurde sie im Konzentrationslager Sachsenhausen ermordet.[8]

May, Meissner, Matzdorf - Allen Frauen ist gemeinsam, dass sie in ihrer Zeit durchaus bekannt waren. Wie haben sie es entgegen der historischen Widrigkeiten, die Frauen wenig berufliche Möglichkeiten eröffneten, geschafft sich zu behaupten bzw. beruflich erfolgreich zu sein?

Die Waffen der Frauen: Bildung, Förderung, Netzwerke, Lebenszeit, Verzicht

„Insbesondere im Kulturbereich der zwanziger Jahre eröffnete sich für junge Frauen ein vielfältiges Spektrum, sich selbst zu verwirklichen und kreativ zu arbeiten. Voraussetzung dafür war allerdings eine gesicherte ökonomische Basis. Der Großteil dieser in Kunst und Kultur tätigen Frauen kam daher aus dem bürgerlichen und großbürgerlichen Milieu" (Maasberg/Prinz 2005, 23).

Untersucht man exemplarisch Biographien von Gestalterinnen, so schälen sich zunächst verschiedene Faktoren für einen erfolgreichen Verlauf der beruflichen Karrieren heraus, die sich mit den Schlagworten ,Bildung' ,Förderung', ,Netzwerk' und ,Verzicht' umreißen lassen.

Zahlreiche erfolgreiche Frauen kamen aus denjenigen bürgerlichen Elternhäusern, die ihnen Zugang zu Bildung ermöglichten. Dort kamen die Töchter zudem mit fortschrittlichen Impulsen in Berührung oder konnten vom elterlichen Netzwerk partizipieren. Etel Mittag-Fodor etwa bekam von einem Bekannten ihres Vaters den Rat ans Bauhaus zu gehen. Ihr Elternhaus beschrieb sie als weltoffen und tolerant (Stutterheim 2014, 115). Auch Grete Schütte-Lihotzky, 1897 in Wien geboren, wurde von ihrem Elternhaus aktiv unterstützt. Ihr Vater war ein liberal gesinnter Staatsbeamter, der die Gründung der Ersten Österreichischen Republik 1918 befürwortete. Mutter Julie, geborene Bode, war mit dem deutschen Kunst- und Museumsexperten Wilhelm von Bode verwandt. In Gretes Elternhaus gingen Persönlichkeiten wie der junge Walter Gropius und Gustav Klimt ein und aus. Klimt war es auch, der ein Empfehlungsschreiben für sie verfasste, so dass Grete

---

7   Im Vergleich dazu promovierten im selben Fach 9242 Männer (histat, 22.12.15).
8   https://jens-m-std.jimdo.com/alice-matzdorf-geb-frank/ [Aufruf 27.10.17]. Ich danke Fanny Belling und Patrick Theus für ihre Recherchen zu Alice Matzdorf.

Lihotzky als erste kursteilnehmende Frau an die k. u. k. Kunstgewerbeschule Wien aufgenommen wurde. Ebenfalls als erste Frau in Österreich schloss sie 1919 ein Architekturstudium ab. Die Studentin Lihotzky fand in ihrem Lehrer Oskar Strnad, der als Pionier des sozialen Wohnungsbaus in Wien galt, einen Mentor. Er ermutigte sie, an einem Architekturwettbewerb für Arbeiterwohnen teilzunehmen, den sie prompt gewann (vgl. Eichhorn 2013). Aus Anlass ihres hundertsten Geburtstags erinnerte sich Grete Schütter-Lihotzky:

„Natürlich haben mir alle abgeraten, Architektin zu werden. Mein Lehrer Strnad, mein Vater und mein Großvater. Nicht weil sie reaktionär waren, sondern weil sie Angst gehabt haben, dass ich mit diesem Beruf verhungere."[9]

Auch die aus dem 5000-Seelenort Aken in Sachsen-Anhalt stammende Emilie Winkelmann erfuhr familiäre Förderung. Ihr Großvater erkannte das große Interesse seiner Enkelin an den Tätigkeiten in seinem Baubetrieb. Emilie darf aushelfen und mit auf die Baustellen kommen. Ausgebildet als technische Zeichnerin wurden einige ihrer Entwürfe für Wohnhäuser, Fabrikgebäude und mehrere Tonwerke dank der Unterstützung ihres Großvaters in der Umgebung von Aken realisiert. Die verwandtschaftliche Förderung stieß jedoch an gesellschaftliche Grenzen.

Auch Töchter aus dem liberalen Bürgertum wie Grete Schütte-Lihotzky und Emilie Winkelmann waren in der Weimarer Republik längst nicht selbstbestimmt. Was eine Frau zu Beginn des 20. Jahrhunderts lernte oder nicht bestimmte entweder die Familie oder der Gatte. Sie waren davon abhängig, was ihre Verwandten oder ihr Ehemann von einer Ausbildung hielt. War ihr ein Beruf gestattet, wurde selbstverständlich davon ausgegangen, dass sie ihre Ehe- und Mutterpflichten nicht vernachlässigte.

Es ist nicht bekannt, wie viele unverheiratete Gestalterinnen in einer lesbischen Beziehung lebten. Heterosexuelle Frauen, die freiwillig auf Ehemann und/oder Kinder verzichteten, um selbstbestimmt in ihrem Beruf arbeiten zu können, dürften in der Weimarer Republik keine Seltenheit gewesen sein.

Auch unverheiratete Studentinnen waren ihren Kommilitonen gegenüber benachteiligt – nicht zuletzt durch bürokratische Hürden. Das erfuhr auch Emilie Winkelmann.

In ihrer Familie übernimmt nach dem Tod des Großvaters wie damals üblich ein Mann, nämlich ihr Bruder, den Baubetrieb mit 60 Angestellten. Als dieser 1901 das Unternehmen verkaufen muss, geht Emilie nach Hannover. Nur mit ungeheurer Ausdauer und einem Antrag, den sie mit E. Winkelmann unterzeichnet, gelingt es ihr gegen die Widrigkeiten der Bürokratie Architektur zu studieren. Das Geld für ihren Lebensunterhalt verdient sie sich als technische Zeichnerin. Allerdings kann sie nur Gasthörerin sein, denn Frauen durften sich damals dort nicht vollimmatrikulieren. So blieb ihr 1907 auch das Ablegen der Diplomprüfung verwehrt. Sie zieht nach Berlin, gewinnt kurz danach einen Architekturwettbewerb und gründet mit dem Preisgeld ihr eigenes Architekturbüro. Es beschäftigt in seiner Hochzeit bis zu 18 Mitarbeiter.[10] Endlich ist sie unabhängig. Sie heirate nie. Winkelmann ist die erste freischaffende

---

9   Interview mit Eugenie Kain, https://webarchiv.servus.at/hillinger/1997/497/jeder/jeder.html [Aufruf 9.4.2014]
10   https://www.berlinischegalerie.de/sammlung/architektur/der-sammlungsbereich/nachlaesse-und-werkkomplexe/emilie-winkelmann/ [Aufruf 26.10.17]

Architektin Deutschlands. Bis zum Zweiten Weltkrieg baute sie in Berlin mehr als 30 Häuser, vorwiegend Stadtvillen und Landhäuser, aber auch Deutschlands erstes Studentinnen-Wohnheim in Berlin-Charlottenburg.[11]

Etel Fodor geht einen anderen Weg, um der Fremdbestimmung durch ihr Elternhaus zu entgehen. Die Künstlerin, Fotografin, Grafikdesignerin und Textilkünstlerin wählt die Ehe: *„Mein Vater war der größte Stolperstein! Er wollte, dass ich kein Make-up mehr auftrage und meine Haare lang wachsen lasse. Er weigerte sich, mir einen Hausschlüssel zu geben und machte einen Aufstand, wenn ich um neun Uhr noch nicht zuhause war. Er nervte meine Mutter damit, mich ‚zu verheiraten'. Die Situation war unmöglich! Ich war 25 Jahre alt und mein Bruder, der gerade einmal 22 Monate älter war, konnte tun und lassen, was er wollte. Es gab nur eine Lösung, mich aus dieser Situation zu befreien: heiraten. Ich schrieb Ernst, und er stimmte zu. Auf meine Bitte hin lud meine Freundin Else mich ein, sie in Berlin zu besuchen. Mitte November war ich weg"* (Mittag-Fodor 2014, 115).

Die Erwartungen, was sich für bürgerliche Frauen schickte und was nicht, lasteten schwer auf Avantgarde-Künstlerinnen und -Gestalterinnen. Meret Oppenheim resümierte 1975, dass es nicht leicht sei, „ein junger Künstler zu sein". Noch schwieriger sei es jedoch – immer noch – für weibliche Künstler: *„Es fängt bei scheinbar Äußerlichkeiten an. Bei den Künstlern ist man es gewöhnt, dass sie ein Leben führen, wie es ihnen passt – und die Bürger drücken ein Auge zu. Wenn aber eine Frau das gleiche tut, dann sperren sie alle Augen auf. Das und viel anderes mehr muss man in Kauf nehmen"*.[12]

Der Kampf gegen gesellschaftliche und institutionelle Widrigkeiten kostete Lebenszeit: wie viele andere Studentinnen war Emilie Winkelmann bei Beendigung ihres Studiums schon weit über 20 Jahre alt. Als sie den Schritt nach Berlin und in die unternehmerische Freiberuflichkeit wagte, war sie bereits 32 Jahre alt. Auch Alice Matzdorf eröffnete ihr Berliner Fotostudio mit ca. 33 Jahren. Cordula Bischoff weist zudem in Zusammenhang mit einer Promotion nach, dass das Alter der Frauen um 1915 bis zur erfolgreichen Promotion – trotzdem ihre Kommilitonen noch eine Soldatenzeit zu absolvierenden hatten – im Schnitt höher lag als bei den Männern (Bischoff 1999, 17). Auch besagte Else Meissner war bereits 27 Jahre alt, als sie ihre Dissertation veröffentlichte. Gebildete Frauen waren damit reichlich alt für den konventionellen Heiratsmarkt (ebd.).

Teil Drei – Strategien des Vorankommens

Gut ausgebildet und hochmotiviert stießen junge Gestalterinnen trotz progressiver Zeiten in den 1920er Jahren sogleich an die sogenannte Gläserne Decke. Anhand konkreter Zahlen wies die Sozialwissenschaftlerin Alice Rühle-Gerstel 1932 nach, dass sich Frauen in höheren Berufen aufgrund „ihrer besonderen Begabung und Tüchtigkeit und ihres Fleißes" berufliche und soziale Anerkennung erarbeitet

---

11   https://www.berlin.de/ba-charlottenburg-wilmersdorf/ueber-den-bezirk/geschichte/architekten/
      artikel.158062.php [Aufruf 22.10.17]
12   Aus einer Rede von Meret Oppenheim in Basel 1975 (Eipeldauer/Brugger/Sievernich 2013, 270)

haben (vgl. Rühle-Gerstel, 313f.).

Wie schafften es Gestalterinnen noch, in ihren Berufen Anerkennung zu finden? Es hat den Anschein, dass der Schlüssel zum weiblichen Erfolg in der Besetzung von Nischen besteht, in denen sie für männliche Konkurrenz keine ‚Gefahr' darstellten. Erstens, weil diese Betätigungsfelder als ‚weibliche Domänen' galten. Zweitens besetzten Gestalterinnen so manche Leerstelle, die durch politische oder technologische Ausnahmesituationen entstanden. Eine dritte und vierte Möglichkeit: Viele Frauen in Design und Architektur ‚unterstützten' ihre Kollegen in von Männern geführten Büros oder ‚halfen' als Ehegattin bei der gestalterischen Arbeit – so oder so arbeiteten sie dabei nicht selten mehr und härter als ihre männliche Konkurrenz.

Ehefrau sein

Wie bereits beschrieben beschloss Etel Mittag-Fodor zu heiraten, um der väterlichen Kontrolle zu entfliehen. Ernst Mittag, wie sie Student am avantgardistischen Bauhaus, ließ sie als Fotografin arbeiten. Sie trug zum Haushaltseinkommen bei, beide waren zufrieden. Die bürgerlichen Konventionen konnte sie dennoch nicht abschütteln. Ihre Eltern hatten 1930 beschlossen, dass die bis dato unverheiratete Studentin nach dem Sommersemester nach Hause zurückkehren und versuchen sollte, ihren Lebensunterhalt zu verdienen (vgl. Mittag-Fodor 2014, 105). Kaum verheiratet unterstützten Fodors Eltern das junge Paar für weitere zwei Jahre, allerdings nicht, damit ihre Tochter Etel ihr Studium abschließen konnte, sondern damit der Schwiegersohn sein Diplom am Bauhaus machen konnte (vgl. Mittag-Fodor 2014, 119). Als Ernst Mittag zu diesem Zweck ein Praktikum absolvieren musste, war es Etel, die ihm über ihr familiäres Netzwerk eine befristete Arbeit bei dem in Berlin lebenden ungarischen Stadtplaner und Architekten Fred Forbát verschaffte (vgl. Mittag-Fodor 2014, 125).

Nicht wenige Designerinnen und Architektinnen der Vergangenheit und der Gegenwart arbeiten mit ihrem Ehemann zusammen, so etwa das Design-Ehepaar Charles und Ray Eames oder die Schweizer Trix und Robert Haussmann. Exemplarisch ist auch die Biographie von Ise Gropius. Zunächst arbeitet Ise Frank im Buchhandel. 1923 hört sie einen Vortrag von Walter Gropius in Hannover, lernt ihn kennen und folgt ihm nach Weimar. Noch im selben Jahr heiraten sie. Ab da wird die damals 26jährige zu ‚Frau Bauhaus', wie Gropius sie nennt. Die ‚Bauhaus Kooperation Berlin Dessau Weimar gGmbH' informiert auf ihrer Website über ihr Leben: „*Ise Gropius verzichtet auf einen eigenständigen Beruf und tritt in den Dienst des Bauhauses: als Sekretärin, Lektorin und Organisatorin … Neben organisatorischen Aufgaben bringt sich Ise Gropius teilweise auch gestalterisch mit ein. So entwirft sie unter architektonischen Korrekturen ihres Mannes*[13] *das Dessauer Meisterhaus und Gegenstände für die Küche, da es moderne Küchen in Deutschland noch nicht gab.*" ‚Es existierte fast nichts auf dem normalen Markt was nicht nur unsere modernen technischen,

---

13   Hervorhebungen durch die Verfasserin

sondern auch unsere ästhetischen Ansprüche befriedigt hätte', kommentiert Ise Gropius. Die selbe Website gibt aber auch Hinweise darauf, welch hohen Preis viele Gestalterinnen in Zusammenarbeit mit ihren Ehemännern oder mit Auftraggebern zahlten – Anonymität. Obwohl etwa Ise Gropius Fotografien von hoher Qualität produzierte, lässt sich eine Vielzahl von Fotos heute nicht mehr eindeutig ihr oder Walter Gropius zuordnen, „da sie auf gemeinsamen Reisen entstanden und von ihnen dahingehend nicht beschriftet wurden. Nur die Selbstbildnisse sind eindeutig aus ihrer Hand".[14] Bekannt hingegen ist, dass Walter Gropius von ihren literarischen Fähigkeiten sehr angetan war: *„Neben dem für ihn lästigen Briefeschreiben übernimmt sie schon früh die Formulierung seiner Artikel und Vorträge. Auf Basis gemeinsam entworfener Rohtexte versendet Ise Gropius die Texte ‚immer neu auffrisiert' für die ‚artikelfabrik', wie sie es in ihrem Tagebuch nennt"[15]* – neben der Organisation von Gropius' öffentlichen Auftritten und den Niederungen des Haushalts, versteht sich.

Männern zuarbeiten

Eine in der Weimarer Republik gesellschaftlich anerkannte berufliche Betätigung von Frauen war das Dienen: als Lehrerin, als Krankenschwester, als Dienstmädchen – oder in Gestaltungsberufen als technische Zeichnerin oder als anonyme Zuarbeiterin. Bauhausstudentin Etel Mittag-Fodor erinnert sich, wie sie für eine Berliner Presseagentur arbeitete: *„Sie akzeptierten meine Fotos, bezahlten aber nur, wenn sie diese veröffentlichten (unter ihrem Namen!). Das war besser als nichts"* (Mittag-Fodor 2014, 137). Ähnlich wie Ise Gropius' Fotografien sind auch Etel Mittag-Fodors Pressefotos größtenteils anonym geblieben. Auch Möbelentwürfe von Charlotte Perriand, die sie in ihrer Zeit als Mitarbeiterin von Le Corbusier entwarf, wurden zunächst unter dem Namen des berühmten Architekten veröffentlicht. Das Publikum, so das Argument, wollte lieber ein Produkt aus der Feder des Meisters kaufen als von einer unbekannten Innenarchitektin.

Tüchtigkeit, ‚Fingerspitzengefühl', Umsicht, Hilfsbereitschaft – diese Frauen zugeschriebenen Kompetenzen qualifizieren sie nicht selten für Aufgaben, die eine arbeitsintensive Organisation oder heikle, diplomatische Missionen erfordern. Mia Seeger beispielsweise erwies sich nicht nur während der Weimarer Republik bei der Mitorganisation der Werkbund-Ausstellung ‚Die Form ohne Ornament' 1924 als unentbehrlich, sie trieb in den 1950er Jahren mit ihrer Arbeit für den Deutschen Werkbund und den Rat für Formgebung die Etablierung und Institutionalisierung von Design in der Weimarer Republik und der Bundesrepublik Deutschland maßgeblich voran. In einem Interview mit Inez Franksen von 1982 berichtet sie über ihre Arbeit zur Mailänder Triennale 1954.[16] Wenige Jahre nach dem Zweiten Weltkrieg barg die internationale Schau genügend Sprengstoff für Konflikte, den

---

14 https://www.bauhaus100.de/de/damals/koepfe/freunde/ise-gropius/index.html [20.11.2017]
15 https://www.bauhaus100.de/de/damals/koepfe/freunde/ise-gropius/index.html [20.11.2017]
16 Interview Mia Seeger mit Inez Franksen 1982, unveröffentlichtes Manuskript, Werkbundarchiv Berlin

es zu umschiffen galt. Der unmittelbare Ausstellungs-Nachbar war Jugoslawien, ein Land, zu dem die Bundesrepublik Deutschland kurz zuvor die diplomatischen Beziehungen abgebrochen hatte. Mia Seeger wurde wegen ihres diplomatischen Geschicks nach Italien geschickt, schaffte es, die Lage zu entspannen und konnte wiederum auf der Triennale 1960 verhindern, dass Ausstellungnachbar Polen eine Wand zwischen sich und den westdeutschen Beitrag aufbaute.

Der ,weiblichen Natur' folgen

Auch die 1900 in Berlin geborene Designerin Maria May war zur selben Zeit wie Mia Seeger, d.h. in den 1920er und 1950er Jahren sehr erfolgreich. Auch sie blieb unverheiratet und hatte keine Kinder (Kuhfuss-Wickenheiser 2009, 198). Wie viele Frauen hatte sie zunächst eine Lehrerinnen-Laufbahn eingeschlagen. 1921 machte sie das Staatsexamen als Kunsterzieherin. Danach studierte sie an der Staatlichen Kunstschule in Berlin und ab 1922 war May Lehrerin an der privaten Kunst- und Gewerbeschule Reimann in Berlin.[17] Ähnlich wie Grete Schütte-Lihotzky erfuhr sie als Studentin Unterstützung durch einen Mentor, den Kunstschul-Professor Georg Tappert. Maria May selbst betonte dies später immer wieder (Kuhfuss-Wickenheiser 2009, 149). Dieser war es wohl auch, der die damals 21jährige als Dozentin an die Reimann-Schule empfahl (ebd., 150). May gilt als fähige Lehrerin, gleichzeitig gab sie ihre Tätigkeiten als Textildesignerin und Innenarchitektin nie auf. Von Anfang an suchte sie den Kontakt zur Industrie. 1931 wurde sie Künstlerische Leiterin der Christian Dierig AG und entwarf die sogenannten ,Deutschen Kretonne'-Stoffe, die nicht für Dekorationszwecke, sondern auch für die Damenmode geeignet waren. Für die ,Tapetenfabrik Gebrüder Rasch' entwickelte sie 1932 eine eigene Kollektion von May-Tapeten. Sie war so erfolgreich und bekannt, dass Rasch in Werbeanzeigen mit ihrem Namen warb.

Ob Schiffs-Interior oder Strandpyjama – Maria May verließ bei all ihren zahlreichen Entwürfen nie die ,weibliche' Sphäre. Wie Magdalena Droste beschreibt, war in den 1920er Jahren der wichtigste Arbeitsbereich für Gestalterinnen vor allem der Textilsektor. Er stand berufstätigen Frauen kritiklos offen, weil Kunstgewerbe, Inneneinrichtung, Mode und Textilarbeiten als ,weiblich' akzeptiert wurden. Dies betraf auch das Buchbinden, die Schriftgestaltung und den Plakat- und Verpackungsentwurf (Droste 1989, 185). Versuchten sich Frauen in anderen Tätigkeitsfeldern, mussten sie mit scharfem Gegenwind rechnen. Der damals international anerkannte Kunsthistoriker Hans Hildebrandt etwa hatte 1928 ein vielbeachtetes Buch mit dem Titel ,Die Frau als Künstlerin' verfasst. Darin führt er aus, dass Frauen bestenfalls Teilbereiche künstlerischer Arbeit bewerkstelligen könnten. Die Architektur, betont Hildebrandt, sei das schwierigste und untypischste Arbeitsfeld für Frauen[18], und sie seien für diesen Beruf prinzipiell nicht geeignet:

---

17 http://www.bkm.uni-paderborn.de/php/textildesigner.php?search=m: [Aufruf 7.11.2017]
18 Hans Hildebrandt in: Maasberg und Prinz 2005,25

„Die Zahl der Baukünstlerinnen ... ist bis an die Schwelle der Gegenwart ... so verschwindend gering, und was sie geschaffen hat, ist so belanglos neben den Gestaltungen des Mannes, dass man der Frau keine Unbill zufügt, wenn man sie als unfruchtbar im Bereiche der Architektur bezeichnet" (Maasberg/Prinz 1005, 25). Maasberg und Prinz kommentieren: *„Die Möglichkeiten und Arbeitsfelder, bei denen die Frauen ihre spezifischen Eigenschaften im Baubereich sinnvoll einsetzen sollten, sah Hildebrandt in den Arbeitsfeldern Wohnung, Haushalt, Inneneinrichtung. Demgegenüber standen für ihn die Begriffe Sachlichkeit, Technik oder Städtebau, von denen die Frauen von Natur aus ausgeschlossen bleiben sollten. Grundsätzlich sprach Hildebrandt den Frauen die zur Architektur nötige Genialität ab."* (ebd.)

Architektinnen und Designerinnen galten also als Wohnungsspezialistinnen, die dem genialen (männlichen) Architekten mit ihren bescheidenen Zuarbeiten unterstützen können (ebd., 26).

Massberg und Prinz verdeutlichen die Rollenzuweisung mit einem Zitat von Bruno Taut aus seinem damaligen Bestseller ‚Die neue Wohnung – Die Frau als Schöpferin': *„So wird schließlich die Frau als Schöpferin des Heimes auch die Schöpferin des Hauses, und es kann jetzt im bejahenden und freudigen Sinne heißen: ‚Der Architekt denkt – Die Hausfrau lenkt '."* (ebd.)

Lücken finden

Die irisch-französische Designerin und Innenarchitektin Eileen Gray experimentiert in den 1920er Jahren zusammen mit ihrem Lebensgefährten Jean Badovici mit den Möglichkeiten, die neue Materialien bieten. Sie entwirft Stahlrohrmöbel, Teppiche und schließlich ein Sommerhaus, das zu einer Ikone des Neuen Bauens wird, und von dem sich auch Le Corbusier inspirieren lässt.

Architektin Winkelmann, Zeitgenossin von Hermann Muthesius, Peter Behrens und Alfred Messel, nutzt ihr effektives, weibliches Netzwerk, allen voran ihre Mitgliedschaft im ‚Deutschen Lyceum-Club' und erhält von dort immer wieder Bauaufträge durch die Vermittlung ihrer weiblichen Vereinskolleginnen (Singer/Beis 2017). Emilie Winkelmann widmet sich auch ganz neuen Bauthemen. So entwirft sie das erste Studentinnen-Wohnheim Deutschlands, eine Wohn- und Bildungsstätte mit fortschrittlichem Bildungskonzept. Schirmherrin ist noch Kaiserin Auguste Viktoria. Das ‚Viktoria-Studienhaus' wird 1916 in Berlin-Charlottenburg fertiggestellt und steht noch heute.[19]

Marie Frommer, eine der ersten promovierten Architektinnen, erhielt zahlreiche Aufträge nicht nur durch ihr gut funktionierendes Berliner Frauen-Netzwerk, sondern eroberte sich durch ihre Geschäfts- und Hotelumbauten sowie den Bau von Kaufhäusern ein bis dahin beinahe brachliegendes Aufgabenfeld." (Maasberg/Prinz 2005, 27)

Und Marianne Brandt lässt sich nicht in die Weberei des Bauhauses drängen und

---

19   https://deu.archinform.net/projekte/8199.htm [Aufruf 29.11.2017]

entwickelt aus ihrem bevorzugten Material Metall Prototypen für moderne Leuchten, die bald von der Firma Kandem produziert werden.

Die exemplarisch vorgestellten Biographien zeigen, dass nicht wenige erfolgreiche Architektinnen, Fotografinnen und Designerinnen es verstanden, technische Innovationen für sich zu nutzen, um sich ihr spezifisches Berufsfeld zu erobern, sei es die damals noch brandneue Handfotografie, sei es die Anwendung oder Entwicklung neuartiger Materialien wie das Stahlrohr oder die Entwicklung neuer Anwendungskonzepte, wie etwa Schütte-Lihotzkys Frankfurter Küche oder Maria Mays Schablonentechnik. Die weibliche Gestalter-Avantgarde scheute aber auch nicht davor zurück, auch wenig lukrative Aufträge anzunehmen oder Nischenthemen mit Verve zu bearbeiten.

Epilog

Nach dieser Abhandlung, deren Schwerpunkt die Beschäftigung mit Designerinnen und Architektinnen in der Weimarer Republik war, bleiben nach Jahrzehnten der Gleichberechtigungs-, Gender und Diversity-Diskurse sowie der diesbezüglichen Forschungen in den Disziplinen immer noch etliche Lücken zu schließen, was die Aufmerksamkeit und Würdigung der gestalterischen Leistungen von Frauen angeht. Für alle, denen keine wichtigen Gestalterinnen einfallen seien folgende genannt:

Catherine Beecher, Melitta Bentz, Cini Boeri, Marianne Brandt, Marguerite Friedländer, Eileen Gray, Zaha Hadid, Ineke Hans, Hella Jongerius, Susan Kare, Florence Knoll, Lora Lamm, Uli Mayer-Johanssen, Charlotte Perriand, Trude Petri, Gunta Stölzl, Lily Reich, Patricia Urquiola – zum Beispiel.

Literatur

Bill, Max (1964): Gestaltete Umwelt in der Zukunft. (In: Die pädagogische Provinz, 1964, Heft 2-3, 65-72). In: Jakob Bill (Hg.) (2008): Max Bill. Funktion und Funktionalismus. Schriften 1945 – 1988. Bern: Benteli, 174.

Bischoff, Cordula (1999): Arbeitsfeld Kunstgewerbe – typisch Kunsthistorikerin? Bemerkungen zur Berufssituation der Kunsthistorikerin in Deutschland von 1910 bis heute. In: Bischoff/Threuter (Hg.): Um-Ordnung. Angewandte Künste und Geschlecht in der Moderne. Marburg: Jonas, 17.

Bischoff, Cordula / Theuter, Christina (Hg.) (1999): Um-Ordnung. Angewandte Künste und Geschlecht in der Moderne. Marburg: Jonas.

Bourdieu, Pierre (1987): Die feinen Unterschiede. Kritik der gesellschaftlichen Urteilskraft. Aus dem Französischen von Bernd Schwibs und Achim Russer. Frankfurt: Suhrkamp Taschenbuch Wissenschaft.

Breuer, Gerda / Meer, Julia (Hg.) (2012): Women in Graphic Design. Frauen und Grafik-Design 1890 – 2012 (Berlin: Jovis Verlag, 2. durchgesehene und korrigierte Auflage, 2012).

Bürdek, Bernhard E. (2005): Design. Geschichte, Theorie und Praxis der Produktgestaltung Basel: Birkhäuser – Verlag für Architektur.

Eichhorn, Ulrike (2013): Architektinnen. Ihr Beruf. Ihr Leben. Berlin: Edition Eichhorn.

Eipeldauer, Heike / Brugger, Ingried /Sievernich, Gereon (2013): Meret Oppenheim Retrospektive. Ostfildern: Hatje Cantz.

Eisele, Petra (2014): Klassiker des Produktdesign. (Stuttgart: Philipp Reclam junior).

Gumbrecht, Hans Ulrich (2003): 1926. Ein Jahr am Rand der Zeit. Aus dem Amerikanischen von Joachim Schulte. Frankfurt am Main: Suhrkamp Taschenbuch Wissenschaft.

Hauffe, Thomas (2014): Geschichte des Designs. Köln: DuMont.

Kuhfuss-Wickenheiser, Swantje (2009): Die Reimann-Schule in Berlin und London 1902 - 1943. Aachen: Shaker Media.

Droste, Magdalena (1989): Beruf Kunstgewerblerin. Frauen in Kunsthandwerk und Design 1890 - 1933. In: Landesgewerbeamt Baden-Württemberg / Design Center Stuttgart (Hg.) (1989): Frauen im Design. Berufsbilder und Lebenswege seit 1900. Stuttgart: Eigenverlag, S.174–203.

Maasberg, Ute / Prinz, Regina (2005): Die Neuen kommen! Weibliche Avantgarde in der Architektur der zwanziger Jahre. Hamburg: Junius, 2. Auflage.

Mittag-Fodor, Etel (2014): Not an unusual Life fort he Time and the Place. Dokumente aus dem Bauhaus Archiv Berlin. Bauhäusler3 Übersetzung Kerstin Stutterheim. Berlin: Bauhaus Archiv Berlin.

Maasberg, Ute / Prinz, Regina (2005): Die Neuen Kommen! Weibliche Avantgarde in der Architektur der Zwanziger Jahre. Hamburg: Junius.

Neumann, Eckhard (Hg.) (1985): Bauhaus und Bauhäusler. Erinnerungen und Erkenntnisse. Köln: DuMont Buchverlag (erweiterte Neuausgabe). Darin: Marianne Brandt, Brief an die junge Generation, S.157–201.

Rühle-Gerstel, Alice (2005): Das Frauenproblem der Gegenwart. Eine psychologische Bilanz. Leipzig 1932, S.313–314. In: Maasberg und Prinz 2005, 20.

Schneider, Beat (2005): Design – Eine Einführung. Entwurf im sozialen, kulturellen und wirtschaftlichen Kontext. Basel: Birkhäuser.

Singer, Thomas / Beis, Fabian (2017): Künstlerinnen und Gestalterinnen in der Weimarer Republik – Emilie Winkelmann. Unveröffentlichtes Manuskript, Fachhochschule Potsdam.

II. PRINZIPIEN UND PRAKTIKEN

VIRGINITÄT UND POTENZ

GESCHLECHT IM KOSMOS DER WARENÄSTHETIK

Wolfgang Ullrich und Tom Bieling im Gespräch

Zusammenhänge von Geschlecht und Konsum lassen sich auf unterschiedlichen Ebenen explizieren. Etwa mit Blick auf kulturelle Muster, gesellschaftliche Praktiken oder mediale Inszenierungen. Ebendiese verlaufen nicht selten stereotyp. Bestimmte Konsumpraktiken gelten als männlich, andere als weiblich. Weshalb?

Sowohl die Konsumräume und -medien, in denen Konsumgüter an den Mann oder die Frau gebracht oder an sie kommuniziert werden, als auch die (stets gestalteten und somit an konkrete Intentionen geknüpften) Konsumgüter selbst, deren Warenästhetik, Nutzungskontexte und Markenkommunikation häufig explizit oder implizit geschlechtlich konnotiert sind, sowie schließlich die Konsumentinnen und Konsumenten selbst unterliegen immer auch bestimmten geschlechtlichen Markierungen.

Hieraus ergeben sich mindestens zweierlei Betrachtungsweisen auf das Beziehungsgeflecht Konsum und Geschlecht: Zum einen steht die Frage nach der Vergeschlechtlichung, dem „Gendering" von Konsumkultur im Raum, zum anderen wird auch das Untersuchungsfeld Gender selbst zu einer Art Konsumgut, welches im Theorie-Dickicht der akademischen Disziplinen ebenso wie in aktivistischen Praxisfeldern angepriesen, vermarktet, begehrt oder eben ignoriert, aussortiert, wiederverwertet und entsorgt wird.

Ein Gespräch aus kulturwissenschaftlicher, konsumtheoretischer und designforschender Perspektive.

Tom Bieling (TB): Das Verhältnis von Geschlecht und Konsum verändert sich fortlaufend. Im späten 19. Jahrhundert galt Konsum beispielsweise noch als signifikant weiblich konnotierte Betätigung. In den 1920er und dann noch mal ab der zweiten Hälfte des 20. Jahrhunderts, wurde im Konsum bisweilen ein (potenziell möglicher) Akt der Befreiung diagnostiziert. Wie stellt sich das Verhältnis von Konsum und Geschlecht heute dar?

Wolfgang Ullrich (WU): Vermutlich hat sich weniger geändert, als man eigentlich glaubt oder auch hofft. Zwar dürfte es mehr gegenderte Produkte denn je geben, doch ist das gerade nicht Zeugnis einer Emanzipation oder zunehmenden Gleichberechtigung, sondern muss viel eher als eine Entwicklung gedeutet werden, mit der Geschlechterklischees weiter verfestigt werden. Wenn ich durch einen Supermarkt gehe und all die Produkte sehe, die speziell für Männer oder für Frauen variiert werden, von Grillfleisch über Müslimischungen bis hin zu Überraschungseiern, dann scheint es mir, als würden sämtliche Diskurse des Feminismus und gendersensibler Menschen für eine Mehrheit der Gesellschaft keine Rolle spielen. Es ist dieselbe Mehrheit, bei der uralte Witze über das andere Geschlecht und seine vermeintlichen Schwächen nach wie vor an der Tagesordnung sind, bei der Frauen also immer noch nicht einparken können und Männer jedes Jahr den Hochzeitstag vergessen. Manchmal kommen mir die speziell an Frauen oder Männer adressieren Produktvarianten selbst wie schlechte Witze – wie ein Mario-Barth-Design – vor, ich fühle mich in Unterhaltungsshows des Fernsehens hineinkatapultiert, wo genau dieselben – vermeintlich humorigen – Klischees zelebriert werden. Das ist Unterhaltung im rudimentärsten Modus – nun in die Konsumwelt hineingetragen, in der es ja längst ebenso wie in allen Massenmedien darum geht, den Kunden Abwechslung und Späßchen zu bieten. Mit etwas mehr Abstand und Nüchternheit kann man immerhin auch die psychosoziale Funktion solcher Klischees und Gags anerkennen. Sie geben vielen Menschen einen gewissen Halt, strukturieren ihr Verhalten, fungieren als Guides durch ihr sonst nur schwer zu bewältigendes Leben. Man sollte sich also davor hüten, das zu sehr von oben herab zu betrachten.

Wie wichtig solche Geschlechterstereotype offenbar sind, sieht man auch daran, dass die Neigung dazu erstaunlich generationenübergreifend ist. Das lässt sich etwa bei erfolgreichen YouTubern jederzeit bestätigen. So gibt es etwa kaum ein ‚Food Haul‘ – dies ein Format, das darin besteht, dass meist junge Frauen Produkt für Produkt die Einkäufe vorstellen, die sie für sich und ihren Partner sowie eventuelle Kinder getätigt haben –, bei dem nicht zahlreiche geschlechterspezifische Witzchen und Platitüden verlautbart werden. Ich bin mir nicht sicher, ob wir es hier sogar mit einem Retro-Phänomen zu tun haben und alte Geschlechterrollen ein Revival erleben, oder ob dank der Sozialen Medien nur viel breiter als bisher sichtbar wird, was viele Menschen denken und wie sie handeln.

Andererseits ist in den Sozialen Medien in den letzten Jahren aber auch eine neue Form von feministischem Aktivismus entstanden, der seinerseits stark konsumorientiert ist und der, gerade weil er nicht akademisch-intellektuell auftritt, bessere Chancen haben könnte, nach und nach in andere Milieus hineinzuwirken. Dieser Netzfeminismus zeichnet sich vor allem dadurch aus, dass Frauen selbstbewusst daran arbeiten, ihre eigenen Vorstellungen von Körper, von Sexyness oder von Coolness zu artikulieren, starke Bilder dafür zu finden und auf diese Weise herrschende Geschlechternormative zumindest zu erweitern, besser noch zu verändern. Sie gehen auch offensiv mit einem Motiv wie ‚Pink ist weiblich‘ um, das ja erst durch die gegenderte Konsumwelt so prominent geworden ist, definieren sich also weniger über Opposition als über transformierende Aneignung hinsichtlich der Codes des Konsumismus. Für sie sind die klassischen Konsumfelder ‚Mode‘, ‚Kosmetik‘, ‚Ernährung‘ Bereiche, in denen sie jeweils einen eigenen Stil entwickeln. So ist nicht auszuschließen, dass sich daraus auch – ähnlich wie im letzten Jahrzehnt bereits in der Öko- und Bio-Bewegung – zahlreiche neue Labels entwickeln, die dann von vornherein ganz gezielt neue, emanzipiertere ‚role models‘ für Frauen unterstützen.

Gelingt es, Konsumprodukte zu Medien dieser gewandelten Geschlechterrollen zu machen, dann ließe sich tatsächlich insgesamt viel mehr verändern.

Schließlich ist zu erwägen, ob sich das Verhältnis von Konsum und Geschlecht nicht auch durch das noch relativ neue Phänomen der Influencer verändert. So bedeutet das ja zuerst einmal, dass Produkte immer in Verbindung mit Menschen und ihrem Lebensstil, also mit ihrem Rollenselbstverständnis, ihrem Verhalten, aber auch ihrer körperlichen Erscheinungsweise in Szene gesetzt werden. So sehr Werbung für ein Produkt gemacht wird, so sehr wird also zugleich für eine Lebensform geworben – und damit nicht zuletzt für ein männliches, weibliches, queeres oder nochmal anderes ‚role model‘, abhängig von der geschlechtlichen Identität des jeweiligen Influencers. Insofern haben Influencer auch nicht unerhebliche Macht hinsichtlich der Ausprägung, Bestätigung oder Modifikation von Geschlechterrollen. Und da es nach allem, was – zumindest im Moment – zu beobachten ist, mehr erfolgreiche weibliche als männliche Influencer gibt, ist das auch die Chance für Frauen, selbstbestimmter mitgestalten zu können, was fortan als typisch weiblich gilt. Sie müssen sich nicht mehr über das definieren, was ihnen eine nach wie vor männlich dominierte Marketing-Welt als ‚weiblich‘ anpreist, sondern können das besser als bisher selbst steuern. Allerdings kann es aber bei Influencern genauso wie bei den YouTubern, über die ich sprach, auch zu einer Verstärkung alter Rollenklischees kommen. Damit könnten die Veränderungen, die Netzfeministinnen einerseits erreichen, andererseits wieder relativiert oder gar zunichtegemacht werden. Letztlich hängt also viel davon ab, wer sich als Influencer engagiert – und wer dabei den größten Erfolg hat.

TB: Schon Norbert Elias (1976) beschäftigte sich mit dem normativen Wirken der Dinge, also mit der Normierung alltäglichen Verhaltens durch gestaltete Objekte. Sie selbst sprechen auch vom „imperativistischen Charakter" der Konsumprodukte und von „determinierenden Produkten". Indem Produkte inzwischen erzieherische und sozialisierende Aufgaben übernehmen, beeinflussen sie ihre Nutzerinnen und Nutzer bei deren Rollenfindung. Bemerkenswert ist dabei ja, dass wir es nicht nur mit einem unidirektionalen Prozess zu tun haben. In seiner Kritik der Warenästhetik beschreibt Wolfgang Fritz Haug (1971) nicht nur den Einfluss der Waren auf das menschliche Bewusstsein, sondern stellt auch einen beidseitigen Effekt, eine Art Rückkopplung fest...

WU: Zuerst einmal: Was ich gerade eben sagte, könnte man im Rekurs auf Norbert Elias nochmal bekräftigen. Wie er allgemein einen ‚Prozess der Zivilisation‘ daran festmacht, wie stark der Alltag der Menschen von Dingen vorgeprägt wird, in denen bestimmte Verhaltensweisen gleichsam programmiert sind, so könnte es zum Ziel des neuen Feminismus werden, einen ‚Prozess der Emanzipation‘ explizit dadurch zu befördern, dass Produkte gestaltet und entwickelt werden, die mit herkömmlichen, geschlechtsspezifischen Verhaltensweisen brechen und dafür alternative Formen des Handelns und Agierens nahelegen.

Aber zu Ihrer eigentlichen Frage: Selbstverständlich prägt nicht nur das Sein und Design der Konsumprodukte das Bewusstsein der Produzenten, sondern diese nehmen mit ihrem Konsumverhalten umgekehrt genauso Einfluss darauf, wie Produkte gestaltet, codiert und vermarktet werden. Diese Wechselwirkungen sind in den letzten Jahrzehnten sogar systematisch intensiviert worden. So reicht es längst nicht mehr, dass man jeweils auf das Verhältnis zwischen Angebot und Nachfrage achtet; vielmehr will man von Konsumenten deutlich mehr wissen als nur das, was sie einkaufen. Marktforschung ist also längst auch Motivforschung und beinhaltet ein breit aufgefächertes Repertoire an Methoden, die alle dazu dienen, möglichst genau zu kapieren, was für Produkte die Menschen – ja nach Geschlecht, Alter, sozialem Status, psychischer Konstitution etc. – haben wollen. Die Rückkoppelung, wie Sie das nennen, stellt eine geradezu mustergültige Spielart eines hermeneutischen Zirkels dar: Kunden kaufen Produkte, in die das eingegangen ist, was sie der Marktforschung als ihre Wünsche mitgeteilt haben, und von denen sie weiter geprägt werden, was wiederum das vorbestimmt, was sie den Marktforschern in der nächsten Runde als ihre Wünsche mitteilen werden.

So eingespielt dieser Kreislauf in den letzten Jahrzehnten war, so sehr relativiert sich seine Bedeutung aktuell jedoch – zumindest für einzelne Branchen der Konsumwelt. So sind Influencer auch diesbezüglich interessante neue Akteure, von denen sich zahlreiche Unternehmen mehr erhoffen als von der Marktforschung. Wenn man weiß, wer andere Menschen in ihrem Konsumverhalten beeinflussen kann, muss man nämlich gar nicht länger erst danach fragen, was diese anderen Menschen eigentlich haben wollen. Sie werden den Influencern so oder so folgen, egal was diese anpreisen, solange sie es überzeugend anpreisen. Vielleicht ist es daher sogar berechtigter als früher, von einer Manipulation der Konsumenten zu sprechen. Solange alles von jenem hermeneutischen Zirkel bestimmt wurde, gab es zaghafte wechselseitige Einflussnahmen, mit den Influencern hingegen gibt es einseitig starke Prägungen. Natürlich finden auch hier Rückkoppelungen statt, da die Influencer genau beobachten, wann sie wie viele ‚Likes' und neue Follower bekommen, aber mir scheint das unspezifischer zu sein als die Rückkoppelungen, die durch die Marktforschung entstehen.

TB: Die Frage, wie sich das Verhältnis zwischen Mensch und Ding gestaltet, steht unweigerlich auch in Verbindung mit der Frage nach dem Verhältnis von Menschen untereinander. Das mag nicht für jeden gestalteten Gegenstand sofort ersichtlich sein, wird aber spätestens deutlich, wenn wir aus der Fülle an Konsumgütern ein ganz bestimmtes aussuchen, begehren, kaufen, benutzen, sowie vor allem: nach außen hin präsentieren und dabei ganz bestimmte Vorstellungen – etwa in Bezug auf Luxus, Prestige, Geschäftigkeit, Lifestyle oder eben auch in Bezug auf ein ganz bestimmtes Rollenverständnis von Männlichkeit oder Weiblichkeit transportieren. Hier zeigt sich, dass Design eine formatierende Wirkung entfalten kann. Inwiefern verrät uns die Auseinandersetzung mit Konsumkultur Grundlegendes über gesellschaftliche Werte und Rollenverhältnisse?

WU: Natürlich ist eine so hoch entwickelte und stark ausdifferenzierte Konsumkultur wie unsere heutige ein ziemlich guter Spiegel der Gesellschaft – vermutlich sogar der beste Spiegel, den es zurzeit überhaupt gibt. Und gerade wenn Sie gesellschaftliche Werte ansprechen, fällt ja auf, dass in den letzten Jahren von vielen Herstellern verstärkt versucht wird, die Konsumenten als moralische und verantwortungsbewusste Menschen anzusprechen. Als Konsument können Sie ihrer Sorge über den Klimawandel genauso Ausdruck verleihen wie ihrer Empörung über Kinderarbeit, Tierquälerei oder Umweltverschmutzung. Für fast jedes Thema gibt es mittlerweile eigene Labels, Produktentwicklungsprojekte mithilfe von Crowdfunding oder diverse Designvarianten. Damit können sich Konsumenten zu bestimmten Werten bekennen, werden nicht selten aber auch erst dafür sensibilisiert. Und damit ein Unternehmen, das einzelne Werte prononciert auf die Agenda setzt, glaubwürdig bleibt, genügt es nicht, dass das nur eine Marketing-Strategie ist; vielmehr muss das Unternehmen dann auch im Sinn der jeweiligen Werte handeln, sich also selbst viel mehr als früher als moralisch-politischer Akteur begreifen.

Vielleicht findet daher aktuell sogar nirgendwo sonst ein so vielfältiger und effektiver Austausch über moralische Fragen statt wie im Feld des Konsums. Parlamente und Polit-Talkshows sind vergleichsweise viel schwerfälliger und spröder. Geschlechterspezifische Fragen scheinen mir dabei jedoch nur relativ selten im Zentrum zu stehen. Es ist interessant, dass sich fast alle anderen gesellschaftspolitischen Diskurse viel stärker in der Konsumwelt niederschlagen als die Debatten über Geschlechterfragen. Eine gewisse Ausnahme stellen Themen dar, die Homosexualität betreffen. Die Karriere des Regenbogenmotivs, mit dem vor allem auch für gleiche Rechte für Schwule und Lesben – also etwa für die ‚Ehe für alle‘ – geworben wird, ist nicht zuletzt eine Karriere auf und mit Konsumprodukten. Die Unternehmen, die diese Produkte vertreiben, bekennen sich also zu den Forderungen der Homosexuellen oder auch zu den Anliegen anderer queerer Gruppen der Gesellschaft.

Dagegen habe ich nicht den Eindruck, dass sich etwa die #MeToo-Debatte bereits auf Produktdesign oder die Entwicklung von Produktvarianten ausgewirkt hätte. Das kann ganz einfach damit zu tun haben, dass diese Debatte kein starkes, plakatives Bildsymbol besitzt, mit dem sich gut arbeiten ließe. Es mag aber auch daran liegen, dass viele derer, die diese Debatte ausgelöst und vorangebracht haben, noch nicht einmal erkannt haben, wie wichtig es wäre, auch Produkte als Medien und Multiplikatoren eigener Anliegen zu nutzen. Waren die meisten Strömungen des Feminismus zu logozentrisch und intellektuell, um sich mit der profanen Konsumwelt und ihrer Ästhetik zu beschäftigen oder darin gar ein wichtiges potenzielles Instrument für die Durchsetzung ihrer Programme sehen zu können, so mag eine ähnliche Haltung also bis heute nachwirken. Eine derartige Gleichgültigkeit, gar ein Dünkel gegenüber allem, was mit Konsum zu tun hat, mindert heutzutage aber die Chancen, die Welt zu verändern.

Derselbe Dünkel gegenüber dem Konsumismus führt zugleich übrigens auch zu Versuchen von Initiativen wie „Pink Stinks“, die jegliche sexistische Werbung verbieten wollen. Suggeriert wird damit, Konsum wecke nur die niedrigsten Instinkte des Menschen und sei an sich weit unterhalb von Hochkultur angesiedelt. Ich bin aber überzeugt davon, dass sich die Welt nicht mit Verboten verändern lässt, sondern damit, dass die Menschen entweder das Unrecht, das geschieht, vor Augen geführt bekommen – oder dass Gegenbilder entwickelt werden, die zeigen und bestenfalls sogar schon einüben, was zu einer gerechteren Welt gehört.

TB: Dass die Aneignungsformen und Gebrauchsformen auf Konsumentenseite durch die Produktästhetik angeregt und provoziert werden, liegt auf der Hand. Inwiefern lässt sich aus der Perspektive der Konsumkritik eine Geschlechtergleichwertigkeit bestimmter Produkte erörtern? Denn einerseits wird für und durch die Warenwelt der Anspruch formuliert, diverse, also breit gefächerte Nutzungsszenarios und Zielgruppen zu adressieren, andererseits läuft sie genau hier Gefahr, in stereotypen Mustern zu verharren.

WU: Wie groß die Gefahr solcher Stereotypen ist, habe ich ja bereits angesprochen. Dagegen gab es bekanntlich immer wieder Versuche, geschlechtliche Differenzen auszublenden, um die Gleichheit, zumindest aber die Gleichwertigkeit aller Menschen zu betonen. Unisex-Mode war oder ist dafür nur ein prominentes Beispiel. Ich glaube jedoch, dass solchen Kampagnen momentan kaum großer Erfolg winkt. In der heutigen Gesellschaft und gerade bei der jüngeren Generation sind Fragen, die die geschlechtliche Identität betreffen, so zentral, auch so aufregend und individualitätsverheißend, dass es fast schon als Spielverderberei erschiene, nun so zu tun, als könne oder solle man das ganz ausblenden.

TB: Anhand der Bilder und Themenwelten der Konsum- und Popkultur werden fortwährend Vorstellungen, Interpretationen und Deutungsmuster von Geschlecht gestreut – auch in Bezug auf die Beziehungen der Geschlechter untereinander. Die Verinnerlichung solcher tradierter Geschlechtervorstellungen und Rollenbilder – ob auf begründeten oder unbegründeten Voraussetzungen beruhend – bestimmt und strukturiert gleichermaßen unsere Sichtweise von Realität (und ist somit im gleichen Zuge „real" für uns). Dass es bei allem Diskurs um die soziale und kulturelle Konstruktion von Geschlecht zwischen Frauen und Männern (z.B. biologische) gleichwohl Unterschiede gibt, ist weitgehend unbestritten. Für Designerinnen und Designer tun sich hier häufig Zwickmühlen auf: Wann sind geschlechterspezifische Produkte sinnvoll und wann nicht?

WU: Ganz knapp formuliert: Sie sind dann sinnvoll, wenn sie den Menschen dabei helfen, ihre jeweilige geschlechtliche Identität als etwas zu erfahren, das sie teilweise von anderen Menschen unterscheidet, das sie diesen aber weder über- noch unterlegen sein lässt. Sie dürfen also weder mit Ressentiments gegen andere geschlechtliche Identitäten operieren noch das jeweils angesprochene Geschlecht als moralisch oder anderweitig überlegen darstellen.

TB: Michael Erlhoff weist mit Recht darauf hin, dass sich im Rahmen der Entwicklung industrieller Produktionsformen auch eine Veränderung der Märkte ergeben hat. Nämlich vor allem in dem Sinn, dass „der Markt" es von nun an zunächst mit weitgehend unspezifischen Gruppen von Menschen zu tun hatte. Den sich hieraus ergebenden Schwierigkeiten wird von Designern und Marketingfachleuten immer noch häufig damit begegnet, etwa mit Hilfe so genannter „Personas", bestimmte Definitionen von ‚Norm-Usern', Standard- oder Durchschnitts-Nutzern zu formulieren. Als problematisch muss hierbei folgendes beachtet werden: Zum einen werden mit solchen Normierungspraktiken häufig fragwürdige oder gar falsche (Rollen-) Klischees zementiert, zum anderen werden dadurch häufig gerade diejenigen exkludiert, die ohnehin schon einer gesellschaftlichen Marginalisierung unterliegen. Die Dingwelt hat sich durch den Miteinbezug von Marktforschung und ähnlichen Erhebungsversuchen stark verändert. Ob zum Guten oder zum Schlechten sei mal dahingestellt. Nun, mit Blick auf die Digitalisierung und angesichts neu entstehender technischer Möglichkeiten (wie z. B. dem 3D-Druck und neuen DIY-Praktiken), sowie sich neu darum formierenden Communities (wie z. B. Fab Labs, der „Maker" oder „Craftista" Bewegung), entwickelt sich derzeit vielerorts ein neues Verständnis von Gestaltungshoheit. Dinge selber zu machen und das Wissen darüber mit anderen zu teilen, erscheint hier als (zugleich konsumkritischer) Weg zur Selbstermächtigung abseits von Marktzwängen. Liegt hier womöglich auch die Chance einer veränderten Kommunikation und Perzeption von Geschlecht?

WU: Grundsätzlich ja, sogar über die Männlich-Weiblich-Dichotomie hinaus. Es wird interessant zu beobachten sein, ob sich vielleicht auch z.B. queere oder transsexuelle Designvarianten etablieren, die bisher keine Chance hatten, weil damit für die Hersteller keine ausreichend großen Märkte gegeben waren, die eigens zu berücksichtigen sich gelohnt hätte. Allerdings bin ich auch skeptisch, ob sich die Euphorie, die aktuell gelegentlich aufkommt, wenn über 3D-Drucker und ähnliche Innovationen gesprochen wird, nicht schnell wieder verflüchtigt. Wird es nicht eine lange Übergangsphase zu überstehen geben, in der solche Geräte kompliziert zu bedienen sind und in der die Ergebnisse bestenfalls semiprofessionell anmuten werden? Das könnte für manchen Frust sorgen, und man bleibt doch lieber bei den von den Unternehmen angebotenen Produkten, anstatt selbst kreativ zu werden. Und à propos ‚kreativ': Auch hier wird gelten, dass viele Menschen froh sind, wenn sie nicht kreativ sein müssen – und werden es umso mehr genießen, fertige Produkte zu kaufen, wenn die Alternative hieße, sich selbst etwas einfallen lassen zu müssen. Es könnte also sogar zu einer neuen Welle der Wertschätzung für die Leistungen der Berufsdesigner und Profiunternehmen kommen.

TB: Die Praxis von Produktinszenierung und Markenkommunikation ist landläufig überwiegend negativ konnotiert. Mit den Prinzipien der Werbewelt assoziiert man vor allem Aspekte einer manipulativen Kraft gegenüber dem Verbraucher. Ohne diesem Eindruck grundsätzlich widersprechen zu wollen: Es ließen sich im gesellschaftspolitischen Sinne schon auch positive Aspekte identifizieren, oder nicht?

WU: Mein Eindruck ist, dass sich hier gerade im letzten Jahrzehnt viel verändert hat. Bei konsumtheoretischen Vorträgen wurde ich früher standardmäßig mit dem Vorwurf konfrontiert, allein die Tatsache, dass man alltägliche Produkte wie Duschgels, Zahnbürsten und Mineralwasser ernst nehme, bedeute, die fiesen Manipulationen der Hersteller zu nobilitieren. Konsumästhetik sei ‚per se‘ böse und schmutzig – das war die Haltung nicht unwesentlicher Teile des Publikums. Das begegnet mir mittlerweile nur noch selten. Vielmehr hat sich die Auffassung durchgesetzt, dass es statt einer pauschalen Verdammung des Konsums eine differenzierte Konsumkritik braucht – vergleichbar der Literatur-, Theater- und Musikkritik. Es geht also darum, in jedem einzelnen Fall zu überprüfen, wie eine Produktinszenierung gemacht ist, welche Ziele damit verfolgt und welche Wirkungen erzielt werden. Es geht allgemein darum, Konsumprodukte als Massenmedien zu begreifen und mit dem Arsenal an Methoden zu analysieren, das entwickelt wurde, um Bilder, Filme, Texte und andere Medienphänomene zu untersuchen. Konsumwissenschaft ist für mich damit ein selbstverständlicher Teil der Geisteswissenschaften geworden und ist nicht weniger bedeutend als zum Beispiel Kunst- oder Literaturwissenschaft.

Zugleich haben wir die paradoxe Situation, dass die Manipulationsvorwürfe gegenüber dem Konsumismus genau in dem Moment schwächer werden, in dem es infolge der Karriere von Influencern – wie ich vorher schon sagte – mehr Berechtigung als früher besitzt, davon zu sprechen, dass Konsumenten manipuliert werden. Durch Menschen, die sie cool finden und die es verstehen, Produkte plausibel zu inszenieren, lassen sich Konsumenten nicht selten, so mein Eindruck, sogar zu etwas verführen, das sie sonst nicht einmal in Erwägung gezogen hätten. Vielleicht ist das nur ein kurzfristiges Phänomen, und das Konzept der Influencer geht am eigenen Erfolg zugrunde, da ihnen dadurch jeglicher Authentizitätsvorsprung und damit die Glaubwürdigkeit verlorenzugehen droht, aber genauso wahrscheinlich erscheint es mir, dass sich das Prinzip ‚Influencer‘ konsolidiert und weiter ausdifferenziert. Und dann bekommen wir vielleicht bald einen neuen Diskurs über Konsum als Manipulation.

FEMINISTISCHE KONSUMKRITIK

Antonia Wagner

Wenn man bedenkt welchen gesellschaftlichen Stellenwert käufliche Dinge und Dienstleistung in Wohlstandsgesellschaften haben, ist überraschend welch geringe Aufmerksamkeit die Konsumkultur in der feministischen Wissenschaft bis heute erfahren hat. Während seit den 1990er Jahren eine feministische, queere und lesbische Kultur ästhetischer Distinktion entstanden ist, die käufliche Produkte miteinschließt und die ihre Partizipation an der ästhetisierten Alltagskultur – ob als Kulturproduzent*innen oder als Konsument*innen oder beides – kritisch und selbstreflexiv begleitet, ist die Entstehung dieser feministischen Konsumkultur und ihre feministische Konsumkritik historisch und analytisch bisher wenig beachtet worden.[1]

Ein Grund mag darin liegen, dass Konsum ein breites Feld ist, dem sich Frauen ganz unterschiedlich zuwenden wie Cynthia Wright betont: *„Not only is consumption gendered in fundamental ways, historically and in the present, but there is a vast diversity in what women subjectively make of that fact, from women who hate shopping to those wearing T-shirts with the slogan, 'A woman's place is in the mall'".(Wright 1992, 251)*

Gerade weil die feministische Verhandlung über Konsumfragen dazu neigt in extreme Ablehnung oder Zustimmung auszuschlagen, lohnt sich ein genauer Blick auf feministische Konsumkritik: Wie wurde aus feministischer Perspektive Konsum in den 1960er bis 1980er Jahren betrachtet? Auf welche Positionen konnten sich feministische Stimmen berufen, als sich Konsumthemen ab den 1990er Jahren in feministisch und queer kodierte Alltagskulturen und Diskurse einschrieben und auch die Konsumkulturforschung begann, sich dem Thema Gender und Konsum anzunähern?[2]

Nach einer kurzen Begriffsbestimmung von Konsumkritik differenziere ich im Folgenden zwischen drei zentralen Strömungen feministischer Konsumkritik, die

---

1 Als Ausgangspunkt meiner Analysen kann daher Victoria De Grazias Frage gelten: „Is there a distinctively feminist politics of consumption, even if only one of style?" (De Grazia 1996, 276). Ausschließlich in feministischen Ezyklopädien seit den 1990er Jahren wird Konsum thematisiert. Vgl. bspw. Shira Tarrants Darlegungen über „Consumerism" (Tarrant 2005, 67). Ein deutschsprachiges Nachschlagewerk zu Feminismus oder Genderforschung mit einem Eintrag, der Konsum verhandelt, ist mir nicht bekannt. Vgl. außerdem zu feministischer Verhandlung von Pop- und Konsumkultur das amerikanische feministische Magazin *BUST*, gegründet im Jahr 1993, sowie das nach dessen Vorbild im Jahr 2008 gegründete deutschsprachige *Missy Magazine*.

2 Vgl. zu wissenschaftlichen Arbeiten über Gender und Konsum in den 1990ern bspw. Mica Nava (Nava 1997, 65–91) sowie Victoria De Grazia (De Grazia 1996).

sich von den 1960er bis 1980er Jahren artikulierten: die *kulturkritisch-feministische*, die *kapitalismuskritisch-feministische* und die *ästhetisch-feministische Konsumkritik*. Die drei Strömungen der feministischen Konsumkritik sind nicht genealogisch zu verstehen, sie haben sich also nicht gegenseitig abgelöst, sondern sie werden bis heute artikuliert und existieren nebeneinander. Die Untersuchung ihrer Wirkungsweisen und ihrer Präsenz im feministischen Diskurs beinhaltet die Analyse von Konsumhandlungen und -strategien im Hinblick auf die Konstruktion und Destabilisierungspotentiale von Geschlechterbildern und -konstruktionen (Wagner 2018).

Als Konsumkritik wird hier die reflektierte Auseinandersetzung mit Konsumphänomenen definiert, wobei unter Konsumphänomenen ein breites Spektrum von wirtschaftlichen, politischen, soziologischen und ästhetischen Zusammenhängen gefasst werden kann. Konsumieren umfasst das Einkaufen von Waren des alltäglichen Bedarfs, das Shopping als Gang durch Geschäfte, das Auspacken, Verstauen und Arrangieren, das Fotografieren käuflicher Dinge und das Verbreiten dieser Bilder. Und genauso sind der Verbrauch und die Abnutzung von Gebrauchsgegenständen und der Verzehr von Speisen Formen des Konsums. Konsumieren geht demnach über das bloße Kaufen hinaus und meint den alltäglichen Umgang mit käuflichen Dingen, ihre Bedeutung für sozial-kulturelle Formen des Miteinanders und der Verständigung.

Eine *feministische* Konsumkritik umfasst jene Analysen und Argumente, die Konsumphänomene hinsichtlich ihrer Bedeutung für die Reproduktion und den Wandel der Geschlechterverhältnisse in den Blick nehmen und die das Potenzial von Konsum hinsichtlich der Förderung und dem Hemmnis der Ziele des Feminismus wie „Selbstbestimmung, Gleichheit und Relationalität" (Lenz 2009, 38) kritisch artikulieren sowie Formen des Konsums als Mittel der feministischen Kritik einsetzen oder als solches analysieren.

Eines der ersten populären feministischen Bücher der 1960er Jahre kann als Beispiel für die *kulturkritisch-feministische Konsumkritik* dienen: Betty Friedan erhob 1963 ihre konsumkritische Stimme und beschrieb das Hausfrauendasein in den USA als langweilig und durch Werbung und ‚Frauenmedien' so manipuliert, dass Frauen sich nicht mehr um gesellschaftliche politische Teilhabe kümmerten, sondern nur noch um ihr äußeres Erscheinungsbild und ihre Wohnung.[3] *Der Weiblichkeitswahn* sei dadurch genährt, dass Frauen nur noch als Konsumentinnen ein vollwertiges Gesellschaftsmitglied seien: „*Als Hausfrau und Mutter wurde sie [die Frau] als vollgültige und gleichberechtigte Partnerin des Mannes in seiner Welt anerkannt. Sie konnte unter Automobilen, Kleidern, Elektrogeräten und Supermärkten wählen; sie hatte alles, wovon Frauen immer geträumt hatten.*" (Friedan 1991, 19)

Friedan entwirft die materielle Welt des Konsums als Gegenwelt zum geistig-anspruchsvollen Leben der Männer. Die Reduktion weiblicher Handlungsfelder auf das Konsumieren sei geistlos und unpolitisch. Friedan schließt aus der materiellen Ausrichtung des ‚bürgerlichen Hausfrauendaseins' in der Konsumgesellschaft, dass die ‚Konsumdinge' den Blick der Mittelschicht-Hausfrauen für ihre eigenen

---

3   Rachel Bowlby nennt Friedan als frühes Beispiel für diese Form kulturkritischer Konsumkritik (vgl. Bowlby 2001, 199f.).

(geistig-intellektuellen) Bedürfnisse verstellten und sie nicht mehr wüssten „wer sie sind", nur noch, was sie kaufen sollten: *„Das allgemeine Leitbild in den Zeitschriften und Werbesendungen des Fernsehens ist dazu bestimmt, Waschmaschinen, hautverjüngende Salben und Haarfärbemittel zu verkaufen."* (ebd., 53)

In diesem Sinne seien die Frauen nicht mehr zu hochkulturellem, vermeintlich ‚freiem' Selbstausdruck in der Lage, sondern würden nur einem Diktat der Masse folgen. Diese Vorstellung einer ‚verletzlichen Konsumentin' geht oft mit einem Verständnis von Realität einher, das zwischen dem Wahren und dem Trügerischen unterscheidet, wobei die Warenwelt als ‚falscher Schein' ausschließlich der Seite des Trügerischen zugeschlagen wird.[4]

Kapitalismuskritisch-feministische Kritikerinnen setzten bei der Betrachtung von Konsumphänomenen andere Schwerpunkte. Statt von irrationalen und verletzlichen Konsumentinnen auszugehen, erklärt Ellen Willis Konsumgewohnheiten mit klassenspezifischen Unterschieden (Willis 1971, 480 ff.). Sie arbeitet heraus, dass Konsum für Frauen aus der Oberschicht ein Mittel sein kann, um sich von Arbeiterfrauen zu distanzieren und zeigt, dass die negative Konnotation von Konsum in der Arbeiterschicht der Frauenunterdrückung diene.

Ellen Willis verbindet ihre Analyse mit einer positiven Einstellung hinsichtlich der populärkulturellen und konsumtorischen Handlungsmöglichkeiten weniger privilegierter Gesellschaftsklassen. Sie sieht neben der männlichen Ablehnung weiblichen Konsums auch die bürgerliche feministische Kritik an der Konstruktion der ‚verletzlichen Konsumentin' beteiligt, indem diese den Konsum der ‚Hausfrauen der Arbeiterklasse' als irrational verurteile. Auch Dalla Costa sieht im Konsum die Möglichkeit von Hausfrauen und Schwarzen ihre Macht und Selbstbestimmung symbolisch zu demonstrieren: *„Wir haben bereits gesagt, daß die Frauen Sachen für ihr Haus kaufen, weil das Haus die einzige Bestätigung ihrer Existenz ist. […] Jahrelang wurden die Schwarzen in Harlem von den wohlmeinenden Liberalen ermahnt, daß das Farbigenproblem gelöst wäre, wenn sie nur aufhören würden, Cadillacs zu fahren. Bis die Gewalt ihres Kampfes (die die einzig angemessene Antwort war) einen Maßstab der gesellschaftlichen Macht setzte, war dieser Cadillac eines der wenigen Machtmittel ihr Machtpotenzial zu zeigen. Dies und nicht der Sinn für Sparsamkeit erregte das Mißfallen der Liberalen."* (vgl. Dalla Costa 1973, 52)

Auch die kulturkritisch-feministische Kritik basierte auf der Annahme, dass sich ‚die Frauen' als Konsumentinnen – vor allem die weniger gebildeten und weniger wohlhabenden –nicht selbst gegen die Strategien des Marketings und gegen die Wirkung der Werbung wehren könnten und ihnen daher ausgeliefert seien. Sowohl Marketingleute als auch feministische Kulturkritiker*innen haben die Konsumentin demzufolge als verletzlich, im Sinne von manipulierbar, dargestellt.

Doch der Fokus der kapitalismuskritisch-feministischen Ansätze lag auf postmaterialistischen Werten und Fragen nach Identität und Lebensqualität außerhalb

---

4 Die Kritik der Konsumkultur hat eine lange Tradition und wurde in den 1960er und 1970er Jahren dominiert von neomarxistischen Tendenzen. Bspw. Guy Debords *Gesellschaft des Spektakels* (1967), Herbert Marcuses *Der eindimensionale Mensch* (1964) und Fritz Haugs *Kritik der Warenästhetik* (1971).

des konsumistischen Kapitalismus. Somit waren Kategorien wie Subversion, Resistenz, Autonomie und Revolte nur außerhalb und nicht innerhalb des Systems Kapitalismus denkbar (vgl. Carter 1984, 188). Eine Beschäftigung mit Konsumphänomenen galt somit als irrelevant, was sich beispielsweise in der Skepsis der frühen Populärkulturforschung gegenüber dem „Plastikglamour einer kommerzialisierten Jugendkultur" widerspiegelt. Die Forscher*innen habe ausschließlich ihre Revolte gegen das Establishment interessiert (vgl. ebd.). Anders als bei Willis und Della Costa wurde von den meisten Feministinnen der Konsum als Teil des kapitalistischen Machtapparates abgelehnt und missachtet: "conventionally consumerism has been seen to confirm women in their subordination" (Nava 1987, 209). Casey und Martens sehen den Grund hierfür in der Tatsache, dass der individuelle Konsum bis Ende der 1970er Jahre aus kapitalismuskritischer Perspektive skeptisch als ‚Schattenseite des Kapitalismus' abgelehnt wurde und die feministische Kritik für die Anerkennung häuslicher Reproduktionsarbeit kämpfte. Anerkennend wurde der produktive Aspekt der Hausarbeit betont, während der ‚bloße' Konsum skeptisch beurteilt wurde (vgl. Casey/Martens 1016, 2). Konsum galt als die Gegenseite der Produktion und die passiven, unkreativen, verblendenden und gesellschaftsspaltenden Aspekte des (kapitalistischen) Konsums wurden unterstrichen. Die stärkste Beachtung fand Konsum in den 1970er Jahren innerhalb der Debatten rund um die Hausarbeit als das Einholen der Dinge des täglichen Bedarfs. Andrea Ellmeier hat hervorgehoben, dass in Deutschland zum Ende der 1970er Jahre im Rahmen der Hausarbeitsdebatte auch von „Konsumarbeit" als dem „Einholen der Waren für den privaten Verbrauch als Teil der unbezahlten und daher nicht sichtbaren Arbeit von Frauen" gesprochen wurde (Ellmeier 1995, 93). Es wurde versucht Konsum als einen zentralen Aspekt der Hausarbeit und gesellschaftlich notwendige Arbeit aufzuwerten.

Ein zweiter Aspekt feministischer kapitalismus-kritischer Konsumkritik in den 1970er Jahren nahm stereotype Frauenrollen in den Blick und beinhaltete eine Kritik an Schönheitsideologien und Weiblichkeitsbildern, die mit dem Konsum von Kosmetik-, Pflege- und Schönheitsprodukten einhergingen. Es wurde gezeigt, dass Weiblichkeit an eine gesellschaftliche Erwartung geknüpft war, dass eine ‚Frau' an ihrem Körper arbeitete damit sie attraktiv wurde. Hinter dem offiziellen Ziel, Produkte zu vermarkten, deckten Feministinnen eine sexistische und Frauen abwertende Praxis in der Konsumkultur auf. „*When women claim that they are insulted by ads that portray women as housekeepers or sex objects, they are protesting the fact that society views women as such and that most women are condemned to exist within the confines of those roles. When women reject ads that give beautiful women ‚male rewards' [sic], they are protesting the culture that requires women to be beautiful and that sets up a man as the ultimate prize.*" (Komisar 1971, 217)[5]

Es ging um die Kritik an den darstellerischen Mitteln der Konsumkultur, die die

---

5   Komisar erläutert den Widerstand von Frauen und auch von Marktforschungs- und Werbeagenturen gegen sexistische Werbung. Sie beschreibt die Konsumentinnen nicht als passive Opfer der Werbung, sondern fokussiert ihren Widerstand gegen Sexismus in der Werbung, der sich bspw. darin zeige, Werbeplakate mit Sticker-Sprüchen wie „This Add Insults Women" zu bekleben.

Frau auf ein Sexobjekt degradierte. Spätestens in den 1970er Jahren war die Wahrnehmung der sexualisierten Frauenbilder in der Werbung weit verbreitet (vgl. Lander 2012, 192). Die Position der ‚Frau' war in diesem Sinne zweifach kompliziert, da
sie zum einen als die zentrale Figur des Konsums, nämlich als *Konsumentin*, adressiert wurde und zum anderen der weibliche Körper selbst zu einem Produkt der
visuellen Welt wurde. Das Ziel feministischer Kritik war es daher die Darstellungen
von Frauen in der Werbung und in den Medien, ihre Sujets und Narrative zu hinterfragen und auf Motivveränderungen hinzuwirken.

In den 1980er Jahren wandelte sich das Bild der Konsumentin: nicht passiv oder
aktiv, unterdrückt oder befreit, Wohlgefallen suchend oder kalkulierend, sondern
abwechselnd mal das eine oder andere je nach Stimmung oder Kontext war die
postmoderne Vorstellung der Konsumentin (vgl. Lee 1988, 172).[6] Janet Lee argumentiert, dass die 1980er Jahre geprägt waren von einer feministischen Informiert-
heit und der gleichzeitigen Absage an die Ästhetik der 1970er Jahre. Es gab eine
Suche nach einem neuen Style, der es zuließ das feministische Ziel der „Befreiung"
vom Patriarchat nicht nur politisch zu verteidigen sondern auch auf T-Shirts auf-
gedruckt als modischen Claim zu inszenieren. Einerseits rückten die Freude und
das Wohlgefallen, das die Frauen als Konsumentinnen von populären Medien und
Produkten empfanden, in den Fokus einer *ästhetisch-feministischen Konsumkritik*.
Andererseits wurde innerhalb des feministischen Diskurses der Ruf laut, Frauen
nicht nur ein ‚falsches Bewusstsein'[7] zuzuschreiben, das sie mit Hilfe von Ideologie
und Patriarchat unterdrückte, sondern auch nach der aktiven Rolle zu fragen, die
Frauen innerhalb des Konsumsystems spielten; innerhalb eines Konsumsystems, in
dem sie als Zuschauerinnen und Schauspielerinnen der populären Medien auch Teil
der Produktion von Blicken und Denkstilen waren[8] und mit ihren konsumistischen
Lüsten Einfluss nehmen konnten.

Judith Williamsons beispielsweise schrieb von 1980 bis 1985 zahlreiche Essays
über die Freiräume des Selbstausdrucks innerhalb der Konsumkultur mittels Produkten und Konsumhandlungen, deren Analyse es ermögliche, die Gesellschaft
besser zu verstehen (Williamson 1986, 230 ff.).[9] Shoppen wurde nicht mehr aus-

---

6   Lee sieht in diesem feministischen Style ein Bedürfnis und eine Aushandlung, die mehr zu sein scheint als
     einfaches ‚Undoing' oder Umkehren der erreichten feministischen Ziele.

7   Auf das ‚falsche Bewusstsein' bezogen sich die Consciousness-Raising-Sitzungen von Frauengruppen in den
     1970er Jahren, die dazu dienten, die Unterdrückung ins Bewusstsein der Teilnehmerinnen zu heben und
     damit die eigentliche Situation klarzumachen, in der die Frauen sich aus feministischer Perspektive befanden.

8   Vgl. zur feministischen Medientheorie Teresa De Lauretis (De Lauretis 1985, 163). Zum Diskurs über
     weibliche Ästhetik in den 1980ern siehe Erica Carter (Carter 1984, 207). Zur Ästhetik der Moderne und
     ihrer Geringschätzung der Massenkultur, die weiblich konnotiert wurde, vergleiche den Essay von Andreas
     Huyssen,: „Mass Culture as Woman: Modernism's Other" (Huyssen 1988, 44–62). Er argumentiert, in
     der Postmoderne hebe sich dieses Machtverhältnis zwischen High and Low Art und Konsumkultur auf,
     und die Ästhetik der Masse ziehe in die Kunst ein ebenso wie die Künstlerinnen zunehmend an der
     Kulturproduktion beteiligt seien.

9   Allerdings erwähnt Williamsons diese Möglichkeit als eine von zwei Seiten der konsumistischen Medaille,
     die ebenso beinhalte, dass die Auswahl und die Autonomie von einem kapitalistischen Angebot abhänge,
     das eine ‚Vorauswahl' trifft: „Obviously we don't choose what is available for us to choose between in the
     first place." (ebd.)

schließlich als ein Symptom patriarchaler oder kapitalistischer Entfremdung gesehen, sondern dieser Aktivität wurde auch ein postmodernes, politisch legitimiertes Bedürfnis nach Wohlgefallen und Fantasie zugesprochen (vgl. Wright 1992, 232). In den 1980er Jahren war die feministische Konsum- und Medienkritik nicht mehr in erster Linie eine Kritik *gegen* die Konsumkultur, sondern auch eine Kritik *im Namen* und *an den Formen* der ästhetischen Praktiken in der Konsumkultur, also der Subjektivierung mittels Konsumhandlungen und des Affiziert-Seins durch Dinge und Bilder. Die ästhetische Konsumkritik erkannte an, dass Erfahrungen im Umgang mit Konsumgütern und die kritische Auseinandersetzung mit den visuellen Produkten der Konsumkultur Beiträge für die Subjektivierungsprozesse und auch für ein relationales Verhältnis von Frauen untereinander leisten können. Angesichts der Zunahme an Konsumgegenständen und Bildern in der Werbung und in den Medien rückte der Fokus weg von der Repräsentation von Frauen hin zu einem repräsentationskritischen Diskurs, der Realitäten in- und außerhalb von kommerziellen, visuellen Darstellungen in ein neues Verhältnis brachte.[10] Frauendarstellungen in der Produktwerbung waren somit nicht unbedingt als Repräsentanten ‚realer‘ Frauen zu lesen, sondern als die ‚Frau als Bild‘ ihre Funktion innerhalb eines medialen und konsumorientierten Zeichensystems zu untersuchen. Ein wichtiger Beitrag zu dieser Entwicklung war die Erkenntnis, dass eine Frau in einem Bild immer etwas anderes als sich selbst repräsentiert. So konnte im Umgang mit käuflichen Dingen, mit ihrer Auswahl und mit symbolischen Bedeutungszuschreibungen auch ein subjektivierendes Potenzial gesehen werden. Jedoch nicht, indem hinter den Produkten und Werbebildern nach einem wahren Selbst gesucht wurde, sondern indem die Konsumwelt als symbolisches Spielfeld erkannt wurde (vgl. Williamson 1986, 95). Das schloss den Einsatz von erotischen Selbstdarstellungen ein, die nicht als Opferdarstellungen sexistischer Lesart verstanden wurden, sondern als Darstellungen selbstbewusster Frauen, die in allen Bereichen des Lebens Spaß haben konnten. Cyndie Lauper besang diesen Spaß in ihrem Song „Girls just wanna have fun", und die Pop-Ikone Madonna verknüpfte mit Songs wie „Material Girl" den Spaß mit den weiblichen Konsummöglichkeiten. Provokativ inszeniert sie darin einen Konsum, ermöglicht durch die Kreditkarte männlicher Freunde. Die feministische Bewegung der 1970er Jahre hatte den Frauen wesentliche Rechte zur Selbstbestimmung erkämpft, sodass sie in den 1980ern erstmals unabhängig von männlicher Vormundschaft arbeiten und selbstbestimmt leben konnten.[11] Diese neuen Freiheiten verkörperte die ‚neue Karrierefrau‘ der 1980er Jahre symbolisch mit ihrer Abwendung von domestischer Arbeit und ihrer Hinwendung zu einer ‚Freiheit ausgedrückt durch Konsum‘. Freiheit hieß nun, alle Produkte zu konsumieren, die frau zu einer gut funktionierenden Teilhaberin der Konsumkul-

---

10   Zum Begriff Repräsentationskritik vgl. Pritschs „Repräsentationskritik in den Kulturwissenschaften" (Pritsch 2017, 49-68).

11   Ökonomische Unabhängigkeit erreichten Frauen durch die Möglichkeit zu arbeiten. In der Bundesrepublik Deutschland wurde das Gesetz, das es Ehemännern ermöglichte, ihren Ehefrauen das Arbeiten zu verbieten, erst 1977 aufgehoben. Bis 1958 konnte der Ehemann den Arbeitsvertrag seiner Ehefrau ohne ihr Einverständnis kündigen und die Ehefrau hatte ohne seine Zustimmung kein eigenes Bankkonto bis 1962.

tur machten. Die Frauen waren zu aktiven, selbstbewussten Playern innerhalb der Konsumkultur geworden, was dazu führte, dass man die Konsumkritik nicht weiter von außen führen konnte, sondern sich die Kritik weiter ausdifferenzierte.

Ein kontroverser Kritikpunkt war, inwiefern eine Konsumkultur entstand, in der Ideen und Ästhetiken von Subkulturen immer schneller von Werbung und Herstellern aufgegriffen und damit entschärft wurden. Die Frauenbewegung war eine der ersten großen ‚Subkulturen‘, deren politische Anliegen in der Vermarktung von Produkten in einen käuflichen Lebensstil verwandelt wurden.[12] Eine solche Aneignung feministischer Anliegen innerhalb der Konsumkultur verfolgte die Zigarettenmarke Virginia Slim des Zigarettenherstellers Phillip Morris.[13] Mit dem Spruch „You've come a long way baby" bewarb der Zigarettenhersteller Phillip Morris ab Ende der 1960er Jahre seine extra dünne Zigarette für emanzipierte junge Frauen, deren ‚langer Weg‘ nun durch das ‚Recht zu rauchen‘ belohnt werde – nur weiblich: dünner, feiner, eleganter. Indem Forderungen der Frauenbewegung als Produkte einer Pop- und Konsumkultur ästhetisch erfahrbar und käuflich wurden, drohten sie einerseits ihren emanzipatorischen Charakter zu verlieren und andererseits hatten feministische Themen nun eine bis dahin unbekannte öffentliche Präsenz. Damit wird einmal mehr deutlich, wie ambivalent und ideologisch aufgeladen das Phänomen Konsum ist und wie kontrovers es diskutiert wurde. Ab den 1980er Jahren lag das Augenmerk zunehmend auf der Visualität weiblicher Konsumkultur und deren feministischen Artikulationen. Neben der Frage, ob eine Kampagne die ‚reale‘ Diversität von Weiblichkeitsbildern widerspiegelte oder Frauen ‚falsch‘ darstellte, wurde es ebenso wichtig, welche visuellen Stilmittel wie eingesetzt wurden um Geschlechter-Botschaften zu vermitteln.[14]

Abschließend möchte ich die drei vorgestellten Richtungen feministischer Konsumkritik zusammenfassen.

Als *kulturkritisch-feministische Konsumkritik* lassen sich jene Positionen bezeichnen, die die Ungleichheit der Geschlechter im Patriarchat begründet sehen und die argumentieren, dass die Macht des Patriarchats sich in kulturellen Phänomenen manifestiert wie bspw. in Frauenzeitschriften, in der Popkultur oder in der Art und Weise zu Kochen oder zu verreisen etc. Dabei nimmt diese feministische Perspektive eine tendenziell kritische Haltung gegenüber kulturellen Formen wie der Konsum- und Popkultur ein und grenzt sie von der Hochkultur ab. Diese Richtung der Kritik bedient Argumentationslinien, die eine geistige Verarmung und einen Verlust durch die massenhafte Verbreitung von Konsumgütern befürchten und in

---

12 Wobei angemerkt werden sollte, dass es sich hier nicht um alle Forderungen und Aspekte handelte, sondern um jene, die sich gut in den individualistischen Kapitalismus einfügen ließen. Anders als die Forderung nach Selbstbestimmung, waren Relationalität und Sisterhood hingegen für den kapitalistischen Gebrauch weniger nützlich (vgl. Ellmeier 2006, 244).

13 De Grazia erwähnt hier das Beispiel der Zigarettenmarke Virginia Slim (De Grazia 1996, 276). Lilly J. Goren wählt den Werbespruch sogar als Titel ihres Sammelbandes You've Come a Long Way, Baby. Women, Politics, and Popular Culture (Goren 2009). Darin zeigt sich eine feministische Strategie: Die Wiederaneignung von Werbung und Popkultur, die sich ihrerseits auf feministische Themen beruft.

14 Vgl. zur Werbekritik heute bspw. die Organisation *Pink Stinks*, mit der sich Stevie Schmiedel u.a. gegen sexistische und stereotype Frauen- und Mädchendarstellungen in der Werbung engagiert.

der Zweckgebundenheit der populären Massenkultur eine Instrumentalisierung ästhetischer Freiheit sehen. Nur ‚freie' Kunst wäre demzufolge in der Lage auch ‚frei-
heitliche feministische' Perspektiven zu äußern. Dem Konsum von massenhaft verfügbaren Dingen wird tendenziell unterstellt Frauen zu unterdrücken, indem sie sie
von den politisch relevanteren Themen abhielten. Damit polarisiert kulturkritische
feministische Kritik tendenziell zwischen High und Low Kultur sowie zwischen
Alltagsbanalitäten und dem politischen Entscheidungsfeld.

Kapitalismuskritisch-feministische Konsumkritik führt die Ungleichheit der Geschlechter nicht nur auf das Patriarchat, sondern auch auf das kapitalistische System
zurück, in dem Konsum einerseits als ein Mittel zur Unterdrückung der Frauen,
andererseits aber auch als ein Mittel der Macht von Frauen gesehen wird. Während
kulturkritischer Feminismus zwischen unterschiedlichen Formen des Konsums
und seinen Auswirkungen als Frauenfördernd oder unterdrückend differenziert,
interessiert hier die Abschaffung der ‚trügerischen Dinge des Konsums'. Bis diese
vollzogen ist, sieht die kapitalismuskritisch-feministische Argumentation jedoch
im weiblich konnotierten Konsum eine politische Waffe gegen das Übergewicht
der kapitalistischen Produktion und gegen das Patriarchat. Um die Abschaffung der
Klassengesellschaft zu erreichen, muss die kulturelle Abwertung des Konsums der
Frauen aus der Arbeiterklasse von massenhaft verfügbaren und populären Konsumgütern bekämpft werden.

Die *ästhetisch-feministische Konsumkritik* bezieht jene Positionen mit ein, die eine
Artikulation mittels Konsumhandlungen und Konsumdingen suchen – das schließt
alltägliche Formen des Konsums mit ein, die mittels soziologischer Begriffe und
Diskurse untersucht werden können, und ebenso künstlerisch-kulturelle Praxen,
die innerhalb ästhetischer Diskurse agieren und aufgrund der Integration alltägli-
cher Konsumprodukte und -handlungen zur Reflektion über den Umgang mit den
alltäglichen Konsumdingen anregen. Ästhetische Konsumkritik versucht an erster
Stelle die Wahrnehmung dafür zu schärfen wie Geschlechterverhältnisse und Geschlechterbilder gesellschaftlich mittels Konsumnormen und -dingen reproduziert
werden. Sie macht die Arbeit an der symbolischen Ordnung zu ihrer Aufgabe.

Diese kursorische Darstellung der feministischen Konsumkritik folgte der schma-
len Spur wissenschaftlicher Forschung über feministische Perspektiven auf Konsum.
Die Differenzierung in drei Richtungen soll erstens dafür sensibilisieren, dass Konsumkritik – die kritische Thematisierung von Konsum – Teil des Feminismus ist.
Zweitens geht es darum zu zeigen, dass feministische Perspektiven auf Konsumphänomene multivalent sind und sowohl unterschiedliche Aspekte in den Blick nehmen
als auch Konsumphänomene unterschiedlich bewerten. Durch das Herausarbeiten
der verschiedenen Ansätze, wird die dichotome Argumentation, dass sich Konsum
entweder unterdrückend oder emanzipierend auswirke, entkräftet, und das Verständnis von Konsum als eine mehrdimensionale und komplexe Kategorie geschärft.
Es wurde gezeigt, dass „Konsum und Geschlecht" ein kontroverses und widersprüch-
liches Diskursfeld aufspannen und es ist zu wünschen, dass sich die Gender-, De-
sign-, und Alltagskulturforschung diesem Themenfeld künftig intensiver widmen.

Literatur

Bowlby, Rachel (2001): Carried Away. The Invention of Modern Shopping, New York: Columbia University Press.

Carter, Erica (1984): Alice in the Consumer Wonderland: West German Case Studies in Gender and Consumer Culture, in: McRobbie, Angela und Mica Nava (Hrsg.): Gender and Generation, Basingstoke: Macmillan, S. 185–214.

Casey, Emma / Martens, Lydia (2016): Introduction Gender and Consumption, in: Casey, Emma und Lydia Martens (Hrsg.): Gender and Consumption, Abington und New York: Ashgate Publishing, S. 1–11.

Dalla Costa, Mariarosa (1973): Die Frauen und der Umsturz der Gesellschaft, in: Dalla Costa, Mariarosa und Selma James: Die Macht der Frauen und der Umsturz der Gesellschaft, Berlin: Merve, S. 27–66.

Debord, Guy (1996): Die Gesellschaft des Spektakels (1967). Edition Tiamat, Berlin.

De Grazia, Victoria (1996): Empowering Women as Citizen-Consumers, in: De Grazia, Victoria (Hrsg.): The Sex of Things: Gender and Consumption in Historical Perspective, Berkeley: University of California Press, S. 275–286.

De Grazia, Victoria (Hrsg.) (1996): The Sex of Things: Gender and Consumption in Historical Perspective, Berkeley: University of California Press.

De Lauretis, Teresa (1985): Aesthetic and Feminist Theory: Rethinking Women's Cinema, in: New German Critique No.34 (1985), S. 154–175.

Ellmeier, Andrea (1995): Handel mit der Zukunft. Zur Geschlechterpolitik der Konsumgenossenschaften, L'HOMME Z.F.G. 6/1 (1995), S. 62–77.

Ellmeier, Andrea (2006): Mrs. Consumer und Mr. Keynes im Nachkriegsösterreich, in: Breuss, Susanne und Franz Eder (Hrsg.): Konsumieren in Österreich: 19. und 20. Jahrhundert, Innsbruck: Studien Verlag, S. 233–256.

Friedan, Betty (1991): Der Weiblichkeitswahn oder die Selbstbefreiung der Frau, Reinbek bei Hamburg: Rowohlt (engl. Orig. 1963).

Goren, Lilly J. (Ed.) (2009): You've Come a Long Way, Baby. Women, Politics, and Popular Culture. Lexington: University Press of Kentucky.

Haug, Wolfgang Fritz (1971): Kritik der Warenästhetik. Suhrkamp, Frankfurt (a.M.).

Huyssen, Andreas (1988): Mass Culture as Woman: Modernism's Other, in: Huyssen, Andreas (Hrsg.): The Great Divide. Modernism, Mass Culture and Postmodernism, Bloomington: Indiana University Press, S. 44–62.

Komisar, Lucy (1971): The Image of Woman in Advertising, in: Gornick, Vivian und Barbara K. Moran (Hrsg.): Woman in Sexist Society: Studies in Power and Powerlessness, New York: Basic Books, S. 207–217.

Lander, Tobias (2012): Coca-Cola und Co.: die Dingwelt der Pop Art und die Möglichkeiten der ikonologischen Interpretation, Petersberg: Imhof.

Lee, Janet (1988): Care to Join me in an Upwardly Mobile Tango? Postmodernism and the ‚New Woman', in: Gamman, Lorraine und Margaret Marshment (Hrsg.): The Female Gaze: Women as Viewers of Popular Culture, London: Women's Press.

Lenz, Ilse (2009): Welche Geschlechter und welche Gesellschaft? Diskurse über Geschlecht, Autonomie und Gleichheit, in: Lenz, Ilse (Hrsg.): Die Neue Frauenbewegung in Deutschland: Abschied vom kleinen Unterschied. Ausgewählte Quellen, Wiesbaden: VS Verlag für Sozialwissenschaften, S. 29–38.

Marcuse, Herbert (1964): Der eindimensionale Mensch. Luchterhand, Berlin.

Nava, Mica (1987): Consumerism and its Contradictions, in: Cultural Studies 1/2 (1987), S. 204–210.

Nava, Mica (1997): Women, the City and the Department Store, in: Campbell, Colin und Pasi Falk (Hrsg.): The Shopping Experience, London u.a.: Sage Publications, S. 56–91.

Pritsch, Sylvia (2017): Repräsentationskritik in den Kulturwissenschaften. Zum Selbstverständnis der Gender Studies : Methoden – Methodologien – theoretische Diskussionen und empirische Übersetzungen, Opladen: Budrich, S. 49–68.

Tarrant, Shira L. (2005): Consumerism. In: Leslie Heywood (Hrsg.): The Women's Movement Today.

Wagner, Antonia (2018): Artikulationen des Konsums – Feministische Perspektiven in der Gegenwartskunst der 1960er bis 1980er Jahre. Unveröffentlichte Dissertation, Staatliche Hochschule für Gestaltung, 2018.

Williamson, Judith (1986): Consuming Passions: the Dynamics of Popular Culture, London: Boyars.

Willis, Ellen (A Redstocking Sister) (1971): Consumerism and Women, in: Gornick, Vivian (Hrsg.): Woman in Sexist Society, New York: Basic Books, S. 480 ff.

Wright, Cynthia (1992): 'Feminine Trifles of Vast Importance': Writing Gender into the History of Consumption, in: Iacovetta, Franca und Mariana Valverde (Hrsg.): Gender Conflicts: New Essays in Women's History, Toronto: University of Toronto Press, S. 229–260.

KÖRPERLICHKEIT UND GENDERKONZEPTE IM HORRORFILM

Sarah Reininghaus und Julia Willms

Der kommerzielle Film fungiert innerhalb visuell geprägter Kulturen seit langer Zeit als einer der wichtigsten Autoren und Agenten kultureller wie sozialer Sinnstiftung. Joel Black beschreibt das 20. Jahrhundert so richtigerweise als das erste in der menschlichen Geschichte, das in seiner chronologischen Gänze auf Film aufgenommen wurde – eine Entwicklung, die sich auch in das 21. Jahrhundert einschreibt. Dabei sind nicht nur seine schiere Langlebigkeit und Präsenz im alltäglichen Leben von Relevanz, sondern offensichtlich auch die Inhalte, die Film transportiert: *„The fact is that film is the medium of modern mass culture. Not only is it consumed by the masses more than any other medium, but in no other commodity does mass culture itself provide the content to the degree it does on film."* (Black 2002, 4)

Seine Komplizität zum Kapitalismus reicht von ihrer augenscheinlichen Manifestation in Form von Produktplatzierungen bis hin zu latenteren Ausgestaltungen des Begehrenswerten. In Form von attraktiven Körpern, sozialen Beziehungen und Statussymbolen suggeriert uns der kommerzielle Film, wie das Leben sein sollte. Auf formeller Ebene suggeriert uns die Art und Weise, wie unser Blick durch die Kamera gelenkt wird, welche Perspektive wir auf das Gesehene einnehmen sollten, es wünschen oder ablehnen. Diese tendenziell nihilistische Sichtweise auf Film als Vehikel dominanter sozialer Zuschreibungen verkehrt das Medium selbst auch traditionell ins Gegenteil und besitzt so eine kulturell subversive Funktion: *„On the one hand, film is largely responsible for shaping the virtual state of reality that increasingly surrounds us; on the other hand, this same medium is also capable of making us aware of our mass-mediated condition by revealing it to us."* (ebd., 6)

Dieses subversive Potenzial des Kinos verhandelt vor allem das Genre des Horrorfilms, das quasi analog zur Erfindung des Mediums während der Wende zum 20. Jahrhundert entsteht.[1] Der Horrorfilm behandelt die Konstruktion des Begehrenswerten und dessen Verkehrung dabei wahrscheinlich stärker als jedes andere Genre und erfindet sich so in seiner langlebigen Existenz von mehr als einem Jahrhundert immer wieder neu. Indes stellen die 1970er-Jahre vor allem für den US-amerikanischen Horror eine richtungsweisende Dekade dar. Nach Grusel und Groteske,

---

[1]   Horror als solcher konstituiert sich so bereits, bevor seine diversen Ausformungen als Genre verstanden werden. Noch bevor sich Narrativität als dominantes Merkmal des Kinos setzt, zeigen frühe Kurzfilme, die Tom Gunning als „Kino der Attraktionen" theoretisiert, Merkmale des Horrorfilms, auf die noch heute selbstreflexiv im Horrorgenre, verstärkt im Exploitation-Film, Bezug genommen wird (vgl. Gunning 1996, 25-34).

Monstrositäten und Doppelgänger*innen beginnt sich das Genre in einer präzedenzlosen Grafik zu präsentieren, in der das filmische Material mehr und mehr eine Ebene gewinnt, auf der realgeschichtliche Politiken ikonographisch verhandelt werden. So beschreibt Wood den für das Genre maßgeblichen *Psycho* (1960) als frühen Vorreiter, der den Weg für die dann folgende Ausgestaltung des Horrorfilms ebnen sollte (Wood 1985, 210). Der Horror der 1970er-Jahre löst sich damit zu großen Teilen aus der Fantastik und vom Übernatürlichen, selbst Exempel mit übernatürlichen Elementen fordern geradezu eine Übertragung auf die soziokulturelle Lebensrealität der Dekade. Analog zu diesen diegetischen Entwicklungen verzeichnen die 1970er-Jahre durch die psychoanalytische Filmtheorie das Aufkommen eines Traditionsstranges, der, wie der Name schon sagt, im Lichte einer zunehmend interdisziplinären Nutzbarmachung von Strukturalismus, Marxismus und Semiotik bisweilen eine Erweiterung von Freuds Werk innerhalb der Psychoanalyse geleistet hat. Den zentralen Fixpunkt der Debatte verkörpern in diesem Fall die Zuschauer*innen und ihre Beziehung zum Film, die als unbewusst determiniert betrachtet wird. Grundlegend inhärent ist dabei, dass die psychoanalytische Filmtheorie den für die Psychoanalyse selbst zentralen Begriff des Unbewussten ausdifferenziert und erweitert hat, indem dieser in ein Spannungsverhältnis zwischen Triebhaftigkeit und sozialer Konstruktion gestellt wurde. Lacan beschreibt beispielsweise den Begriff „extimaté" und verbindet damit das Unbewusste mit dem Unheimlichen: „*[...] [T]he idea of a something which is more than the most intimate, a something so deep within the subject that it seems almost foreign and, consequently, fearful.*" (Fuery 2000, 72) Baudrillard geht in einem Rekurs auf Lacans zentrales Konzept des Realen, Symbolischen und Imaginären (vgl. Lacan 1996) noch einen Schritt weiter, indem er für eine Soziologisierung der Psychoanalyse argumentiert, im Zuge derer das Unbewusste nicht als in der menschlichen Natur verankert betrachtet wird, sondern als Resultat kollektiver Verdrängungsprozesse von nicht wünschenswertem Verhalten – das konsequent durch ein gesellschaftliches Sprechverbot von seiner Mitte ferngehalten werde (vgl. Baudrillard 1011, 290). Ultimativ werden die großen Themen der Psychoanalyse hier also als gesellschaftliche Erscheinungen gelesen. Dies erlaubt eine Sichtweise auf den Film als kulturelles Artefakt, das imstande ist, diese Sprechverbote nun entweder zu manifestieren oder offen zu legen, jedoch in jedem Fall etwas über den gesellschaftlichen Status quo seiner Entstehungszeit zu enthüllen und damit auch über Genderfragen.

Die soziale Kategorie ‚Geschlecht' hat Konstruktionscharakter, muss also als gesellschaftlich konstituiert betrachtet werden. Nachdem de Beauvoir bereits 1949 in *Das andere Geschlecht* einer solchen Sichtweise einen frühen Weg ebnete, vollzog schließlich Butler mit *Gender Trouble* die Auflösung der Kategorie Gender. Dieses ist seitdem nicht mehr allein als ontologisch-natürlich zu fassen, sondern muss stets als ‚gemacht' begriffen werden. Insbesondere politische, soziokulturelle sowie ökonomische Aspekte und Absichten spielen bei der Konstruktion von Gender in einer Gesellschaft eine Rolle, jedoch beeinflussen diese Genderentwürfe wiederum die realen Gender-Identitäten der in dieser Gemeinschaft sozialisierten Menschen. Bereits 1972 stellte John Berger für seine Zeit fest: „*According to usage and conventions [...] the social presence of a woman is different in kind from that of a man. [...] A woman must continually watch herself. She is almost continually accompanied by her own image of herself. [...] men act and women appear. Men look at women. Women watch themselves being looked at. This determines not only most relations between men and women but also the relation of women to themselves. The surveyor of woman in herself is male: the surveyed female. Thus she turns herself into an object – and most particularly an object of vision: a sight."* (Berger 1972, 45ff.)

Als einschneidend für die Analyse und Kritik visueller Darstellung der Geschlechter muss Mulveys Studie aus dem Jahr 1975 verstanden werden, die über Hinzunahme der Theorie der Schaulust zu erklären versucht, welche Bedeutung ein als männlich zu verstehender Blick für die Konstitution von Weiblichkeit einnimmt und welche Implikationen dieser für die Ausbildung einer Objekt- beziehungsweise Subjektposition, nicht mehr nur im Film, transportiert. Mulvey schreibt: *„In their traditional exhibitionist role women are simultaneously looked at and displayed, with their appearance coded for strong visual and erotic impact so that they can be said to connote to-be-looked-at-ness."* (Mulvey 1999, 837)

Das In-Augenschein-Nehmen der Frau wird als gleichermaßen „curious" (ebd., 835) wie auch als „controlling" (ebd.) beschrieben, ein sogenannter männlicher Blick „projects its fantasy onto the female figure, which is styled accordingly" (ebd., 837). Das Resultat dieses Blicks liegt in der Zuschreibung des Angesehen-Werdens, also der Passivität, auf Seiten der Weiblichkeit. Das Männliche hingegen fällt mit dem Aktiven und damit dem Sehen zusammen. Für die Frau resultiert daraus eine Ohnmacht, die sich in absoluter Handlungsunfähigkeit manifestiert, denn *„a dominant male look at the woman [...] leaves no place for the woman's own pleasure in seeing: she exists only to be looked at."* (Williams 2014, 258). Mulvey nimmt auf Implikation dessen Bilder von Weiblichkeit und deren Objektifizierungen der Frau in den Blick.[2]

Mulveys Konzept muss starke akademische Rezeption und damit Auswirkung auf die Wissenschaft zugesprochen werden, da einem in Grundlagen der Cultural Studies oder Gender Studies geschulten Publikum durch ihren Aufsatz auch ein Bewusstsein darüber vermittelt werden konnte, welche Arten von filmischem Material es überhaupt konsumiert. Somit veränderte es die Weise, wie man über Film spricht, also extradiegetische Instanzen sich zunehmend in Genderfragen sensibilisieren. Jedoch muss konstatiert werden, dass sich für den Bereich der Filmproduktion und damit der (Aus-)Gestaltung des Materials, nicht grundlegend etwas verändert hat. Noch heute verhält es sich häufig so, dass Frauen, selbst wenn sie als Protagonistin, „Final Girl" oder Heldin fungieren, anhaltend der von Mulvey beschriebenen „to-be-looked-at-ness" ausgesetzt sind.

---

2   Es soll nicht unerwähnt bleiben, dass selbstverständlich auch die Konstruktion des männlich verstandenen Genders relevant ist, jedoch aus textökonomischen Gründen hier nicht verfolgt werden kann. Hinzu kommt, dass der Diskurs über Inszenierungen des Männlichen im Horrorfilm als weniger neuralgisch, vorurteilsbeladen und politisiert bezeichnet werden kann.

Figuren des Weiblichen im Horrorfilm

Für den Horrorfilm bildeten sich über das erste filmische Jahrhundert hinweg weibliche Figurenentwürfe heraus, welche mittels Zuschreibungen und (Kon-)Figurationen[3] funktionieren. Zahlreiche wissenschaftliche Untersuchungen widmen sich seit Clovers bahnbrechender Publikation *Men, Women, and Chain Saws* (1992) der Betrachtung von Gender im Horrorfilm. Abwechselnd wie gleichermaßen liegt der Fokus der Analysen zunächst auf dem Empowerment der Frau, das die Figur hier maßgeblich vorantreiben soll oder der, negativ betrachtet, noch immer stark stereotypen Darstellung von Frauen vor dem Hintergrund des dem Genre Horror schon immer anhaftenden Vorwurfs der Misogynie, für den auf den ersten Blick auch zahlreiche Gründe zu sprechen scheinen, wenn in einem ersten Schritt die häufigsten Zuschreibungen, die Frauenfiguren erfahren, in den Blick genommen werden: Indem Frauen zum Beispiel als weniger kompetent oder ihr Vorgehen als wenig lösungsorientiert dargestellt werden, erhalten sie oft Ratschläge, Erklärungen oder Befehle von männlichen Figuren. Insbesondere Filme aus früheren Produktionsjahren können aus heutiger Sicht fruchtbar auf den Status der Gleichberechtigung hin gelesen werden, so zum Beispiel Polanskis *Rosemary's Baby* (1968), in dem es verstärkt zu beobachten lohnt, wer welche Entscheidungen in einer Ehe trifft. Unter den Frauen zugeschriebenen Eigenschaften kann auch die Hysterie verstanden werden, die sich ikonographisch im kulturellen Gedächtnis in Form des Bildes der „Scream-Queen" etabliert hat, allen voran in der Figur der Sally aus *The Texas Chain Saw Massacre* (1974) als einer der Panik verfallenen Frau ohne jegliche Ratio, deren unkontrollierbare Emotionen die ohnehin verfahrene Situation allenfalls verschlechtern.

Die angebliche Nähe der Frau zur Natur spielt insbesondere eine Rolle für den okkulten Horrorfilm. In diesem geht vom Weiblichen zumeist eine Gefahr aus: Die der Magie, dem Pantheismus und dem Übernatürlichen zugewandten Frauen stehen in einem engen Verhältnis zur Pflanzen- und Tierwelt und sind darin den Männern überlegen. Allerdings resultiert diese der Intuition entstammende Überlegenheit darin, dass mit der Frau ‚ausschließlich' der Bereich der Natur konnotiert wird, diese zu einem weiblich gedachten Prinzip avanciert, während dem Mann hingegen die Kultivierung des Wilden und Ungezügelten, die Erschaffung von Kultur, obliegt. In einem engen Verhältnis zur Naturhaftigkeit und damit auch Unberechenbarkeit ist das Bild der nackten wie triebhaften Frau zu betrachten, sie steht in Kontakt mit all den Schönheiten und Schrecklichkeiten des Natürlichen, so auch zum Leben und zum Tod. In Verbindung mit dem Ungezügelten und dem Anima-

---

3   Unter eine Konfiguration fasst Jürgen Link die Gesamtheit der literarischen Figuren eines Texts. Jede Figur setzt sich aus einem Bündel semantischer Merkmale zusammen, die meisten lassen sich nach Binäroppositionen ordnen. Die elementaren Merkmale bestimmen dabei die Konfliktstruktur der Konfiguration, sie sind konstitutiv. Für den vorliegenden Text von besonderer Relevanz ist die ideologische Komponente der konfigurationskonstitutiven Merkmale. Ob bestimmte Merkmale, darunter sind auch weiblich konnotierte zu fassen, nämlich als natürlich oder sozial gemacht eingestuft werden, hängt stark vom Einfluss der zugrundeliegenden Ideologie ab (vgl. Link 1997, 232ff.).

lischen verkörpert das nicht durch einen Monotheismus eingeschränkte Weibliche bisweilen eine ungehemmte Sexualität, die bis zum Destruktiven reicht, so zum Beispiel in Lars von Triers *Antichrist* (2009).

Häufig nehmen weibliche Figuren auch die Rolle des Opfers in einem Gewaltakt ein. Männer erscheinen weitaus häufiger als Täter. Ist die Frau jedoch, wie bereits an früherer Stelle angemerkt, Agens der Gewalttat, so verläuft diese Zuschreibung nicht unbedingt unproblematischer, sind es doch häufig stereotyp weiblich konnotierte Gründe, die für ihr Handeln als Erklärungsansätze des Psychopathologischen herangezogen werden. So disparat wie die diegetischen Gründe dafür sind, warum es zu einer Viktimisierung der Frauenfigur kommt, so vielfältig sind auch die Arten der Gewalt zu betrachten, denen sie sich ausgesetzt sieht und die sich von Stalking über Verletzung, von massiver Misshandlung und Vergewaltigung bis hin zur Tötung inklusive der vollständigen Extinktion ihres Körpers erstrecken. Häufig vollzieht sich die Gewaltanwendung am Körper der Frau in Form einer wie auch immer gearteten Penetration. Dieser Diversität entspricht auch die Inszenierung dieser Taten, die einerseits Off-Screen vonstatten gehen können oder graphisch aufwändig in Szene gesetzt werden, hierzu beispielsweise Close-Ups und Plansequenzen nutzen. Entscheidend für die Wahrnehmung und eine damit eventuell verbundene moralische Positionierung bei derartigen Darstellungen ist unter anderem, ob und wie die Identifikation der Zuschauenden mit dem Opfer oder dem Täter gelenkt wird; auch wird die Position eines voyeuristischen Zuschauens Gegenstand der Kritik, so etwa im Fall der neunminütigen Vergewaltigungsszene in Noés *Irréversible* (2002). Wie der Horrorfilm insgesamt viele Aspekte insbesondere in seiner modernen Phase nach 1968 über Körperlichkeit verhandelt (vgl. Stiglegger 2014, 135), so tut er dies auch in Bezug auf die Rollenverteilung von Aggressor und Erleidender, indem die körperliche Unterlegenheit der zuletzt Genannten oftmals zur Schau gestellt wird. In anderen Fällen fehlen der Wille oder die Entschlusskraft sich zu wehren. Insbesondere aber mit dem Aufkommen der Foltermotivik nach 2001 ist eine steigende Anzahl weiblicher Protagonistinnen zu verzeichnen, die ihren Gegnern entgegentreten und diese auch besiegen (vgl. Stiglegger 2010, 60). Die bisher genannten Zuschreibungen weiblicher Charaktere manifestieren sich in einer Typenbildung[4] der Frau im Horrorfilm, unter denen die populärsten im Folgenden eine Betrachtung erfahren sollen.

---

4   Obwohl die Rede von Typen in der Sozialwissenschaft aufgrund der Problematik ihrer empirischen Beweisbarkeit umstritten ist, theoretisieren Moebius und Schroer, dass sich jede Gesellschaft zu einem gewissen Grad durch die Formierung von Subjektpositionen, Typisierungen und Personenbegriffen konstituiert (vgl. Moebius/Schroer 2010). Carol Clover bemerkt über die Zusammenhänge von Folklore, Archetypen und Film: „*The very fact that the cinematic conventions of horror are so easily and so often parodied would seem to suggest that [...] its basic structures of apperception are fixed and fundamental. The same is true of the stories they tell. Students of folklore or early literature recognize in horror the hallmarks of oral narrative: the free exchange of themes and motifs, the archetypal characters and situations, the accumulation of sequels, remakes, imitations. This is a field in which there is in some sense no original, no real or right text, but only variants; a world in which, therefore, the meaning of the individual example lies outside of itself. The ‚art‘ of the horror film [...] is to a very large extent the art of rendition or performance, and it is understood as such by the competent audience. A particular example may have original features, but its quality as a horror film lies in the way it delivers the cliché.*" (Clover 1992, 10f.) Losgelöst von der negativen Konnotation des Begriffs des Stereotyps kann diese Sichtweise einen Erkenntnisgewinn durch Kategorisierung ermöglichen.

Gewalttaten werden oft an dem Typus der begehrenswerten Frau ausgeübt, ein Merkmal, das insbesondere seit der Blütezeit des italienischen Giallo in den 1970er-Jahren beobachtet werden kann (Koven 2006, 3ff.). Der Angriff auf den schönen Frauenkörper wird verstärkt in körpernahen Einstellungen gezeigt und verwendet Close-Ups auf das Gesicht und Körperstellen, an denen Weiblichkeit und Sexualität sich manifestieren, so zum Beispiel Busen und Unterleib (vgl. Stiglegger 2010, 36), aber auch Lippen und Augen, die aufgrund ihrer Konnotation von Sinnlichkeit auch für Darstellungen des erotischen Films von Belang sind – eine Parallele, die in einigen Fällen möglicherweise auf Zurschaustellung erotisch aufgeladener wie sexualisierter Gewalt deuten lässt, wie sie oft im Exploitation-Film vorzufinden ist (ebd., 31), von anderen Filmen aber auch bewusst vermieden wird, indem Gender und Geschlechtlichkeit in postsexueller Weise verschwunden scheinen (Kappesser 2012, 81–96).

Der versehrte Körper kulminiert im Topos der schönen weiblichen Leiche, unter dem das in Szene gesetzte Sterben sowie eine Fokussierung des Leichnams zu verstehen sind. Poe, der in einigen seiner Werke den Tod attraktiver Frauen thematisiert, bemerkte 1846 in seinem poetologischen Essay *The Philosophy of Composition*: „The death of a beautiful woman is, unquestionably, the most poetical topic in the world." (Poe 1846, 165) Grundlegend für diesen Topos, den wir beispielsweise in *Schneewittchen* hinzunehmen gelernt haben, erscheint nach Bronfen, dass die weibliche Leiche den Zuschauer auf eine visuelle Weise befriedige, indem sie ihrem Betrachter und dessen Blick vollständig und ohne jegliche Gegenwehr ausgeliefert sei. Kultur nutze die Kunst derart, um den Tod schöner Frauen wenigstens erträumen zu können, da ihre Körper das ultimativ Andere darstellten und dies die Art und Weise sei, wie moderne Gesellschaften mit dem Tod umzugehen pflegten (Bronfen 1992). Sobchak setzt die Passivität des Leichnams in den Fokus, wenn es darum geht, warum dieser geeigneter für den Blick der Betrachtenden erscheint als ein lebendiger Körper: *„Die Leiche als Körper-Objekt ist physisch passiv und semiotisch unempfindlich. [...] Man kann sie ‚benutzen', da sie dem Willen des Betrachters keinerlei Widerstand entgegenbringt [...]"* (Sobchack 2012, 174). Beispielsweise nimmt Bavas *Sei Donne per l'assassino* (1964) so auch nach vollendetem Tötungsakt die leblosen Körper schöner Frauen in den Blick.

Die bekanntesten Ausnahmen von Frauen, die lediglich als Opfer inszeniert werden, liefert das Subgenre des Slashers. Die sich Ende der 1970er-Jahre dort entwickelnde Figur des „Final Girl" gilt als selbstständig, überlebt in ihrer idealtypischen Version auf sich gestellt die Gefahrensituation und stellt schließlich den Täter (vgl. Clover 1991, 21), so unter anderem in Carpenters als erstem Slasher bezeichneten Independent-Film *Halloween* (1978), welcher aufgrund seines kommerziellen Erfolgs genre-konstituierend werden sollte. Spätere Ausformungen des „Final Girls" führen dazu, dass dessen Charakterzeichnung je nach Film als aktualisiert und der Zeit angepasst, aber auch als rückschrittlich oder subversiv bezeichnet werden muss. So ist es etwa so, dass in den späteren Filmen die anfangs notwendige Jungfräulichkeit des „Final Girls" sowie die ebenso essentielle Unbedachtheit und sexuelle Freizügigkeit ihrer gegensätzlichen Freundinnen, die die Dichotomie des Konzepts Heilige vs. Hure fortschreiben, an Bedeutung verlieren, so der Fall in der

Scream-Reihe Cravens. In *Cherry Falls* (2000) wird Jungfräulichkeit auf filmisch selbstreflexive Weise geradewegs zum Kriterium dafür, ermordet zu werden.

Doch auch die Verfasstheit des weiblichen Körpers samt der Themenkomplexe der einsetzenden Geschlechtsreife, des ersten Geschlechtsverkehrs und der Gebärfähigkeit erfahren im Horrorfilm eine Thematisierung, die zwischen Faszination und Abjektion[5] angesiedelt werden kann und für die angsterzeugende Handlung genutzt wird. Pubertät und erste Menstruation bestimmen die Handlung von Brian De Palmas *Carrie* (1976) und haben Einfluss auf die Entwicklung des Charakters der jungen Carrie White. Anfangs Opfer ihrer Mutter und gehässigen Mitschüler*innen, stellt die Menarche, auf die sie nicht vorbereitet wurde, eine weitere Belastung für das Mädchen dar, die sie und ihren Umgang mit der Umwelt jedoch merklich verändert, denn mit der Periode erhält sie auch übernatürliche Kräfte, die sie gegen jene einzusetzen lernt, die ihr schaden. Schwangerschaft und Geburt sind im Horrorfilm per se unheimlich, wird das Böse, wie in *Rosemary's Baby* (1968), doch durch die Mutter in die Welt geboren. Zudem birgt das Motiv der Schwangerschaft zahlreiche Andeutungsmöglichkeiten des Unheimlichen, da die Schwangerschaft im Körperinneren vonstatten geht und das Ergebnis, in diesem Fall das ‚böse' Kind, über lange Zeit nicht beobachtbar beziehungsweise sichtbar ist. Das Bild der bösen Mutter, welches bereits im Märchen genutzt wurde, erklärt im Horrorfilm zumeist die Psychose eines männlichen Täters. Insbesondere ist die Mutter von Norman Bates aus *Psycho* zu nennen, die als Ikone einer schadhaften Mutterliebe bereits Bestandteil des popkulturellen kollektiven Gedächtnisses geworden ist. Auch das andere häufig genutzte Extrem, nämlich die abwesende Mutter, die kein oder allenfalls ein unterkühltes Verhältnis zu ihren Kindern aufbauen kann oder überfordert ist, wird häufig inszeniert, so zuletzt in *The Babadook* (2014). In einem Abhängigkeitsverhältnis zum Typus der Mutter steht die Figur der kinderlosen Frau, der bei selbstgewählter Kinderlosigkeit stets der Verdacht des Egoismus anhaftet und der häufig männlich konnotierte Eigenschaften, wie die Orientierung auf den Beruf, zugeschrieben werden. Ihre Entscheidung gegen Kinder wird schließlich pathologisiert, indem sie sich beispielsweise mit Katzen oder Puppen umgibt und ihrer scheinbaren Bestimmung des Bemutterns so wenigstens in Form von Nachwuchssubstituten nachkommt (vgl. Bayrak/Reininghaus 2014, 336). Bisweilen weist die Ausgestaltung dieses Typs eine Nähe zur Hexe auf oder ist androgyn gestaltet, so dass die Vermutung angestachelt werden soll, es handle sich um eine Frau, die nicht weiblich genug ist, eventuell sogar homo- oder transsexuell sein könnte. Es wird also deutlich, dass der Referenzrahmen für Figurationen der Frau, der bisher als männlicher Blick bezeichnet wurde, zudem ein als heteronormativ männlicher zu bezeichnender ist.

Als ein weiteres Gegenbild zum heteronormativen Wunsch, die erwachsene Frau als Mutter einzufordern, muss der Typus der sexuell leichtfertigen Frau, die lustorientiert lebt und polyamourös scheint, betrachtet werden. Ihre Sexualität wird wahrgenommen als eine die klassische Zweierbeziehung gefährdende, und zumindest nicht auf Reproduktion in der Ehe angelegte, die vielmehr hedonistisch wirkt und damit gesellschaftlich eingeforderten Eigenschaften von Frauen, wie zum Bei-

---

5   Der Begriff der Abjektion entstammt der Theorie Julia Kristevas (vgl. Kristeva 1982).

spiel ihrer Aufopferung für die Familie, widerspricht (vgl. Gschwend 2009, 34). Im Horrorfilm wird diesen ihre Leichtfertigkeit schnell zum Verhängnis, ihr als moralisches Fehlverhalten gekennzeichnetes Tun erklärt in gewisser Hinsicht ihr verfrühtes Ableben. Eine Kreuzung der Figur der Mutter und der leichtlebigen, verruchten Frau findet sich im Slasher und kann als Reihe sittlich ,verdorbener' Mütter bezeichnet werden, deren Lebensentwürfe, als Fehlverhalten entblößt, ganze Mordserien auszulösen und zu erklären vermögen, so beispielsweise die Mutter der Protagonistin in *Scream* (1996), Maureen Prescott.

Schließlich lassen sich Protagonistinnen mit psychopathischen Zügen ausmachen, die jedoch anhand der Intention ihres Handelns in zwei Gruppen zu unterteilen sind: So sind es zum einen psychische Erkrankungen und damit auf einen ersten Blick unmotivierte Taten, wie etwa in *Haute Tension* (2003). Zum anderen gibt es die Frau, die aus Rache zur psychopathisch anmutenden Täterin wird, diese Vorstellung kulminiert schließlich in der Entstehung eines ganzen Subgenres, dem Rape and Revenge, das eine um Vergeltung suchende Frau porträtiert, so etwa in *Extremities* (1986) oder in *I Spit on Your Grave* (1978). Spätere Ausgestaltungen präsentieren zudem andere Gewalterfahrungen als Auslöser des Rachefeldzuges, so etwa die Folter, die Lucie in *Martyrs* (2008) als Kind überlebte.

Obgleich, wie den vorherigen Ausführungen zu entnehmen, zahlreiche Aspekte an der bisherigen Darstellung des Weiblichen im Horrorfilm als kritikwürdig anzusehen sind, gibt es auch seit längerer Zeit Tendenzen zu vernehmen, die Frauenfiguren sowohl fokussieren, ihnen eine mehrdimensionale Charakterisierung zugestehen, als sie auch stärken und nicht in erster Linie über die soziale Konstruktion ihres Gender in den Blick nehmen, teilweise Genderentwürfe sogar auf einer Metaebene kritisieren. Neben Filmen, die in erster Linie auschiffrieren, wie eine Frau sein sollte und damit ex negativo postulieren, wie sie nicht sein sollte, und darüber hinaus auf das reduzieren, wozu sie gesellschaftlich dient, nämlich der Befriedigung der Schaulust, gilt es auch anders geartete Genrevertreter zu berücksichtigen. Eine differenzierte Beschäftigung mit dem Genre des Horrorfilms und seiner Subgenres muss somit neben tatsächlich als misogyn zu klassifizierenden Darstellungen, gegenläufige Tendenzen sowie und damit subversive wie Frauen-Empowerment anbietende Genrevertreter betrachten, die sich zum Beispiel durch gegenläufige Konfigurationen oder Reflexion von Ungleichberechtigung und Objektifizierung auszeichnen. Dies aufzuzeigen, ist Ziel der Analyse eines rezenten Beispiels.

The Neon Demon

Im Kontext von Refns *The Neon Demon* (2016) werden einige der bis hierhin dargelegten Figurationen der Frau im Horrorfilm nutzbar gemacht, um anhand der Körperlichkeit der Frau die Grenzen zwischen Schönheit und ihrer Verkehrung ins Groteske gleichzeitig auszuloten und zu überschreiten. Inhaltlich dreht sich der Film um die junge Jesse, die aus dem ländlichen Südosten der USA nach Los Angeles gezogen ist, um aus ihrer Schönheit in der Modeindustrie Kapital zu schlagen. Anfangs wirkt Jesse naiv, gleichzeitig sind Andere aufgrund ihres perfekten Aussehens von ihr fasziniert. So entspinnt sich um die durch sie verkörperte Perfektion eine Erzählung über das Streben nach einem Ideal, das gewaltsam endet.

Der Film wirkt in seiner absoluten Überbetonung des Artifiziellen selbstreflexiv, indem er Analogien zwischen der sozialen Kategorie des weiblichen Geschlechts und dem Kapitalismus eröffnet, die bereits Mulvey in ihrer Artikulation der Objektivierung der Frau im Film identifiziert hat. So stellt die visuelle Konstruiertheit von *The Neon Demon* die Basis dafür dar, dass dem Horrorfilm bekannte Ausgestaltungen der Frau, wie beispielsweise die der schönen Leiche oder die der begehrenswerten Frau, durch eine divergierende Kontextualisierung neu verhandelt werden.

Damit schöpft der Film sein eigenes, von Mulvey gefordertes, politisches Potenzial der kritischen Aussagekraft über die Konstruktion von Gender und die gesellschaftliche Positionierung der Frau aus, wobei der Horror dem dem Film zugrunde liegenden Verständnis des Körpers als ‚Objekt‘ entspringt. Die überwiegende Mehrheit der Figuren in *The Neon Demon* verkörpert in diesem Zuge keine nachvollziehbar handelnden Subjekte mit Motivationen, sondern entweder Objekte, die Zuschreibungen unterliegen, oder fast karikatureske, eindimensionale Charaktere, die stets durch ihr Verhältnis zur Schönheit definiert werden können, beispielsweise anhand von Neid, Begehren, Gier oder Liebe. Damit unterliegen potenziell subjekthafte Figuren hier der gleichen symbolischen Ordnung wie alle anderen Objekte, die der Film darstellt – ein Umstand, der beispielsweise in einer Szene in einem Club deutlich wird, als Jesse und ihre neuen Bekannten Ruby, Sarah und Gigi eine Performance-Art-Show ansehen, in der eine Frau unter Stroboskoplicht und begleitet von lauter Musik von der Decke hängend in Szene gesetzt wird.

Die Frau wird gleichzeitig durch das Seil, an dem sie hängt, in einer devoten Position fixiert und somit in ihrer Passivität und Ausgeliefertheit stilisiert und ästhetisiert. Sie ist zur selben Zeit Subjekt und Objekt, dem Blick maximal ausgeliefert und damit eine visuelle Metapher für den Status der anderen Figuren, die sie gleichzeitig mit dem Zuschauer betrachten und sich ihrem eigenen Betrachtet-Werden dabei nicht bewusst sind. Außerdem postuliert ihr zur Schau gestellter Körper hier beispielhaft, dass eben dieser stets unter dem Prädikat seiner Benutzbarkeit begriffen wird. Er dient als Kleiderständer, wird durch Operationen modifiziert und wird schlussendlich, seiner Autonomie beraubt, selbst als Leiche noch als Sexobjekt begriffen.

Der Prozess der Verwendung von im Horrorfilm etablierten Typisierungen von Frauen vollzieht sich in *The Neon Demon* als fluide: Einerseits inkarniert eine Figur häufig mehrere Figurationen, andererseits wird wechselseitig an mehreren Stellen ein Typus durch verschiedene Figuren verkörpert. Dies suggeriert eine mehrdimensionale Perspektive auf die Frau; es nimmt jedoch auch die grundlegende Konzeption der Typisierung als, nicht zuletzt, filmische Konvention in den Blick. Dass die Typenbildung im Kontext von *The Neon Demon* auch formale Relevanz besitzt, zeigt sich in der Rahmung des Films als besonders bedeutungsschwer. In der ersten Einstellung des Films wird Jesse als schöne weibliche Leiche in einem Fotoshooting inszeniert, um im späteren Verlauf des Films ermordet zu werden und selbst zur schönen weiblichen Leiche zu werden.

Nachdem ihr Sterben hochgradig ästhetisiert dargestellt wird, kulminiert Gigis, Sarahs und Rubys Begehren nach ihr in einem, allerdings Off-Screen stattfindenden, Akt des Kannibalismus, in dem alle drei sich Jesse einverleiben.[6] Während Sarah sich durch den Konsum von Jesse offenbar auch ihren Erfolg habhaft gemacht hat, stößt Gigis Körper Jesses Überreste als Fremdkörper ab. Sie erbricht diese, bevor sie verzweifelt Suizid begeht. Am Ende der Handlung präsentiert der Film so nicht nur eine divergierende Verkörperung der Leiche, sie ist hier nun auch nicht mehr als schön zu bezeichnen. In grellem und kaltem Licht erscheint Gigi blass, schwitzig, mager und kränklich. Sie weint und ist verzweifelt, da ihr ihr eigener Körper durch den Verzehr von Jesse fremd vorkommt, so dass sie sich eine Schere in den Bauch rammt, um Jesse aus sich selbst heraus zu bekommen, wie sie sagt.[7] Die Schaulust der Zuschauenden, die nach einer schönen weiblichen Leiche verlangt, verbleibt nun unbefriedigt, da sie durch Gigi in diesem Moment ins Groteske verkehrt wird.

Jesse als Inkarnation der Perfektion stellt in diesem Kontext gleich mehrere Typen der Frau im Horrorfilm dar. Einerseits ist sie offenkundig die schöne, begehrenswerte Frau, auf die sich sowohl die Blicke der Zuschauenden als auch die der anderen Figuren konzentrieren. Die soziale Konstruiertheit ihrer Perfektion entlarvt der Film jedoch in einer extremen verbalen Überbetonung dessen durch andere Figuren, wenn beispielsweise der Designer Sarno, der Jesse als seine neue Muse auserkoren hat, über sie sagt: „Nothing fake, nothing false. A diamond in a sea of glass."[8] Er impliziert hier die Vorstellung von Schönheit als Kapital und gleichzeitig Warenwert: Der Körper erscheint im Kontext des Kapitalismus also gleichzeitig als Wertanlage und Konsumgegenstand. Die Oberflächlichkeit dessen offenbaren die amourösen Bestrebungen der Visagistin Ruby, die nicht auf Jesses Charakter zielen, sondern lediglich auf ihr Aussehen. Dies manifestiert sich in einem Austausch zwischen den beiden:

JESSE: I think you are really wonderful.
RUBY: I think you are, too. I think you are so beautiful. You have such wonderful skin.[9]

Die Vorstellung von Schönheit wird so durch den Typus der schönen und begehrenswerten Frau deutlich verkompliziert, denn *The Neon Demon* stellt eben diese in ein Spannungsverhältnis zwischen natürlicher und konstruierter Schönheit, das vermag, das Konzept natürlicher Schönheit als eben das zu entlarven, was es ist: ein Konstrukt. So ist Jesse zwar eine schöne Frau, die absolute Singularität ihrer Perfektion, die die Figuren sowie die suggestive Kameraführung postulieren, ist jedoch erstens grundlegend sozial konstruiert und zweitens nur durch ihre eigene konstante Artikulation existent. Hier eröffnet sich das Wechselspiel zwischen der von Mulvey als triebhaft beschriebenen Schaulust und dem Punkt ihrer Fixierung: „In themselves they [Schaulust und narzisstische Schaulust] have no signification, they have to be attached to an idealisation" (Mulvey 1999, 837). Das Ideal, an das sich die Schaulust anheftet, erscheint also in letzter Konsequenz immer als sozial konstru-

---

6   The Neon Demon. 1:33:05.
7   Ebd. 1:45:02.
8   Ebd. 1:02:56.
9   Ebd. 1:16:36.

iert und damit veränderbar. Dieser Umstand erklärt die Überbetonung von Jesses Perfektion, die dadurch ohnehin erst ihre eigene Existenzberechtigung gewinnt.

Dieser Prozess vollzieht sich ebenso auf visueller Ebene. Genau wie Sarno kann der Fotograf Jack seinen Blick nicht mehr von ihr lösen, nachdem er Jesse zum ersten Mal wahrnimmt.[10] Analog dazu lenkt auch die Kameraperspektive den Blick der Rezipient*innen oftmals auf Jesse, exemplarisch manifestiert sich dies neben vielen anderen Momenten in einer Szene, in der Jesse mit ihrem neuen Freund Dean Abends durch die Straßen von Los Angeles fährt: Die Kamera fängt beide aus der Position des Beifahrerfensters ein, so dass gleichzeitig Jesse im Auto in Szene gesetzt wird, während auch sichtbar bleibt, dass Dean sie genauso beobachtet wie das Publikum.

In der Gesamtheit all dieser Beobachtungen kulminiert der Ursprung des Horrors in *The Neon Demon*. Basierend auf der von Mulvey beschriebenen narzisstischen Seite der Schaulust, im Kontext derer die Zuschauenden ihre eigene Kreatürlichkeit in den Körpern der Figuren wiedererkennen (vgl. Mulvey 1999, 836), vollzieht sich eine gewaltsame Verletzung, Modifikation oder Öffnung des Körpers als für die Rezipient*innen bedrohliches, oder zumindest zu negierendes Szenario. *The Neon Demon* alterniert fließend zwischen der Konstruktion von Schönheit und der Zerstörung des Körpers; beispielhaft entfaltet sich dies an der graphischen Darstellung einer Wunde an Jesses Hand.[11] Stets bewegt sich der Film dabei zwischen maximaler Sichtbarkeit und der Konstruktion von Fantasien, wenn beispielsweise der Parallelismus zwischen filmischer Rezeption und der Traumsituation (vgl. Wood 1985, 202) nutzbar gemacht wird. Dies vollzieht sich in einer Szene, in der Jesse träumt, dass der Manager ihres Motels in ihr Zimmer eindringt und ihren Mund mit einem Messer penetriert.[12] Nachdem sich diese Horrorvorstellung unmittelbar nach ihrer Ausgestaltung selbst als Fiktion entlarvt und Jesse aufwacht, folgt diese ihr jedoch in den Wachzustand: Ein unbekannter Angreifer versucht, in ihr Zimmer einzudringen. Er hat keinen Erfolg und bricht aufgrund dessen in das Nebenzimmer ein, um dort eine junge Frau gewaltsam zu überfallen. Die Sichtbarkeit dessen entzieht sich jedoch den Rezipient*innen, wodurch zwangsläufig auch eine Unsicherheit über das entsteht, was im Nebenzimmer geschieht. Hier spielt also die Dichotomie zwischen maximaler Sichtbarkeit diegetischer Vorgänge und dem Rückverweis auf die Lebenswelt des Publikums eine Rolle, denn eine visuelle Ausgestaltung des Überfalls im Nebenzimmer vollzieht sich lediglich in der Fantasie der Zuschauenden.

Fazit

The Neon Demon entblößt einen hochgradig konstruierten Blick auf Artifizielles und Schönheit, der in weniger selbstreflexiv anmutenden Produktionen als möglichst natürlich codiert wird – hier jedoch so bereits auf rein formaler Ebene das reflexive

---

10   Ebd. 33:31.
11   Ebd. 52:49.
12   Ebd. 1:08:46.

Potenzial zur kritischen Betrachtung der Gemachtheit der begehrenswerten Frau beiträgt. Der Film schöpft sein Potenzial zur kritischen Aussagekraft aus, indem er Körper als Objekte inszeniert und dadurch die Grenzen zwischen Objekt- und Subjektposition unklar werden lässt. Hier gilt der Körper als benutzbare Ware, als modifizierbar – wodurch *The Neon Demon* Analogien zwischen der sozialen Konstruktion des weiblichen Geschlechts und dem Kapitalismus eröffnet. In Bezug auf zuvor umschriebene Figurationen der Frau zeigt sich der Film als progressiv, indem er bewusst fluide Typisierungen entwirft und so auch bekannte Topoi neu kontextualisiert. *The Neon Demon* initiiert so eine Reflexion des Gesehenen, darüber hinaus aber auch ein Überdenken weniger extrem wirkender bisher gesehener Entwürfe von Weiblichkeit – und vermag so, das bisher Akzeptierte durch inakzeptabel Erscheinendes zu enthüllen.

Literatur

Bayrak, Deniz und Sarah Reininghaus (2014): Bloody Dolls: Die Puppe als unheimliche Figur im Erwachsenengenre des Horrors, in: Puppen: Menschenbegleiter in Kinderwelten und imaginären Räumen, hg. von Fooken, Insa und Jana Mikota. Göttingen: Vandenhoeck & Ruprecht, S. 332–341.

Baudrillard, Jean (2011): Der symbolische Tausch und der Tod. Berlin: Matthes & Seitz.

Berger, John (1972): Ways of Seeing. London: Penguin.

Black, Joel (2002): The Reality Effect: Film Culture and the Graphic Imperative. London: Routledge.

Bronfen, Elisabeth (1992): Over Her Dead Body: Death, Femininity and the Aesthetic. Manchester: Manchester University Press.

Butler, Judith (2006): Gender Trouble. London: Routledge.

Clover, Carol (1992): Men, Women, and Chain Saws. Princeton: Princeton University Press.

De Beauvoir, Simone (2000): Das andere Geschlecht. Reinbek: Rowohlt.

Fuery, Patrick (2000): New Developments in Film Theory. Basingstroke: Palgrave Macmillan.

Gschwend, Gaby (2009): Mütter ohne Liebe: Vom Mythos der Mutter und seinen Tabus. Bern: Hans Huber.

Gunning, Tom (1996): Das Kino der Attraktionen: Der frühe Film, seine Zuschauer und die Avantgarde, in: Meteor No. 4 (1996). S. 25–34.

Harper, Jim (2004): Legacy of Blood: A Comprehensive Guide to Slasher Movies. Manchester: Critical Vision.

Kappesser, Susanne (2012): Körper-Transzendenz: Postsexuelle Körper in Martyrs, in: Film/Körper: Beiträge zu einer somatischen Medientheorie, Navigationen Heft 1, hg. von: Stiglegger, Marcus und Ivo Ritzer. Siegen: Universi, S. 81–96.

Koven, Mikel J. (2006): La Dolce Morte: Vernacular Cinema and the Italian Giallo Film. Lanham: The Scarecrow Press.

Kristeva, Julia (1982): Powers of Horror: An Essay on Abjection. New York: Columbia University Press.

Lacan, Jacques (1996): Seminar XI: Die vier Grundbegriffe der Psychoanalyse. Weinheim und Berlin: Quadriga.

Link, Jürgen (1997): Literaturwissenschaftliche Grundbegriffe: Eine programmierte Einführung, 6. unver. Aufl. München: Fink.

Moebius, Stephan und Markus Schroer (Hg.) (2010): Diven, Hacker, Spekulanten: Sozialfiguren der Gegenwart. Frankfurt a.M.: Suhrkamp.

Mulvey, Laura (1999): Visual Pleasure and Narrative Cinema, in: Film Theory and Criticism: Introductory Readings, hg. von Braudy, Leo und Marshall Cohen. New York: Oxford University Press, S. 833–844.

Poe, Edgar Allan (1846): The Philosophy of Composition, in: Graham's Magazine Vol. 28, No. 4, S. 163–167.

Sobchak, Vivian (2012): Die Einschreibung ethischen Raums: Zehn Thesen über Tod, Repräsentation und Dokumentarfilm, in: Bilder des Wirklichen. Texte zur Theorie des Dokumentarfilms, hg. von Hohenberger, Eva. Berlin: Vorwerk 8, S. 165–195.

Stiglegger, Marcus (2010): Terrorkino: Angst/Lust und Körperhorror. Berlin: Bertz + Fischer.

Stiglegger, Marcus (2014): Verdichtungen: Zur Ikonologie und Mythologie populärer Kultur. Hagen: Eisenhut.

Williams, Linda (2014): When the Woman Looks, in: Film and Gender, hg. von Thornham, Sue und Niall Richardson. London: Routledge, S. 258–273.

Wood, Robin (1985): An Introduction to the American Horror Film, in: Movies and Methods Vol. 2: An Anthology, hg. von Nichols, Bill. Los Angeles: University of California Press, S. 195–220.

Filme

Antichrist. Dänemark, Deutschland, Frankreich, Schweden, Italien, Polen. 2009. R: Lars von Trier, 104 Min.

The Babadook. Australien. 2014. R: Jennifer Kent. 94 Min.

Carrie. USA. 1976. R: Brian De Palma. 98 Min.

Cherry Falls. USA. 2000. R: Geoffrey Wright. 91 Min.

Extremities. USA. 1986. R: Robert M. Young. 89 Min.

Halloween. USA. 1978. R: John Carpenter. 91 Min.

Haute Tension. Frankreich. 2003. R: Alexandre Aja. 95 Min.

Irréversible. Frankreich. 2002. R: Gaspar Noé. 97 Min.

I Spit On Your Grave/Day of the Woman. USA. 1978. R: Meir Zarchi. 94 Min.

Martyrs. Frankreich, Kanada. 2008. R: Pascal Laugier. 94 Min.

The Neon Demon. Frankreich, Kanada. 2016. R: Nicolas Winding Refn. 117 Min.

Psycho. USA. 1960. R: Alfred Hitchcock. 109 Min.

Rosemary's Baby. USA. 1968. R: Roman Polanski. 131 Min.

Scream. USA. 1996. R: Wes Craven. 111 Min.

Scream 2. USA. 1997. R: Wes Craven. 120 Min.

Scream 3. USA. 2000. R: Wes Craven. 112 Min.

Scream 4. USA. 2011. R: Wes Craven. 111 Min.

Sei donne per l'assassino. Italien, Frankreich, Deutschland. 1964. R: Mario Bava. 86 Min.

The Texas Chain Saw Massacre. USA 1974. R: Tobe Hooper. 83 min.

GENDER UND GAMES
ÜBER DEN ZUSAMMENHANG VON GAME DESIGN
UND SPIELENDEN FRAUEN

Sabine Hahn

Computer- und Videospiele haben in den letzten Jahren eine rasante Entwicklung gezeigt: wirtschaftlich wie gesamtgesellschaftlich; ästhetisch wie kulturell; politisch wie medial. Laut Branchenverband BIU (Bundesverband für Interaktive Unterhaltungssoftware e.V.) spielen rund 34 Millionen Deutsche digitale Spiele und rund die Hälfte davon ist weiblich. Insofern haben sich digitale Spiele neben Büchern, Rundfunk & Fernsehen und Musik als relevantes Medium etabliert und längst ihr Nischen-Dasein abgelegt. Dennoch galten Computer- und Videospiele in der gesellschaftlichen Wahrnehmung lange als „Boys Toys", was voranging darin begründet lag, dass die überwiegende Mehrheit der Computerspieler und auch der Computerspielhelden lange Zeit männlich waren. Frauen traten sowohl als Rezipienten als auch als Protagonisten innerhalb der digitalen Spiele kaum in Erscheinung (vgl. Hahn 2017). Weibliche Spielfiguren erschienen in eher wenig bekleideten Kostümen und in narrativ wenig bedeutsamen Rollen.

Die ästhetische Darstellung weiblicher Spielfiguren in zeitgenössischen digitalen Spielen wird in jüngster Zeit leidenschaftlich diskutiert, auch im Rahmen wissenschaftlicher Arbeiten (z.B.: Richard 2004; Kafai et al. 2008; Zaremba 2006; Vermeulen 2011; Donnelly 2012). Zahlreiche empirische Untersuchungen der ästhetischen und narrativen Relevanz weiblicher Spielfiguren, die bis auf die 90er Jahre zurückgehen (Dietz 1998), belegen dies eindrucksvoll. Innerhalb dieser Auseinandersetzung wird generell eine Stilisierung der weiblichen Körper, die sexuelle Aufladungen weiblicher Figuren sowie die Stereotypisierung von Frauen – oft als dem männlichen Charakter körperlich oder psychisch unterlegen dargestellt – thematisiert bzw. kritisiert (vgl. u.a. Graner Ray 2004; Zaremba 2009; Kafai et al. 2008, Kiel 2014).

Die Analyse von weiblichen Spielfiguren ist bedeutsam, denn die Heldinnen der digitalen Spiele dienen einerseits als Identifikationsfiguren für den weiblichen Markt *„so dass auch das Interesse von Mädchen an Computerspielen wächst, zum anderen als erotischer Kaufanreiz für die männliche Käuferschicht"* (Zaremba 2009, 283).

Wichtig bei dieser Auseinandersetzung erscheint der Hinweis, dass die Spielefiguren als in der Tradition weiblicher Figuren und Helden anderer Medien stehend betrachtet werden müssen und daher an medienwissenschaftliche Debatten zu Gender und Medien anzuknüpfen ist. Allen Heldinnen gemeinsam ist der Status einer Kunstfigur, bei der verschiedene, durchaus ambivalente Ideale und Projektionen in fiktionaler Synthese verschmelzen (vgl. Richard 2004). Zudem muss eine Analyse der ästhetischen Darstellung von weiblichen (und männlichen) Spielfiguren immer auch unter Einbeziehung des jeweiligen gesamtgesellschaftlichen und kulturellen Kontextes stattfinden, in dem Männlichkeit vs. Weiblichkeit bestimmt wird (ebd., 13) und berücksichtigen, inwiefern dieser beeinflusst, wie die männlichen und weiblichen Spielfiguren innerhalb der digitalen Spiele agieren „dürfen" und aussehen sollen.

Die männlich geprägte Games-Kultur insgesamt scheint nicht zu überraschen, angesichts von nicht mehr als rund 20% weiblicher Beschäftigten in den Unternehmen der Spieleindustrie. Dabei ist der Zusammenhang zwischen der Diversität der Entwicklerteams und der Differenziertheit der Produkte, der Games, innerhalb der Branche bekannt.

Der vorliegende Beitrag möchte einerseits die zentralen Aspekte und wissenschaftlichen Erkenntnisse im Hinblick auf geschlechtsspezifische, ästhetische (und narrative) Darstellungsmuster aufzeigen und andererseits den Zusammenhang zwischen Gender und Design thematisieren und die Frage aufwerfen, ob weibliche Designer andere Produkte, d.h. andere digitale Spiele entwickeln.

Damsel in Distress - von Sheroes[1] und Prinzessinnen

Zur ästhetischen Darstellung weiblicher Spielfiguren gibt es vielfältige, teils empirische Untersuchungen unterschiedlicher wissenschaftlicher Disziplinen, die – etwas pauschalisierend formuliert – konstatieren: „... *it has been claimed that the representation of females within computer games is consistently sexualised and stereotypical, potentially reinforcing societal objectification of women and use of sexual violence.*" (Bryce/Rutter 2002, 244).

Eine der ersten empirischen Arbeiten zum Thema Darstellung von Frauen in digitalen Spielen Videospielen ist die von Tracy Dietz, die anhand von 33 Nintendo- und Sega-Genisis-Spielen die ästhetische Darstellung von Frauen sowie die Verwendung von Gewalt untersuchte (Dietz 1998). Neben der quantitativen Verteilung der weiblichen Charaktere untersuchte Dietz auch die narrative Relevanz von weiblichen Spielfiguren, also ob bzw. inwieweit weibliche Spielefiguren handlungsrelevant in Erscheinung treten.

Dietz kommt zu dem Schluss, dass traditionelle Genderrollen und Gewalt zentral für die meisten der untersuchten Spiele waren. Sie konstatiert, dass rund 30 Prozent der Spiele keinerlei weibliche Spielfiguren enthielt und dort, wo weibliche Figuren vertreten waren, diese als Opfer-[2] und / oder Nebenrollen, meist abhängig von den männlichen Spielehelden, dargestellt wurden. „*Women were also frequently presented as sex objects or were depicted as contributing less than men*" (ebd., 436).

---

1   Im Hinblick auf weibliche Protagonisten in digitalen Spielen wird mitunter auch von „Sheroes" gesprochen; eine Wortschöpfung aus „Heroes" (englisch für „Helden") und „She", dem weiblichen Pronomen. M.E. eignet sich der „Sheroes"-Begriff hervorragend, um das Spannungsfeld zwischen Held und Weiblichkeit zu symbolisieren.

2   *"The second most common portrayals of women in this sample of games was the woman as the victim or as the proverbial ,Damsel in Distress'. Women were portrayed in this manner 21% of the time"* (A.a.O.).

Die komplette Abwesenheit von weiblichen Figuren sowie auch deren Reduzierung auf Opfer- bzw. Nebenrollen, wurde von späteren empirischen Arbeiten bestätigt. Hella Grapenthin z.B. konstatiert, dass Frauen eher *„in den passiven, nicht-steuerbaren Nebenrollen wiederzufinden (sind), wogegen die Männer meist die aktiven, steuerbaren Hauptrollen innehaben ... Frauen sind hierbei meist auf männliche Hilfe angewiesen"* (Grapenthin 2009, 163). Frauen erscheinen vor allem als „die clevere Frau", „die martialische Kämpferin", als „das freche Mädchen" oder „die moderne Prinzessin". Zudem sind Frauen meist spärlicher bekleidet, jünger und attraktiver dargestellt als Männer, dafür jedoch mit schlechteren Waffen und weniger angesehenen Berufen als diese. Grapenthin führt weiter aus, dass Frauen zwar mittlerweile häufiger in Haupt- und Nebenrollen auftauchen, sich jedoch die stereotype Darstellung nur wenig verändert hat und lediglich neue Stereotype hinzugekommen sind: *„Immer noch herrscht eine Hierarchie, in der die Frauen den Männern untergeordnet sind. Ob nun im Hinblick auf das Alter, das Aussehen, die Kleidung oder die Fähigkeiten, die männlichen Figuren werden insgesamt lebensnaher, vorteilhafter und positiver wiedergegeben als die weiblichen und bieten mehr Identifikationsmöglichkeiten als diese"* (Grapenthin 2009, 183).

Weiterhin konstatiert Grapenthin eine quantitative Unterlegenheit weiblicher Spielfiguren einhergehend mit einer geringen narrativen Relevanz. *„Die Frauen tauchen weitgehend in Nebenrollen auf, in denen sie meist schön, sehr hilflos und äußerst passiv wirken. Sie werden hauptsächlich auf ihr Aussehen und ihren Körper reduziert, was sie zu reinen Sexualobjekten degradiert"* (ebd., 166).

Die Kölner Game Designerin und Spielejournalistin Nina Kiel beruft sich auf eine Untersuchung von Beasley & Collins-Standley (2002) um die quantitative Unterlegenheit weiblicher Spielefiguren in Computer- und Videospielen zu belegen. Die Autoren, die 2002 zufällig ausgewählter Nintendo 64 und PS-Spiele untersuchten legten dar, dass Frauen in Video- und Computerspielen *„in Relation zur Weltbevölkerung unter, Männer hingegen deutlich überrepräsentiert werden und bestätigen damit vergleichbare Erkenntnisse bisheriger sowie nachfolgender Studien"* (Kiel 2014, 100).

Birgit Richard stellte bereits 2004 in *Sheroes* fest: *„Bei nahezu allen virtuellen Protagonistinnen findet sich eine phantasmatische Überformung von riesigem Busen, extremer Wespentaille und ultralangen Beinen"* (Richard 2004, 91). Die hochstilisierten Merkmale weiblicher Körper würden durch Accessoires wie Gürtel oder bauchfreie Tops noch zusätzlich betont.

Die nordamerikanische Medienprofessorin und Designerin Carrie Heeter zitiert in *Feminity*[3] andere Untersuchungen, jedoch mit ähnlichem Ergebnis: *„Male characters greatly outnumber female characters in video games, contributing to the characterisation of gaming as masculine"* (Heeter in Wolf & Perron 2013, 373). Eine Multi-Plattform Analyse von mehr als 8,000 Spielecharakteren von rund 150 Videospielen hatte ergeben, dass nur in 15 Prozent der Spielecharaktere weiblich waren bzw. nur 10 Prozent der Protagonisten („lead character") (Williams et al. 2010).

Die zitierten empirischen Arbeiten kommen also zu ähnlichen Ergebnissen: weibliche Spielefiguren sind zunächst generell seltener als männliche überhaupt in

---

3   In: „Routledge Companion to Video Game Studies" (2013).

digitalen Spielen vertreten. Frauen sind zumeist stereotyp und häufig sexuell stilisiert dargestellt. Weibliche Spielcharaktere sind nach wie vor primär in Opfer- und Nebenrollen handlungsrelevant.

Jedoch lassen sich in jüngster Vergangenheit ebenso positive Beispiele aufzeigen. Das Spielemagazins GameStar schrieb dazu in seiner Online Ausgabe im Januar 2016: *„1981 standen uns genau zwei weibliche Hauptfiguren zur Auswahl. 2015 fallen mir aus dem Stand fünfzehn Heldinnen ein, die ich gerne spiele. [...] Durch die reine Masse an verfügbaren Charakteren ist eine Vielfalt entstanden, in der eben nicht nur immer der gleiche Typ vertreten ist. Ich habe nicht mehr nur die superharte Heldin auf der einen und die hilflose Maus auf der anderen Seite, sondern auch alles dazwischen."*[4]

Stereotypisierung vs. sexuelle Stilisierung

Wichtig scheint zu betonen, dass auch männliche Figuren und Charaktere in digitalen Spielen stilisiert bzw. stereotyp dargestellt werden. Viele Spiele verwenden ähnliche Körper- und Gesichtsmodelle von männlichen Avataren, die vor allem weiß und muskulös sind. *„Die häufige Überstilisierung weiblicher Geschlechtsmerkmale in der Virtualität und die mutmaßlich gefestigten Rollen, die Frauen in Spielen bekleiden, stützen verallgemeinernde Thesen bezüglich dessen, was Weiblichkeit auszeichnet. Gleiches gilt für die Darstellung männlicher Charaktere, wenn diese beständig als groß und muskulös in Erscheinung treten"* (Kiel 2014, 22).

Auch sind die Geschichten männlicher Helden oft ähnlich stereotyp: Heldentum und Aggression sind bei weitem die häufigsten Eigenschaften, Emotionalität und Reflexion fehlen oft. Wenngleich natürlich der Kontext der Handlung zu jeder Zeit in den Blickwinkel der Analyse einbezogen werden sollte; Spiele sind nicht nur generell als fiktionales Medium zu verstehen, insbesondere sollten Spiele mit historischem Bezug oder dokumentarischem Charakter anders im Hinblick auf die Ästhetik bzw. das Design der Protagonisten betrachtet werden. Die „Assassin's-Creed" Reihe des französischen Spielepublishers Ubisoft zum Beispiel, unter der mittlerweile rund 15 Spiele veröffentlicht wurden (das letzte im Oktober 2017), spielt ausnahmslos in einem historischen Setting, insofern sind die Darstellungen der Spielfiguren auch historisch zu bewerten.[5]

Insgesamt hat die Stereotypisierung von Männlichkeit jedoch eine andere Qualität, da sie sich damit begnügt das Männliche als besonders stark, kräftig, tapfer, mutig usw. darzustellen, aber (zumeist) ohne sexuelle Überhöhung. Tatsächlich existieren auch keine Nachweise bezüglich etwaiger Darstellungen männlicher Charak-

---

4   GameStar Online: http://www.gamestar.de/kolumnen/3242172/videospiel_heldinnen.html (abgerufen September 2017).

5   Dieses Argument begegnet mir im Rahmen meiner Forschung des Öfteren. Dabei ist der historische Kontext eines Spieles natürlich relevant, ähnlich wie zum Beispiel auch bei Filmen oder Büchern. Andererseits sind historische Games angesichts der überwältigenden Vielfalt digitaler Spiele eben nur ein Teilbereich des Portfolios und insofern sollten sowohl Ästhetik bzw. Design als auch Narration digitaler Spiele dennoch weiterhin kritisch analysiert werden.

tere, deren Sexualorgane unnatürliche Ausmaße annehmen. Während weibliche Avatare zum Teil über Taillen verfügen, die nicht genügend Raum für alle lebensnotwendige Organe bieten, zugleich aber über oft unverhältnismäßig große Brustpartien, gibt es derartige visuelle Darstellungen für männliche Figuren nicht.

Im Hinblick auf die sexuelle Stilisierung weiblicher (und männlicher) Spielfiguren soll an dieser Stelle auch der Aspekt der Sexualität in digitalen Spielen allgemein erwähnt werden. Wenngleich Sex bzw. die Darstellung sexueller Handlungen aus zeitgenössischen Medien kaum noch wegzudenken ist, waren diese in digitalen Spielen bislang eher nur in Ausnahmen vertreten bzw. in die Handlung integriert. *„Wirft man allerdings einen Blick auf die Videospielhistorie, fällt schnell auf, dass Sex darin eine allenfalls untergeordnete Rolle spielt und, wenn überhaupt, im Rahmen von Skandalen thematisiert wird"* (Kiel 2015).[6]

Im Hinblick auf die Darstellung von Sexualität schreibt Kiel weiter, dass die Hauptrolle in der Regel hetero-sexuellen Männern vorbehalten wäre und insofern die mutmaßlichen Vorlieben der entsprechenden Zielgruppe bedient: *„schlanke, großbusige Grazien räkeln sich leichtbekleidet vor den Augen des Helden, die meisten von ihnen stark geschminkt und tragen hochhackige Schuhe"* (ebd.).

Seit einigen Jahren werden jedoch auch zunehmend Sexualität sowie LGBT-Themen (Lesbian, Gay, Bisexual, Transgender) in zeitgenössischen digitalen Spielen thematisiert bzw. dargestellt. Als Beispiel sei hier das kanadische Unternehmen *Bioware* benannt, das zunehmend homo-, bi- oder transsexuelle Inhalte in seine Spiele integriert und dafür durchaus auch massiv in der Kritik steht. In *Mass Effect* 3, das von den Spielern vielfach für seinen vergleichsweise einfühlsamen Umgang mit Romantik sowie die Möglichkeit gleichgeschlechtliche Beziehungen einzugehen gelobt wurde, hat der Protagonist Shepard zum Beispiel die Wahl, ob und mit wem er ins Bett steigt – zur Auswahl stehen drei Frauen und zwei Männer.

Als letzter Aspekt im Hinblick auf die sexuelle Stilisierung von weiblichen Spielfiguren und Protagonisten innerhalb von zeitgenössischen digitalen Spielen sei noch auf den „Gender-Shift" innerhalb von Online-Spielen hingewiesen, in denen der Spieler in der Regel das Geschlecht seines Avatars frei wählen kann.[7]

Einer Studie der Universität Potsdam (2011) zufolge, in der knapp 17.000 Spieler befragt wurden, wechseln nur 36% der männlichen Spieler ihr Geschlecht im Spiel im Vergleich mit 65% der weiblichen Spieler (Pickler 2011). Was die Vermutung nahe legt, *„...dass die Bereitschaft zu Geschlechterwechsel bei weiblichen Spielern viel höher ist. Dies liegt auch daran, dass es außerhalb von (Online-) Rollenspielen nur wenige weibliche Charaktere gibt"* (a.a.O.). Als Hauptgrund für den Geschlechterwechsel wird von den Befragten die Attraktivität der Spielfigur benannt.[8]

---

6   Nina Kiel 2015. Im Internet: http://derstandard.at/2000016767245/Sex-in-Videospielen-Eine-kleine-Skandalgeschichte (abgerufen September 2017).

7   In einigen Spielen agiert der Spieler mit einem Avatar, d.h. einer künstlichen Spielfigur, deren Geschlecht entweder vorgegeben ist oder vom Spieler gewählt werden kann.

8   *„Für 23% der Männer und 18% der Frauen war das Erscheinungsbild das ausschlaggebende Kriterium. Erst danach kamen die alternativen Möglichkeiten ‚Anpassung auf das Spiel', ‚sexuelle Identifikation' und ‚Sonstiges'"* (vgl. Pickler 2011).

Laut Pickler merkten die Männer in den Forenkommentaren an, dass ihnen der Geschlechterwechsel u.a. deshalb schwerfallen würde, da wichtige Eigenschaften wie Kraft und Stärke für sie nicht durch Frauen repräsentiert werden könnten. *„Sie ließen zudem klar erkennen, dass ihnen die Vorstellung, für weiblich gehalten zu werden oder gar als homosexuell zu gelten, Angst mache"* (ebd.).

Interessant ist auch der Verweis, dass die Spieler einen Transfer sozialen Verhaltens aus der realen in die Online-Spiele-Welt leisten: Die implizierten Geschlechtseigenschaften, die Männer davon abhalten, selbst einen weiblichen Avatar zu wählen (Schwäche, Ineffektivität) führen umgekehrt zu ‚ritterlichen' Verhaltensmustern, wenn sie im Spiel auf Frauenfiguren treffen. *„Diese männlichen Spieler helfen weiblichen Figuren, weil sie gelernte Rollenvorbilder aus der realen auf die virtuelle Welt übertragen"* (ebd.).

Carrie Heeter konstatiert, das weibliche Avatare einem größeren Risiko der Diskriminierung und sexuellen Anfeindung ausgesetzt sind als männliche. *„Playing an online game while appearing to be female, either due to a feminine name, female avatar, or voice that sounds female, results in different reactions from other players than does playing an online game while appearing to be male. When anonymous players encountered a female conversation agent/avatar, they were more likely to chat about her sexuality, rape, or other aggressive/violent acts against her while advances on male agents were significantly less violent and sexual"* (Heeter 2013, 376).

Es soll kurz darauf verwiesen werden, dass nicht nur die Ästhetik innerhalb der Spiele eine Rolle spielt, sondern ebenso die Ästhetik der Gestaltung der Produkte („Cover-Art") sowie deren Vermarktung,[9] wobei die Annahme begründet scheint, dass sich diesbezüglich ähnliche Befunde aufzeigen lassen. Burgess, Stermer & Burgess untersuchten 2007 anhand von 225 Covern von Computer- und Videospielen die Frage, wie männliche und weibliche Spielcharaktere auf den Covern dargestellt werden, wobei sie zu folgendem Schluss kommen: *„female characters were significantly more likely to be portrayed as busty/super-busty than their male counterparts were to be portrayed as muscular/super muscular. ... sexual attractiveness was a more critical factor for inclusion as a female than strength was for the males"* (Burgess/Stermer/Burgess 2007, 426).

Die bislang dargestellten Aspekte können überblicksartig zusammengefasst werden. Frauen bzw. weibliche Spielfiguren werden in (zeitgenössischen) digitalen Spielen

- generell quantitativ stark unterrepräsentiert;

- zumeist jünger und deutlich attraktiver dargestellt als männliche;

- zumeist physisch über-stilisiert bzw. stereotypisiert;

- zumeist sexuell stilisiert dargestellt (spärlich bekleidet, Geschlechtsorgane unrealistisch etc.);

---

9   Dieser Punkt soll jedoch im vorliegenden Beitrag nicht weiter ausgeführt werden (vgl. Hahn 2017, 90f.).

- meist schlechter ausgestattet (Kompetenzen/„Skills"; Werkzeuge, Waffen; sozialer Status etc.);

- selten als Helden bzw. Hauptfiguren integriert (diese sind zumeist männlich);

- zumeist in Nebenrollen bzw. Opferrollen repräsentiert und

- auch die Vermarktungsästhetik folgt dieser Logik.

Es bleibt an dieser Stelle also festzuhalten, dass es im Hinblick auf die Ästhetik zeitgenössischer digitaler Spiele durchaus gewisse Design-Muster gibt, die auch seit vielen Jahren empirisch nachgewiesen wurden, und grob zusammengefasst so beschrieben werden können, dass die ästhetische Darstellung von Weiblichkeit bzw. Männlichkeit stereotypen Mustern folgt, wobei Weiblichkeit auch mit sexueller Stilisierung unauflösbar verbunden scheint. Diese stereotypen Muster spiegeln sich auch in den wenig differenzierten narrativen Erzählstrukturen sowie den Vermarktungsstrategien der Anbieter wieder.

Exkurs: #GamerGate

Besondere Brisanz gewann das Thema Gender-Ästhetik durch die sogenannte „GamerGate" Debatte, in deren Mittelpunkt die ästhetische Darstellung von weiblichen Spielfiguren in Videogames stand, weshalb diese auch im vorliegenden Beitrag kurz erwähnt werden soll.

Spiele sind für viele eine emotionale Angelegenheit und viel mehr als ‚nur' Zeitvertreib. *„Das ist auch der Grund, warum im Fall von Konflikten die Wogen so hochgehen: es fällt schwer, rational zu sein, wenn man sich persönlich angegriffen fühlt."*[10] Diese Anmerkung vermag eventuell die im Folgenden beschriebene Debatte verstehen zu helfen, die rein objektiv zunächst u.U. wenig kontrovers erscheint, jedoch durch die emotionale Beteiligung der Teilnehmer weitreichende Relevanz für die Spieleindustrie weltweit erlangte.

Die #GamerGate-Debatte entwickelte sich zunächst aus einer privaten Auseinandersetzung der Spieleentwicklerin Zoe Quinn mit ihrem Ex-Freund. Diese verselbstständigte sich allerdings sehr schnell und bald standen die persönlichen Anfeindungen der Protagonisten und deren jeweiligen „Anhänger" nicht mehr im Fokus der Debatte. Faktisch ging es in der bis dahin primär virtuell und durch Social-Media-Kanäle betriebenen Debatte[11] um das Dreiecksverhältnis von Spieleindustrie, Spielepresse und Spielern. Im Grund ging es jedoch um die Unabhängigkeit der Presse und vor allem auch um Frauenfeindlichkeit in der Games-Branche.

In diesen Diskurs wurde die kanadisch-amerikanische Kulturkritikerin und be-

---

10   Der österreichische Spielejournalist Rainer Sigl im September 2014 in seinem Online Beitrag der Zeitung „Standard" http://derstandard.at/2000005205238/GamerGate-Spieler-Revolution-oder-Rueckzug-ins-Ghetto (abgerufen September 2017).

11   Der Name „GamerGate" entstand durch eine Twitter Nachricht.

kennende Feministin Anita Sarkeesian involviert.[12] Ihre Arbeit beschränkte sich zwar darauf, vielfältige Aspekte im Hinblick auf die ästhetische und narrative Darstellung von weiblichen Spielefiguren zu veranschaulichen, aber weil Sarkeesian sich gezielt sozialer Netzwerke und Medien bediente, erreichte sie mit ihren Videos eine breite Öffentlichkeit. Ihre Kritik am Medium Digitales Spiel war eindeutig und kontrovers; ihre Video-Beiträge[13] wurden zumindest innerhalb der Branche schnell bekannt, wodurch ein Thema in den Fokus rückte, das viele „Gamer" gern weiterhin ignoriert hätten: stereotype, teils diskriminierende Darstellungen von weiblichen Figuren und sexistische Inhalte in digitalen Spielen sowie die Bedingungen für Frauen in der Spieleindustrie.

Sarkeesians Gegner warfen ihr vor, sie sei selbst kein „Gamer" (und würde deshalb die von ihr kritisierten Spiele gar nicht kennen) und würde das Medium einseitig kritisieren, indem sie nur die Negativ-Beispiele auf populistische Art vorführe. Das Magazin *GameStar* schrieb in der Ausgabe 10/2014: „*Sarkeesian betont immer wieder, sie wolle nicht das Medium Spiel und auch nicht seine Fans verteufeln, sondern zum Nachdenken anregen. Zum Nachdenken darüber, ob man es denn okay findet, wie Frauen in Spielen oft dargestellt werden: als Streitapfel, um den sich mehrere Männer zanken, als Jungfrau in Not oder als sexy Hintergrunddeko, die niedere Instinkte der männlichen Zielgruppe ansprechen soll.*"

Schnell griffen auch etablierte Massenmeiden die #GamerGate-Debatte auf und so war die Geschichte, bestehend aus enttäuschter Liebe, öffentlicher Schlammschlacht, gewaltbereiten Protagonisten, und einer offensichtlich frauenfeindlichen Spielekultur, für Wochen Teil der Feuilletons.

Die Konsequenzen der Debatte: Einerseits hat innerhalb der Games Kultur eine kritische Auseinandersetzung mit dem Medium Computer- und *Videospiel*, mit dessen Ästhetik und Inhalten stattgefunden. Andererseits muss sich nun auch die Games-Branche selbst, aufgrund der öffentlichen, gesamtgesellschaftlichen und teils auch politischen Aufmerksamkeit, mit Themen wie Diskriminierung, Diversität, Sexismus usw. auseinandersetzen. Was die #GamerGate-Debatte veranschaulichte, ist, dass „die Zeit der Monokultur, in der weiße, junge Männer die Hauptzielgruppe sowohl der Industrie als auch der Presse waren, [...] vorbei [ist]" (Sigl 2014).

Es geht auch anders – Game Design am Beispiel „Die Sims"

Nachdem die Darstellung von Weiblichkeit bzw. Geschlechterrollen in digitalen Spielen bislang recht kritisch dargestellt wurde, soll an dieser Stelle jedoch exemplarisch auch noch ein Spiel bzw. ein Franchise[14] erwähnt werden, das m.E. relevant

---

12   Sarkeesian hatte 2012 auf der Crowdfunding-Plattform *Kickstarter* über $150.000 für die von ihre geplante Videoreihe *Tropes vs. Women* gesammelt, die negative weibliche Stereotype in Spielen behandelt.

13   Sarkeesians Videoreihe ist zu finden unter: http://feministfrequency.com

14   Als Franchise werden Serien von Spielen beschrieben, d.h. nach einem ersten Teil folgen weitere bzw. mitunter auch Special Editions und thematische Versionen des Spieles. Prominente Beispiele außer *Die*

ist für die Auseinandersetzung mit Gender, Games und Design: *Die Sims*. Das Spiel der Firma *Electronic Arts*, das zunächst nur für den PC, später jedoch auch für andere Plattformen verfügbar war, ist eine der erfolgreichsten Spielefranchises weltweit und wurde bislang mehr als 175 Millionen Mal verkauft. Die Sims hat sich über lange Jahre eine sehr loyale, globale Fangemeinde aufgebaut, wobei die Franchise insbesondere bei der weiblichen Zielgruppe sehr beliebt ist. Offensichtlich wurde auch der Publisher Electronic Arts vom Erfolg überrascht, wie der ehemalige CEO John Riccitello zugibt: *„Zu Beginn haben wir nicht geglaubt, dass ein Spiel über Leute und wie sie miteinander umgehen, ohne Geballer, Autofahren oder andere Action, erfolgreich werden könnte."*[15]

Das eigentlich Bemerkenswerte an *Die Sims* ist jedoch nicht der Erfolg in der weiblichen Zielgruppe,[16] sondern vielmehr, dass dieses Spiel aufgrund seiner Entwicklungsgeschichte einen Beleg für den Zusammenhang zwischen der Diversität in den Entwicklerteams und den von diesen entwickelten Produkten gibt: *"The Sims was cited earlier as an example of a game that could counter the vicious cycle (of women not being interested in game play, so not interested in game design) with a virtuous cycle: girls who like to play the sims were inspired to design games"* (Fullerton 2008, 146).

Im Entwicklerteam des Original *Die Sims* (2000) waren fast die Hälfte der beteiligten Entwickler und Producer Frauen, wobei nach dem Erfolg des Spieles, insbesondere bei der weiblichen Zielgruppe, mehr Frauen beim Entwickler Maxis angestellt wurden. *„On the original Sims game (Feb. 2000), 50% of the people credited as designers are female (2 of 4). 40% of the people credited as producers are female (4 of 10 producers). [...] Since then, The Sims development teams tend to have more women on average than other teams here at EA. After the base game, I think lots of women were drawn to work for Maxis (myself included) because we like The Sims. It is a cycle: make a game that appeals to women, draw more women to work on games, make more games that appeal to women"* (Fullerton et al. 2008, 146).

Die Sims illustriert insofern anschaulich, wenn bei der Entwicklung eines digitalen Spieles mehr Frauen beteiligt sind, wird dieses Produkt den weiblichen Konsumpräferenzen im Hinblick auf Ästhetik, aber auch Narration u.U. eher gerecht, was wiederum in mehr weiblichen Konsumenten/Spielern resultiert. *„Commercial game design teams that included more women in key design and production roles have produced products that women enjoy"* (ebd., 165). Dabei muss den weiblichen Konsumenten noch nicht einmal bewusst sein, dass mehr Frauen an der Entwicklung eines Spieles beteiligt waren. Carrie Heeter konnte in einer Studie zeigen, dass Mädchen Spiele präferieren, die von weiblichen Teams entwickelt wurden, ohne dies zu wissen.[17] Den Zusammenhang zwischen Game Design Teams und den Spielen beschreiben Heeter et al. wie folgt: *„Men create games that they like, which end up appealing to boys*

Sims: „FIFA"; „Call of Duty", „Tom Clancy Splinter Cell" oder „Grand Theft Auto".

15 http://www.br.de/themen/ratgeber/inhalt/computer/15-jahre-die-sims-100.html (Stand Juli 2015).

16 Laut Tracy Fullerton hat die Franchise mindestens 40 bis 50% weibliche Spieler (Fullerton et al. 2008).

17 *„... girls create games envisioned by all-girl more favorably than games envisioned by all-male teams, without knowing the gender of the design team"* (Heeter et al. 2005, 22).

and men. They make new games based on the foundation of the games they have played before. Commercial game companies hire design team members who passionately love the company's existing suite of games (WIGI careers panel, 2006). The result is more of the same games" (ebd.).

Wo sind die weiblichen Game Designer?

Das soeben dargestellte Beispiel der Sims legt die Frage nahe, wie es eigentlich um die weiblichen Game Designer innerhalb der Spieleindustrie steht und wenngleich diese Frage im vorliegenden Beitrag nicht ausführlich beantwortet werden kann (vgl. vertiefend: Hahn 2017), soll zumindest der Rahmen skizziert werden, in dem sich Game Design bzw. weibliche Game Designer gegenwärtig bewegen – die Spieleindustrie.

Die Spieleindustrie, die weltweit zu den umsatzstärksten Medienteilbranchen gehört und lange Zeit zweistellige Umsatzwachstumsraten verzeichnen konnte, dabei mitunter sogar Musik- und Kinoumsätze übertraf, wird oft als junge und recht unprofessionelle Branche betrachtet, was durchaus an der Realität vorbei geht. In Deutschland, wo die Spielebranche laut Branchenverband BIU jährlich rund 2,8 Milliarden Euro Umsatz erwirtschaftet, sind gegenwärtig ca. 11,000 Menschen in rund 500 Unternehmen mit der Entwicklung und Vermarktung von digitalen Spielen beschäftigt.[18] Lange Zeit war der Zugang zur Computer- und Videospieleindustrie vor allem über das sprichwörtliche „Vitamin B" und Leidenschaft für das Medium möglich, zumal es keine dezidierten Ausbildungsgänge gab. Seit rund zehn Jahren existieren diese aber und insofern können die für die Entwicklung und Vermarktung von digitalen Spielen notwendigen Fachkenntnisse in entsprechenden Ausbildungs- bzw. Studiengängen erworben werden. Dabei sind die notwendigen Fachkenntnisse nicht nur spezifisch, sondern auch vielfältig: *„The games industry is made up of a number of specialties including development, product, design, level design, audio design, art and testing"* (Prescott/Bogg 2011, 209).

Wobei neben den technischen Aufgaben in der Spieleentwicklung auch vielfältige Aufgaben im kommerziellen bzw. unternehmerischen Kontext notwendig sind, u.a. Finanzbuchhaltung, Personalwesen, Sales & Marketing bzw. das sogenannte „Publishing", Public Relation, Kundensupport usw. Dem technischen Bereich kommt hierbei insofern eine tragende Rolle zu, als dort die Produkte, die Spiele entstehen: *„Developmental roles within the industry are those roles that are involved in the creative and development aspect of game development. These roles create everything within the games from the content, the style of play the reward systems and ultimately who the target audience of the game will be"* (ebd.).

Zudem gilt die Spieleindustrie bis heute als männerdominierte Branche, wenn-

---

18 Zählt man auch die Beschäftigten hinzu, die sich in angrenzenden Bereichen (als z.B. Journalisten, Wissenschaftler, Mitarbeiter von Behörden etc.) mit digitalen Spielen beschäftigen, steigt die Zahl auf rund 30,000.

gleich es seit einigen Jahren positive Anzeichen der Veränderung gibt. Computer- und Videospiele galten lange Zeit als „Boys Toys", zu denen Mädchen und Frauen eher wenig Zugang bzw. Interesse hatten (vgl. Hahn 2017). Insofern war auch die Spieleindustrie überwiegend jung, männlich und weiß. Dann aber kam 1998 mit dem *Barbie Fashion Designer* ein Produkt, das einen überraschenden kommerziellen Erfolg erzielen und den Bedarf der weiblichen Zielgruppe belegen konnte. Mitte bis Ende der 90er Jahre gab es folgerichtig sogar einige Unternehmen (u.a. Purple Moon von Brenda Laurel), die ausschließlich mit Frauen Produkte für Frauen entwickeln und kommerziell erfolgreich vermarkten wollten.

Zumal sich die Anzahl der weiblichen Spieler seit Anfang des Jahrtausends sukzessive erhöhte und spätestens seit der Nintendo Wii (2006) und dem ersten iPhone (2007) neue Zielgruppen erschlossen werden konnten, u.a. auch zahlreiche junge Mädchen und Frauen. Der Boom des „Casual Games" bzw. auch später „Social Games" verdeutlichte, dass Gaming nicht mehr ausschließlich nur auf dafür vorgesehenen dezidierten Spielekonsolen stattfinden musste.[19] Mittlerweile ist rund die Hälfte aller Spieler weiblich, das belegen seit einigen Jahren unterschiedliche Studien der z.B. GfK, Statista, Bitkom oder BIU. Wenngleich sich hartnäckig das Vorurteil hält, digitale Spiele „zocken" wäre ein Hobby für gelangweilte, adoleszente, männliche Teenager.[20]

Es kann also konstatiert werden, dass digitale Spiele keine Boys Toys mehr sind, Frauen gleichermaßen wie Männer spielen und seit einigen Jahren spezifische Ausbildungs- und Studiengänge für die Spieleindustrie existieren. Mit diesem Wissen überraschen die Zahlen weiblicher Beschäftigter in der Games-Industrie, die lange Zeit auf globalem Rahmen zwischen 6 Prozent und 15 Prozent schwankten, also als eher marginal zu bezeichnen wären, gerade im Hinblick auf rund 40 Prozent Frauen in anderen Medienteilbranchen wie z.B. Film- oder Verlagswesen. Seit einigen Jahren gibt es jedoch eine positive Veränderung dieser Zahlen: die *International Game Developer Association* konnte 2015 in einer repräsentativen Umfrage unter Entwicklern einen Anteil von rund 22 Prozent Frauen erheben.

Im August 2017 wurde der Executive Summary einer großen (der ersten ihrer Art) Games-Markt Studie der Hamburg Media School veröffentlicht. Der Anteil der weiblichen Beschäftigten liegt demnach bei rund 27% in der deutschen Spielebranche: *„In der deutschen Games-Industrie, die als sehr männerdominierte Branche wahrgenommen wird, liegt der Anteil weiblicher Beschäftigter deutlich unter dem männlicher, aber im Schnitt immerhin bei 27 %, und damit höher als beispielsweise in Großbritannien (19 %; Creative Skillset 2016, 6)."*[21]

Mittlerweile sind in den speziell auf die Spieleindustrie ausgerichteten Ausbildungs- und Studienangeboten jedoch oftmals annähernd so viele Frauen wie Män-

---

19   Zur Vertiefung: A Casual Revolution (Juul 2009).

20   Die Frage wie bzw. welche Genres und Plattformen Mädchen und Frauen bevorzugen, soll im vorliegenden Beitrag nicht thematisiert werden. (Vgl. hierzu: Hahn 2017).

21   Vgl.: http://www.hamburgmediaschool.com/fileadmin/user_upload/Dateien/Forschung/FoKo/GAMES-Studie_Executive-Summary_V1-1_2017-08-23_.pdf (abgerufen im September 2017).

ner vertreten. Zur rein quantitativen Verteilung kommt jedoch noch der Aspekt der Konzentration von Frauen im nicht-technischen Bereich, d.h. rund 75 Prozent der Frauen, die in den Unternehmen der Spieleindustrie beschäftigt sind, arbeiten in Bereichen, die mit dem eigentlichen Produkt nicht in Berührung kommen (vgl. u.a. Presscott/Bogg 2011; Prescott/Bogg 2011 (b), 205; Haines 2004; Hahn 2017). Prescott & Bogg bestätigen diesbezüglich Ergebnisse von Lizzie Haines die bereits 2004 feststellte, dass die Mehrzahl der Frauen in der Spieleindustrie in Bereichen wie Management, Marketing und PR arbeiten, rund 73 Prozent der Frauen würden also in Bereichen arbeiten, die mit Spieleentwicklung nichts zu tun haben (Prescott/Bogg 2013, 130).

Frauen waren also lange Zeit im Kontext der Entwicklung von Computer- und Videospielen unterrepräsentiert. Dies scheint sich zwar im Zuge neuer, dezidierter Ausbildungen und Studiengänge (in denen oft auch rund die Hälfte der Teilnehmer weiblich ist) seit einigen Jahren zu verändern, dennoch ist gegenwärtig der Anteil der Frauen in der Spielebranche mit rund 20 – 25 Prozent noch überschaubar. Zumal die meisten Frauen in Abteilungen arbeiten, die keinerlei Einfluss auf das Game Design haben. Zudem haben viele junge Frauen die Spieleindustrie als potentiellen Arbeitgeber nicht unbedingt auf ihrer Wunschliste bzw. bewerben sich aus anderen, vielschichtigen Gründen nicht bei Games Unternehmen.

Im Hinblick darauf, dass – wie am Beispiel der Sims aufgezeigt und von Game Design „Ikonen" wie u.a. Shery Graner Ray, Brenda Romero, Roberta Williams oder Siobhan Reddy schon seit Jahren postuliert – ein Zusammenhang zwischen weiblichen Beschäftigten im Game Design und den von diesen Teams entwickelten Produkten besteht, bleibt die Frage „Wo sind die weiblichen Game Designer?" eine für die Spieleindustrie zentrale. Zumindest bis annähernd ein Gleichgewicht in den Produktionszusammenhängen hergestellt wurde.

Gender, Design und Games – eine Bestandsaufnahme

Der vorliegende Beitrag möchte einerseits die Forschungslage zum Thema Gender und Game Design bzw. im Hinblick auf geschlechtsspezifische ästhetische (und narrative) Darstellungsmuster aufzeigen und andererseits einen möglichen Zusammenhang zwischen Gender und Design thematisieren. Dabei wurde zunächst gezeigt, dass die Ästhetik in Computer- und Videospielen bereits seit rund 20 Jahren (auch) empirisch untersucht wird, wobei diese Untersuchungen alle zu ähnlichen Ergebnissen kommen: Gender wird zumeist stereotyp dargestellt, ästhetisch wie narrativ. Während jedoch männliche Spielfiguren eher romantisierend stereotyp auftreten, werden weibliche Charaktere zumeist sexuell stilisiert und überladen gezeigt. Erst seit einigen Jahren gibt es in den großen Blockbuster-Spielen (den sogenannten AAA Titeln[22]) Beispiele für weibliche, starke und bekleidete Protago-

---

22 Auf die Differenzierung zwischen AAA Spielen der großen, primär kommerziell orientierten Games Unternehmen und den eher idealistisch und künstlerisch orientierten „Indie"-Entwicklern soll in diesem

nisten. Am Beispiel Die Sims konnte gezeigt werden, dass es offensichtlich einen (positiven) Zusammenhang zwischen weiblichen Game Designern, den von ihnen entwickelten Produkten und dem Erfolg bei der weiblichen Zielgruppe zu geben scheint.

Dass jedoch gegenwärtig nur rund 20 – 25 Prozent Frauen in der Spieleindustrie arbeiten, wovon die meisten in nicht-technischen Bereichen beschäftigt sind, hat zur Folge, dass es immer noch sehr wenige bzw. zu wenige weibliche Game Designer gibt; zumindest angesichts einer rund 50 Prozent weiblichen Zielgruppe. Hier scheint es mit Blick auf steigende Anteile von Frauen in Game Design (u.ä.) Ausbildungs- bzw. Studiengängen zwar perspektivisch Veränderungen geben zu können, für den Moment jedoch sind weibliche Game Designer eher rar und die Unternehmen bemühen sich stark um diese.

Abschließend sei angemerkt, dass der Zusammenhang zwischen Gender und Games Design noch etwas differenzierter zu betrachten ist. Es scheint notwendig auch die Konsumpräferenzen der weiblichen Spieler sowie das Angebot an digitalen Spielen für die weibliche Zielgruppe in die Analyse mit einzubeziehen. Ein Zusammenhang, der innerhalb der Computerspielforschung als „Virtuous Cycle" bezeichnet wird und auf ein Konzept von Fullerton et al. zurückgeht (vgl. Fullerton et al. 2008).

Literatur

Beasley, Berrin / Collins-Standley, Tracy (2002): Shirts vs. Skins: Clothing as an Indicator of Gender Role Stereotyping in Video Games. In: Mass Communication Society. 2002. 5(3).

Bevc, Tobias / Zapf, Holger (Hg) (2009): Wie wir spielen, was wir werden: Computerspiele in unserer Gesellschaft. UVK Verlag.

Bryce, Jo / Rutter, Jason (2002): Killing Like a Girl: Gendered Gaming and Girl Gamers' Visibility. Im Internet: http://www.cric.ac.uk/cric/staff/Jason_Rutter/papers/cgdc.pdf [Mai 2014].

Burgess, Melinda / Stermer, Steven Paul / Burgess, Stephen R. (2007): Sex, Lies and Video Games: The Portrayal of Male and Female Characters on Video Game Covers. Im Internet: http://www.researchgate.net/publication/226396946_Sex_Lies_and_Video_Games_The_Portrayal_of_Male_and_Female_Characters_on_Video_Game_Covers [September 2014].

Creative Skillset (2016) in: Forschungs- und Kompetenzzentrum "Audiovisuelle Produktion" der Hamburg Media School. 2017. Executive Summary Studie zur Computer- und Videospielindustrie in Deutschland. Im Internet: http://www.hamburgmediaschool.com/fileadmin/user_upload/Dateien/Forschung/FoKo/GAMES-Studie_Executive-Summary_V1-1_2017-08-23_.pdf

Dietz, Tracy (1998): An Examination of Violence and Gender Role Portrayals in Video Games: Implications for Gender Socialization and Aggressive Behavior. Im Internet: https://www.researchgate.net/publication/255617498_An_Examination_of_Violence_and_Gender_Role_Portrayals_in_Video_Games_Implications_for_Gender_Socialization_and_Aggressive_Behavior [August 2017].

Beitrag nicht weiter eingegangen werden; diese ist aber im Hinblick auf eine angemessene Bewertung des sehr heterogenen Angebotes an digitalen Spielen eigentlich wichtig.

Donnelly, Jamie (2012): The under-representation of women in gaming. Im Internet: http://beefjack. com/features/the-under-representation-of-women-in-gaming/ [Mai 2013].

Dovey, John / Kennedy, Helen (2006): Game Cultures: Computer Games As New Media. Open University Press.

Fullerton, T. / Fron, J. / Pearce, C. / Morie, J. (Ludica) (2008): Getting girls into the game: Towards a "virtuous cycle." In Y. B. Kafai, C. Heeter, J. Denner, & J. Y. Sun (Eds.): Beyond Barbie and Mortal Kombat: New perspectives on gender and gaming (pp. 161-177). Cambridge, MA: MIT Press.

Graner Ray, Shary (2004): Gender Inclusive Game Design: Expanding the Market. Charles River Media Inc.

Grapenthin, Hella (2009): Geschlechterbilder in Computer- und Videospielen. In: Tobias Bevc, Holger Zapf (Hg). 2009. Wie wir spielen, was wir werden: Computerspiele in unserer Gesellschaft. UVK Verlag, 281–292.

Hahn, Sabine (2017): Gender und Gaming: Frauen im Fokus der Games-Industrie. Paderborn: Transcript.

Haines, Lizzie (2004): Why are there so few Women in Games? Im Internet: http://www.equalworks. info/resources/contentfiles/537.pdf [Juni 2013].

Hayes, Elisabeth (2011): The Sims as a Catalyst for Girl's IT learning. International Journal of Gender, Science and Technology, Vol 3, No 1 (2011) Im Internet: http://genderandset.open.ac.uk/index. php/genderandset/article/viewArticle/132 [August 2017].

Heeter, Carrie et al. (2004): Alien Games – Do Girls Prefer Games Designed by Girls? Im Internet: http://citeseerx.ist.psu.edu/viewdoc/download?doi=10.1.1.127.668&rep=rep1&type=pdf [August 2017].

Heeter, Carrie (2013): Feminity. In: Wolf, Perron (Hg.): The Routledge Companion to Video Game Studies. Routledge Chapman & Hall.

Juul, Jesper (2009): A Casual Revolution. University Press Group Ltd.

Kafai, Yasmin B. / Heeter, Carrie / Denner, Jill / Sun, Jennifer Y. (Eds) (2008): Beyond Barbie and Mortal Kombat: New Perspectives on Gender and Gaming. University Press Group Ltd.

Kiel, Nina (2014): Gender in Games. Geschlechtsspezifische Rollenbilder in zeitgenössischen Action-Adventures. Verlag Dr. Kovac.

Pickler, Teresa (2011): Mann oder Frau?? GameStar Artikel 08/2011, S. 116-119. Im Internet: www. uni-potsdam.de/db/ler/getdata.php?ID=111 [Januar 2016].

Prescott, Julie / Bogg, Jan (2011): Segregation in a Male-Dominated Industry: Women Working in the Computer Games Industry. International Journal of Gender, Science and Technology, Vol 3. Nr 1.; Im Internet: http://genderandset.open.ac.uk/index.php/genderandset/article/view/122 [September 2017].

Prescott, Julie / Bogg, Jan (2011) (b): Career Attitudes of Men and Women Working in the Computer Games Industry. Eludamos, Journal for Computer Games Culture; Im Internet: http://www.eludamos.org/index.php/eludamos/ article/viewArticle/vol5no1-2 [September 2017].

Prescott, Julie / Bogg, Jan (2013): Gender Divide and the Computer Games Industry. IGI Global.

Richard, Birgit (2004): Sheroes. Genderspiele im virtuellen Raum. Paderborn: Transcript.

Sigl, Rainer (2014): #GamerGate: Spieler-Revolution oder Rückzug ins Ghetto? Artikel auf Standard.at 6 September 2014. Im Internet: http://derstandard.at/20000052 05238/GamerGate-Spieler-Revolution-oder-Rueckzug-ins-Ghetto [Januar 2016].

Vermeulen, Lotte (2011): You Are What You Play? A Quantitative Study into Game Design Preferences across Gender and their Interaction with Gaming Habits. Im Internet: http://www.digra.org/ wp-content/uploads/digital-library/ 11313.31106.pdf [Mai 2013].

Wolf, Perron (Hg.) (2013): The Routledge Companion to Video Game Studies. Routledge Chapman & Hall.

Zaremba, Jutta (2006): Gender Nonikonform. Die produktive Uniformität von Heldinnen und Gamerinnen. In: Kaminsk, Lorber (Hg): Clash of Reali- ties. Computerspiele und Soziale Wirklichkeit. Kopaed Verlag, 161–174.

Zaremba, Jutta (2009): „Sie will doch nur spielen" – Von Cyber Heldinnen und Gamerinnen Kulturen. In: Tobias Bevc, Holger Zapf (Hg): Wie wir spielen, was wir werden: Computerspiele in unserer Gesellschaft. UVK Verlag, 281–292.

III. ANSÄTZE UND INTERAKTIONEN

GENDER IN DESIGN
PLÄDOYER FÜR EINE FEMINISTISCH-PARTIZIPATIVE UND INTERDISZIPLINÄR ORGANISIERTE GESTALTUNGSPRAXIS

Bianca Prietl und Tanja Paulitz

Geschlechterfragen in Gestaltungsprozessen und Designpraktiken zu berücksichtigen, ist nicht nur eine langjährige Forderung von Seiten der Geschlechterforschung und Ziel feministischer Initiativen für eine geschlechtergerechte(re) Gestaltung der menschgemachten Umwelt (vgl. Brandes/Metz-Göckel 2017). Auch nationale und internationale Fördergeber wie die DFG oder die EU mit ihrem Horizon 2020-Programm fordern zunehmend die Integration von Geschlechteraspekten in den von ihnen finanzierten Forschungsvorhaben, sodass die Berücksichtigung von Geschlechterfragen zur Voraussetzung für die Beantragung und erfolgreiche Einwerbung von Forschungs- und Entwicklungsgeldern wird.

Vor dem Hintergrund dieser Entwicklung wollen wir im vorliegenden Beitrag genauer beleuchten, wie die Berücksichtigung und Integration von Geschlechteraspekten in Gestaltungs- und Entwicklungsvorhaben theoretisch konzeptualisiert und methodisch gedacht wird. Hierzu diskutieren wir – ohne Anspruch auf Vollständigkeit erheben zu wollen – ausgewählte einschlägige Initiativen und häufig rezipierte Vorschläge für ein geschlechtergerechtes Design aus Perspektive der sozial- und kulturwissenschaftlichen Geschlechterforschung. Dabei sollen Potentiale und Problemlagen dieser den wissenschaftlichen Diskurs und die Gestaltungspraxis (vor allem im deutschsprachigen Raum) prägenden Gestaltungsvorschläge ebenso identifiziert werden wie Möglichkeiten ihrer Weiterentwicklung.

In der Betrachtung von Gestaltungsprozessen und Designpraktiken wird hier ein *weit gefasster Designbegriff* zugrunde gelegt, der von der Gestaltung von Alltags- und Konsumgütern (also Design im engeren Sinne), über architektonische, stadt- und raumplanerische Entwürfe bis hin zur Entwicklung von (informations)technischen Artefakten (Design im weiteren Sinne) reicht. Dieser breit angelegte Blick auf Design als die soziokulturelle Gestaltung der menschgemachten Umwelt versteht sich als konsequentes Aufgreifen der feministischen Kritik an herrschenden Engführungen, vornehmlich die verbreitete Reduktion von ‚Technik' auf letztlich wenige, gesellschaftlich mit Männlichkeit assoziierte Technikprojekte. Im Zuge dieser feministischen Bemühungen, solche androzentristische Verkürzungen von Technik auf große, teure und innovative Maschinen aufzulösen, wurden demgegenüber die gemeinhin wenig beachteten Alltagstechnologien, wie beispielsweise Haushaltstechnik, als ebenso legitime Gegenstände gesellschaftlichen Nachdenkens über Technik und akademischer Technikdebatten reklamiert (etwa Wajcman 1994 [1991], 137).

Im Anschluss an die Konzepte der „Ko-Konstruktion" sowie „Koproduktion" von Technik und Geschlecht wird gegenwärtig davon ausgegangen, dass das Design von Artefakten die gesellschaftlichen Geschlechterverhältnisse und kulturellen Geschlechtersymboliken nicht einfach abbildet. Vielmehr werden Designpraktiken und Gestaltung zunehmend als jene Prozesse angesehen, die zentral an der Hervorbringung von Geschlecht beteiligt sind – und vice versa. In und durch gestalterische Entwürfe können folglich, so die daraus resultierende Auffassung, bestehende Geschlechterverhältnisse und -vorstellungen einerseits materialisiert und verstetigt, aber andererseits möglicherweise auch hinterfragt und aufgebrochen werden (siehe folgendes Unterkapitel).

Damit steht dieser Beitrag in der Tradition feministischer Technikforschung, die in einer Vielzahl von Studien rekonstruiert hat, wie Geschlechternormen und -verhältnisse in Designpraktiken eingelagert sind und sich in Artefakten vergegenständlichen (siehe für technische Artefakte u.a. Cockburn/Ormrod 1993; Van Oost 2005; für informationstechnische Artefakte u.a. Hofmann 1997; Rommes/Van Oost/Oudshoorn 1999; Bath 2009; Both 2011; Ernst/Horwath, 2013a; für Design i.e.S. u.a. Brandes 2000, 2002; HAWK/Joost 2008). Diese Arbeiten leisten mit Blick auf die Kategorie Geschlecht auf diese Weise einen wesentlichen Beitrag für die Zurückweisung der verbreiteten Annahme von der vermeintlichen Objektivität und Neutralität technischer Artefakte. Pointiert auf den Punkt gebracht haben diese Einsicht die norwegischen Techniksoziologinnen Anne-Jorunn Berg und Merete Lie (1995) mit ihrer rhetorischen Frage: „Do Artifacts Have Gender?" (332).

Der vorliegende Beitrag widmet sich indessen mit Blick auf theoretisch-methodische Fragen der Berücksichtigung von Geschlecht in Gestaltungsprozessen und Designpraktiken nach Möglichkeiten des Hinterfragens und Reduzierens von sozialen Ungleichheiten, Ausschlüssen und Marginalisierungen qua Geschlecht in und durch Design. Konkret diskutieren wir hierzu, erstens, diversitätsorientierte Ansätze, zweitens, Vorschläge für eine geschlechterkritische Weiterentwicklung von bestehenden Gestaltungsansätzen und, drittens, reflexionsfördernde Ansätze (siehe übernächstes Unterkapitel). Die Frage der feministischen Technikforschung nach der Einschreibung von Geschlecht in und durch Artefakte wird dabei – abgesehen von der nachfolgenden einführenden Kurzdarstellung der Basiskonzepte der Ko-Konstruktion und der Koproduktion – ebenso wenig vertieft wie die Frage nach den populären geschlechtshierarchischen Konnotationen von Gestaltung versus (vermeintlich bloßer) Anwendung (siehe hierzu u.a. Oudshoorn/Pinch 2003; Zachmann 2008; Cowan 2012; früh Cockburn/Ormrod 1993).

Wie zu sehen sein wird, plädieren wir aus methodologisch-epistemologischer Perspektive schließlich für eine feministisch-partizipative und interdisziplinär organisierte Gestaltungspraxis (siehe letztes Unterkapitel).

Zur wechselseitigen Hervorbringung von Gender und Design

Mit der sozialwissenschaftlichen Technikforschung geht es allgemein darum, Entwicklungs- und Gestaltungsprozesse als inhärent soziale Phänomene zu untersuchen, anstatt technik- oder auch sozialdeterministischen Perspektiven zu folgen (siehe hierzu u.a. Pinch/Bijker 1984; MacKenzie/Wajcman 1985). Aus Geschlechterperspektive sind Geschlechterverhältnisse dabei als inhärenter Bestandteil soziotechnischer Verhältnisse zu verstehen. Zugleich gilt Technik als relevanter Faktor der gesellschaftlichen Hervorbringung von Geschlecht, wenn Zuschreibungen von Technikkompetenz strukturelle Ungleichheiten reproduzieren oder wenn unhinterfragte Zuschreibungen und stereotype Annahmen über Geschlecht unmittelbar in der Gestaltung der Artefakte materialisiert und damit in verfestigter, verobjektivierter Form zu einem Bestandteil des Sozialen werden.

Judy Wajcman, Techniksoziologin an der *London School of Economics*, hat diese Perspektive in dem paradigmatischen Konzept der „Ko-Konstruktion" von Technik und Geschlecht (Wajcman 2002, 285) zusammen geführt. Diesem zu Folge sind Technik und Geschlecht als jeweils unabgeschlossene Kategorien zu betrachten, die in beständig wechselseitig aufeinander bezogenen Prozessen formiert und hervorgebracht werden: *„Weitgehender Konsens ist gegenwärtig, dass weder Männlichkeit, Weiblichkeit noch Technologie feststehende, einheitliche Kategorien sind; vielmehr enthalten sie vielfältige Möglichkeiten und werden in Relation zueinander konstruiert."* (ebd.)

In ähnlicher Weise, wenn auch mit stärkerem Bezug auf epistemologische Fragen der (techno)wissenschaftlichen Wissensproduktion und in gewisser Anlehnung an postkonstruktivistische Überlegungen, wurde von der Wiener Geschlechter- und Wissenschaftsforscherin Mona Singer (2005, 2003) der Begriff der „Koproduktion" vorgeschlagen, um die relationalen Hervorbringungsweisen von Wissen, Objekten und Geschlecht auch in ihrer Materialität zu fassen. Dabei werden die einzelnen Elemente nicht in eine lineare Kausalbeziehung gesetzt. Der Begriff der Koproduktion adressiert vielmehr die Untrennbarkeit und Symmetrie im Prozess, bei dem sich nicht allein gesellschaftliche Sinnproduktion in den Artefakten materiell verfestigt, sondern in dem auch die materielle Welt an der Produktion von Sinn und damit auch der (Re-)Produktion von Geschlechternormen beteiligt ist: Hier sind Artefakte als zugleich koproduzierende und -produzierte Instanzen gedacht. Materialisierung heißt damit nicht allein Verkörperung im Sinne organischer (vergeschlechtlichter) Körper von Menschen, sondern auch materielle Verobjektivierung von Gesellschaft in Artefakten wie Technologien und artefaktischer Natur, wie etwa im Fall der Züchtung von Labortieren.

Beide Konzepte richten einen besonderen Fokus auf Fragen technischen Wandels, der Einführung so genannter ‚Neuer Technologien' und ihrem Zusammenhang mit möglichen Veränderungen in den gesellschaftlichen Geschlechterverhältnissen. Welche Vorschläge für eine feministische Intervention in gängige Gestaltungsprozesse und Designpraktiken vorliegen, mit dem Ziel die Reproduktion von geschlechtshierarchischen Verhältnissen zu vermeiden, ist damit noch nicht beantwortet, sondern steht im Mittelpunkt der folgenden Betrachtung und theoretischen sowie methodisch-methodologischen Diskussion. Wie oben bereits erwähnt, beansprucht diese Übersicht und Diskussion keine Vollständigkeit, sondern verfährt weitgehend exemplarisch und zielt auf eine Strukturierung der Diskussion methodischer Herangehensweisen und ihrer theoretischen Prämissen.

Feministische Interventionen in Gestaltungsprozesse und Designpraktiken

Diversitätsorientierte Ansätze: Design mit und für Frauen als ‚andere'

Einen prominenten Strang der feministischen Intervention in Designprozesse bilden *diversitätsorientierte Ansätze*. Sie zielen in ihrem Kern darauf ab, die Diversität von möglichen Nutzer_innen zu berücksichtigen und so Gestaltungsvorgaben im Hinblick auf Lebenslagen und Bedürfnisse von Männern und Frauen sowie anderen marginalisierten Gruppen von Nutzer_innen zu öffnen.

So lassen sich einige dieser Ansätze als eine Reaktion auf die Kritik an der strukturellen Dominanz von Männern in Design- und Entwicklungsteams verstehen. Das erklärte Ziel ist die Entwicklung (frauen)inklusiver Artefakte durch die Inklusion der Perspektive von Frauen und damit die Diversifizierung von Entwicklungsteams. Ein frühes Beispiel hierfür ist ein von VOLVO durch ein Frauen-Designteam entwickeltes Auto, das die Kennzeichen Wartungsarmut, Pannensicherheit, einfache Betankung und Einparkhilfe prototypisch realisierte und sich u.a. durch einen extra Stauraum für eine Handtasche im vorderen Fahrzeugbereich auszeichnete (Butovitsch Temm 2008). Das Beispiel führt die Fallstricke des diversitätsorientierten Zugangs unmittelbar vor Augen, die sich in der Frage bündeln lassen, ob mit dem Anspruch der Anerkennung von Vielfalt nicht das Dilemma, gesellschaftliche *Differenzzuschreibungen* zu reproduzieren, verbunden ist. Dass die im Volvo zum Ausdruck kommenden Designentscheidungen in verschiedenen Hinsichten ein stereotypes Verhältnis von Weiblichkeit und Technik (re)aktualisieren bzw. bestätigen, ist offensichtlich. Auf diese Weise basiert das Vorhaben einer fraueninklusiven Technik, wie der Name schon sagt, letztlich auf einer Differenz- sowie Defizitvorstellung von Weiblichkeit als das von der männlichen Norm abweichende ‚Andere', eben weniger Technik-Affine. Ebenso zeigt das Design des Volvos sehr deutlich, dass Frauen als Designerinnen nicht einfach qua ihres Frau-Seins Geschlechterklischees hinterfragen. Vielmehr unterliegt solchen Ansätzen tendenziell die Basisannahme einer ‚natürlich' gegebenen, binär gedachten Geschlechterdifferenz. Demgegenüber zeigen etwa empirische Studien, dass es nicht genügt, einfach Frauen in frühen Entwicklungsphasen in Design-Teams zu integrieren, sondern es der Integration feministisch-konstruktivistischer Problemhorizonte bedarf, um essentialistische binäre Geschlechterkonzeptionen aufzubrechen (vgl. Rommes 2002; Paulitz 2007).

Aktuell wird die Diskussion um eine (frauen)gerechtere Gestaltung durch stärkere Repräsentation von Frauen im Kontext von agilen Methoden der Softwareentwicklung neu belebt. Agile Ansätze der Softwareentwicklung wurden rund um die Jahrtausendwende als Reaktion auf eine als problematisch und wenig zufriedenstellend wahrgenommene Softwareentwicklung eingeführt und erfahren seither zunehmende Prominenz. Sie beinhalten diverse Vorschläge für die formal-prozessuale Gestaltung des Softwareentwicklungsprozesses, der nun im Kern kommunikativer und kooperativer, iterativer und interaktiver, flexibler und nutzer_innenzentrierter gestaltet werden soll. In internationalen Diskussionen dominieren Vorstellungen, wonach agile Softwareansätze Diversität und damit auch die Partizipation von Frauen in Softwareentwicklungsteams befördern, da die ausgeprägte Teamorientierung gewissermaßen ‚automatisch' zu einer verstärkten Integration von zuvor marginalisierten Perspektiven führe. Ein weiteres Argument wird in Parallelen zwischen einem vorgeblich weiblichen Führungsstil und der in agilen Methoden prominenten Schwerpunktsetzung auf Kommunikation und Kollaboration gesehen (Hazzan/ Dubinsky 2006, 59). In solchen Ausformulierungen agiler Ansätze findet sich die oben problematisierte Tendenz der Zementierung geschlechtlicher Differenz letztlich wieder, wenn ein bestimmtes essentialisierendes Konzept von Weiblichkeit als kooperativ und kommunikativ festgeschrieben wird. Im deutschsprachigen Raum findet aktuell eine deutlich kritischere Diskussion statt (jüngst etwa auf dem GE-WINN-Fachtag „Agilität in der Softwareentwicklung" im November 2017 in Berlin), in der vor allem auf die ambivalenten Effekte agiler Softwareentwicklung für die Partizipation von Frauen als auch für das gestaltete Endprodukt hingewiesen wird. Helena Barke (2016) betont etwa, dass die Bedeutung von Kommunikation und Kooperation zwar symbolische Barrieren in der Wertschätzung und Anerkennung von Frauen als Softwareentwicklerinnen abbauen kann, dass die hohen Anforderungen an eine kontinuierliche zeitliche Verfügbarkeit aber zugleich ein bekanntes strukturelles Hindernis für Frauen erneut errichtet. Nicola Marsden weist aus psychologischer Perspektive außerdem auf die Gefahr „[n]egative[r] Gruppen- und Kommunikationseffekte" (Marsden 2016, 35) unter der – aktuell zumeist anzutreffenden – Bedingung der strukturellen Unterrepräsentanz von Frauen in Softwareentwicklungsteams hin. Unter dieser Voraussetzung sei es äußerst unwahrscheinlich, dass sich Frauen als berufliche Minderheit in Kommunikations- und Kooperationsprozessen sichtbar machen oder gar die (männlich) Mehrheitskultur in Frage stellen. Die von agilen Softwareansätzen geforderten, schnellen und kurz getakteten Interaktionen und Iterationen bevorzugten hingegen ein Agieren auf Basis von (impliziten) Vorannahmen, nicht zuletzt Stereotypen, und erschwerten damit tendenziell langwierigere Reflexions- und Argumentationsprozesse, die zu einem Aufbrechen von Geschlechternormen führen könnten.

Andere Vorschläge nehmen zwar Abstand von der Auffassung, Frauen könnten qua Geschlecht ein besseres Design für Frauen realisieren, halten jedoch in ihren grundsätzlichen Herangehensweisen durchaus an der Annahme geschlechterspezifischer Unterschiede fest, wenn es darum geht, einen *male bias* – nämlich die Fokussierung auf Bedürfnisse und Kompetenzen von Männern – in Gestaltungsprozessen reduzieren. Prominent zu nennen sind hier das von der Fraunhofer Gesellschaft geführte Projekt „Discover Gender" sowie das unter der Leitung der US-amerikanischen Wissenschaftsforscherin Londa Schiebinger durchgeführte und von Europäischer Union und der U.S. National Science Foundation unterstützte Projekt „Gendered Innovations" (Schiebinger et al. 2011-2013). Beide Ansätze setzen auf eine möglichst früh im Forschungs- oder Entwicklungsprozess angelegte „Genderanalyse", im Rahmen derer die für das vornehmlich technik- oder naturwissenschaftliche Forschungs- oder Entwicklungsprojekt relevanten Geschlechteraspekte identifiziert werden sollen. Das Projekt „Gendered Innovations" stellt hierzu etwa differenzierte Check-Listen für die Bereiche Medizin, Ingenieurwesen, Natur- und Lebenswissenschaften zur Verfügung und ergänzt diese um Fallstudien, die diese exemplifizieren sollen. Wenngleich hier angemahnt wird, Stereotypisierungen zu vermeiden und Unterschiede innerhalb der Gruppe der Frauen beziehungsweise Männer anzuerkennen, zielen die zur Orientierung ausgegebenen Fragen doch erneut allzu häufig auf binär-dualistische, als feststehend präsentierte Unterschiede etwa im Körperbau, in der Lebensführung oder in den Technikaffinitäten von Männern und Frauen. Entsprechend wurden diese Interventionsvorschläge bereits wiederholt dafür kritisiert, dass sie der sozialen Konstruiertheit von Geschlecht ebenso wie Interdependenzen zwischen Geschlecht und anderen sozialen Ungleichheitskategorien nur unzureichend Rechnung tragen. Tendenziell würde vielmehr ein unhinterfragter Rückgriff auf vermeintlich gegebene Geschlechterunterschiede bei der adressierten Gruppe der Technik- und Naturwissenschaftler_innen provoziert (Bath 2007, 4; Paulitz 2008, 783).

In ihrer Grundausrichtung vergleichbare Interventionsansätze werden in den letzten Jahren auch im Kontext der Gestaltung von Benutzungsoberflächen in der Endnutzer_innenprogrammierung (Stichwort: *Human-Computer Interaction*) diskutiert. Zumeist verorten sich diese Ansätze häufig im Argumentationszusammenhang von Unternehmensinteressen an ökonomischer Gewinnmaximierung: Geschlechteraspekte verstehen sich daher überwiegend im Sinne eines geschlechtsspezifischen Angebots für Frauen als eines noch nicht vollständig ausgeschöpften Potentials an Kund_innen (siehe für kritische Auseinandersetzungen überblicksartig Marsden/Kempf 2014; Barke et al. 2016). Methodisch zeichnet sich dabei gegenwärtig eine Dominanz des „Personas"-Ansatzes (Cooper 1999) ab, der ursprünglich nicht aus feministischen Anliegen, sondern im Kontext des *user-centered design* entwickelt wurde. Im Rahmen der Personas-Methode gilt es zu Beginn des Softwareentwicklungsprozesses drei bis zwölf fiktive Beschreibungen potentieller Nutzenden – Personas – zu entwerfen, die exemplarisch für unterschiedliche Gruppen von Nutzenden stehen. Auf die an die verschiedenen Personas geknüpften Wünsche, Ziele, Fähigkeiten und Verhaltensmuster soll in der Folge das Softwaredesign ausgerichtet werden. Die Entwicklung von Personas zielt geradezu explizit auf Typisierungen, weswegen sie auch kontrovers diskutiert wird: Denn zum einen entstehen die Personas (aus zeit-ökonomischen Gründen) nur selten auf Basis empirischer Untersuchungen. Sie verbleiben zumeist vollkommen fiktiv und sagen daher – so die Kritik – mehr über die sie entwerfenden Designer_innen aus als über die Nutzer_innen selbst. Zum anderen sind die entworfenen Nutzer_innenbilder oft – und gerade auch was die Kategorie Geschlecht anlangt – hochgradig stereotyp (Bath 2009, 232–233; Paulitz/Prietl 2016). Während optimistische Stimmen die Chance betonen, dass eine Ausdifferenzierung und Erweiterung des Spektrums an Bedienmöglichkeiten potentiell vorteilhaft für alle Nutzenden sein kann, ist die Orientierung an geschlechtstypisierenden Designentwürfen aus geschlechtertheoretischer Sicht kritisch zu bewerten. Innerhalb des Feldes der Usability-Forschung werden deshalb inzwischen Weiterentwicklungen vorgelegt, die der Kritik zu begegnen suchen. Aus psychologischer Perspektive schlagen etwa Nicola Marsden, Jasmin Link und Elisabeth Büllesfeld (2014) Vorgangsweisen vor, die eine Irritation bei den Designer_innen provozieren sollen, um so Stereotypen durch Bewusstmachung und Diskussion zu verhindern beziehungsweise zu verringern. Darunter fällt für die Autorinnen etwa die zufällige Zuweisung eines Geschlechts an bereits ausformulierte Personas oder die Designer_innen direkt anzusprechen, wie zum Beispiel: „Stellen Sie sich vor, Sie haben gerade ihre Ausbildung als Fachkraft im Vertrieb abgeschlossen und sind auf Stellensuche." (ebd.)

Diversitätsorientierte Designansätze, die in ökonomischen Anwendungskontexten derzeit zu dominieren scheinen (Rommes 2013), propagieren die Anerkennung von Vielfalt, verstehen diese dabei aber nicht selten als („natürlich') gegebene Differenz. Damit fallen sie nicht nur hinter die Einsichten in die soziale Konstruiertheit von Geschlecht zurück; sie werden im Effekt tendenziell auch selbst zu (Re)Produzent_innen von Geschlechterdifferenz (siehe für eine geschlechtertheoretische Auseinandersetzung mit dem Diversitätsbegriff auch Thuswald 2016).

Geschlechterkritische Weiterentwicklung von Gestaltungsansätzen: dekonstruktivistisches und partizipatives Design

Ein zweiter Strang feministischer Intervention in Designprozesse lässt sich in Vorschlägen ausmachen, existierende (Software-)Gestaltungsansätze entsprechend weiterzuentwickeln. Diese Ansätze zielen auf die Entwicklung von Produkten, Artefakten oder Technologien, die der Vielfältigkeit und Komplexität menschlicher Lebenslagen jenseits der vermeintlich gegebenen Geschlechterbinarität gerecht werden, ohne einschränkende oder ausschließende Normen zu reproduzieren. Interventionsvorschläge, die diesem Anliegen verpflichtet sind, beziehen sich dezidiert auf Einsichten der konstruktivistischen Geschlechterforschung sowie der sozialwissenschaftlichen Wissenschafts- und Technikforschung und versuchen diese zusammenzuführen und für Designansätze fruchtbar zu machen.

Den bislang elaboriertesten konzeptionellen Vorschlag legte die Mathematikerin und Informatikerin Corinna Bath (2009) vor. Hierzu sondiert sie das Potential verschiedenster Softwareentwicklungsmethoden für ein „De-Gendering informatischer Artefakte" und schlägt einen pluralen Zugang vor, der auf drei Ebenen ansetzt: Erstens schließt sie an niederländische Forscherinnen (etwa Oudshoorn/Rommes/Stienstra 2004) an, um der weit verbreiteten „I-Methodology" zu begegnen, nämlich dass Entwickler_innen Designentscheidungen tendenziell entsprechend ihrer persönlichen Wünsche, Erwartungen und Kompetenzen treffen und somit für die Gesamtgesellschaft wenig repräsentative Designpräferenzen realisieren. Hierzu bedürfe es zuvorderst einer adäquaten Modellierung der Nutzenden, ihrer Kompetenzen, Bedürfnisse und Wünsche. Zweitens plädiert Bath für eine adäquate Problemdefinition, um nicht ausgehend von technischen Machbarkeiten Probleme und ihre Lösungen zu modellieren (siehe das Beispiel *Smart Home* in Berg 1999). Beide Ziele ließen sich am besten im Rahmen von nutzer_innenzentrierten, insbesondere partizipativen, Methoden der Softwareentwicklung realisieren. Drittens müssten Androzentrismen in den epistemologischen Grundlagen der Informatik durch gezielte Kontextualisierung von Erkenntnisgrundlagen und Reflexion von (Geschlechter)Vorstellungen aufgebrochen werden. Hierzu eigneten sich vor allem rationalitäts- und objektivitätskritische Ansätze der jüngeren Wissenschafts- und Technikforschung (Bath 2009, 219–308). Wie Bath zurecht selbstkritisch festhält, hängt der Erfolg der von ihr ausgeführten Weiterentwicklungen von Softwareentwicklungsansätzen zentral von deren konkreten Umsetzung in der Praxis ab und ist somit an zeitliche und ökonomische Ressourcen sowie methodische Kompetenzen der Softwareentwickler_innen gebunden. Usability-Tests etwa, die erst in einem fortgeschrittenen Stadium der Technikentwicklung zum Einsatz kommen, sind ebenso mit Einschränkungen verbunden, wie eine einseitige Auswahl von Testpersonen aus dem eigenen betrieblichen Umfeld.

Die Einsicht, dass feministische Interventionsbestrebungen theoretisch als auch methodisch höchst voraussetzungsvoll sind, haben wir selbst in Überlegungen zu einer feministisch-partizipativen, interdisziplinär organisierten Gestaltungsarbeit aufgegriffen (Paulitz/Prietl 2014, 2016). In Auseinandersetzung mit der geschlechtersoziologischen Technikforschung und der sozialwissenschaftlichen Intersektionalitätsforschung haben wir einen methodischen Vorschlag formuliert, der auf die Weiterentwicklung des partizipativ angelegten Szenario-Ansatzes in der Softwareentwicklung (Rosson/Carroll 2002; McGraw/Harbison 1997) abzielt, dabei aber die Notwendigkeit betont, sowohl die Expertise von Geschlechterforscher_innen einzubeziehen als auch konsequent Methoden der qualitativen empirischen Sozialforschung im Entwicklungsprozess zu integrieren. Um Geschlecht in seiner Verflechtung mit anderen sozialen Ungleichheitskategorien in angemessener Weise zu berücksichtigen, stellt der Szenario-Ansatz einen vielversprechenden Ausgangspunkt dar, da er seinerseits den Anspruch hat, in einem nutzer_innenzentrierten Vorgehen die „I-Methodology" zu überwinden. Das Kernelement dieses Softwareentwicklungsansatzes, ein „Szenario", ist in seiner Grundform eine Geschichte („story"), die erzählt, wie eine oder mehrere Person(en) eine oder mehrere (Arbeits)Tätigkeit(en) ausführen. Eine solche Geschichte soll die konkrete, für die Softwareentwicklung zu modellierende, Situation und die mit ihr verbundenen Handlungen detailliert, spezifisch und konkret in Szene setzen. Dazu wird auf die Erfahrungen, Verhaltensweisen und Interessen der beteiligten Nutzer_innen ebenso eingegangen wie auf Ressourcen, Einschränkungen und mögliche Handlungsalternativen in der betrachteten Situation. Die zentrale Idee dabei ist, dass ein Szenario die Aufmerksamkeit auf das Handeln der Nutzer_innen richtet. Derartige Geschichten über konkrete Techniknutzungsweisen lassen sich entsprechend dieser offenen Methodik prinzipiell zu jedem Zeitpunkt der Softwareentwicklung zu unterschiedlichen Zwecken und in grundsätzlich unbegrenzter Anzahl und Abwandlung entwerfen und diskutieren – etwa als „Problemszenarios", um die Ergebnisse einer Anforderungsanalyse darzustellen, oder als „Interaktionsszenario", um einen Designvorschlag auszuformulieren. Da alle am Entwicklungsprozess Beteiligten und Interessierten die (an konkrete Situationen gekoppelte) Sprache von Szenarien sprechen und verstehen, eignet sich dieser Ansatz für partizipative Technikgestaltung besonders gut. Aufgrund der zentralen Bedeutung der Szenarien für die Technikgestaltung, ist ihrem Entwurf und der Erhebung der ihr zugrundeliegenden Nutzungssituationen besondere Aufmerksamkeit zu schenken. Um die Nutzer_innen möglichst frei ‚sprechen' zu lassen, plädieren wir für den Einsatz von offenen Instrumenten der Datenerhebung, wie sie insbesondere im Rahmen der qualitativen Sozialforschung erfolgreich Verwendung finden. Die so formulierten Szenarien werden im Entwicklungsprozess einer Analyse unterzogen, die auf die Vermeidung der Reproduktion von Geschlechterungleichheiten in intersektionalitätskritischer Perspektive zielt. Die Einbindung von Expert_innen aus dem Bereich der Geschlechterforschung soll dabei die Voraussetzung schaffen, dass auch partizipativ organisierte Entwicklungsteams binäre Geschlechterkonzeptionen in Szenarios nicht einfach übernehmen, sondern Alltagswissen hinterfragen und damit besser in der Lage sind, alternative Entwicklungsszenarien zu entwickeln und zu verfolgen. Unter Berücksichtigung der Einsicht, dass Geschlecht nur eine von mehreren sozialen Ungleichheitskategorien ist, sollen insbesondere auch alternative Designlösungen aufgespürt werden, die der Heterogenität der sozialen Lebenslagen von Nutzenden und der Überkreuzung von Ungleichheiten angemessen Rechnung tragen. Für eine solche methodisch versierte, geschlechter- und intersektionalitätskritische Erweiterung des Szenario-Ansatz ist die interdisziplinäre Kooperation von Technikentwickler_innen und Geschlechterforscher_innen eine wesentliche Voraussetzung. Dabei kann die Arbeit an und mit Szenarien als integraler Bestandteil des gesamten Technikentwicklungsprozesses verstanden werden, während dessen Geschlechterforscher_innen ihre Expertise in einem partizipativen, kooperativen und nicht-hierarchischen Entwicklungssetting einbringen.

Die in diesem Abschnitt diskutierten Gestaltungsvorschläge plädieren also zum einen für eine geschlechterkritische Weiterentwicklung bestehender Designansätze durch die Integration von nutzer_innenzentrierten, vor allem partizipativen, Methoden, die eine möglichst große Bandbreite an potentiellen Nutzer_innen berücksichtigen. Zum anderen zielen sie auf die konsequente Dekonstruktion von vermeintlich klaren Vorstellungen von Geschlecht, Technikkompetenz und Technisierungsbedarf durch Reflexion auf deren soziale Konstruiertheit.

Reflexionsanstoßende Ansätze: verantwortungsvolles und ermächtigendes Design

Mit reflexionsanstoßenden Ansätzen lässt sich ein dritter Strang feministischer Intervention in Designvorhaben identifizieren, der sich im Bereich einer künstlerisch-gesellschaftskritischen Designforschung verortet und mit dem eine zweifache Akzentverschiebung der im vorangehenden Abschnitt diskutierten Thesen einhergeht: Zum einen konzipieren diese Ansätze Designer_innen als explizit moralisch-ethisch verantwortliche Akteur_innen und fordern sie entsprechend auf, ihre Verantwortung für Designentscheidungen wahrzunehmen; zum anderen zielen die Ansätze auf die Generierung von Wissen über soziokulturelle Geschlechternormen und wollen Reflexionen über gesellschaftlich dominierende Normalitätsvorstellungen sowohl bei Designer_innen als auch Nutzer_innen und Konsument_innen anstoßen und positionieren sich damit offensiv als politisches Projekt gesellschaftlichen Wandels.

Die in diesem Abschnitt diskutierten Ansätze stellen sich selbst – mehr oder weniger stark – in die Tradition des sogenannten „critical design". Wie schon in den Gründungstexten formuliert, steht *critical design* forschenden Designansätzen nahe und kann als eine „research through design methodology" verstanden werden. Diese Spielart von Design ist auf die Wissensproduktion über soziale Normen und auf die ‚Sichtbarmachung' von gesellschaftlichen Selbstverständlichkeiten gerichtet. Dabei will das „critical design" – in Abgrenzung zu „affirmativem", nämlich den gesellschaftlichen Status-Quo bestätigenden Design – eine Haltung befördern, mit der hierarchisierende oder stereotypisierende Alltagsevidenzen und Naturalisierungen in Bezug auf Geschlecht aufgebrochen und so alternative Normsetzungen erkundet und non-konformes Konsumverhalten ermöglicht werden können. Wenngleich kaum konkrete methodische Vorgaben mit diesem Designansatz verbunden sind, gelten Humor, Satire und Ironie, oder auch Parodie doch als geeignete Mittel für eine kritische Designintervention. Zudem stellen aktuelle Debattenbeiträge theoretisch-methodische Weiterentwicklungen bzw. Ergänzungen zur Diskussion (Dunne/Raby 2007; Bardzell/Bardzell 2013).

Die Designforscherinnen Maja van der Velden und Christina Mörtberg widmen sich in diesem Sinne in einem konzeptionellen Beitrag dem Desiderat, ein theoretisches Verständnis von Design zu entwickeln, das auf Fragen der Verantwortung fokussiert. Im Anschluss an Karen Barad verstehen sie Gender und Design als zwei unauflöslich miteinander verbundene Elemente, die in fortlaufenden Intra-Aktionen beständig (neu) hervorgebracht werden, sodass Design dann als „ongoing negotiation" (van der Velden/Mörtberg 2012, 680) bzw. Kette von Iterationen verstanden werden kann, „in which decisions are made about who and what matters and what may emerge out of the next intra-action." (ebd.) Aus diesem theoretischen Verständnis von Design als prinzipiell unabgeschlossener Prozess leiten sie weiter die Einsicht ab, dass „every inscripiton of gender is or will be problematic at one time, because we can never foresee the effects when an artifact gets new meaning or when it is altered or ignored." (a.a.O., 677) Daraus folgt für die Autorinnen wiederum, dass es keine zweifelsfrei ‚richtigen' Vorschläge geben kann, Einschreibungen von Geschlecht in Artefakte gänzlich zu vermeiden. Aus diesem Grund sei es unerlässlich, dass Designer_innen sich beständig um ein „ungendering" von Design bemühten mit dem Ziel einer stets bestmöglichen Vermeidung hierarchisierender oder stereotypisierender Vergeschlechtlichungen. Als wesentliche Voraussetzung hierfür sehen sie die Notwendigkeit, als Designer_in beständig gewahr zu bleiben, „who matters and what matters or has been excluded from mattering in these material entanglements" (a.a.O., 680).

Mit ihrem methodischen Vorschlag des „Mind Scripting" setzt die Designforscherin Doris Allhutter an dieser Herausforderung an (Allhutter 2012). Er basiert auf dem Konzept der „Erinnerungsarbeit" von Frigga Haug und Kolleg_innen und zielt darauf ab, Designer_innen zu kritischen Reflexionen darüber anzuregen, welche sozialen Bedeutungen sie durch ihre Arbeit gemeinsam konstruieren und welche Zusammenhänge zwischen gesellschaftlichen Diskursen und Designpraktiken bestehen. Im Zentrum steht entsprechend auch hier das Hinterfragen von Alltagsevidenzen, und zwar durch Gegenüberstellung und Diskussion der Gemeinsamkeiten, aber auch Brüche und Differenzen in den „Erinnerungsstücken" der einzelnen Mitglieder eines Designteams. Die Methode sieht vor, dass alle am Designprozess Beteiligten einen kurzen Text in dritter Person verfassen, in dem sie ihre Erinnerungen mit Blick auf ein zuvor bestimmtes Thema festhalten – beispielsweise ihre Erinnerung an das letzte Mal, als sie eine schwierige Designentscheidung treffen mussten oder ihre Erinnerung an ihren größten Designerfolg. Jeder Text wird sodann in der Gruppe – und ohne Identifizierung seines_r Autor_in – zunächst einzeln und im Vergleich zu den anderen Texten analysiert. Dabei geht es nicht um einen Konsens, sondern und das Offen-Legen und damit Erkennen divergierender Wahrnehmungen als Voraussetzung für die kritische Reflexion auf vermeintlich eindeutiges Alltagswissen. Weiter wird darauf gezielt, Lernprozesse in Designteams anzustoßen und Designentwürfe zu befördern, die besser in der Lage sind, gesellschaftliche Kritik zu materialisieren. Auch wenn Teams nach einiger Übung die Methode prinzipiell eigenständig anwenden können, bedarf es, so Allhutter, für die Moderationsrolle einer Person, die Fragen aufwirft, mit denen sie zur kritischen Reflexion von vorgeblichen Selbstverständlichkeiten einlädt, um das dekonstruktivistische Moment der Methode zu forcieren (Allhutter 2012, 703). Es scheint nicht ganz zufällig, dass es in Allhutters Fallbeispielen stets ein_e Forscher_in und keine_e Entwickler_in ist, der_die diese Rolle ausfüllt.

Konkrete Designforschungsbeispiele, wie reflexionsanstoßende Intervention durch geschlechterirritierendes und paradoxes (Produkt)Design aussehen kann, legen unter anderem die schwedischen Designforscherinnen Karin Ehrnberger, Minna Räsänen und Sara Ilstedt (2012) mit ihren Prototypen „Mega Hurricane Mixer" und „Drill Dolphia" vor. Im Zentrum ihres Designforschungsprojektes stehen zwei Haushaltsgeräte, ein Stabmixer und eine Bohrmaschine, die gemeinhin zum einen der weiblich konnotierten Sphäre des Kochens und zum anderen der männlich codierten des Heimwerkens zugerechnet werden. Nach einer Analyse der herrschenden, vergeschlechtlichten Produktsprache der beiden Haushaltsgeräte wurden in einem Designexperiment zwei Prototypen mit entgegengesetzter Produktsprache entworfen und auf Designmessen ausgestellt. Auf diese Weise kann eben das herrschende, gemeinhin nicht mehr wahrgenommene, vergeschlechtlichte Design von Haushaltsgeräten ‚sichtbar' gemacht werden. So entstand konkret der *Mega Hurricane Mixer* als Stabmixer mit rauem Griff, vielfältigen widerstandsfähigen Materialien, matter Oberfläche, dunklen Farben und einem orange-roten An-/Aus-Schalter, der wie der Auslöser einer Waffe gestaltet war, sowie einer digitalen Anzeige der gewählten Stärke und einem austauschbaren Rotationsmesser. Sein Pendant, der *Drill Dolphia*, war eine in weiß und hellblau gehaltene Bohrmaschine etwas kleinerer Form mit glänzender Oberfläche, kaum mechanischen Details, da der Motor unzugänglich und unsichtbar verarbeitet wurde und die Leistungsregelung unter einer Gummi-Abdeckung versteckt wurde, einer Limitierung auf drei Bohrstärken sowie der symbolhaften Darstellung von Bedienelementen. Wie die Autorinnen berichten, führte die Irritation soweit, dass die Bohrmaschine von vielen Messebesucher_innen zunächst nicht als Werkzeug erkannt und dann in ihrer Funktionalität angezweifelt wurde, während der Stabmixer deutlich als nun männlich codiertes Produkt für Aufmerksamkeit sorgte. Weitere Beispiele für reflexionsanstoßendes Design sind der sogenannte „Androchair", eine ‚männliche' Variante des gynäkologischen Untersuchungsstuhls für Prostatauntersuchungen, der die vergeschlechtlichte und hierarchische Beziehung zwischen Arzt bzw. Ärztin und Patient_in thematisiert (Börjesson et al. 2016); als explizit feministisches Design hinterfragt etwa der „Significant Screwdriver" die Rolle des Mannes als Heimwerker oder „handyman", während die „Whispering Wall" mögliche Wahrnehmungen von Frauen und Männern über das jeweils andere Geschlecht in Garderoben von Fitnessstudios akustisch einspeist, um die Sporttreibenden dazu anzuregen, über geschlechterbezogene Fremd- und Selbstzuschreibungen nachzudenken (Bardzell et al. 2012).

Wie diese Designbeispiele veranschaulichen, zielen reflexionsanstoßende Ansätze dezidiert darauf ab, gesellschaftlichen Wandel im Hinblick auf herrschende gesellschaftliche Geschlechternormen und anderer sozialer Hierarchisierungen zu initiieren (siehe mit Bezug auf Behinderung auch Joost/Bieling 2012 und Bieling/Göllner/Joost 2013). Mit dem Anspruch „Designing for Change" (Bardzell et al. 2012, 288) ist aber die zurecht problematisierte normative Frage verbunden, wer auf Basis welcher Kriterien entscheidet, wann Design ‚kritisch' und der anvisierte gesellschaftliche Wandel wünschenswert ist (siehe weiterführend Bardzell/Bardzell 2013).

Wie weiter? - Plädoyer für eine feministisch-partizipative und interdisziplinär organisierte Gestaltungspraxis

Dieser Beitrag diskutierte aus der Perspektive der sozial- und kulturwissenschaftlichen Geschlechterforschung einschlägige und breit rezipierte methodische Ansätze für die Berücksichtigung von Geschlecht als soziale Kategorie in Gestaltungsprozessen und Designpraktiken. Wie zu sehen war, operieren diese Ansätze mit durchaus unterschiedlichen theoretischen Prämissen und schlagen verschiedene Zugänge und Vorgangsweisen vor: Das Spektrum reicht von der Integration von Frauen in Designteams und der Berücksichtigung von Diversität bis zu pointierten feministischen Interventionsweisen. Im Spannungsfeld von theoretisch-analytischen Einsichten der Geschlechterforschung und anwendungsbezogener Gestaltungspraxis lösen diese Ansätze daher die theoretischen Erkenntnisse in unterschiedlichem Maße ein beziehungsweise fallen mitunter auch hinter Erstere zurück.

Wenngleich es keinen „‚one best way' for a feminist design of new technologies" (Ernst/Horwath 2013b, 10) geben mag, orientierten sich unsere Darstellung und Diskussion der methodischen Zugänge an einer feministisch-dekonstruktiv verstandenen Zielsetzung, nämlich *„to take gender into account in a theoretically reflected and methodologically systematic* *way in order to counteract problematic gendering"* (ebd.). Hierzu plädieren wir im Anschluss an die obige Diskussion und aus epistemologisch-methodologischer Perspektive daher für eine *feministisch-partizipative* und *interdisziplinär organisierte* Gestaltungspraxis.

Als *feministisch* wollen wir hier Gestaltungsprozesse und Designpraktiken verstanden wissen, die weder Innovationen als objektive Neuheit im Sinne eines einfachen Fortschrittsdenkens schlichtweg affirmieren noch selbst normativ vollständig neutral sind. Vielmehr sind sie Teil eines geschlechterkritischen Projektes, das dem Anliegen verpflichtet ist, Geschlechternormen zu hinterfragen und soziale Ungleichheiten, Ausschlüsse und Marginalisierungen qua Geschlecht in und durch Design zu reduzieren. Für eine solche feministische Perspektive ist der Wandel von Geschlechterverhältnissen in Richtung eines Abbaus von strukturellen, in Artefakten verobjektivierten, hierarchischen Strukturen der Ungleichheit ebenso entscheidend wie die Reduktion dichotomisierender Zuschreibungen in einer hierarchisch verfassten zweigeschlechtlichen Ordnung. Theoretisch heißt dies gegenwärtig vor allem auch die Kategorie Geschlecht in ihrer Interdependenz mit anderen sozialen Ungleichheitskategorien (Stichwort: *Intersektionalität*), zu berücksichtigen (u.a. Smykalla/Vinz 2013; Winker/Degele 2009; Kerner 2009).

Für die Realisierung einer solchen Gestaltungspraxis bilden qualitative Methoden der empirischen Sozialforschung in Kombination mit partizipativen Methoden der Technikentwicklung u.E. eine vielversprechende Grundlage, da sie den Nutzenden den größtmöglichen Äußerungsspielraum einräumen und es erlauben ihr Deutungswissen in seiner Unterschiedlichkeit und vermutlich häufig auch Widersprüchlichkeit zu untersuchen sowie Design explizit an diesen Relevanzsetzungen zu orientieren. Eine bislang in diesem Kontext noch kaum adressierte Herausforderung sind die sich im Zeitverlauf verändernden Bedürfnislagen von Nutzenden und die damit einhergehende Notwendigkeit Designlösungen zu finden, die flexibel und veränderungsoffen genug sind, um selbst transformiert werden zu können (siehe hierzu ein Fallbeispiel aus der Architektur in Bronet 2000).

Für einen solchen theoretisch wie methodisch voraussetzungsvollen Gestaltungsvorschlag ist es u.E. außerdem unabdingbar, Designvorhaben in interdisziplinären Teams zu organisieren, durch die entsprechende Expertisen (Geschlechterforschung, qualitative Methoden der empirischen Sozialforschung und sozialwissenschaftliche Technikforschung) fachlich informiert in Designprozesse eingebracht werden können. Aus epistemologisch-methodologischer Perspektive birgt die Einbindung einer solchen Expertise in Designprozesse gerade die Chance, das Aufbrechen von Alltagsevidenzen bei allen Beteiligten zu unterstützen und insbesondere auch die Partizipation von Nutzenden an der Technikgestaltung damit kritisch reflexiv in der Artikulation von Nutzungsperspektiven zu begleiten. Betrachtet man das darin enthaltene Innovationspotential für die Gestaltung neuer, sich gängigen Produktsprachen oder Stereotypen versperrender, manchmal auch wagemutig irritierender Artefakte, wird unmittelbar deutlich, dass dies vertiefte partizipativ verfasste und interdisziplinär-kooperative Arbeit erfordert. Für eine feministische Gestaltungspraxis der artefaktischen Welt können daher Checklisten und einfache Handreichungen für Designer_innen definitiv nicht genügen.

Literatur

Allhutter, Doris (2012): Mind Scripting: A Method for Deconstructive Design. In: Science, Technology, & Human Values 37/6. 684-707.

Bardzell, Shaowen; Bardzell, Jeffrey; Forlizzi, Jodi; Zimmerman, John; Antanitis, John (2012): Critical Design and Critical Theory: The Challenge of Designing for Provocation. In: Proceedings of DIS 2012. 288-297.

Bardzell, Jeffrey; Bardzell, Shaowen (2013): What is "Critical" about Critical Design? In: Proceedings of CHI 2013 Perspectives, Paris, Fance. 3297-3306.

Barke, Helena (2016): Das agile Manifest = Mehr Chancengleichheit in IT Projekten? In: Barke, Helena; Siegeris, Juliane; Freiheit, Jörn; Krefting, Dagmar, Hrsg., Gender und IT-Projekte. Neue Wege zu digitaler Teilhabe. Opladen: Budrich. 11-23.

Barke, Helena; Siegeris, Juliane; Freihheit, Jörn; Krefting, Dagmar (Hrsg.) (2016): Gender und IT-Projekte. Neue Wege zu digitaler Teilhabe. Barbara Budrich.

Bath, Corinna (2009): De-Gendering informatischer Artefakte: Grundlagen einer kritisch-feministischen Technikgestaltung. Bremen (Diss.).

Bath, Corinna (2007): „Discover Gender" in Forschung und Technologieentwicklung? In: Soziale Technik 4. 3-5.

Berg, Anne-Jorunn (1999): A gendered socio-technical construction: the smart house. In: MacKenzie, Donald; Wajcman, Judy, eds., The social shaping of technology. Open University Press. 300-313.

Berg, Anne-Jorunn; Lie, Merete (1995): Feminism and Constructivism: Do Artifacts Have Gender? In: Science, Technology, & Human Values 20/3. 332-351.

Bieling, Tom; Goellner, Stefan; Joost, Gesche (2013): Design driven Diversity – Diversity driven Design. In: Proceedings of IASDR 2013. 1-10.

Both, Göde (2011): Agency und Geschlecht in Mensch/MaschineKonfigurationen am Beispiel von Virtual Personal Assistants. Humboldt Universität zu Berlin (Diplomarbeit).

Börjesson, Emma; Isaksson, Anna; Ilstedt, Sara; Ehrenberger, Karin (2016): Visualizing gender – norm-critical design and innovation. In: Alsos, Gry A.; Hytti, Ulla; Ljungreen, Elisabet, eds., Research Handbook on Gender and Innovation. Edward Elgar. 252-274.

Brandes, Uta (2000): Dazwischen. Design und Geschlecht. In: Cottmann, Angelika; Kortendiek, Beate; Schildmann, Ulrike, Hrsg., Das undisziplinierte Geschlecht. Leske+Budrich. 177-189.

Brandes, Uta (2002): Die Geschlechtersprache der Produkte. In: Zeitschrift für Frauenforschung & Geschlechterstudien 20/4. 51-64.

Brandes, Uta; Metz-Göckel, Sigrid (Hg.) (2017): Gender und Design – zum vergeschlechtlichten Umgang mit dem gestalteten Alltag. Gender. Zeitschrift für Geschlecht, Kultur und Gesellschaft, Jg. 9, Nr. 3 (2017).

Bronet, Frances (2000): Quilting Space. Alternative Models for Architectural and Construction Practice. In: Knowledge and Society 12. 229-261.

Butovitsch Temm, Tatiana (2008): If You Meet the Expectations of Women, You Exceed the Expectations of Men: How Volvo Designed a Car for Women Customers and Made World Headlines. In: Schiebinger, Londa, ed., Gendered Innovations in Science and Engineering. Stanford University Press. 131-149.

Cockburn, Cynthia; Ormrod, Susan (1993): Gender & Technology in the Making. SAGE.

Cooper, Alan (1999): The inmates are running the asylum: Why high-tech products drive us crazy and how to restore the sanity. Indianapolis.

Cowan, Ruth Schwartz (2012): The Consumption Junction: A Proposal for Research Strategies in the

Sociology of Technology. In: Bijker, Wiebe E.; Hughes, Thomas P.; Pinch, Trevor, eds., The Social Construction of Technological Systems. The MIT Press. 253-272.

Dunne, Anthony; Raby, Fiona (2007): Critical Design FAQ. Online-Resource: www.dunneandraby. co.uk/content/bydandr/13/0 [zuletzt zugegriffen am 16. Okt. 2017].

Ehrnberger, Karin; Räsänen, Minna; Ilstedt, Sara (2012): Visualising Gender Norms in Design: Meet the Mega Hurricane Mixer and the Drill Dolphia. In: International Journal of Design 6/3. 85-98.

Ernst, Waltraud; Horwath, Ilona (Hrsg) (2013a): Gender in Science and Technology. Interdisciplinary Approaches. transcript.

Ernst, Waltraud; Horwath, Ilona (2013b): Introduction. In: Ernst, Waltraud; Horwath, Ilona, Hrsg., Gender in Science and Technology. Interdisciplinary Approaches. transcript. 7-15.

HAWK; Joost, Gesche (Hrsg.) (2008): Gender & Design, Sonderpublikation zur Gastprofessur von Dr. Gesche Joost im Rahmen des Maria-Goeppert-Mayer-Programms an der Fakultät Gestaltung der HAWK Hildesheim.

Hazzan, Orit; Dubinsky, Yael (2006): Empower Gender Diversity with Agile Software Development. In: Trauth, Eileen M., Hrsg., Encyclopedia of Gender and Information Technology. Hershey/PA, London: Idea Group. 249-256.

Hofmann, Jeanette (1997): Über Nutzerbilder in Textverarbeitungsprogrammen - Drei Fallbeispiele. In: Dierkes, M., Hrsg., Technikgenese. Befunde aus einem Forschungsprogramm. Berlin. 71-97.

Joost, Gesche; Bieling, Tom (2012): Design against Normality. In: VIRUS 7. Online-Resource: www. nomads.usp.br/virus/virus07/?sec=3&item=2&lang=en [zuletzt zugegriffen am 12. Okt. 2017].

Kerner, Ina (2009): Differenzen und Macht. Zur Anatomie von Rassismus und Sexismus. Campus.

MacKenzie, Donald; Wajcman, Judy (eds.) (1985): The Social Shaping of Technology. Open University Press.

Marsden, Nicola (2016): Warum agile Methoden der Softwareentwicklung Genderaspekte (vielleicht) vernachlässigen. In: Barke, Helena; Siegeris, Juliane; Freiheit, Jörn; Krefting, Dagmar, Hrsg., Gender und IT-Projekte. Neue Wege zu digitaler Teilhabe. Opladen: Budrich. 25-39.

Marsden, Nicola; Kempf, Ute (Hrsg.) (2014): Gender-UseIT. HCI, Usability und UX unter Gendergesichtspunkten. De Gruyter.

Marsden, Nicola; Link, Jasmin; Büllesfeld, Elisabeth (2014): Personas und stereotype Geschlechterrollen. In: Marsden, Nicola; Kempf, Ute, Hrsg., Gender-UseIT. HCI, Usability und UX unter Gendergesichtspunkten. De Gruyter. 91-104.

McGraw, Karen; Harbison, Karan (1997): User-Centered Requirements. The Scenario-Based Engineering Process. Mahwah, New Jersey.

Oudshoorn, Nelly; Pinch, Trevor (eds.) (2003): How Users Matter. The Co-Construction of Users and Technologies. MIT Press.

Oudshoorn, Nelly; Rommes, Els; Stienstra, Marcelle (2004): Configuring the User as Everybody: Gender and Design Cultures in Information and Communication Technologies. In: Science, Technology, & Human Values, Vol. 29, No. 1. 30-63.

Paulitz, Tanja (2008): Technikwissenschaften: Geschlecht in Strukturen, Praxen und Wissensformationen der Ingenieurdisziplinen und technischen Fachkulturen. In: Becker, Ruth; Kortendiek, Beate, Hrsg., Handbuch Frauen- und Geschlechterforschung. VS Verlag. 779-790.

Paulitz, Tanja (2007): Implicit/explicit alliances between gender and technology in the construction of virtual networks. In: Gender Designs IT. Ed.: Zorn, Isabel et al. Wiesbaden: VS. 121-131.

Paulitz, Tanja; Prietl, Bianca (2016): Handlung oder Person? Genderreflexive Gestaltung von Software. In: Barke, Helena; Siegeris, Juliane, Freiheit, Jörn; Krefting, Dagmar Hrsg., Gender Vorgehen in Informatik-Projekten. Barbara Budrich. 45-60.

Paulitz, Tanja; Prietl, Bianca (2014): Geschlechter- und intersektionalitätskritische Perspektiven auf Konzepte der Softwaregestaltung. In: Marsden, Nicola; Kempf, Ute, Hrsg., Gender-UseIT. HCI, Usability und UX unter Gendergesichtspunkten. De Gruyter. 79-89.

Pinch, Trevor; Bijker, Wiebe (1984): The Social Construction of Facts and Artefacts. In: Social Studies of Science 14/3. 399-441.

Rommes, Els (2013): Feminist Interventions in the Design Process. In: Ernst, Waltraud; Horwath, Ilona, Hrsg., Gender in Science and Technology. Interdisciplinary Approaches. transcript. 41-55.

Rommes, Els (2002): Gender Scripts and the Internet. The Design and Use of Amsterdam's Digital City. Enschede: Twente University Press.

Rommes, Els; Van Oost, Ellen; Oudshoorn, Nelly (1999): Gender and the design of the digital city. In: Information Technology, Communication and Society 2/4. 476-495.

Rosson, Mary Beth; Carroll, John M. (2002): Usability Engineering. Scenario-Based Development of Human-Computer Interaction. San Francisco.

Schiebinger, L.; Klinge, I.; Sánchez de Madariaga, I.; Schraudner, M.; Stefanick, M. (Hrsg.) (2011-2013): Gendered Innovations in Science, Health & Medicine, Engineering, and Environment. On-line-Ressource: http://genderedinnovations.stanford.edu/index.html, zuletzt am 12.7.2017.

Singer, Mona (2005): Geteilte Wahrheit. Feministische Epistemologie, Wissenssoziologie und Cultural Studies. Löcker.

Singer, Mona (2003): Wir sind immer mittendrin: Technik und Gesellschaft als Koproduktion. In: Graumann, Sigrid; Schneider, Ingrid, Hrsg., Repro-Genetik - feministische Reflexionen der neuen Biopolitik. Campus. 110-124.

Smykalla, Sandra; Vinz, Dagmar (Hrsg.) (2013): Intersektionalität zwischen Gender und Diversity. Theorien, Methoden und Politiken der Chancengleichheit. Westfälisches Dampfboot.

Thuswald, Marion (2016): Diversity Studies. Theorie und Forschung zu Differenzen und Diversität. In: Gaugele E., Kastner J., Hrsg., Critical Studies. Kultur- und Sozialtheorie im Kunstfeld. Wiesbaden: Springer VS. 263-290.

van der Velden, Maja; Christina Mörtberg (2012): Between Need and Desire: Exploring Strategies for Gendering Design. In: Science, Technology, & Human Values 37/6. 663-683.

Van Oost, Ellen (2005): Materialized Gender: How Shavers Configure the Users' Femininity and Masculinity. In: Oudshoorn, Nelly; Pinch, Trevor, eds., How Users Matter. The Co-Construction of Users and Technology. The MIT Press. 193-208.

Wajcman, Judy (2002): Gender in der Technologieforschung. In: Pasero, U.; Gottburgsen, A., Hrsg., Wie natürlich ist Geschlecht? Gender und die Konstruktion von Natur und Technik. Westdeutscher Verlag. 270-289.

Wajcman, Judy (1994) [1991]: Technik und Geschlecht: Die feministische Technikdebatte. Campus.

Winker, Gabriele; Degele, Nina (2009): Intersektionalität. Zur Analyse sozialer Ungleichheiten. transcript.

Zachmann, Karin (2008): Technik, Konsum und Geschlecht - Nutzer/innen als Akteur/innen in Technisierungsprozessen. In: Lucht, Petra; Paulitz, Tanja, Hrsg., Recodierungen des Wissens. Campus. 69-86.

GESCHLECHT IN DER GESTALTUNG VON MENSCH-COMPUTER-INTERAKTION

Nicola Marsden

Geschlecht ist ein grundlegendes Organisationskriterium der menschlichen Wahrnehmung. Designprozesse, die von Menschen gesteuert werden oder sich an Menschen orientieren, können also immer auch unter dem Blickwinkel betrachtet werden, in welcher Weise hier vergeschlechtlichte Personenwahrnehmung eine Rolle spielt. Wird Geschlecht im Gestaltungsprozess nicht thematisiert, birgt dies die Gefahr, Geschlechterstereotype unreflektiert in das Design technischer Artefakte einzubetten. Im Kontext der Gestaltung von Mensch-Computer-Interaktion (HCI) werden verschiedene Herangehensweisen genutzt, um mit Geschlecht im Designprozess umzugehen: Während kritisches Design in HCI sich am Explorieren alternativer Möglichkeiten orientiert und die gesellschaftliche Geschlechterordnung durch die Gestaltung technischer Artefakte hinterfragt, z.B. durch „Design Fictions", orientieren sich andere Ansätze eher an der praktischen Nutzung interaktiver Artefakte und daran, wie Menschen unter Berücksichtigung multipler Unterschiedskategorien am Gestaltungsprozess partizipieren können oder wie ihre Eigenschaften, Interessen und Wünsche durch geeignete Methoden repräsentiert und sichtbar werden können. Ein Beispiel dafür sind Personas, die im folgenden Beitrag genauer beleuchtet werden: Hier werden fiktive Personen geschaffen, die Design- und Entwicklungsteams in ihre Gestaltungsaktivitäten einbeziehen. Informationen zur Zielgruppe sollen so durch die Verkörperung als konkrete Person plastisch und lebendig erscheinen. Vor dem Hintergrund sozialpsychologischer Erkenntnisse zu Personenwahrnehmung und Gruppenprozessen werden Möglichkeiten und Grenzen des Zugangs zu Nutzer_innen im Gestaltungsprozess dargestellt.

Vergeschlechtlichte Wahrnehmung und I-Methodology

Unsere Wahrnehmung anderer Menschen ist immer auch eine vergeschlechtlichte Sicht auf die soziale Welt (Cuddy, Fiske und Glick 2008). Dies spielt in der Gestaltung von Mensch-Computer-Interaktion eine Rolle und trägt somit zu der grundlegenden und letztendlich unauflösbaren methodischen Schwierigkeit bei, dass in diesem Gestaltungsprozess keine Form der Berücksichtigung den Nutzer_innen „wirklich" gerecht werden kann (van der Velden und Mörtberg 2012). Dabei spielen Vergeschlechtlichungen entlang des gesamten Gestaltungsprozesses eine Rolle, die individuelle, strukturelle und symbolische Ebene von Geschlecht sind auf mannigfaltige Weise miteinander verschränkt (Harding 2016). Schon im Hinblick darauf, wie Menschen sprachlich repräsentiert werden, zeigt sich, dass bei vermeintlich geschlechterneutralen Begriffen eher Maskulinität salient wird. Adam Bradley und Kolleg_innen stellen dies als zentrale Herausforderung für die Forschung zur Mensch-Computer-Interaktion dar (Bradley et al. 2015): Basierend auf einer Analyse von Konferenzbeiträgen zur Mensch-Computer-Interaktion zeigte sich, dass die häufigsten Wörter, die genutzt werden, um Menschen zu beschreiben – „user, participant, person, designer, and researcher" – männlich konnotiert sind.

Der Versuch, Geschlecht in der Gestaltung von Mensch-Computer-Interaktion außen vor zu lassen oder zu entfernen, versteckt allenfalls implizite stereotypische Annahmen hinsichtlich Geschlecht und macht es schwieriger, diese zu adressieren (Luger 2014). Diese problematische Herangehensweise findet sich in der Haltung, dass Produkte „für alle" geschaffen werden können (Oudshoorn, Rommes und Stienstra 2004). Mit diesem Blick besteht die Gefahr, dass die eigenen Hintergrundannahmen – z.B., dass Empfängnisverhütung ein Thema für Frauen sei (Keller 1989) – als Selbstverständlichkeit zugrunde gelegt werden. Ausgehend von dieser Haltung scheint es dann u.U. nicht nötig, die avisierten Zielgruppen in den Entwicklungsprozess einzubeziehen. Vielmehr wird versucht, aufgrund der eigenen Vorstellungen auf die Wünsche und Bedürfnisse der künftigen Nutzerinnen und Nutzer einzugehen. Diese Herangehensweise ist vielfach kritisiert worden: Die Annahme, man könne quasi durch Introspektion die Wünsche und Anforderungen der Nutzungsgruppen erschließen wurde z.B. als fundamentaler Gestaltungsfehler (Ritter, Baxter und Churchill 2014), Design by the I (Holtzblatt und Beyer 2015) oder I-Methodologie (Oudshoorn, Rommes und Stienstra 2004; Rommes 2006) kritisiert.

Die Bereitschaft und Fähigkeit, auf eine solche egozentrische Herangehensweise an die Gestaltung von Mensch-Computer-Interaktion zu verzichten, hängen von einer Vielzahl von Faktoren ab. Denn der Rückgriff auf die eigene Person als Maßstab für andere stellt eher die Normalität dar, wie Forschung zur Kognitionspsychologie und zur Empathie immer wieder zeigt (Epley et al. 2004). Dies kann bei mehrheitlich männlich besetzten Entwicklungsteams dazu führen, dass Mensch-Technik-Interaktion einseitig auf diese Zielgruppe ausgerichtet gestaltet wird. Informationsverarbeitung läuft in großen Teilen automatisiert, unbewusst und emotionsgesteuert (Kahneman et al. 2016). Somit werden Fehler begangen, die eventuell vermeidbar gewesen wären, wenn bewusste, langwierige und oft anstrengende kognitive Prozesse in Gang gesetzt worden wären. Um problematische Vergeschlechtlichungen in technische Artefakte zu implementieren, reicht es also schon, wenn bei der Entwicklung nicht aktiv gegengesteuert wird oder kognitive Ressourcen nicht bewusst allokiert werden. Zu dieser grundlegenden Tendenz kommen interindividuelle Unterschiede, die es wahrscheinlicher oder unwahrscheinlicher machen, dass Menschen dieser grundlegenden Tendenz, unreflektiert von sich selbst auszugehen, nachgeben. Dazu gehört zum Beispiel das Ausmaß, in dem sie sich sozialer Gerechtigkeit verpflichtet fühlen, Need for Cognition, d.h. die Tendenz, Dinge kognitiv zu durchdringen, Need for Closure, d.h. eine Aversion gegenüber Ambiguität und der Wunsch nach klaren Antworten, Dominanzorientierung, Gruppenzugehörigkeiten, motivationale Faktoren und andere Aspekte.

Daneben ist natürlich nicht auszuschließen, dass in Gestaltungsteams bewusst sexistisch vorgegangen wird. Gerade benevolenter Sexismus, d.h. die Wahrnehmung der Schutzbedürftigkeit von Frauen und das Zuschreiben von positiver Eigenschaften wie liebevoll oder warmherzig, werden häufig nicht als problematisch erkannt (Barreto und Ellemers 2005). Vielmehr stellt dieser protektive Paternalismus, der Frauen durch entsprechende Zuschreibungen für Rollen mit niedrigem Status prädestiniert, aus der subjektiven Sicht eine positive Überzeugung dar, die sowohl von Männern als auch von Frauen geschätzt wird. Entsprechend gibt es häufig weder bei der einzelnen Person selbst noch im Team oder in der Organisation Normen oder Erwartungen an soziale Erwünschtheit oder politische Korrektheit, die diesen benevolenten Sexismus regulieren.

Neben individuellen Herangehensweisen der Personen, die an der Gestaltung von Mensch-Computer-Interaktion mitwirken, gibt es also auch im Team oder in der Organisation Faktoren, die einen Einfluss darauf haben, inwieweit die sozialkognitive Tendenz, von sich selbst auszugehen, zum Tragen kommt. Organisationskultur, die Branche, die Teamkonstellation oder Termin- und Zeitdruck sind wichtige Rahmenbedingungen dafür. Die ökonomischen Zusammenhänge, in denen technische Artefakte entwickelt werden, spielen eine bedeutende Rolle: Designteams „create the systems they were paid to" (Luger 2014), d.h. nur Dinge, die in den Spezifikationen des Systems festgeschrieben sind, werden implementiert. Darüber hinausgehende Richtlinien oder Handlungsempfehlungen werden tendenziell nicht berücksichtigt, außer sie werden als Vorschrift oder Best Practice im relevanten (organisationalen, ökonomischen, gesellschaftlichen, professionellen) Umfeld wahrgenommen (Luger 2014, 3). Usability-Professionals erleben ihr organisationales Umfeld jedoch teilweise so, dass sie Gefahr laufen, mit ihrem Fokus auf menschlichen Aspekten als „esoterisch" wahrgenommen zu werden – so zögern sie, Reflexionen über die eigenen Stereotype und Wahrnehmungstendenzen nach außen zu tragen, weil sie das Gefühl haben, dass damit die Wahrnehmung der eigenen Professionalität auf dem Spiel steht (Marsden und Haag 2016).

Vergeschlechtlichte Einschreibungen

Die Vorstellungen der Entwickler_innen und des Designteams über ihre Zielgruppe können sich also direkt oder indirekt auf die gestalteten Systeme auswirken, die Wirkung kann intentional oder beiläufig sein, vom Individuum oder von den Rahmenbedingungen ausgehen. Den Produkten selber sind in Folge Vorstellungen davon eingeschrieben, wie die Nutzer_innen sind bzw. was sie mögen: Zum Beispiel setzt eine Fotobearbeitungssoftware oft einen großen Bildschirm voraus, die Dating-App Tinder setzt entscheidungsfreudige Nutzer_innen voraus, die Webseiten, auf denen sich Grußkarten gestalten lassen, bedienen eine bestimmte geschmackliche Bandbreite und schließen andere Geschmäcker aus bzw. bedienen diese nicht. Somit materialisieren sich hier Erwartungen und Vorstellungen, die die Nutzenden wiederum in einer bestimmten Art und Weise konfigurieren (Woolgar 1990). Da solche Konfigurationen der Nutzer_innen häufig auch Vergeschlechtlichungen umfassen (Oudshoorn, Rommes und Stienstra 2004), wird der gesellschaftliche Status quo fortgeschrieben und der Handlungsspielraum einzelner Personen je nach Geschlecht eingegrenzt und in Genderskripts (Rommes 2002) hinterlegt. Bezogen auf vergeschlechtlichte Einschreibungen, die der Nutzerin oder dem Nutzer eine bestimmte Verhaltensweise oder eine bestimmte Einstellung nahegelegen oder unterstellen, zeigt z.B. Nelly van Oost am Beispiel des Rasierers prominent und eindrücklich auf, welche Genderskripte den Rasierern zugrunde liegen (Van Oost 2003). Deutlich wird dies auch an der Darstellung von virtuellen Assistenzsystemen, d.h. Software-Agent_innen, welche die Nutzung von Internetdiensten oder anderen Dienstleistungsangeboten unterstützen. Während insgesamt die Mehrheit der anthropomorphisierten virtuellen Assistenzsysteme als weiblich präsentiert werden, sind jene Systeme, die mit Expertise im Finanz- oder im Rechtsbereich ausgestattet sind, fast ausschließlich männlich (Healthinar 2017). Im Sinne der Konfiguration der Nutzer_innen werden hier wiederum vergeschlechtlichte Identitäten der Nutzer_innen produziert, indem ihnen in der Interaktion mit dem Assistenzsystem spezifische Verhaltensweise nahegelegt werden (Both 2014). Auf diese Weise werden jedoch nicht nur einzelne Nutzerinnen und Nutzer konfiguriert: Vielmehr entsteht hier auch eine augmentierte soziale Realität, indem die sozialen Grenzziehungen und Identitäten in die erweiterte virtuelle (augmentierte) Realität transferiert werden. In einer Untersuchung von Auswahlfeldern für die Anrede in Webformularen für Online-Shops zeigte sich beispielsweise, dass wenn hier eine Vorauswahl als Default gesetzt war, diese deutlich häufiger auf der Anrede „Herr" war als bei der Anrede „Frau" (Marsden 2014). Unabhängig von der Frage, ob es Sinn macht, hier ein Geschlecht in dieser Weise zu bevorzugen (oder überhaupt einen Default beim Geschlecht zu setzen), ist davon auszugehen, dass an dieser Stelle kognitive Anstrengung vermieden und auf automatisierte und unbewusste Informationsverarbeitungsprozesse zurückgegriffen wurde: Da auch in Deutschland mittlerweile die Mehrheit der Online-Einkäufe von Frauen getätigt werden, wäre hier durch ein bewusstes Berücksichtigen relevanter Informationen das Webformular voraussichtlich anders gestaltet worden.

Vergeschlechtlichte Einschreibungen in technischen Artefakten haben Rückwirkungen darauf, wie Geschlecht symbolisch und strukturell verankert wird und stellen somit einen Teil des gesellschaftlichen Status quo dar bzw. verstärken diesen (Rode 2011). Sie wirken aber auch auf der individuellen Ebene: Offensichtlich vergeschlechtlichtes Design macht das eigene Geschlecht salient – Salienz der eigenen Gruppenzugehörigkeit führt wiederum zu Selbst-Stereotypisierung und stereotypem Verhalten (Spears, Doosje und Ellemers 1997). Außerdem fühlen sich Menschen an Verhalten, welches sie selbst gezeigt haben, gebunden und tendieren dann dazu, ihr Einstellungen und ihr Verhalten anzupassen – auch wenn Ihnen dieses Verhalten abgenötigt wurde (Cialdini und Goldstein 2004).

Kritische Ansätze in der Mensch-Computer-Interaktion

Kritische Ansätze der Gestaltung von Mensch-Computer-Interaktion versuchen, diese Einschreibungen zu dekonstruieren und damit offenzulegen (Bardzell 2014). Im Rahmen von kritischem Design gibt es eine Vielzahl von Artefakten, die im Sinne der Forschung durch Design (Koskinen et al. 2011) explizit dafür geschaffen wurden, existierenden Vergeschlechtlichungen in technischen Artefakten nach-zugehen und diese offenzulegen. Hierzu gehört zum Beispiel die Menstruations-maschine der Künstlerin *Sputniko!*, die von Jeffrey Bardzell, Shaowen Bardzell und Lone Koefoed Hansen besprochen wird (Bardzell, Bardzell und Koefoed Hansen 2015), die Roboter Amy und Klara, die Carl DiSalvo diskutiert (DiSalvo 2012) oder der Mixer „Mega Hurricane" und der Bohrer „Dolphia", die Karin Ehrnberger, Min-na Räsänen und Sara Ilstedt entwickelt haben, um vergeschlechtlichte Normen in der Gestaltung technischer Artefakte zu visualisieren (Ehrnberger, Räsänen und Ilstedt 2012).

Spekulatives Design (Dunne und Raby 2013) nutzt nicht nur aus kritischer Per-spektive gestaltete Artefakte, um Reflexionsräume zu eröffnen, sondern auch den Gestaltungsprozess selbst. In Abgrenzung zu Gestaltungsansätzen, die rein auf Pro-blemlösung fokussieren, werden hier alternative Entwürfe digitaler Technologien imaginiert, entwickelt und untersucht (Blythe et al. 2016). Ziel ist dabei, die Logik aktueller Entwicklungen offenzulegen und zu hinterfragen, zum Beispiel im Hin-blick auf die Quantifizierung möglichst vieler Daten (Elsden, Chatting, et al. 2017; Elsden, Durrant, et al. 2017; Lawson et al. 2015) oder den Einsatz von Drohnen (Lindley und Coulton 2016). Feministisches spekulatives Design (Martins 2014) fo-kussiert Geschlecht und vergeschlechtlichte technische Artefakte. Es widmet sich Themen wie Subjektivität und Sexualität in der Mensch-Computer-Interaktion (Bardzell, Bardzell und Koefoed Hansen 2015) oder Themen der Frauengesundheit (Almeida et al. 2016). Marie Louise Juul Søndergaard arbeitet an spekulativen De-signprojekten in diesem Bereich, z.B. mit „PeriodShare: A Bloody Design Fiction" (Søndergaard und Hansen 2016). PeriodShare ist ein kabelloser Becher, der Mens-truationsdaten visualisiert und über soziale Netzwerke teilt. Das Projekt nutzt die enthusiastische Rhetorik von Crowdfunding-Projekten und die eher krude Umset-zung vieler Do-It-Yourself-Projekte, um einen fiktionalen Raum zu öffnen, in dem über die anstehende Quantifizierung von Menstruationsdaten spekuliert und über die Dynamik aktueller Tendenzen hin zum Self-Tracking und Teilen intimer Daten reflektiert werden kann. PeriodShare hat somit nicht die tatsächliche Gestaltung eines technischen Artefakts zum Ziel, sondern versucht als Design Fiction, die sozi-alen, kulturellen und politischen Dimensionen der Verquickung von Intimität und digitalen Technologien auszuloten.

Während Design Fictions das Explorieren alternativer Möglichkeiten durch das Gestalten fiktiver Produkte ermöglichen, zeigen andere Ansätze auf, wie lösungsorientierte und in der Praxis stattfindende Gestaltungsprozess unterstützt werden können, um Vergeschlechtlichungen zu vermeiden, z.B. das „Gender

Extended Research and Development" (GERD)-Modell (Draude, Maaß und Wajda 2014), Mind Scripting (Allhutter 2012), geschlechter- und intersektionalitätskritische Softwaregestaltung (Paulitz und Prietl 2014), Diffractive Design (Ernst 2014), De-Gendering (Bath 2009), das intersektionale „Sanduhr-Modell" (Lucht 2014), und andere Möglichkeiten feministischer Interventionen in den Gestaltungsprozess (Rommes 2014) oder Reflective/Reflexive Methods (Bardzell und Churchill 2011).

Personas[1]

Eine Möglichkeit, Menschen unter Berücksichtigung multipler Unterschiedskategorien und mit ihren Eigenschaften, Interesse und Wünsche im Gestaltungsprozess zu repräsentieren und sichtbar werden zu lassen, sind Personas. Dabei handelt es sich um fiktive Personen, die entwickelt werden, um Nutzerinnen und Nutzer im Gestaltungsprozess zu repräsentieren. Sie wurden von Alan Cooper in die Gestaltung informatischer Artefakte eingeführt (Cooper 1999) und haben ihren Ursprung im goal-directed design (Cooper, Reimann und Cronin 2007). Von dort fanden sie ihren Weg in nutzer_innenzentrierten Ansätze wie den menschzentrierten Gestaltungsprozess (ISO 2010), das Contextual Design (Holtzblatt und Beyer 2015) und die partizipative Softwareentwicklung (Cabrero, Winschiers-Theophilus und Mendonca 2015; Maaß et al. 2016). Mittlerweile sind Personas auch über diese Ansätze hinaus weit verbreitet in der Gestaltung neuer Technologien (Nielsen et al. 2013). Personas werden in der Gestaltung technischer Artefakte eingesetzt, um einen Bezug zur Zielgruppe herzustellen und eine aktive Auseinandersetzung mit den Nutzerinnen und Nutzern zu fördern. Sie werden im Rahmen des Gestaltungsprozesses als prototypische („ideale") Repräsentant_innen geschaffen. Personas werden als Pseudo-Personen mit einem Namen und meist auch mit einem Foto präsentiert, um die Beschreibung so lebendig wie möglich zu machen. Die Beschreibungen werden im Rahmen des Gestaltungsprozesses verwendet, meist sind sie ein bis zwei Seiten lang und nach verschiedenen Gesichtspunkten untergliedert. Eine Persona-Beschreibung umfasst typischerweise Eigenschaften, Lebensumstände, Ziele und Vorlieben.

Personenwahrnehmung und Personas

Durch den Ansatz, prototypische Nutzer_innen zu präsentieren, werden Personas jenen Wahrnehmungsprozessen ausgesetzt, die in der sozialen Informationsverarbeitung zum Tragen kommen. Personenwahrnehmung ist ein Prozess, der extrem schnell und auf Basis von wenigen Informationen erfolgt (Asch 1946). Personas kommen der sozialen Informationsverarbeitung also sehr entgegen. Zu den Einflussfaktoren und Verzerrungen, die in diesem Kontext der sozialen Informationsverarbeitung eine Rolle

---

1   Die folgenden Ausführungen sind teilweise übernommen aus Marsden (2017).

spielen, gibt es umfangreiche Forschungen (Macrae und Bodenhausen 2001). Zahlreiche Faktoren spielen hier eine Rolle. So ist in der Darstellung der Attribute in Personenbeschreibungen zum Beispiel die Reihenfolge relevant. Neben Erinnerungseffekten wie dem Primacy- und dem Recency-Effekt, also dem Phänomen, dass Inhalte, die am Anfang und am Ende präsentiert werden, besser erinnert werden (Robinson und Brown 1926), ist für Personas und deren Vergeschlechtlichungen auch das Konzept des Primings wichtig: Eingangs aktualisierte Eigenschaften einer Person setzen den Rahmen für die Interpretation von Informationen in einer Personenbeschreibung, die Mehrdeutigkeiten zulässt (Higgins, Rholes und Jones 1977). Da identische Verhaltensweisen unterschiedlich beurteilt werden, je nachdem, ob sie von einer Frau oder einem Mann gezeigt werden (Glick und Fiske 2011), stellt das Geschlecht einen wichtigen Primingfaktor dar (Rudman und Kilianski 2000). Hier gibt es einen sogenannten Backlash, d.h. den Effekt, dass Frauen in traditionell männlichen Kontexten negativer beurteilt werden (Eagly und Mladinic 1994). Um den Effekt von Wörtern, die zur Personenbeschreibung eingesetzt werden, besser einschätzen zu können, gibt es Studien z.B. dahingehend, wie bedeutsam Wörter für eine Personenbeschreibung sind und wie sympathisch sie diese Person erscheinen lassen (Chandler 2016) oder zu vergeschlechtlichten Konnotationen von Attributen (Eagly und Mladinic 1989).

Personenwahrnehmung konzentriert sich inhaltlich auf wenige Kerndimensionen, die sich universal nachweisen lassen: Andere Menschen werden grundsätzlich hinsichtlich Ihrer Wärme und hinsichtlich ihrer Kompetenz eingeschätzt (Fiske und Dupree 2015). Beide Dimensionen sind vergeschlechtlicht konnotiert: Frauen werden Eigenschaften zugesprochen, die eher der Dimension Wärme, Soziales oder Gemeinschaftsorientierung zuzuordnen sind. Merkmale, die häufiger Männern zugeordnet werden, sind auf der Dimension der aufgabenbezogenen Kompetenz, Instrumentalität oder Selbstbehauptung zu verorten. Diese Befunde wurden mehrfach interkulturell und auch für Deutschland bestätigt (Eckes 2002). Neben diesen allgemeinen Einschätzungen von Männern und Frauen gibt es Subgruppenunterschiede. Arbeitende Mütter werden als kompetenter eingestuft, verlieren aber auf der Dimension Wärme, die mit Müttern und Hausfrauen verbunden ist. Arbeitende Väter hingegen werden als eine erfolgreiche Kombination in den Dimensionen Wärme und Kompetenz wahrgenommen (Cuddy, Fiske und Glick 2004). Die globalen Einschätzungen für Männer und Frauen sind in den letzten Dekaden in der Fremdwahrnehmung weitestgehend stabil geblieben – lediglich in der von Frauen über sich selbst berichtete Instrumentalität gab es eine Veränderung, diese hat sich kontinuierlich erhöht. Die selbstberichtete Expressivität von Männern blieb dabei gleichzeitig unverändert (Twenge 2009).

Untersuchung im Einsatz befindlicher Personas

Eine Analyse existierender Persona-Beschreibungen gibt einen Einblick in mögliche Vergeschlechtlichungen (Marsden, Link und Büllesfeld 2015): Rund 170 im Einsatz befindliche Persona-Beschreibungen wurden nach theoriegeleitet festgelegten Attributen inhaltsanalytisch ausgewertet (Früh 2011). Es zeigten sich geschlechterspezifische Auffälligkeiten hinsichtlich des sozialen Umfelds, der Freizeitbeschäftigungen und der Technikaffinität. Insgesamt zeigen sich in dieser empirischen Analyse von Persona-Beschreibungen Hinweise auf das Vorhandensein stereotyper Geschlechterdarstellungen. Die in der Geschlechterstereotypenforschung zentrale Verquickung von Frau-Sein mit der Dimension des Sozialen (Eckes 2008) ist in den Daten deutlich erkennbar: Bei weiblichen Personas werden Kinder deutlich häufiger erwähnt als bei männlichen Personas und Erwähnung weiterer Personen im sozialen Umfeld der Persona ist bei männlichen Personas seltener. Die für die Personas dargestellten Freizeitbeschäftigungen sind ebenfalls vergeschlechtlicht: In den Beschreibungen der weiblichen Personas gab es außerhalb der für beide Geschlechter vorkommenden Freizeitbeschäftigungen Hobbys wie Stricken, Fernsehen oder Aerobic für weibliche Personas, bei den männlichen Personas waren es Technik, Fußball oder Schiffsmodelle.

GenderMag-Personas

Neben möglichen unintendierten Vergeschlechtlichungen von Personas gibt es auch Ansätze, die Personas gezielt vergeschlechtlichen und darauf setzen, durch Personas das Augenmerk auf für den Gestaltungsprozess relevante Unterschiede zu richten. Margaret Burnett und Kolleg_innen haben Personas entwickelt, die auf empirischen Erkenntnissen zu Geschlechtsunterschieden hinsichtlich Problemlösestrategien bei Frauen und Männern basieren (Burnett et al. 2016). Diese GenderMag-Personas sind mit dem Ziel entwickelt worden, unterschiedliche Problemlösestrategien durch Personas darzustellen und greifbar zu machen. In einem detailliert beschriebenen Verfahren werden GenderMag-Personas dann gemeinsam mit einem Cognitive Walkthrough, einer heuristischen Evaluationsmethode in der Softwareentwicklung, eingesetzt, um ein in der Entwicklung befindliches Softwareprodukt – z.B. als Papierprototyp – dahingehend zu evaluieren, ob die geplante Interaktion mit dem technischen Artefakt den Problemlösestrategien der Persona entgegenkommt. Die Aspekte, hinsichtlich derer sich die Personas unterscheiden, sind auf der Basis von Studien entwickelt worden, die auf empirisch nachweisbaren Unterschieden zwischen Männern und Frauen fokussieren. Eine solcher Fokus auf Differenzen birgt die Gefahr, dass Unterschiede zwischen Männern und Frauen durch den Gestaltungsprozess wiederum reifiziert werden (Bardzell 2010; Bath 2011; Marsden und Haag 2016; Rode 2011). Gleichzeitig bietet eine solche differenzorientierte Herangehensweise eine hohe Anschlussfähigkeit an den Geschlechter-Diskurs in der Unternehmenspraxis und bietet eine konkret umsetzbare Hilfestellung an, um andere Perspektiven als die eigene zu berücksichtigen (Hill et al. 2017). Feldstudien der GenderMag-Personas zeigen positive Effekte durch eine Verringerung der ich-bezogenen Sichtweise in der Gestaltung von Softwareprodukten (Burnett, Peters, et al. 2016). Hinsichtlich möglicher Stereotypisierungen zeigt sich, dass diese Personas die gesellschaftlich verankerte Konnotation von Maskulinität und Kompetenz erwartungsgemäß nicht aushebelt, es scheint jedoch bei diesen im beruflichen Kontext tätigen weiblichen Personas keine massive Bedienung von Stereotypen zu geben (Hill et al. 2017).

Personas als Werkzeug zur kritischen Reflexion

GenderMag-Personas sind ein Werkzeug, die Anliegen beider Geschlechter im Gestaltungprozess von Software stärker zu berücksichtigen (Burnett et al. 2014). Dafür wird in Kauf genommen, dass sie auf heute existierenden Geschlechterdifferenzen aufbauen und diese dadurch möglicherweise verstärken. Andere Ansätze nutzen Personas als Werkzeug, um eine Reflexion eigener Geschlechterstereotypen zu unterstützen und damit den gesellschaftlichen Status Quo zu ändern: Åsa Wikberg Nilsson und ihre Kolleginnen nutzen Personas als Instrument, um traditionelle Geschlechterrollen zu hinterfragen und aufzuweichen. Ihre Personas haben das Ziel, kritische Reflexionen über Geschlechterfragen anzustoßen. Ihr Ansatz basiert auf der Herangehensweise der Reflective Practice nach Donald A. Schön (Schön 1983): Ausgehend von der Beobachtung, dass Systeme häufig als genderneutral betrachtet werden, haben sie die Personamethode umgestaltet um das „doing gender" der Akteur_innen im Gestaltungsprozess sichtbar und besprechbar zu machen. Sie nutzen Personas also als Intervention, um Vergeschlechtlichungen zu thematisieren. Hierzu präsentieren sie Personas wechselweise mit weiblichen und männlichem Namen und Personalpronomen sowie mit einem entsprechenden Bild. Sie zeigen, dass sich durch eine Reflexion der eigenen Zuschreibungen und Attributionen je nach Geschlecht Haltungen und Mindsets verändern lassen. In ihren Studien nutzen sie Personas, um Rahmensetzungen zu verändern und dadurch den Blick auf implizite vergeschlechtlichte Herangehensweise zu „verstören", und so Geschlechterzuschreiben aufzubrechen (Källhammer und Wikberg Nilsson 2012; Wikberg Nilsson et al. 2010; Wikberg Nilsson, Fältholm und Abrahamsson 2010).

Fazit

Im Kontext der Gestaltung von Mensch-Computer-Interaktion wird Geschlecht auf verschieden Arten und Weisen thematisiert bzw. nicht thematisiert: Kritische Ansätze versuchen, durch die Dekonstruktion der technischen Artefakte oder durch das Gestalten alternativer Möglichkeiten auf blinde Flecken wie implizite Vergeschlechtlichungen und deren Implikationen hinzuweisen. Andere Herangehensweise setzen am Gestaltungsprozess selbst an und versuchen, durch entsprechende Methoden oder Interventionen die Chancen zu erhöhen, dass Menschen unter Berücksichtigung multipler Unterschiedskategorien mit ihren Eigenschaften, Interesse und Wünsche repräsentiert und sichtbar werden können. Ein Beispiel für eine solche Methode sind Personas: Personas sind ein bestehendes Werkzeug im Bereich der Mensch-Computer-Interaktion. Informationen zur Zielgruppe sollen durch die Verkörperung als konkrete Person plastisch und lebendig erscheinen.

Personas sind somit ein möglicher Ansatzpunkt, um über Vergeschlechtlichungen im Gestaltungsprozess nachzudenken und hier zu intervenieren. Untersuchungen im Einsatz befindlicher Personas zeigen, dass sich dort vergeschlechtlichte Repräsentationen wiederfinden, z.B. dahingehend, dass bei weiblichen Personas mehr Aussagen zum sozialen Umfeld getroffen werden.

Teilweise werden Personas eingesetzt, um Geschlecht im Technikentwicklungsprozess zu thematisieren: Während einige Ansätze darauf setzen, mit Hilfe von Personas die diskursive (Re-)Produktion des Mann-Frau-Dualismus aufzubrechen und das Doing Gender offenzulegen, nehmen andere die empirisch nachweisbaren Differenzen als Impuls, systematisch darüber nachzudenken, wie sichergestellt werden kann, dass technische Artefakte für unterschiedliche Menschen mit ihren unterschiedlichen Herangehensweisen gut bedienbar sind. Zunehmend werden hier auch intersektionale Perspektiven integriert (Marsden und Pröbster eingereicht). Den verschiedenen Ansätzen gemeinsam ist, darauf zu setzen, dass Personas geeignet sind, Reflexionen über Geschlechtergerechtigkeit und problematische Vergeschlechtlichungen anzustoßen. Gemeinsam ist ihnen auch ihr Unbehagen an der hierarchischen Differenzierung entlang Geschlechteridentitäten und der damit einhergehenden Privilegierung bestimmter Nutzungsgruppen. Personas sind somit eine Möglichkeit, die Gebrauchstauglichkeit, Zugänglichkeit und Nutzungsfreundlichkeit aus Genderperspektive zu erhöhen.

Literatur

Allhutter, Doris (2012): Mind Scripting: A Method for Deconstructive Design, in: Science, Technology & Human Values, 37: 684-707.

Almeida, Teresa / Rob Comber / Gavin Wood / Dean Saraf and Madeline Balaam (2016): On Looking at the Vagina through Labella. In Proceedings of the SIGCHI Conference on Human Factors in Computing Systems (CHI '16), 1810-21.

Asch, Solomon E. (1946): Forming impressions of personality, in: The Journal of Abnormal and Social Psychology, 41: 258-90.

Bardzell, Jeffrey (2014) Critical and Cultural Approaches to HCI. in Sara Price, Carey Jewitt and Barry Brown (eds.), The SAGE Handbook of Digital Technology Research (Sage: London).

Bardzell, Jeffrey / Shaowen Bardzell, and Lone Koefoed Hansen (2015): Immodest Proposals: Research through Design and Knowledge. In Proceedings of the 33rd Annual ACM Conference on Human Factors in Computing Systems, 2093-102.

Bardzell, Shaowen (2010): Feminist HCI: taking stock and outlining an agenda for design. In Proceedings of the SIGCHI Conference on Human Factors in Computing Systems (CHI '10), 1301-10.

Bardzell, Shaowen, and Elizabeth F. Churchill (2011):'IwC Special Issue "Feminism and HCI: New Perspectives" Special Issue Editors' Introduction', Interacting with Computers, 23: iii-xi.

Barreto, Manuela, and Naomi Ellemers (2005): The Perils of Political Correctness: Men's and Women's Responses to Old-Fashioned and Modern Sexist Views, Social psychology quarterly, 68: 75-88.

Bath, Corinna (2009): De-Gendering informatischer Artefakte: Grundlagen einer kritisch-feministischen Technikgestaltung (Open-Access-Veröffentlichung URN: http://nbn-resolving.de/urn:nbn:de:gbv:46-00102741-12.).).

Bath, Corinna (2011): Wie lässt sich die Vergeschlechtlichung informatischer Artefakte theoretisch fassen? Vom Genderskript zur Posthumanistischen Performativität, MK Wiedlack & K. Lasthofer (Hg.), Körperregime und Geschlecht. Wien [ua]: Studien Verlag: 221-43.

Blythe, Mark, Kristina Andersen, Rachel Clarke, and Peter Wright (2016): Anti-Solutionist Strategies: Seriously Silly Design Fiction. In Proceedings of the SIGCHI Conference on Human Factors in Computing Systems (CHI '16), 4968-78.

Both, Göde (2014): Multidimensional Gendering Processes at the Human-Computer-Interface: The Case of Siri. In Gender-UseIT - HCI, Usability und User Experience unter Gendergesichtspunkten, edited by Nicola Marsden and Ute Kempf, 107-12. München: De Gruyter Oldenbourg.

Bradley, Adam, Cayley MacArthur, Mark Hancock, and Sheelagh Carpendale (2015): Gendered or neutral?: considering the language of HCI. In Proceedings of the 41st Graphics Interface Conference, 163-70. Canadian Information Processing Society.

Burnett, Margaret, Anicia Peters, Charles Hill, and Noha Elarief (2016): Finding Gender-Inclusiveness Software Issues with GenderMag: A Field Investigation. In Proceedings of the SIGCHI Conference on Human Factors in Computing Systems (CHI '16), 2586-89.

Burnett, Margaret, Simone Stumpf, James MacBeth, Laura Beckwith, Stephann Makri, Irwin Kwan, and Anicia Peters (2014): Using the GenderMaP Method to Find Usability Issues through a Gender Lens. In.: EUSES Consortium http://eusesconsortium.org/gender.

Burnett, Margaret, Simone Stumpf, Jamie Macbeth, Stephann Makri, Laura Beckwith, Irwin Kwan, Anicia Peters, and William Jernigan (2016): GenderMag: A Method for Evaluating Software's Gender Inclusiveness, Interacting with Computers: iwv046.

Cabrero, DanielG, Heike Winschiers-Theophilus, and Hedvig Mendonca (2015): User-Created Personas – A Micro-cultural Lens into Informal Settlement's Youth Life. in José Abdelnour Nocera, Barbara Rita Barricelli, Arminda Lopes, Pedro Campos and Torkil Clemmensen (eds.), Human Work Interaction Design. Work Analysis and Interaction Design Methods for Pervasive and Smart Workplaces (Springer International Publishing).

Chandler, Jesse (2016): Likeableness and meaningfulness ratings of 555 (+487) person-descriptive words, Journal of Research in Personality.

Cialdini, Robert B, and Noah J Goldstein (2004): Social influence: Compliance and conformity, Annu. Rev. Psychol., 55: 591-621.

Cooper, Alan (1999): The inmates are running the asylum: Why high-tech products drive us crazy and how to restore the sanity (Sams: Indianapolis).

Cooper, Alan, Robert Reimann, and David Cronin (2007): About face 3: the essentials of interaction design (John Wiley & Sons).

Cuddy, Amy, Susan Fiske, and Peter Glick (2004): When professionals become mothers, warmth doesn't cut the ice, Journal of Social Issues, 60: 701-18.

Cuddy, Amy, Susan Fiske, and Peter Glick (2008): Warmth and competence as universal dimensions of social perception: The stereotype content model and the BIAS map, Advances in experimental social psychology, 40: 61-149.

DiSalvo, Carl (2012): Adversarial design (The MIT Press).

Draude, Claude, Susanne Maaß, and Kamila Wajda (2014): GERD: ein Vorgehensmodell zur Integration von Gender/Diversity in die Informatik. in Anja Zeising, Claude Draude, Heidi Schelhowe and Susanne Maaß (eds.), Vielfalt der Informatik (Staats- und Universitätsbibliothek Bremen: Bremen).

Dunne, Anthony, and Fiona Raby (2013): Speculative everything: design, fiction, and social dreaming (MIT Press).

Eagly, Alice H, and Antonio Mladinic (1989): Gender stereotypes and attitudes toward women and men, Personality and Social Psychology Bulletin, 15: 543-58.

Eagly, Alice H, and Antonio Mladinic (1994): Are people prejudiced against women? Some answers from research on attitudes, gender stereotypes, and judgments of competence, European Review of Social Psychology, 5: 1-35.

Eckes, Thomas (2002): Paternalistic and envious gender stereotypes: Testing predictions from the stereotype content model, Sex Roles, 47: 99-114.

Eckes, Thomas (2008): Geschlechtersstereotype: Von Rollen, Identitäten und Vorurteilen. in Ruth Becker and Beate Kortendiek (eds.), Handbuch Frauen- und Geschlechterforschung (VS Verlag für Sozialwissenschaften).

Ehrnberger, Karin, Minna Räsänen, and Sara Ilstedt (2012): Visualising gender norms in design: Meet the mega hurricane mixer and the drill dolphia, International Journal of Design, 6.

Elsden, Chris, David Chatting, Abigail C. Durrant, Andrew Garbett, Bettina Nissen, John Vines, and David S. Kirk (2017): On Speculative Enactments. In Proceedings of the SIGCHI Conference on Human Factors in Computing Systems (CHI '17), 5386-99.

Elsden, Chris, Abigail C. Durrant, David Chatting, and David S. Kirk (2017): Designing Documentary Informatics. In Conference on Designing Interactive Systems (DIS '17), 649-61.

Epley, Nicholas, Boaz Keysar, Leaf Van Boven, and Thomas Gilovich (2004): Perspective taking as egocentric anchoring and adjustment, Journal of personality and social psychology, 87: 327-39.

Ernst, Waltraud (2014): Diffraction Patterns? Shifting Gender Norms in Biology and Technology. in Waltraud Ernst and Ilona Horwath (eds.), Gender in Science and Technology (transcript Verlag: Bielefeld).

Fiske, Susan, and Cydney H. Dupree (2015): Cognitive Processes Involved in Stereotyping. in, Emerging Trends in the Social and Behavioral Sciences (John Wiley & Sons, Inc.).

Früh, Werner (2011): Inhaltsanalyse: Theorie und Praxis (UTB).

Glick, Peter, and Susan Fiske (2011): Ambivalent Sexism Revisited, Psychology of Women Quarterly, 35: 530-35.

Harding, Sandra (2016): Whose science? Whose knowledge?: Thinking from women's lives (Cornell University Press).

Healthinar (2017): Siri, Cortana, Alexa, Marcus. Do bots really need a gender? In, edited by https://diversitytech.wordpress.com/2017/02/01/siri-cortana-alexa-marcus-do-bots-really-need-a-gender/.

Higgins, E Tory, William S Rholes, and Carl R Jones (1977): Category accessibility and impression formation, Journal of experimental social psychology, 13: 141-54.

Hill, Charles, Maren Haag, Alannah Oleson, Chris Mendez, Nicola Marsden, Anita Sarma, and Margaret Burnett (2017): Gender-Inclusiveness Personas vs. Stereotyping: Can we have it both ways?, Proceedings of the SIGCHI Conference on Human Factors in Computing Systems (CHI '17): 6658-71.

Holtzblatt, Karen, and Hugh Beyer (2015): Contextual Design Evolved (Morgan & Claypool Publishers).

ISO (2010): Ergonomics of human-system interaction - Part 210: Human-centred design for interactive systems (ISO 9241-210:2010); German version EN ISO 9241-210:2010. In, edited by DIN Normenausschuss Ergonomie (NAErg) and Ergonomics Standards Committee. Geneva: International Organization for Standardisation.

Kahneman, Daniel, Andrew M Rosenfield, Linnea Gandhi, and Tom Blaser (2016): NOISE: How to overcome the high, hidden cost of inconsistent decision making, Harvard business review, 94: 38-46.

Källhammer, Eva, and Åsa Wikberg Nilsson (2012): Gendered Innovative Design - Critical Reflections stimulated by Personas. in Susanne Andersson, Karin Berglund, Ewa Gunnarsson and Elisabeth Sundin (eds.), Promoting Innovation - Policies, practices and procedures (VINNOVA –Verket för Innovationssystem/Swedish Governmental Agency for Innovation System: Sweden).

Keller, Evelyn Fox (1989): Holding the center of feminist theory, Women's Studies International Forum, 12: 313-18.

Koskinen, Ilpo, John Zimmerman, Thomas Binder, Johan Redstrom, and Stephan Wensveen (2011). Design research through practice: From the lab, field, and showroom (Elsevier).

Lawson, Shaun, Ben Kirman, Conor Linehan, Tom Feltwell, and Lisa Hopkins (2015): Problematising upstream technology through speculative design: the case of quantified cats and dogs. In Proceedings of the SIGCHI Conference on Human Factors in Computing Systems (CHI '15), 2663-72.

Lindley, Joseph, and Paul Coulton (2016): Pushing the limits of design fiction: the case for fictional research papers. In Proceedings of the SIGCHI Conference on Human Factors in Computing Systems (CHI '16), 4032-43.

Lucht, Petra (2014): Usability und Intersektionalitätsforschung - Produktive Dialoge. in Nicola Marsden and Ute Kempf (eds.), Gender-UseIT - HCI, Usability und UX unter Gendergesichtspunkten (De Gruyter Oldenbourg: München).

Luger, Ewa (2014): A design for life: Recognizing the gendered politics affecting product design, In CHI Workshop: Perspectives on Gender and Product Design, https://www.sites.google.com/site/technologydesignperspectives/papers.

Maaß, Susanne, Carola Schirmer, Sandra Buchmüller, Anneke Bötcher, Daniel Koch, and Regina Schumacher (2016): Cultural Probes, Personas und Szenarien als „Third Space". in J. Borchers W. Prinz, M. Ziefle (ed.), Mensch und Computer 2016 - Tagungsband.

Macrae, C Neil, and Galen V Bodenhausen (2001): Social cognition: Categorical person perception, British journal of psychology, 92: 239-55.

Marsden, Nicola (2014): Agony of Choice? Webforms for Selecting Titles. in, Proceedings of Gender and IT Appropriation. Science and Practice on Dialogue - Forum for Interdisciplinary Exchange (European Society for Socially Embedded Technologies: Siegen, Germany).

Marsden, Nicola, and Maren Haag (2016): Stereotypes and Politics: Reflections on Personas, Proceedings of the SIGCHI Conference on Human Factors in Computing Systems (CHI '16): 4017-31.

Marsden, Nicola, Jasmin Link, and Elisabeth Büllesfeld (2015): Geschlechterstereotype in Persona-Beschreibungen. in Sarah Diefenbach, Niels Henze and Martin Pielot (eds.), Mensch und Computer 2015 Tagungsband (Oldenbourg Wissenschaftsverlag: Stuttgart).

Marsden, Nicola, and Monika Pröbster. eingereicht. 'Personas and Identity: Looking at the Intersections of Multiple Identities to Inform the Construction of Personas'.

Martins, Luiza Prado de O. (2014): Privilege and oppression: Towards a feminist speculative design, Proceedings of DRS: 980-90.

Nielsen, Lene, Kira Storgaard Nielsen, Jan Stage, and Jane Billestrup (2013): Going global with personas. In Human-Computer Interaction–INTERACT 2013, 350-57. Springer.

Oudshoorn, Nelly, Els Rommes, and Marcelle Stienstra (2004): Configuring the User as Everybody: Gender and Design Cultures in Information and Communication Technologies, Science, Technology & Human Values, 29: 30-63.

Paulitz, Tanja, and Bianca Prietl (2014): Geschlechter- und intersektionalitätskritische Perspektiven auf Konzepte der Softwaregestaltung. in Nicola Marsden and Ute Kempf (eds.), Gender-UseIT - HCI, Usability und UX unter Gendergesichtspunkten (De Gruyter Oldenbourg: München).

Ritter, Frank E., Gordon D. Baxter, and Elizabeth F. Churchill (2014): Foundations for Designing User-Centered Systems (Springer London).

Robinson, Edward S., and Martha A. Brown (1926): Effect of serial position upon memorization, The American Journal of Psychology, 37: 538-52.

Rode, Jennifer A. (2011): A theoretical agenda for feminist HCI, Interacting with Computers, 23: 393-400.

Rommes, Els (2002): Gender scripts and the Internet: The design and use of Amsterdam's Digital City, University of Twente.

Rommes, Els (2006) Gender sensitive design practices, Encyclopedia of gender and information technology: 675-81.

Rommes, Els (2014) Feminist Interventions in the Design Process. in Waltraud Ernst and Ilona Horwath (eds.), Gender in Science and Technology (transcript Verlag: Bielefeld).

Rudman, Laurie A, and Stephen E Kilianski (2000): Implicit and explicit attitudes toward female authority, Personality and Social Psychology Bulletin, 26: 1315-28.

Schön, Donald A. (1983): The reflective practitioner: How practitioners think in action (Temple Smith: London).

Søndergaard, Marie Louise Juul, and Lone Koefoed Hansen (2016): PeriodShare: A Bloody Design Fiction. In Proceedings of the 9th Nordic Conference on Human-Computer Interaction (NordiCHI '16), 113.

Spears, Russell, Bertjan Doosje, and Naomi Ellemers (1997): Self-stereotyping in the face of threats to group status and distinctiveness: The role of group identification, Personality and Social Psychology Bulletin, 23: 538-53.

Twenge, Jean M. (2009): Status and gender: The paradox of progress in an age of narcissism, Sex Roles, 61: 338-40.

van der Velden, Maja, and Christina Mörtberg (2012): Between Need and Desire: Exploring Strategies for Gendering Design, Science, Technology & Human Values, 37: 663-83.

Van Oost, Ellen (2003) Materialized gender: How shavers configure the users' femininity and masculinity. in Nelly Oudshoorn and Trevor J. Pinch (eds.), How users matter. The co-construction of users and technology (MIT Press: Cambridge, Massachusetts).

Wikberg Nilsson, Åsa, Eva Källhammer, Ylva Fältholm, and Lena Abrahamsson (2010): 'Personas' as a method for applying gender theory in Triple Helix constellations–experiences from two research projects, Conference paper for the 8th Triple Helix Conference, Madrid 20-22 Oct 2010. Gender in Innovation Policy, Innovation Systems and Triple Helix, Thematic Workshop 1: Gender mainstreaming in innovation systems and Triple Helix constellations.

Wikberg Nilsson, Åsa, Ylva Fältholm, and Lena Abrahamsson (2010): Reframing practice through the use of personas, Reflective Practice, 11: 285-98.

Woolgar, Steve (1990): Configuring the user: the case of usability trials, The Sociological Review, 38: 58-99.

GENDERGERECHTE ERFORSCHUNG INTERAKTIVER MEDIEN

Dorothea Erharter

Die Implementierung von Gender in Organisationen gilt als Gradmesser für Innovationsfähigkeit.[1] Vielfach ist aus diesem Grund die Berücksichtigung von Gender in technologischen Forschungsprojekten bereits eine Anforderung und ein wichtiges Kriterium der Forschungsförderung, beispielsweise in allen Basisprogrammen der Österreichischen Forschungsförderungsgesellschaft.

Als gender-relevant gilt jegliche Forschung an der Schnittstelle zum Menschen (Bührer/Schraudner 2006). Mediennutzung ist damit das Kerngebiet genderrelevanter Projekte im IKT-Sektor und in allen technologischen Bereichen. Während im biomedizinischen Sektor die Physis des Menschen im Zentrum steht und damit biologische Unterschiede eine wichtige Rolle spielen können, sind diese in der Mediennutzung vernachlässigbar. Ein auf geschlechtsspezifische Unterschiede fokussierendes Forschungsdesign birgt daher die Gefahr in sich, Geschlechterstereotype zu verstärken. Um das zu vermeiden ist der Fokus auf Gender, also das soziokulturelle Geschlecht zu legen. Mit diesem Artikel werden auf Basis des Forschungsstands und der Erfahrungen der Autorin in informationstechnologischen Forschungsprojekten die wichtigsten Elemente gendergerechten Forschungsdesigns für interaktive Medien zusammengefasst und mit Beispielen belegt.

Thematische Eingrenzung

In welchen Projekten sollen Gender-Aspekte berücksichtigt werden, und was kann es dort bringen? Diese Frage ist zunächst für alle Projekte zu stellen.

Gender-Relevanz

Der Begriff der Gender-Relevanz wurde 2006 von Bührer & Schraudner eingeführt. Als genderrelevant gelten Forschungen und Produktentwicklungen prinzipiell an der Schnittstelle zum Menschen, wobei hier sowohl körperliche als auch soziokulturelle und Nutzungszusammenhänge berücksichtigt werden sollen (A.a.O). Für interaktive Medien bedeutet das, dass alle Projekte gender-relevant sind, die

---

1   Rat für Forschung und Technologieentwicklung, FAS.research (Ed.), Excellente Netzwerke (2005), http://www.fas.at/download-document?gid=253 S. 37 [zuletzt abgerufen 28.02.2014].

Nutzungsschnittstellen haben. Nicht gender-relevant wären zum Beispiel Untersuchungen, mit welchen Protokollen Daten einfacher oder schneller übertragen werden können, oder welche Materialien sich als Leitersysteme besser eignen.

Innovationspotential

Dass die Berücksichtigung von Genderaspekten ein technologisches Innovationspotenzial mit sich bringt, ist mittlerweile gut belegt. Gemäß Bührer und Schraudner können dadurch neue Zielgruppen und Nutzungszusammenhänge für technologische Produkte erschlossen werden (A.a.O.). Laut Schiebinger können Gender-Aspekte Impulse für die Entwicklung neuer Produkte und Dienstleistungen liefern, die den Anforderungen komplexer Nutzer_innengruppen gerecht werden und damit das menschliche Wohlbefinden einschließlich der Gleichstellung der Geschlechter fördern. Damit werde insgesamt die globale Wettbewerbsfähigkeit und Nachhaltigkeit gefördert (Schiebinger/Klinge 2013).

Die Berücksichtigung von Gender-Aspekten in Forschungsprojekten bringt nach Meinung der Autorin vor allen Dingen eines: Die Öffnung der Projekte für unterschiedliche Sichtweisen. Denn ein gelungen angewendeter Gender-Fokus öffnet den Blick auch für weitere Diversity-Dimensionen und insgesamt für die Lebensrealitäten unterschiedlicher Menschen, ohne dabei die Kategorie „Gender" aus den Augen zu verlieren oder zu verwässern.

Damit schleicht sich durch den Gender-Fokus ein sehr menschzentrierter Ansatz in die Forschung ein, der zugleich auch Fremd- und Selbstzuschreibungen im Blick hat, und die Konsequenzen, die sich daraus für das alltägliche Leben ergeben. Vom reinen Human Centered Design unterscheidet sich dieser Ansatz dadurch, dass die sehr wirkmächtige Kategorie „Gender" nie aus den Augen verloren wird.

Dass allein dadurch Innovationen gefördert werden, zeigen mittlerweile zahlreiche Forschungsprojekte. Zwei Beispiele seien hier genannt: Im Projekt Con Bioenergy wurde nach Befragungen, Beobachtungen in Haushalten und Fehlersimulationen erkannt, dass es häufig Frauen sind, die im Fehlerfall an Heizthermen agieren. Es wurde ein Support-Button an den Geräten eingeführt und Smartphones, Internet und Tablet-PC werden seither zur Störungsbehebung verwendet.[2] Es muss nicht extra betont werden, dass diese Funktionen allen Nutzer_innen zu Gute kommen.

Im Projekt FEMroute sollte ein Fußgänger-Navigationssystem für Frauen geschaffen werden. Aus dem zunächst rein geschlechtsspezifischen Ansatz wurde ein Projekt, das das Innovationspotenzial durch Genderfokus sehr gut verdeutlicht. Ca. 20 gut ausgewählte Testpersonen (siehe Unterkapitel „Partizipative Methoden und Auswahl von Testpersonen") wurden entlang einer Testroute bei jeder Kreuzung gefragt, wo sie weitergehen würden und warum. Aus den vielfältigen Antworten entwickelte das Team Kategorien für Routen. Neben den üblichen Wahlmöglichkeiten „schnell" und „attraktiv" konnten weitere wesentliche Routenarten identifiziert werden: „sicher" und „komfortabel" (Häusler et al. 2010, 124–128).

---

2   https://tinyurl.com/y87rtdxn [zuletzt abgerufen am 28.10.2017].

Forschungsstand

Im Gegensatz zu einem solch umfassenden Zugang wird – auch in Forschungs-projekten – häufig implizit ein engerer Zugang gewählt, in dem die eigenen Bedürfnisse und Anforderungen auf andere projiziert werden.

Für diesen Sachverhalt wurde der Begriff *I-Methodology* von Corinna Bath im deutschen Sprachraum eingeführt (Bath 2007, 2): Technologische Entwicklungen in Europa werden von relativ homogenen Teams aus Männern mittleren Alters dominiert, was dazu führt, dass vor allem die Bedürfnisse und Anforderungen dieser Gruppe berücksichtigt werden und andere Kund_innengruppen vernachlässigt werden (Joost/Bessing/Buchmüller 2010). Dies hat ernste Konsequenzen:

„It decreases the innovative power and inventiveness because of missing opponent, ambiguous or even conflicting viewpoints. It increases the pitfalls of „I-methodologies" which means that the producers' assumptions become more or less consciously the leading benchmarks for technological developments instead of real users' needs and demands." (Buchmüller et al. 2011)

Mittlerweile gibt es zahlreiche Beispiele für Forschungs- und Medienprojekte, in denen es gelungen ist, durch einen Gender-Fokus den Blick zu erweitern und damit auch innovativere Ergebnisse zu erzielen.

Das Projekt *Discover Gender*, dessen Federführung beim Fraunhofer Institut für Innovationsforschung lag, war der erste Beitrag, Gender in Forschungsprojekten systematisiert aufzubereiten. Es wurde ein Leitfaden zur Berücksichtigung von Gender-Aspekten in Forschungs- und Entwicklungsvorhaben entwickelt (Schraudner 2011). Der Leitfaden wurde anhand einer Reihe von Fallbeispielen aus sehr unterschiedlichen technologischen Richtungen überprüft und für Naturwissenschaftler_innen und Techniker_innen verständlich dargestellt (Bührer/Schraudner 2006). Abweichend vom aktuellen Stand der Gender-Forschung wurde in den Beispielen des Leitfadens das Gender-Konzept allerdings auf eine *„strikt binäre Logik verengt"* (Bath 2007). Bei einer geringeren Überlebenschance von Frauen im Fall eines Herzinfarkts ist diese biologisch-dualistische Sichtweise sinnvoll. Es soll gemäß Leitfaden aber auch nach unterschiedlichen Nutzungszusammenhängen von Frauen und Männern oder deren unterschiedlichen Anforderungen an die Gestaltung gefragt werden, ohne dabei auf Lebensrealitäten zu fokussieren. Damit läuft der Leitfaden Gefahr *„Geschlechterstereotype zu verstärken und die Vielfalt der sozialen Welt nur ungenügend zu adressieren."* (Maaß/Draude/Wajda 2014, 127–141). Die Gender-Studies setzen im Gegensatz dazu eine intersektionale Überlagerung verschiedener Faktoren voraus und fordern beispielsweise eine Berücksichtigung der Lebensrealitäten entlang physischer und soziokultureller Unterscheidungsmerkmale ein.

Mittlerweile ist das von Londa Schiebinger geleitete, an der University of Stanford initiierte, internationale Projekt *Gendered Innovations* das Leuchtturmprojekt zum Thema Gender in Forschungsvorhaben. Mehr als 60 Expert_innen aus ganz Europa, den Vereinigten Staaten und Kanada erarbeiteten von 2009 bis 2012 Materialien zur Integration von Gender-Aspekten in verschiedene naturwissenschaftliche und technische Disziplinen.

Auf der Plattform http://genderedinnovations.stanford.edu werden die in diesem Projekt erarbeiteten Methoden und inhaltlichen Ergebnisse präsentiert und laufend ergänzt. Sie bauen in grundlegenden Konzepten teilweise auf den Ergebnissen von Discover Gender auf und stehen im Web zur freien Nutzung zur Verfügung (Schiebinger/Klinge 2013). Inzwischen wurde fast die gesamte Plattform von der TU Wien unter der Leitung von B. Ratzer ins Deutsche übertragen und steht unter www.geschlecht-und-innovation.at zur Verfügung.

Die große Qualität der beiden Projekte Gendered Innovations und Discover Gender liegt in einer Sammlung von Leitfragen zur Reflexion der Forschungskultur, von Standards und Prämissen der jeweiligen Disziplin, zum Forschungsdesign und zur sprachlichen und visuellen Repräsentation.

Ein Vorgehensmodell, mit dem Gender- und Diversity-Forschung für die Informatik nutzbar gemacht werden kann, stellte die Hochschule Bremen mit GERD (Gender Extended Research and Development) vor.[3] Sie unterscheiden zwischen Kernprozessen, die an ein Wasserfallmodell angelehnt sind, und Reflexionsaspekten, die als Kontext in diese Kernprozesse einfließen. Diese Reflexionsaspekte sind relativ allgemein formuliert und erfordern nach Angaben der Projektmitarbeiter_innen für die Anwendung zunächst Know-How-Transfer (Maaß/Draude/Wajda 2014, 68).

Zuschreibungen

Zuschreibungen begleiten – und erleichtern – das menschliche Leben, sie sind „normal". Es geht also nicht darum, Zuschreibungen zu verhindern oder auszulöschen, sondern darum, sie zu reflektieren und bewusst zu machen. Denn unbewusste Zuschreibungen verstellen den Blick auf die tatsächlichen Bedürfnisse und Anforderungen. Neben Zuschreibungen, die auf I-Methodology (siehe „Forschungsstand") beruhen, sind Stereotypen und Vorurteile sowie Selbstzuschreibungen für Forschungsprozesse relevant.

Stereotype und Vorurteile

Zuschreibungen über die Bedürfnisse und Anforderungen an Produkte entstehen zum einen auf Basis dieser Projektionen, zum anderen durch Stereotypen und Vorurteile.

„Stereotypen dienen dazu, einen Gegenstand, eine Person oder eine Gruppe zu charakterisieren. Ein Vorurteil ist ein Urteil, das ohne vorherige Erfahrung über etwas gefällt wurde. Beide erfüllen für die Menschen die Funktion, Unsicherheit und Bedrohung psychisch abzu-

---

3   Vgl. hierzu den Beitrag von Claude Draude im vorliegenden Band.

wehren. Sie dienen dazu, die Welt überschaubar zu machen, Komplexität zu reduzieren. Sie schaffen Sicherheit für das eigene Handeln."[4]

Das Wort „Vorurteil" ist üblicherweise negativ besetzt. Um Vorurteile besprechbar zu machen, muss meist erst diese negative Konnotation aufgelöst werden. Vorurteile haben ursprünglich eine wichtige lebenspraktische Funktion und funktionieren oft ohne unser aktives Zutun bzw. sind auch kognitiv nur begrenzt zugänglich: Sie helfen, möglicherweise gefährliche Situationen rasch einzuschätzen und Entscheidungen zu treffen. Daher wäre es ein Defizit, wenn jemand keine Vorurteile hätte. Allerdings: Die meisten Situationen, in denen Menschen sich heute befinden, enthalten keine potenzielle Gefahr, – und dann sind Vorurteile ein Hindernis, weil sie eine differenzierte Betrachtung unmöglich machen. Es ist also im Zuge der Entwicklung von Medien-Produkten von zentraler Bedeutung, dass das Team sich über die eigenen Vorannahmen bewusst wird.

Stereotypen sind Charakterisierungen von Menschen aufgrund eines Merkmals – z.B. Männer/Frauen, ältere Menschen, Jugendliche, Arbeitende, Arbeitslose, Menschen mit fremdem/nationalem Hintergrund, Städter_innen, Menschen vom Land. Mit diesem Merkmal werden weitere Eigenschaften verknüpft, die diesen Personen dann zugeschrieben, bzw. auf die sie reduziert werden. Haben Menschen in der Realität andere Eigenschaften als dem Stereotyp entspricht, werden diese häufig abgewertet, beispielsweise als „unweiblich" oder „unmännlich". Damit wird ein gesellschaftlicher Druck aufgebaut, diesen Stereotypen zu entsprechen.

Stereotypen und Vorurteile stimmen meistens nur sehr bedingt. Sie schränken die Kommunikation auf das ein, was erwartet wird, und werden damit zur selbsterfüllenden Prophezeiung: Man nimmt nur das wahr, was man schon gewusst hat.

In der Entwicklung von interaktiven Medien schränkt man durch Stereotypen und Vorurteile häufig die Zielgruppen ein. Jemand könnte zum Beispiel davon ausgehen, dass ältere Menschen keine Computer nutzen und daher als Zielgruppe für den Webshop ausgeschlossen werden können. Dann wäre es auch nicht nötig, den Webshop so zu gestalten, dass er von älteren Menschen verstanden und flüssig genutzt werden kann. Wird der Webshop dann gestaltet, ohne ältere Menschen einzubeziehen, wird er möglicherweise für diese Gruppe wirklich schwerer zu verwenden sein, weil die Schrift vielleicht zu klein ist, oder die Buttons schwer verständlich. Damit werden ältere Menschen dann de facto als Zielgruppe ausgeschlossen und die Zuschreibung bestätigt sich. Bedenkt man, dass die Altersgruppe 50 Plus in Österreich 44 % der Kaufkraft besitzt, kann man den enormen Schaden ermessen, den solche Zuschreibungen auslösen. Und umgekehrt lässt sich auch das Potenzial erkennen, das darin steckt, die eigenen Stereotypen - die wie gesagt jede/r hat - zu reflektieren und damit in der Lage zu sein, Zielgruppen adäquat anzusprechen.

---

4   Günter Friesenhahn, Stereotypen und Vorurteile. (Modul „Interkulturelles Lernen" auf dem Portal der Fachstelle für Internationale Jugendarbeit der Bundesrepublik Deutschland eV IJAB), p.1, https://www.dija.de/fileadmin/medien/downloads/Dokumente/Guenter2IKL.pdf [zuletzt abgerufen am 28.10.2017]

Im Projekt G-U-T haben wir Leitfragen entwickelt, anhand derer eine produktspezifische Selbstreflexion durchgeführt werden kann. Dabei geht es neben der Reflexion von Stereotypen auch um die den Projekten zugrundeliegende Zielsetzung, die Zielgruppen, deren Bedürfnisse und Interessen, physiologische Unterschiede und Nutzungsszenarien etc.[5]

Selbstzuschreibungen und Technikhaltungen

Es gibt aber auch Selbstzuschreibungen. Diese sind ebenfalls durch Rollenerwartungen geprägt und beeinflussen das Selbstbild und damit insbesondere auch die Haltungen gegenüber Technik und interaktiven Medien. Eine solche Selbstzuschreibung könnte sein: „Das kann ich nicht, dafür bin ich schon zu alt" oder „Alles Technische macht bei uns der Karli."

Selbstzuschreibungen und Technikhaltungen beeinflussen sich gegenseitig, so dass „männlich" konnotierte technische Artefakte (Bohrmaschine) eher als „Technik" eingestuft werden als weiblich konnotierte technische Artefakte (Mixer).

Gendergerechtes Forschungsdesign

Die Autorin hat in den letzten Jahren im ZIMD einige Forschungsprojekte im Bereich interaktiver Medien mit Gender-Fokus durchgeführt, die als Basis für diesen Artikel dienen. In all diesen Projekten befindet sich gendergerechtes Forschungsdesign immer im Spannungsfeld von geschlechtsspezifischen Unterschieden und der Kritik daran. Dies hat damit zu tun, dass es beim Versuch Gender zu berücksichtigen, ja vordergründig um Unterschiede zwischen Männern und Frauen geht. Und da Männlichkeit und Weiblichkeit auf den ersten Blick biologisch bedingt scheinen, wird zunächst von Forschungsteams fast immer auf biologische Unterschiede fokussiert.

Im Projekt G-U-T (http://g-u-t.zimd.at) haben wir durch vergleichende Analyse überprüft, welche Gender-Aspekte und Diversity-Dimensionen in der Praxis für das Design und Development von Apps und Websites relevant sind, und eine Guideline zu deren Berücksichtigung entwickelt (Erharter 2014). Im Projekt MOBISENIORA (www.mobiseniora.at) wurde die Nutzung von Smartphones und Tablets durch Seniorinnen und Senioren unter Berücksichtigung von Gender-Aspekten untersucht und Leitfäden für App-Entwicklung, Bildungsangebote sowie Verkaufsberatung und Support durch Telekom-Anbieter entwickelt (Amann-Hechenberger et al. 2015). Im Projekt GEMPLAY wurden gendergerechte Spielkonzepte für Videogames zur Bewegungsförderung entwickelt.[6]

In GENSISYS wurde ein Methodenset zur Evaluation von Gender und Diversity

---

5   Dorothea Erharter, G-U-T Guideline, 2013, http://www.zimd.at/gut-guideline-checklist [zuletzt abgerufen am 17.09.2017]

6   www.gemplay.at [zuletzt abgerufen am 28.10.2017]

Dimensionen für Ergonomie und Usability an Arbeitsplätzen entwickelt. Im Folgenden werden die methodischen Erkenntnisse zu gendergerechtem Forschungsdesign aus diesen Forschungsprojekten zusammengefasst und mit Beispielen belegt.[7]

Besonderheiten von Medien-Projekten

Nur sehr wenige biologische Unterschiede wirken sich auf die Nutzung interaktiver Medien aus. Diese sind biologisch meist nur mit-beeinflusst und häufig stärker durch Diversity-Faktoren wie das Alter geprägt. Diversity-Faktoren können in Medienprojekten eine große innovationstreibende Kraft entwickeln (Erharter/Xharo 2014).

Im Gegensatz zu biomedizinischer Forschung spielen biologische Unterschiede in den Medienprojekten und in den Bereichen, in denen es um Nutzungsschnittstellen geht, fast ausschließlich hinsichtlich Beeinträchtigungen und Behinderungen eine Rolle, wie sie durch *Accessibility (Inclusive Design, Design for All)* adressiert werden.

Im Projekt G-U-T konnte das Team der Autorin festestellen, dass biologische Unterschiede zwischen Frauen und Männern für die Gestaltung von Websites und Apps keine nennenswerte Rolle spielen. Im Projekt MOBISENIORA wurde darüber hinaus bestätigt, dass selbst die Unterscheidung zwischen Jung und Alt in biologischer Hinsicht auf einige wenige mögliche Beeinträchtigungen hinausläuft, die – zumindest in diesem Projekt – eine weitaus geringere Rolle spielten als vom Team zuvor angenommen (Erharter et al. 2014).

In den genannten Projekten hat sich gezeigt, dass mit wenigen Ausnahmen, in denen ergonomische Aspekte eine Rolle spielen, in der Medien-Forschung und -Entwicklung über den Bereich der Accessibility hinausgehende biologische Unterschiede vernachlässigt werden können. Der Umfang der Fragestellungen in Materialien zur Berücksichtigung von Gender- und Diversity-Aspekten, wie den im Abschnitt „Forschungsstand" genannten, konnte für diesen Bereich daher deutlich verringert werden.

Insbesondere konnten im Projekt G-U-T auf Basis des Diversity-Rads von Gardenswatz und Rowe, das sechs innere, zehn äußere (sowie acht organisatorische) Persönlichkeitsdimensionen darstellt (Gardenswartz/Rowe 1998), einige Dimensionen als für Medienprojekte besonders relevant identifiziert werden, die die Anforderungen an Apps und Websites erheblich stärker beeinflussen als andere.[8]

Diese Merkmale haben wir im Zuge des Projekts MOBISENIORA überprüft und ergänzt. Es ist auch zu beachten, dass schon die Ausgangsbasis - die Diversity-Dimensionen von Gardenswartz und Rowe - natürlich eine Abstraktion sind, mit der eine noch komplexere Realität abgebildet und letztlich vereinfacht dargestellt wird. Für die Entwicklung von Medienprojekten können daher Diversity-Dimensionen relevant sein, die in dieser Form im Diversity-Rad gar nicht vorkommen.

Aus unserer derzeitigen Sicht spielen für das Design von Websites und Apps vor

---

7   http://mc.fhstp.ac.at/projects/gensisys [zuletzt abgerufen am 28.10.2017]

8   Dorothea Erharter, G-U-T Guideline, 2013.

allem die folgenden Diversity-Dimensionen eine Rolle: Gender-Aspekte, Lebens-realitäten und raumzeitliche Rahmenbedingungen, Alter und Jugend, Bildung, Eth-nischer bzw. kultureller Hintergrund, Technikerfahrung, Technikaffinität (beide nicht im Diversity-Rad vorhanden), Beeinträchtigungen bzw. Behinderungen, und hier vor allem Sehschwäche, Hörbeeinträchtigungen und verschiedene Beeinträch-tigungen der Hände (Erharter/Xharo 2014).

Doing Gender

In der Geschlechterforschung gibt es den Begriff des Doing Gender (Bidwell-Stei-ner/Krammer 2010, 7–12). Damit ist gemeint, dass das soziale Geschlecht im We-sentlichen erst durch das Tun zustande kommt. Verhalte ich mich als Frau, werde ich als Frau wahrgenommen, verhalte ich mich als Mann, werde ich als Mann wahr-genommen. Dies inkludiert Kleidung, Aufmachung, aber auch Körperhaltung, so-wie Handlungen, Arbeitsteilung etc. Die Lebensrealitäten der Menschen sind mehr oder weniger stark durch Doing Gender geprägt, also durch den Vollzug dessen, was das jeweilige Umfeld von Männern bzw. Frauen erwartet. Die Lebensrealitäten können sich in vielfältiger Weise unterscheiden, hier spielen auch andere Diver-sity-Faktoren eine Rolle. Wichtig ist, sich bewusst zu machen, dass Unterschiede zwischen Männern und Frauen viel mehr als durch biologische Unterschiede durch Doing Gender zustande kommen (A.a.O.).

Beispielsweise wirkt es sich massiv auf Nutzungsszenarien aus, ob jemand Be-treuungspflichten hat, da diese Personen im Laufe eines Tages deutlich mehr Wege zurücklegen, stärker abgelenkt sind, etc. Dass sie dadurch andere Anforderungen, zum Beispiel an Navigationssysteme, haben können, ist nicht an das biologische Geschlecht gekoppelt, es ist eine Gender-Thematik (Scambor/Zimmer 2012). In der Medien-Forschung ist daher nicht nur von Männern und Frauen auszugehen, sondern von Menschen mit vielen verschiedenen Merkmalen und in vielen ver-schiedenen Nutzungskontexten, da sonst die Gefahr der Stereotypisierung besteht. Davon profitieren auch Männer, wie Raewyn Connell gezeigt hat, die von verschie-denen „Männlichkeiten" spricht (Connell 1999).

Berücksichtigung der Lebensrealitäten durch partizipative Methoden

Wie gezeigt wurde, betreffen für Medienprojekte relevante Genderaspekte vor allem die unterschiedlichen Lebensrealitäten und Einstellungen von Männern und Frauen. Hier sind insbesondere die folgenden Bereiche relevant:

- Raum-zeitliche Rahmenbedingungen und Wege, die wesentlich von den Lebensumständen und eventuellen Betreuungspflichten geprägt sind (Scambor/ Zimmer 2012);

- Werthaltungen und Einstellungen gegenüber Technik, die wesentlich durch Sozialisationsprozesse geprägt sind (Erharter et al. 2014);

- Technikerfahrung und Technikwissen, die wesentlich durch die berufliche Biographie geprägt sind (A.a.O.).

Um diese Einflussgrößen strukturiert zu erfassen, muss offen gefragt und die Nähe zu den Nutzer_innen gesucht werden. *Partizipative Methoden* sind dafür unerlässlich.[9]

Gemäß dem Modell von Elizabeth Sanders können mit unterschiedlichen Methoden unterschiedliche Bewusstseinsschichten angesprochen werden (Sanders 1999). Mit kreativen Methoden, bei denen etwas hergestellt wird, können demnach auch unbewusste bzw. halbbewusste Sachverhalte abgerufen werden, die mit rein sprachorientierten Methoden, wie z.B. Interviews nicht erreicht werden können (vgl. Tabelle 1).

What people ...		Level of Experience/ Knowledge	Methoden
say think	say	explicit	Interviews
do use	do	observable	Teilnehmende Beobachtung Fokusgruppen-Workshops, Open Space, Visualisierungen Brainstorming
know feel dream	make	tacit	Partizipative und kreative Workshops
		latent	Cultural Probes

Tabelle 1. Beziehung zwischen den Äußerungen der Menschen, der Zugänglichkeit der Erfahrungen und einsetzbaren Methoden. Quelle: Sanders 1999

Egal, welche Methoden aus dem vielfältigen Vokabular des Participatory Design gewählt werden: *Die Fragestellungen sollten die oben genannten Bereiche abdecken bzw. dafür offengehalten und in der Auswertung auf diesbezügliche Unterschiede geachtet werden.*

Im Projekt MOBISENIORA wurden beispielsweise mittels semistrukturierter Interviews die Technikhaltungen und das Nutzungsverhalten von Senior_innen und ihre Erwartungen an Smartphones/Tablets im Kontext ihrer Sozialisationsprozesse betrachtet. Dabei konnten sehr vielfältige Aspekte einfließen. In der Auswertung konnten einige genderspezifische, also durch soziokulturelle Faktoren ge-

---

9   Partizipative Methoden versuchen, alle Stakeholder (z. B. Mitarbeiter_innen, Partner_innen, Kund_innen, Bürger_innen, Endbenutzer_innen) aktiv in den Designprozess einzubinden, um sicherzustellen, dass das Ergebnis ihren Erwartungen entspricht. Partizipative Methoden sind zum Beispiel: Fokusgruppen, Cultural Probes, Tagebuch, Usability-Tests, Co-Design, Rollenspiele. Eine gute Übersicht findet sich in Yvonne Rogers et al. (Rogers/Sharp/Preece 2011).

prägte Unterschiede sichtbar gemacht werden. Im Projekt GENSISYS kamen die aufschlussreichsten und spannendsten Ergebnisse durch qualitative Methoden wie Kontextanalyse, Arbeitsplatzbeschreibung und Tagebuch zustande, auch wenn sich darin kaum genderspezifische Unterschiede spiegelten. Dennoch waren diese Ergebnisse durch die Berücksichtigung von Gender-Faktoren getriggert.

Geschlechtsspezifische Unterschiede

Zunächst: Wir unterscheiden geschlechtsspezifische und genderspezifische Unterschiede. Unter geschlechtsspezifisch verstehen wir Unterschiede auf biologischer Ebene (Sex). Unter genderspezifisch verstehen wir Unterschiede, die durch soziokulturelle Faktoren zustande kommen.

Geschlechtsspezifische Unterschiede wurden jahrtausendelang missbraucht um Frauen von gesellschaftspolitischer Beteiligung und Bildung abzuschneiden. Auch heute gibt es noch Literatur, die auf Basis angeblicher (evolutions)biologischer Unterschiede soziokulturelle Verhaltensweisen zu legitimieren versucht (Precht 2010). Eine kritische Auseinandersetzung damit ist daher wesentlich (Hammerl 2009).

Tatsächlich sind geschlechtsspezifische Unterschiede meist viel geringer als gemeinhin angenommen. Männer und Frauen liegen in der Ausprägung der meisten Merkmale sehr nahe beisammen. Die Unterschiede innerhalb eines Geschlechts sind (beispielsweise bei der räumlichen Wahrnehmung) viel größer als die Unterschiede zwischen den Geschlechtern. Dennoch wird die Verteilung der Geschlechterunterschiede häufig so wahrgenommen, als gäbe es riesige Unterschiede zwischen den Geschlechtern (Neyer/Asendorpf 2012).

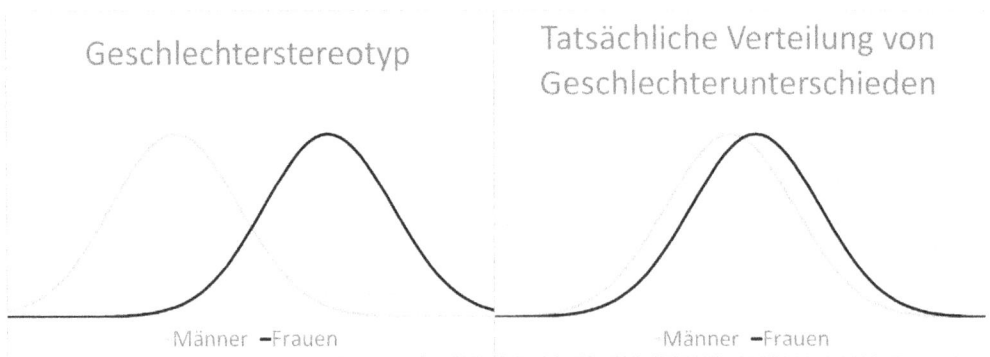

Abbildung 1: Verteilung von Geschlechterunterschieden real und stereotyp.

Quellenkritik

Ein wichtiger Ausgangspunkt jeglicher Forschungsprojekte ist die vorhandene Literatur. Eine Fülle von Studien scheint geschlechtsspezifische Unterschiede zwischen Frauen und Männern zu belegen. Auf den ersten Blick erscheinen jedoch häufig Unterschiede als biologisch, die in Wirklichkeit vor allem auf Lernerfahrungen, also auf soziokulturellen Unterschieden beruhen. Solche scheinbar biologischen Unterschiede kommen häufig durch ein unsauberes Forschungsdesign zustande, und bilden dann eher die Zuschreibungen und Vorannahmen der Forschenden ab, als real existierende Unterschiede (Precht 2010). Es kann davon ausgegangen werden, dass es sich bei den meisten dokumentierten geschlechtsspezifischen Unterschieden vor allem im Bereich der Evolutionsbiologie entweder um erlernte Unterschiede handelt. Darüber hinaus hat sich gezeigt, dass Studien, die Unterschiede zwischen Frauen und Männern belegen, sehr viel häufiger zitiert werden, als Studien, die belegen, dass es keine Unterschiede gibt (Fine 2012).

Eine günstige Vorgangsweise um geschlechtsspezifische Unterschiede in der Literatur einer kritischen Betrachtung zu unterziehen, richtet sich zum einen auf die Studien selbst: Wie wurden solche Studien gemacht? Sind sie prinzipiell in sich sauber gemacht? Auf welchen impliziten Vorannahmen wurde das Forschungsdesign konzipiert? Welche Sprache wird verwendet? Welche Vorannahmen spiegeln sich in den Ergebnissen? Zum anderen in der Recherche kritischer Perzeption: Wie werden die Quellen in der Literatur diskutiert? Was wird kritisiert und von wem? Was wird zitiert, und von wem?

Ein wichtiger Aspekt betrifft auch die Wiedergabe von Forschungsergebnissen, die „Forschungs-Stille-Post": Durch verallgemeinernde und reduzierte Wiedergabe werden Forschungsergebnisse verfälscht dargestellt, wie „Frauen haben Schulterbeschwerden" anstelle von „51 % der Frauen und 26 % der Männer haben Schulterbeschwerden" (Erharter 2015).

Im Projekt GENSISYS wurden zahlreiche für Nutzungsschnittstellen relevante Studien gesichtet, die geschlechtsspezifische Unterschiede reflektieren. Die meisten Unterschiede waren entweder recht dünn belegt oder durch soziokulturelle Faktoren zu erklären. Bewährt hat sich in diesem Projekt, aus den in der Literatur gefundenen Unterschieden Bereiche zu identifizieren, in denen es prinzipiell größere Unterschiede geben kann, als bisher vielleicht berücksichtigt, unabhängig davon, welche Dimensionen (Alter, Geschlecht, Kultureller Hintergrund etc.) zu diesen Unterschieden führen.

Hypothesenbildung

Fokussiert das Forschungsdesign auf geschlechtsspezifische Unterschiede, wird auf diese ein Vergrößerungsglas gerichtet: Sie erscheinen größer als sie tatsächlich sind. Damit reproduzieren sie Ungleichheiten, die zusammengenommen zu gesellschaftlichen Ungleichwertigkeiten führen können. Für Medien-Forschung relevante Unterschiede können darüber hinaus sehr vielfältige Ursachen haben.

Für die Formulierung von Hypothesen in der anwendungsorientierten technologischen Forschung bedeutet das, den Fokus auf die Inhalte der festgestellten Unterschiede zu richten und die Frage, wodurch diese Unterschiede verursacht sind, erst in zweiter oder dritter Linie zu stellen.

Im Projekt GENSISYS beispielsweise wurden Hypothesen, die in der Einreich-phase geschlechtsspezifisch formuliert waren (A), von uns folgendermaßen zu For-schungsfragen umformuliert (B):

A. Räumliche Wahrnehmung: Durch größere Bildschirme kann die räumli-che Wahrnehmung zugunsten der Frau im Vergleich zum Mann verbes-sert werden.

B. Es gibt Studien, die zeigen, dass die räumliche Wahrnehmung von Frauen durch größere Bildschirme mehr verbessert werden kann als von Männern. Wie wirken sich größere Bildschirme in der konkreten Situation aus?

Größere Bildschirme können für verschiedene Personen Vor- und/oder Nach-teile haben, aufgrund verschiedener Faktoren, von denen einer das Geschlecht sein kann. Wichtig ist, die Inhalte vom biologischen Geschlecht zu lösen. Die Fragestel-lung wird dadurch auch offener für weitere Faktoren. Eine entsprechende Hypo-these könnte also sein: *Durch größere Bildschirme kann die räumliche Wahrnehmung bei verschiedenen Gruppen (Geschlecht, Alter, kulturelles Umfeld,...) verbessert werden.* In der Auswertung kann dann innerhalb der Personen mit besserer, gleicher und ev. schlechterer räumlicher Wahrnehmung bei größeren Bildschirmen wieder die Ka-tegorie Geschlecht betrachtet werden, wie auch die anderen Kategorien, die be-trachtet wurden. Siehe dazu auch den Abschnitt „Gendergerecht Clustern".

Formulierung qualitativer Fragestellungen

An diesem Beispiel zeichnet sich darüber hinaus ein weiteres Merkmal gender-gerechter Forschung ab: die Formulierung qualitativer Fragestellungen. Mit quan-titativen Fragestellungen kann überwiegend auf vordefinierte Kategorien und Merkmale eingegangen werden, die per se dazu angetan sind, Vorannahmen zu bestätigen. Qualitative Fragestellungen sind zwar aufwändiger auszuwerten, aber ergebnisoffener und daher prinzipiell besser geeignet für gendergerechtes For-schungsdesign.

Gendergerecht Clustern

Ein wesentliches Merkmal quantitativer Studien sind Cluster, die gebildet wer-den, um Aussagen über bestimmte Gruppen zu treffen. Angesichts der Gefahr der Verstärkung von Stereotypen empfiehlt es sich, nicht entlang vorgegebener Merk-male wie Geschlecht, Alter etc. zu clustern, sondern ergebnisoffen entlang von Faktoren, die sich aus der Studie selbst ergeben. Damit kann die Fortschreibung stereotyper Zuschreibungen vermieden werden.

Innerhalb dieser Cluster soll dann die Geschlechterverteilung betrachtet werden. Dies ist zentral, da ohne diesen Schritt die Kategorie „Gender" aus dem Blick ge-raten würde. Vorhandene Ungleichheiten würden dadurch unsichtbar gemacht. Wolffram & Winker haben beispielsweise in einer Studie über technische Studi-enanfänger_innen zunächst nach Technikhaltungen geclustert (z.B. *„einseitig tech-*

nikzentrierte Haltung", *„distanzierte Technik- und Computerhaltung"*), und erst danach die Geschlechterverteilungen innerhalb der fünf Gruppen betrachtet. Mit einer solchen Vorgangsweise fällt es viel leichter, der Falle vorschneller Zuschreibungen zu entgehen (Wolffram/Winker 2005).

Ist dies nicht möglich, und müssen Cluster auf Basis vorher festgelegter Merkmale gebildet werden, so empfiehlt es sich Merkmale zu wählen, die weniger durch Stereotypen geprägt sind. Die inneren Persönlichkeitsmerkmale (Rowe 2003): Geschlecht, Alter, soziale Herkunft, Ethnie, geistige/körperliche Fähigkeiten/Einschränkungen, sexuelle Orientierung und zusätzlich auch Religion/Weltanschauung sind häufiger mit Vorannahmen verknüpft und damit sind stereotype Zuschreibungen (die es immer gibt) schwerer erkennbar.

Im Projekt GEMPLAY wurde beispielsweise nach „Spielertypen" geclustert, innerhalb derer dann die Geschlechter- und Altersverteilung betrachtet wurde.

Eine gute Möglichkeit besteht darin, bereits in das Design einer quantitativen Befragung mögliche Auswirkungen von Lebensrealitäten einfließen zu lassen. So wurde im Projekt GEMPLAY beispielsweise nach Zeitverwendung und Freizeitverhalten gefragt. Dies kann allerdings qualitative Befragungen nicht ersetzen.

Partizipative Methoden und Auswahl von Testpersonen

Wie dargestellt, sind partizipative Methoden, die Nutzer_innen in den Forschungs- und Designprozess einbeziehen, für gendergerechte Forschung unerlässlich.

Zentral ist hier die Auswahl der Testpersonen. Mindestens ebenso wichtig wie eine ausgewogene Zusammensetzung nach biologischem Geschlecht ist die Berücksichtigung der drei oben genannten Merkmale: raumzeitliche Rahmenbedingungen, Technikhaltungen sowie Technikaffinität und –erfahrung als Auswahlkriterien für Testpersonen bzw. als Auswertungskriterien (z. B. viel/mittel/wenig Technikerfahrung). Darüber hinaus kommt hier ebenfalls der Aspekt Diversity zum Zug. Es empfiehlt sich die (insbesondere inneren) Persönlichkeitsmerkmale (vgl. Diversity-Rad, Abschnitt *Besonderheiten von Medien-Projekten*) auf Relevanz für das Projekt hin zu betrachten.

Im Projekt MOBISENIORA wurden die Testpersonen z. B. entlang einer Matrix ausgewählt, in der neben Geschlecht auch Alter, Region und Nutzungserfahrung berücksichtigt war. Im begleitenden Fragebogen zu den Usability-Tests wurden die Testpersonen dann nach der wöchentlichen Gerätenutzung in Stunden gefragt. In der Auswertung wurde der Median der jeweiligen Gerätenutzung gebildet und daraus dann die Gruppen gebildet (viel/wenig/keine Gerätenutzung), für die nach Korrelationen zu anderen Ergebnissen gesucht wurde.

Personas

Personas werden in der Softwareentwicklung genutzt, um ein user-oriented Design zu gewährleisten. Sie sollen den Entwickler_innen helfen, ihr Produkt durch *„die Maske der User_innen"* zu sehen (Nielsen 2012). Aus gendersensibler Sicht ist dieser „Perspektivenwechsel" besonders wichtig, da die meisten Teams in der Softwareentwicklung hauptsächlich aus Männern mittleren Alters bestehen. Es besteht die Gefahr, dass z.B. die weiblichen und älteren User_innen nicht beachtet werden (Oudshoorn/Rommes/Stienstra 2004).

Personas wären deshalb theoretisch sehr gut geeignet, um ein gender- und diversity-sensibles Design zu gewährleisten, da sich die Entwickler_innen dadurch in die User_innen hineinversetzen können. Das Problem dabei ist, dass Personas immer eine gewisse Vereinfachung beinhalten müssen und deshalb auch zu Stereotypisierung neigen. Die große Herausforderung ist deshalb, die nötige Vereinfachung der Komplexität und die Beschreibung der individuellen Diversitätsfaktoren im richtigen Maß gegeneinander abzuwägen (Turner/Turner 2011; Marsden/Link/Büllesfeld 2014).

Personas stellen Entwicklungsteams also vor eine schwierige Aufgabe: Zum einen sollen sie typische Nutzer_innen abbilden, müssen also „geclustert" sein und bei den einzelnen Merkmalen mittlere Werte darstellen. Zum anderen widerspricht eine Clusterung der Zielgruppen ganz prinzipiell der Forderung nach einer Berücksichtigung der Interessen und Lebensrealitäten der einzelnen Zielpersonen, da dabei immer Details verloren gehen müssen. Sie sollen also typisch sein, aber trotzdem nicht stereotyp.

Eine wichtige Voraussetzung für die Entwicklung von Personas ist damit die oben beschriebene Selbstreflexion der eigenen Zuschreibungen und stereotyper Vorstellungen über Personengruppen. Auch Personas sollen die Lebensrealitäten der Zielpersonen möglichst realistisch darstellen. Eine weitere sinnvolle Vorgangsweise besteht darin, die Clusterungen nicht entlang vorher festgelegter Merkmale vorzunehmen, sondern anhand von Merkmalen, die sich aus der User Reseach ergeben, in der Weise wie oben am Beispiel der Studie von Wolffram beschrieben.

Fazit

Die Vorschläge der Autorin für ein gendergerechtes Forschungsdesign für interaktive Medien betreffen unterschiedliche Aspekte der quantitativen und qualitativen Forschung:

- die qualitative Formulierung von Forschungsfragen und Hypothesen in einer offenen, nicht geschlechtsspezifischen Weise;

- die Blickrichtung auf raum-zeitliche Rahmenbedingungen und Lebensrealitäten (z.B. Betreuungspflichten); auf Selbstzuschreibungen, und Technikhaltungen;

- die kritische Quellenbetrachtung, insbesondere von geschlechtsspezifischen Ergebnissen außerhalb von biologischer Forschung;

- eine genaue Sprache bei der Wiedergabe geschlechtsspezifischer Forschungsergebnisse;

- für quantitative Studien eine stereotypenresistente Vorgehensweise zu Clusterung und Auswertung;

- für qualitative Studien die Ausschöpfung des Potenzials partizipativer Forschungs- und Designmethoden;

- eine diversitätsbewusste Auswahl von Testpersonen;

- das explizite Beschreiben von nicht-vorhandenen Unterschieden, wenn keine gefunden wurden.

Wichtig ist, diese Vorschläge zu gendergerechtem Forschungsdesign in Medien-Projekten nicht als Einzelmaßnahmen, sondern als Paket zu betrachten und anzuwenden. Natürlich kann schon die Anwendung einer einzelnen Maßnahme wichtig und sinnvoll sein, doch erst im Paket können die Vorschläge ihre volle Innovationskraft entfalten.

Literatur

Amann-Hechenberger, Barbara et al. (2015): Tablet & Smartphone: Seniorinnen und Senioren in der mobilen interaktiven Welt. Forschungsbericht zum Projekt „mobiseniorA", Wien, http://mobiseniora.at/ [zuletzt aberufen am 29.10.2017].

Bath, Corinna (2007): Discover Gender in Forschung und Technologieentwicklung. In: *Soziale Technik 4/2007,* p. 2, www.sts.aau.at/ias/content/download/1656/7774 [zuletzt abgerufen am 28.10.2017].

Bidwell-Steiner, Marlen / Krammer, Stefan (2010): Doing Gender: Einblicke: (Un) Doing gender als gelebtes Unterrichtsprinzip. Wien: Facultas, pp. 7–12.

Buchmüller, Sandra / Joost, Gesche / Bessing, Nina / Stein, Stephanie (2011): Bridging the gender and generation gap by ICT applying a participatory design process, In: Personal and Ubiquitous Computing 15 (7), 2011, p. 743–758.

Bührer, Susanne / Schraudner, Martina (2006): Gender-Aspekte in der Forschung: wie können Gender-Aspekte in Forschungsvorhaben erkannt und bewertet werden? Karlsruhe: Fraunhofer.

Connell, Raewyn (1999): Der gemachte Mann: Konstruktion und Krise von Männlichkeiten. Berlin: Springer.

Erharter, Dorothea (2014): Gender- und Diversity-Faktoren in interaktiven Medien, In: *Forum Medientechnik - Next Generation, New Ideas,* Markus Seidl & Grischa Schmiedl (Ed.), Glückstadt.

Erharter, Dorothea / Jungwirth, B. / Schwarz, S. / Knoll, B. / Posch, P. & Xharo, E. (2014): Smartphones, Tablets, App für Seniorinnen und Senioren. In: *Assistenztechnik für betreutes Wohnen: AAL Testregion Westösterreich. Tagungsband zum uDay XII.* Guido Kemper (Ed.): Pabst Science, p. 221-235.

Erharter, Dorothea / Xharo, Elka (2014): Gendability. Gender & Diversity bewirken innovative Produkte. In *Gender-UseIT - HCI, Usability und UX unter Gendergesichtspunkten,* Nicola Marsden and Ute Kempf (Ed.) (Oldenbourg: DeGruyter), 2014, pp.127–141.

Erharter, Dorothea (2015): Gender- und Diversity-Dimensionen in der Entwicklung von IKT-Projekten, In: *Gender und IT-Projekte: Neue Wege zu interaktiver Teilhabe,* Helena Barke and others (Ed.), Leverkusen: Budrich UniPress.

Fine, Cordelia (2012): Die Geschlechterlüge. Stuttgart: Klett-Cotta.

Gardenswartz, Lee / Rowe, Anita (1998): Managing Diversity: A Complete Desk-Reference and Planning Guide, Revised Edition. New York: McGraw-Hill.

Hammerl, Elfriede (2009): Was ist Gender? Geschlechtsspezifische Rollenzuweisungen und ihre alltäglichen Auswirkungen, In: Margarethe Hochleithner (Ed.); *Gender Medicine: Ringvorlesung an der Medizinischen Universität Innsbruck. Band 2.* (Wien), pp. 9-17.

Häusler, Elisabeth and others (2010): The FEMroute Project: A Gender-Sensitive Approach to Route Planning Systems for Pedestrians, (Keynote Lecture, 7th International Symposium on Location Based Services & TeleCartography, Guangzhou, China) In: *Proceedings of the 7th International Symposium on Location Based Services & TeleCartography*, Georg Gartner, Yan Li (ed.), 2010, p. 124–128

Joost, Gesche / Bessing, Nina / Buchmüller, Sandra (2010): G – Gender Inspired Technology, In: Geschlecht und Innovation. Gender-Mainstreaming im Techno-Wissenschaftsbetrieb. Internationale Frauen- und Genderforschung in Niedersachsen. Ernst, Waltraud (Ed.), (Teilband 4. Lit-Verlag. Berlin).

Maaß, Susanne / Draude, Claude / Wajda, Kamila (2014): Gender-/Diversity-Aspekte in der Informatikforschung: Das GERD-Modell. In *Gender-UseIT - HCI, Usability und UX unter Gendergesichtspunkten*, Nicola Marsden and Ute Kempf (Ed.), Oldenbourg: DeGruyter.

Marsden, Nicola / Link, Jasmin / Büllesfeld, Elisabeth (2014): Personas und stereotype Geschlechterrollen. In *Gender-UseIT - HCI, Usability und UX unter Gendergesichtspunkten*, Nicola Marsden and Ute Kempf (Ed.), Oldenbourg: DeGruyter, pp. 91-104.

Neyer, Franz / Asendorpf, Jens (2012): *Geschlechtsunterschiede*, in: Asendorpf/Neyer: Psychologie der Persönlichkeit, Heidelberg: Springer, pp 333–370.

Nielsen, Lene (2012): Personas - User Focused Design. Vol. 15. Springer Science & Business Media.

Oudshoorn, Nelly / Rommes, Els / Stienstra, Marcelle (2004): Configuring the User as Everybody: Gender and Design Cultures in Information and Communication Technologies. In: *Science Technology & Human Values 29 (1)*, 2004, pp. 30–63.

Precht, Richard David (2010): *Liebe: Ein unordentliches Gefühl.* München: Goldmann.

Rogers, Yvonne / Sharp, Helen / Preece, Jenny (2011): Interaction design: beyond human-computer interaction. John Wiley & Sons: Hoboken, New Jersey.

Rowe, Anita (2003): Diverse teams at work: Capitalizing on the power of diversity, Society for Human Resource.

Sanders, Elizabeth (1999): Postdesign and participatory culture, In: *Proceedings of Useful and Critical: The Position of Research in Design*, (Helsinki: University of Art and Design), Online verfügbar unter http://www.maketools.com/articles-papers/PostdesignandParticipatoryCulture_Sanders_99.pdf [zuletzt abgerufen am 23.01.2015].

Scambor, Elli / Zimmer, Fränk (2012): *Die intersektionelle Stadt*, Bielefeld: transcript.

Schiebinger, Londa / Klinge, Ineke (2013): Gendered innovations: how gender analysis contributes to research. Report of the Expert Group „Innovation through Gender", European Commission.

Schraudner, Martina (2006): Discover Gender: Das Potenzial von Gender für die Forschung. Gender Kompetenz Zentrum, Berlin.

Turner, Phil / Turner, Susan (2011): Is stereotyping inevitable when designing with personas? In: *Design Studies, 32(1)*, 2011, pp. 30-44.

Wolffram, Andrea / Winker, Gabriele (2005): Technikhaltungen von Studienanfängerinnen und -anfängern in technischen Studiengängen: Auswertungsbericht der Erstsemesterbefragung an der TUHH im WS 03/04.

"…BUT HOW DO YOU FORMALIZE IT?"

GENDER STUDIES ALS KONSTRUKTIVE INTERVENTION IN DER INFORMATIK

Claude Draude

Mit Gender Studies und Informatik treffen zwei akademische Felder aufeinander, die sich in Entstehungsgeschichte, Methoden, Verfahren, Sprache und Zielsetzung maßgeblich voneinander unterscheiden. Was die Gender Studies überhaupt zur Informatik beitragen können ist aus technikwissenschaftlicher Sicht unklar. Wird Gender im gleichen Satz wie die Informatik genannt, so ist zumeist von der seit Jahrzehnten stabilen geringen Teilhabe von Frauen im Feld die Rede. Dies wird als Problem erkannt und ist Thema von Gleichstellungsinitiativen. Fachkulturforschung aus Gender Studies Perspektive analysiert zudem die männliche Prägung bzw. differenziert unterschiedliche Männlichkeitsbilder der Technikwissenschaften. Weniger prominent diskutiert wird, dass Geschlechterforschungsperspektiven *in* der Informatik eine, wenn auch marginalisierte, so doch langjährige Verortung haben.

Mit einer immer deutlicheren Weltzugewandtheit der Informatik, die mit ihren Prozessen und Produkten zunehmend alle Lebensbereiche mitbestimmt, treten auch soziale Aspekte im Technischen in den Mittelpunkt von Forschung und Entwicklung. Der Informatikschwerpunkt Mensch-Computer-Interaktion fokussiert zentral auf die Interaktionsmodellierung von Mensch, Technik und Umwelt. Die Forschungsrichtung „Design for All", bereits in den 1990er Jahren entstanden, setzt sich explizit mit der Diversität von Nutzenden und Nutzungskontexten von Informatiksystemen auseinander (Stephanidis 1995). Die angestrebte Berücksichtigung der Vielfalt menschlicher Lebenslagen und Wissensbereiche in Informatikforschung und -entwicklung legt folglich auch den Einbezug eines weiteren Wissensbereichs nahe: den der Gender Studies.

Der folgende Beitrag beginnt mit einem kurzen Rückblick auf zentrale Fragestellungen der Geschlechterforschung in der Informatik. Im Weiteren wird darauf fokussiert, wie Gender- (und Diversity-) Expertise relevant und wirksam für Gestaltungsprozesse in der Informatik gemacht werden kann. Als Herausforderung hierbei zeigt sich, einerseits die Komplexität von Gender Studies Analysen möglichst beizubehalten und andererseits eine Verschränkung mit informatischen Verfahren zu ermöglichen. Als Beispiel für eine konstruktive Intervention der Gender Studies wird ein Vorgehensmodell für die Informatikforschung und -entwicklung vorgestellt.

Situierung

Gender Studies in der Informatik?

Sollen Gender- und Diversity-Aspekte theoretisch fundiert in die Informatikforschung und -entwicklung aufgenommen werden, so ist Expertise aus den Gender Studies gefragt. Nun sind auf den ersten Blick Gender Studies und Informatik
akademische Felder, die wenig miteinander zu tun haben und auch nicht einfach
miteinander in Dialog zu bringen sind. Unterschiedliche Verortungen und Hintergründe – Gender Studies in geistes- und sozialwissenschaftlicher Tradition, Informatik als Technik- bzw. Ingenieurwissenschaft – bedeuten auch Unterschiede
in Begrifflichkeiten, Methoden und Verfahren und nicht zuletzt im Verständnis
von Wissenschaft. Dennoch darf nicht übersehen werden, dass Ansätze der Geschlechterforschung *in* der Informatik, zwar eine marginalisierte, aber doch lange
Tradition haben. Auf welche Weise Geschlecht in der Informatikforschung und
-entwicklung eine Rolle spielt, ist seit über fünfundzwanzig Jahren Gegenstand von
Diskussionen.[1]

Zentral ist bereits in den frühen Debatten der 1980er/1990er Jahre die Frage nach
der mangelnden Teilhabe bzw. Sichtbarkeit von Frauen und ihren Leistungen in einem männlich dominierten Feld, und welche Folgen dies für die Fachkultur, für die
Ausgestaltung von Forschung und Lehre und, nicht zuletzt, für die Konstruktion
von Informations- und Kommunikationstechnologie selbst hat (Funken/Schinzel
1993; Schelhowe 1996). In der Tradition feministischer Naturwissenschafts- und
Technikforschung lassen sich Objektivität und Neutralität technischer Forschung
und Entwicklung in Frage stellen. Die Problematisierung von Objektivität ist wis-
senschaftsgeschichtlich z.B. für bestimmte Gebiete untersucht worden (Orland/
Scheich 1995; Schiebinger 1999; Heintz 1995), lässt sich aber auch für die Gestaltung technischer Artefakte und Produkte diskutieren. Prominent zu nennen ist hier
der Ansatz des „scripts" oder „scenarios", der analytisch zu fassen sucht, dass diejenigen, die Technik entwickeln ihre Vorstellungen und Weltsicht in das Artefakt
gewissermaßen einschreiben (Akrich 1992; Rommes 2002). Für die Softwareentwicklung hat dieser semiotische Ansatz eine besondere Brisanz, geht es hier doch
darum z.B. Arbeits- oder Kommunikationsprozesse algorithmisch zu beschreiben
und mittels Code maschinenlesbar aufzubereiten. Werden nicht explizit Methoden
eingesetzt, die unterschiedliche Menschen als potentiell Nutzende der Technologie in den Gestaltungsprozess miteinbeziehen, so folgt die Entwicklung dem, was
als „I-methodology" bezeichnet wird (ibid.). „I-methodology" beschreibt, dass die
Person, die die Technik entwickelt, sich selbst bzw. eigene Vorstellungen über die
Nutzung als repräsentativ annimmt. Mit diesem Konzept lässt sich also Teilhabe in
enger Verschränkung mit Gestaltung denken.

Die verschiedenen Dimensionen der Geschlechterordnung, ihre symbolische,

---

1   Einen guten Einblick in die Debatten im internationalen Kontext geben die Tagungsbände der Konferenzen
„Women, Work, and Computerization", die seit 1987 stattfanden.

strukturelle und individuelle Ebene (Harding 1986), durchziehen die Diskussion um Gender- und Diversity-Aspekte in der Informatik von den Anfängen bis heute. Wegbereiterinnen berichten in biografischen Erzählungen zur Rolle der Frauen- und Geschlechterforschung in der Informatik im Rückblick, wie die Erfahrung der eigenen Marginalisierung als Frau in einem männlichen Feld, Forschungsperspektiven geprägt hat (Schinzel 2014; Floyd 1999). In Selbsthistorisierungen wird bezüglich der Fachkodierung deutlich, wie die Frauenforschung, später dann als Geschlechterforschung bezeichnet, Gleichstellungsanliegen mit der Normierung von Wissen und einseitigen Standpunkten verbindet. Weil sich die Informatik von einer männlichen Norm geprägt zeigt, sind neben Zugängen zur Disziplin, auch Methoden, Verfahren, Inhalte und Anwendungsgebiete einseitig besetzt.

Nun ist die Informatik eine Disziplin, welche in den fünfzig Jahren ihres Bestehens, starke Wandlungsprozesse durchlebt hat. Die Informatik, und ihre zahlreichen Teildisziplinen, löst sich in ihren Praktiken zunehmend von der Verortung als Ingenieurwissenschaft und einer „reinen" Mathematik, was sich u.a. in veränderten Paradigmen, wie dem der Interaktivität zeigt (Wegner 1997). Arbeiten, die die Vielfalt der Informatik sichtbar machen, streben eine veränderte Wahrnehmung sowohl in der Disziplin als auch im Außenbild an (Zeising et al. 2014). Hierzu passen Diskussionen um die disziplinäre Basis und die Frage danach, ob die Informatik nicht auch zunehmend als Gestaltungswissenschaft oder als sozial-orientierte Wissenschaft zu verstehen sei (Schelhowe 2014). Inwieweit sich soziale Aspekte als verschränkt mit Technikentwicklung denken lassen, ist letztlich ausschlaggebend für den Ein- oder Ausschluss von Gender- und Diversity-Aspekten in der Informatikforschung und -entwicklung.

Notwendige Übersetzungsleistungen

Vor über zehn Jahren hielt ich auf einem Workshop zu Mensch-Computer Interaktion und Gender[2] einen Vortrag. Ich stellte Theorienansätze der dekonstruktiven Gender Studies exemplarisch in Bezug zu anthropomorphen Interfaceagenten – interaktiven Figuren, die menschliches Verhalten und Aussehen in der HCI/KI simulieren – zur Diskussion (Draude 2006; siehe auch Draude 2017). Im Workshop ging es mir darum, zum einen das, zumeist unbewusste, Übertragen von Alltagsverständnissen von Geschlecht auf informatische Artefakte zu problematisieren. Zum anderen wollte ich ausloten inwieweit sich theoretisch fundierte Analysen der Geschlechterforschung mit informatischen Praktiken und Verfahrensweisen verknüpfen lassen. In der anschließenden Diskussion des Beitrags brachte eine Informatikerin aus dem HCI-Bereich dann das Spannungsverhältnis Gender Studies und Informatik sehr prägnant auf den Punkt, indem sie formulierte: „That's all

---

2   Workshop „Gender & Interaction: real and virtual women in a male world", organisiert von Antonella De Angeli und Nadia Bianchi-Berthouze im Rahmen der Konferenz AVI 2006, Advanced Visual Interfaces, Venedig, Italien.

very interesting…but how do you formalize it?" In der Aussage verschränken sich epistemologische Setzungen der Informatik mit Arbeitspraktiken in Entwicklungsprozessen und Fragen der Relevanz der Gender Studies für die Informatik. Will Geschlechterforschung nicht nur kommentierend und einschätzend auf technische Felder einwirken, sondern an Entwicklungsprozessen mitwirken, so gilt: *"Genderforschung in der Informatik setzt bei der Verbindung des Formalen und Technischen mit dem Sozialen an."* (Schelhowe 2005b, 135)

Beim Austausch zwischen Gender Studies und Informatik wird schnell deutlich, dass beide sich in Grundlagen, Herangehensweisen und Begrifflichkeiten voneinander unterscheiden (Schelhowe 2005a; Crutzen 2013). Mit dem Ziel, realweltliche Prozesse zu unterstützen, findet sich die Informatik vor der Aufgabe, Teile der Welt nachzubilden, sie zu „modellieren". Für den Computer als zeichenverarbeitende Maschine müssen Ausschnitte der Welt zunächst formal beschrieben werden, um Berechnungen durch diese Maschine möglich zu machen (Nake 2001). In diesem Beschreibungs- und Übersetzungsprozess wird notwendigerweise ausgewählt, was wichtig erscheint, bestimmte Aspekte werden in den Vordergrund gerückt, andere außer Acht gelassen. So finden bewusst oder unbewusst Setzungen, Begrenzungen und Ausschlüsse statt.

Das Feld der Gender Studies dagegen lässt sich als kritische Wissenschaftsforschung verstehen. Dies umfasst die Reflexion einzelner Fachdisziplinen, aber auch die Untersuchung fächerübergreifender Phänomene oder Wissensobjekte. Durch den Blick von außen und die Herstellung von Querverbindungen zwischen den Disziplinen wird die Wahrnehmung geschärft und es werden auch solche Aspekte der Forschung sichtbar gemacht, die für die disziplinär Forschenden z.B. aufgrund ihrer eigenen Positionierung vielleicht schwierig zu erfassen sind. Gender Studies etablierten sich als Wissenschaft, historisch entstanden aus den Women's Studies, insbesondere um Perspektiven zu beleuchten, die aufgrund des sozialen Markers Geschlecht marginalisiert erscheinen. Geschlechtliche Setzungen sind so elementar für unsere Gesellschaft, dass sie häufig unsichtbar oder implizit vor sich gehen, dafür umso wirksamer sind und sich nur schwierig für die Reflexion öffnen lassen (von Braun/Stephan 2006). Um Verkürzungen des Gender-Begriffs zu vermeiden, wird in diesem Beitrag häufig das Begriffspaar Gender und Diversity benutzt. Ein generalisiertes Sprechen von „den Männern" bzw. „den Frauen", eine isolierte Betrachtung von Geschlecht, vereindeutigt dies zum einen stets, zum anderen macht es andere Kategorien wie körperliche Befähigung, sozialen Status, Ethnizität, sexuelle Orientierung o.ä. unsichtbar. Aus den US-amerikanischen Critical Race Studies, hat sich für die Verbindung von Gender und Diversität das Konzept der Intersektionalität herausgebildet (Crenshaw 2017; Rothenberg 2009). Es geht darum, die Schnittstellen sozialer Kategorien herauszuarbeiten und Macht- und Hierarchieverhältnisse zu reflektieren. Das Augenmerk liegt folglich nicht auf einzelnen Menschen oder Gruppen, sondern darauf, wie sich individuelle, strukturelle und symbolische Ebenen in Wissensgebieten miteinander verschalten und Ein- und Ausschlüsse produziert werden (Harding 1986).

Einen produktiven Austausch zwischen Informatik und Gender Studies zu gestalten, ist aufgrund der unterschiedlichen erkenntnisleitenden Basis der Disziplinen daher nicht einfach. Um formale Modelle konstruieren und technische Lösungen realisieren zu können, muss die Informatik Eindeutigkeiten schaffen, komplexe Realitäten reduzieren, entscheiden, welche die Standardfälle sind und welche die Abweichung darstellen. Normen, Algorithmen und Standardisierungen wirken als Schließungsprozesse gegenüber sozialer Vielfalt. Gender Studies dagegen stellen einseitige Normierungen in Frage und arbeiten an der kritischen Dekonstruktion von vermeintlichen Eindeutigkeiten (Degele 2008). Von Seiten der Technikwissenschaft Informatik wird häufig die Operationalisierbarkeit sozial- und geisteswissenschaftlicher Methoden und Wissensbestände gefordert. So ist regelbasiertes und formalisiertes Wissen anschlussfähiger als qualitatives Wissen, welches in Form von Erzählungen oder Berichten vorliegt. Dies bedeutet, dass die Geschlechterforschung spezifische Transitionsleistungen erbringen muss, will sie in der Disziplin Informatik gehört werden.

Geschlechterforschungsanalysen der Informatik zeigen beispielsweise, dass aufgrund der Fokussierung auf die technische Umsetzung die zugrundeliegenden Annahmen über Techniknutzende, den Nutzungskontext, sowie Personen, die die Technik zwar nicht direkt gebrauchen, aber durch ihren Einsatz betroffen sind, zu wenig reflektiert werden und der eigene Beitrag zur Fortschreibung und Verfestigung von Strukturen nicht gesehen wird. Die Konfrontation von Gender Studies und Informatik hilft, dieses Konstruieren von Welt sichtbar zu machen und für die Reflexion zu öffnen, um anderen, vielfältigen Bildern Geltung zu verschaffen. Der Umschlagplatz Gender Studies – Informatik sollte hierbei möglichst weit in die Verfahren der Informatikforschung und -entwicklung hereinreichen, denn: *„Der konkrete Nachweis [...], dass unterschiedliche soziale Zielsetzungen auch jeweils andere Technologien hervorbringen, ist schwer zu führen. Retrospektiv lassen sich nicht eingeschlagene Pfade der Technikentwicklung nur selten als ,gangbare' Wege im Sinne auch einer technischen Logik verifizieren, ja sie kommen nicht einmal in den Sinn. Technologische Forschung braucht in der Regel den Nachweis durch erfolgreiche Konstruktion. Erfolgreiche Konstruktionen aber wiederum lassen die normativen Einschreibungen verschwinden. Erfolgreicher scheint es, soziale Faktoren von vornherein mit in den Gestaltungsprozess einzubeziehen, also in der Entwicklung der Software die Genderperspektive einzunehmen."* (Schelhowe 2005b, 135)

Im letzten Jahrzehnt sind einige erste Richtlinien, Handreichungen, sowie theoretisch fundierte Arbeiten zur Berücksichtigung von Gender- und Diversity-Aspekten in der Technologieentwicklung entstanden. Das Projekt *Discover Gender,* primär eine Kooperation zwischen der Europäischen Akademie für Frauen in Wirtschaft und Politik EAF mit dem Fraunhofer-Institut für System- und Innovationsforschung, erarbeitete einen Leitfaden zur Ermittlung von Genderaspekten in Forschungs- und Entwicklungsvorhaben (Bührer/Schraudner 2006). Das zugrundeliegende Genderkonzept (beschrieben in Schraudner/Lukoschat 2006) ist differenziert und berücksichtigt aktuelle Ansätze der Gender- und Diversity-Forschung. Auf dieser Basis wurde dann ein Leitfaden entwickelt, der – insbesondere durch die zusätzliche Beschreibung einer Reihe von Fallbeispielen für seine Anwendung – in Natur- und Technikwissenschaft verständlich sein soll. Dazu wurde die Komplexität des Genderkonzeptes allerdings wieder weitgehend auf dichotom unterschiedene körperliche Merkmale, Ansprüche und Nutzungsweisen von Männern und Frauen reduziert. Aus Sicht der Gender Studies läuft der Leitfaden daher Gefahr, Geschlechterstereotype zu verstärken und die Vielfalt der sozialen Welt ungenügend zu adressieren (Bath 2007).

Das von der Wissenschaftshistorikerin Londa Schiebinger geleitete Projekt *Gendered Innovations* (European Commission 2013) entwickelte in den vergangenen Jahren in Kooperation mit US-amerikanischen und europäischen Expert_innen Ansätze zur Integration von Genderaspekten in Naturwissenschaften, Gesundheitswissenschaften und Medizin, Ingenieur- und Umweltwissenschaften. Unter „Gendered Innovation" wird verstanden, dass wissenschaftlich-technische Innovation durch den Einbezug von Genderaspekten vorangetrieben und bereichert werden kann: *„Gendered Innovations employ sex and gender analysis as a resource to create new knowledge and technology."* (ibid.) Damit wird auch die Hauptzielrichtung des Projekts beschrieben, die unter der Überschrift „Fixing the Knowledge" steht. Zwei weitere Projektziele sind, mehr Frauen in die Wissenschaft zu bringen („Fixing the Numbers") sowie Arbeitsbedingungen in Institutionen der Wissenschaft auf Chancengleichheit auszurichten („Fixing the Institutions"). Die zu allen Bereichen erarbeiteten Materialien stehen in Form einer umfangreichen Website zur freien Nutzung zur Verfügung.[3]

Die beiden genannten Projekte behandeln Forschung und Entwicklung in den Bereichen Naturwissenschaften, Gesundheitswissenschaften und Medizin, Ingenieur- und Umweltwissenschaften. Gezielt auf die Informatik Bezug nimmt die im Rahmen ihrer Dissertation vorgelegte Theoriearbeit „De-Gendering informatischer Artefakte: Grundlagen einer kritisch-feministischen Technikgestaltung" von Corinna Bath (Bath 2009). Die Arbeit beinhaltet eine umfangreiche Diskussion von Technikgestaltungsmethoden aus Geschlechterforschungsperspektive und schlägt eine eigene Methodik vor. Nicht nur, aber auch, auf Technikgestaltung geht Sandra Buchmüller in „GESCHLECHT MACHT GESTALTUNG – GESTALTUNG MACHT GESCHLECHT: Der Entwurf einer machtkritischen und geschlechterinformierten Designmethodologie" ein (Buchmüller 2016). Von der Designforschung aus gedacht und mit Praxisbeispielen unterfüttert, erstellt Buchmüller eine Taxonomie, die die Komplexität der Geschlechterforschung für Gestaltungsprozesse aufbereitet. Beide Arbeiten bieten sich besonders für Gender Studies Forschende und Interessierte in der Informatik, bzw. in den konstruierenden Wissenschaften allgemein, zur Übersicht, Einordnung und Vertiefung an.

Einen weiteren Beitrag, der die Verschränkung von Gender Studies und Informatik in Form eines Vorgehensmodells vorantreiben will, wird im Folgenden unter dem Punkt Intervention vorgestellt.

---

3   http://genderedinnovations.stanford.edu. Große Teile davon wurden inzwischen auf Deutsch übersetzt und sind unter www.geschlecht-und-innovation.at zu finden.

Intervention

Das GERD-Modell: Hintergrund und Entstehung

Das „Gender Extended Research and Development" (GERD)-Modell[4] wurde aus der Informatik heraus entwickelt und speziell auf die Informatikforschung und -entwicklung ausgerichtet. Es entstand im Rahmen des Forschungsprojektes InformAttraktiv an der Universität Bremen[5] in einem interdisziplinären Team mit Beteiligten aus den Gender Studies, sowie aus verschiedenen Bereichen der Informatik. Im Mittelpunkt des Vorhabens stand die Informatik aus der Sicht der Gender Studies zu analysieren. Im Verlauf des Projekts wurde nach systematischen Ansatzpunkten gesucht, um die sozialen Bezüge verschiedener Informatikforschungsbereiche (Digitale Medien und Interaktion; Sicherheit und Qualität; Künstliche Intelligenz, Kognition und Robotik) sichtbar zu machen oder auszudifferenzieren. Die Ergebnisse dieser Systematisierung sind im GERD-Modell zusammengefasst.

Im GERD-Modell werden Gender Studies Ansätze und Informatik-Denkweisen verbunden. Es bildet ein Bezugssystem, um zu demonstrieren, wann welche Gender- und Diversity-Aspekte für die Informatik relevant sind, und regt dazu an, die gesellschaftliche Einbettung der eigenen Forschung verstärkt zu bedenken und zu thematisieren. Personen in der Informatikforschung und -entwicklung sollen dabei unterstützt werden, die potentielle Vielfalt von Menschen, gesellschaftlichen Kontexten und Wissensressourcen zu jedem Zeitpunkt im Forschungs- oder Entwicklungsprozess mit zu denken, zu erfassen und einzubinden. Mit dem GERD-Modell wird der Versuch gemacht, Anknüpfungspunkte für Gender- und Diversity-Aspekte speziell in der Informatik zu verdeutlichen, ohne wiederum auf ein unterkomplexes Verständnis von Gender und Diversity zu verfallen. Das GERD-Modell will, wie oben beschrieben, Gender Studies als soziale Ungleichheitsforschung und Reflexionswissenschaft einführen. Zudem soll Gender intersektional verstanden werden und die verschiedenen Dimensionen der Geschlechterordnung (symbolisch, strukturell, individuell) zumindest ansatzweise berücksichtigt werden. Das Modell zeigt Hauptphasen von Informatikforschung und -entwicklung auf und benennt Reflexionsaspekte, die aus den Gender Studies gewonnen wurden (siehe Abb. 2A). Bewusst wird hier kein neues Vorgehensmodell, sondern eine Erweiterung bisheriger Vorgehensweisen vorgeschlagen, die keine grundlegende Umstrukturierung der Arbeitsprozesse verlangt.

---

4   Das GERD-Modell wurde von Susanne Maaß, Kamila Wajda und Claude Draude entwickelt. Es kann im Rahmen dieses Beitrags nur stark gekürzt wiedergegeben werden. Für das vollständige Modell siehe Draude et. al. 2014, sowie die Website des Modells, unter http://www.informatik.uni-bremen.de/soteg/gerd/?action=modell. Für einen englischsprachigen Artikel siehe Draude/Maaß 2018.

5   InformAttraktiv wurde gefördert vom Bundesministerium für Bildung und Forschung (BMBF) und dem Europäischen Sozialfonds für Deutschland (ESF), Förderzeichen 01FP1040 und 01FP1041.

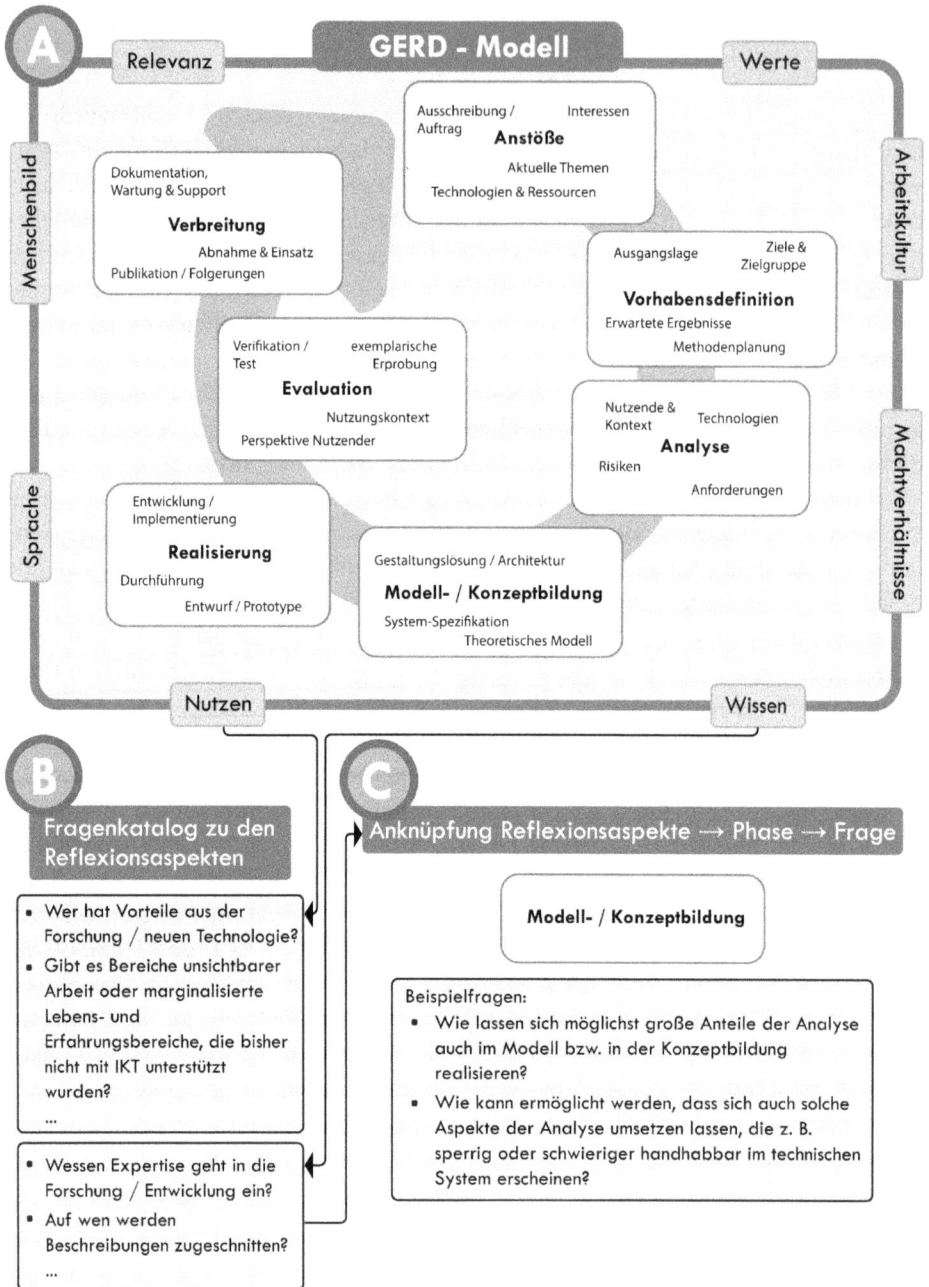

A

Relevanz · **GERD - Modell** · Werte

Menschenbild · Arbeitskultur · Machtverhältnisse · Sprache

Ausschreibung / Auftrag · Interessen
Anstöße
Aktuelle Themen
Technologien & Ressourcen

Dokumentation, Wartung & Support
Verbreitung
Abnahme & Einsatz
Publikation / Folgerungen

Ausgangslage · Ziele & Zielgruppe
Vorhabensdefinition
Erwartete Ergebnisse
Methodenplanung

Verifikation / Test · exemplarische Erprobung
Evaluation
Nutzungskontext
Perspektive Nutzender

Nutzende & Kontext · Technologien
Analyse
Risiken
Anforderungen

Entwicklung / Implementierung
Realisierung
Durchführung
Entwurf / Prototype

Gestaltungslösung / Architektur
Modell- / Konzeptbildung
System-Spezifikation
Theoretisches Modell

Nutzen · Wissen

B

Fragenkatalog zu den Reflexionsaspekten

- Wer hat Vorteile aus der Forschung / neuen Technologie?
- Gibt es Bereiche unsichtbarer Arbeit oder marginalisierte Lebens- und Erfahrungsbereiche, die bisher nicht mit IKT unterstützt wurden?
...

- Wessen Expertise geht in die Forschung / Entwicklung ein?
- Auf wen werden Beschreibungen zugeschnitten?
...

C

Anknüpfung Reflexionsaspekte → Phase → Frage

Modell- / Konzeptbildung

Beispielfragen:
- Wie lassen sich möglichst große Anteile der Analyse auch im Modell bzw. in der Konzeptbildung realisieren?
- Wie kann ermöglicht werden, dass sich auch solche Aspekte der Analyse umsetzen lassen, die z. B. sperrig oder schwieriger handhabbar im technischen System erscheinen?

Abbildung 2: GERD-Modell mit Hauptphasen, Reflexionsaspekten und exemplarischen Fragen.

Zunächst soll das GERD-Modell allgemeine Forschungsverläufe und Entwicklungsmodelle gemeinsam abbilden. Dadurch sollen sowohl Forschende als auch Entwickelnde erreicht und Herausforderungen, Teilbereiche und Unterschiede beider Projektarten bewusst mitgedacht werden. Forschungsprojekte in der Informatik sind in den meisten Fällen mit Softwareentwicklungsprozessen verbunden. Bei der Sichtung einer Vielzahl von Vorgehensmodellen zur Softwareentwicklung – u.a. ISO 9241-210, Spiralmodell (Boehm 1988), Agile Entwicklung (Schwaber 2004) – sowie typischer Forschungsverläufe (z.B. Peffers et al. 2006) wurde deutlich, dass sich Vorgehensweisen bei theoretischer Forschung und praktische Entwicklungsprozesse zwar voneinander unterscheiden, aber doch so große Überschneidungen aufweisen, dass eine Differenzierung im Modell nicht nötig erschien.

Zur Generierung des GERD-Modells wurden daher, aus den vorgefundenen, zum Teil unterschiedlich benannten und unterschiedlich voneinander abgegrenzten Prozessen und Aktivitäten sieben Hauptphasen herausgefiltert und durch Teilaktivitäten und Aspekte charakterisiert. Die Bezeichnungen wurden so gewählt, dass sie für Forschung und Entwicklung gleichermaßen passend erscheinen: Vorhabensdefinition, Analyse, Modell-/Konzeptbildung, Realisierung, Evaluation und Verbreitung. Als weitere Phase wurden die Anstöße für die Initiierung eines Projekts hinzugefügt, eine Phase, die in den vorgefundenen Modellen nicht berücksichtigt wird, jedoch eine tragende Rolle gerade in Hinblick auf die Einbeziehung von Gender- und Diversity-Aspekten spielt. Die im Modell zu jeder Hauptphase exemplarisch aufgeführten Teilaufgaben oder Aspekte dienen jeweils zur Charakterisierung und sind nicht als abschließend oder vollständig zu verstehen. Der Pfeil in Abb. 2A soll die generelle Durchlaufrichtung im Uhrzeigersinn andeuten, wobei zwischen den verschiedenen Phasen jederzeit hier nicht näher spezifizierte Iterationsschleifen aufgrund von Zwischenevaluationen vorstellbar sind.

Zusätzlich zu diesen Hauptphasen benennt das GERD-Modell Reflexionsaspekte, die sich an grundlegenden Konzepten der Gender und Diversity Studies orientieren (Klinger/Knapp/Sauer 2007): Relevanz, Nutzen, Wissen, Werte, Machtverhältnisse, Menschenbild, Sprache und Arbeitskultur. Diese Aspekte regen zunächst allgemein zu einer erweiterten Betrachtung von Forschungsfragen an. Um zu verdeutlichen, dass Informatikforschung und -entwicklung stets in soziale Kontexte eingebettet ist, wurden diese Begriffe im Modell wie ein Rahmen um die informatischen Hauptphasen gelegt (siehe Abb. 2A). Jeder Reflexionsaspekt kann auf jede Phase in Forschung und Entwicklung bezogen werden und wird durch eine Reihe von exemplarischen Fragen konkretisiert (siehe Abb. 2B). Die einzelnen Aspekte, genau wie die Fragen, die helfen sollen, die jeweilige Perspektive einzunehmen, sind nicht immer scharf voneinander zu trennen, sondern verschränken sich im Reflexionsprozess miteinander. Um die Reflexionsaspekte handhabbar zu machen, vor allem auch für Personen ohne Hintergrund in Gender Studies, enthält das vollständige Modell außer den exemplarischen Fragen auch Beispiele aus Forschung und Entwicklung. Die Entscheidung mit Reflexionsaspekten zu arbeiten, soll verhindern, dass bei dem Begriff Gender vorschnell identitär gedacht wird bzw. auf „die Männer" oder „die Frauen" rekurriert wird. Stattdessen sollten Wissensbestände und Perspektiven der

Geschlechter*forschung* genutzt werden. So weist das GERD-Modell über die Reflexionsaspekte, Fragen und Beispiele auf geschlechtsspezifische Arbeitsteilung hin und führt darüber hinaus in das Konzept der „unsichtbaren Arbeit" ein. Hiermit ist Arbeit gemeint, die an „unsichtbaren" Arbeitsplätzen ausgeführt wird oder Arbeit, die nicht als Arbeit (an)erkannt wird (Nardi/Engeström 1999). Beispiele sind Arbeitsplätze in Bibliotheken oder in der Systemadministration oder auch Routinearbeiten, die jedoch tatsächlich Problemlösekompetenz und hohe Kommunikationskompetenz erfordern, wie z.B. Call-Center Arbeit oder auch Arbeit von „sozial unsichtbaren" Menschen, wie z.B. Hausangestellten oder Putzhilfen. Weitere Aspekte sind die mangelnde Anerkennung von Hausarbeit, emotionaler und kommunikativer Arbeit, sowie die Trennung in produktive und reproduktive Arbeitstätigkeiten. Unsichtbare Arbeit ist häufig an Gender und intersektionale Kategorien gekoppelt und durch unsichere und hierarchische Arbeitsbedingungen bestimmt. Für die technische Gestaltung ist ein Erfassen von unsichtbarer Arbeit besonders relevant, da diese bei Reorganisationsprozessen und bei Entwicklung und Einsatz von Informatiksystemen häufig übersehen wird (Kumbruck 2001).

Wie das GERD-Modell funktioniert

Wie das GERD-Modell Forschungs- und Entwicklungsprozesse in der Informatik bereichern kann, wird deutlich, wenn mit dem Modell interaktiv und projektspezifisch gearbeitet wird. Ein solcher Prozess kann im Rahmen dieses Beitrags nicht beschrieben werden. Im Folgenden wird jedoch ein Einblick in das Modell gegeben, indem die einzelnen Phasen kurz erläutert und beispielhafte Fragen angeführt werden, die die Aktivitäten in der jeweiligen Phase des Projektverlaufs mit der Gender/Diversity-Perspektive verschränken. Das vollständige Modell arbeitet so, dass die Reflexionsaspekte zum einen durch einen Gesamtfragenkatalog verdeutlicht werden (siehe exempl. Abb. 2B). Im interaktiven Modell sind die Reflexionsaspekte mit zugehörigen Fragen dann jeweils noch den einzelnen Phasen zugeordnet (siehe exempl. Abb. 2C). Dies ermöglicht es, phasenspezifisch vorzugehen oder noch einmal zu bestimmten Zeiten im Projektverlauf Überprüfungen vorzunehmen, ohne den Gesamtfragenkatalog durchzuarbeiten. In der folgenden Beschreibung der Hauptphasen, ist diese spezifische Zuordnung zu den Reflexionsaspekten des GERD-Modells aus Platzgründen nicht aufgeführt (außer bei der Phase Modell/Konzeptbildung, exempl. in Form von Abb. 2C).

Vor dem Beginn jedes Forschungs- und Entwicklungsprojekts liegt die Phase der Aushandlung und Formulierung seiner Zielsetzung. Ideen dazu entstehen im Zusammenhang laufender wissenschaftlicher Arbeiten, im Umfeld gesellschaftlicher Diskussionen, wirtschaftlicher Erwägungen oder technischer Trends, manchmal werden sie angeregt durch Ausschreibungen im Rahmen von Forschungsförderprogrammen oder auch aufgrund von persönlichen Motivationen und Interessen von Wissenschaftler_innen und Entwickler_innen. In gängigen informatischen Vorgehensmodellen bleibt diese Phase, die im GERD-Modell *Anstöße* heißt, zumeist unsichtbar. Sie wird in der Regel nicht explizit beschrieben und kann sich somit auch nicht für die Reflexion öffnen. Eine Sensibilisierung für Gender- und Diversity-Aspekte kann an dieser Stelle helfen, z.B. gesellschaftliche Randthemen ins Zentrum zu rücken oder bei bestehenden Themen neue Fragestellungen zu entdecken.

Beispielsweise könnten folgende Fragen diskutiert werden:

Was wird als relevante Forschungsfragestellung erachtet? Welche gesellschaftlichen Bereiche werden adressiert und welche ausgeklammert; welche geschlechtlichen Zuschreibungen gibt es dort? Welche und wessen Interessen stehen bei der Projektidee im Vordergrund? Wie bilden sich bestehende Machtverhältnisse darin ab? Wem soll das Projekt konkreten Nutzen erbringen, in welche Richtung ließe sich die Zielgruppe im Sinne von Gender/Diversity erweitern? Wird in Problemszenarien mit Stereotypen gearbeitet? Wird versucht Vielfalt zu adressieren und herkömmliche (Geschlechter-) Erzählungen zu durchbrechen?

In der Phase der *Vorhabensdefinition* müssen sich die Forschungsinteressen konkretisieren und in ein handhabbares Vorhaben übersetzt werden. Bezüglich der Gender- und Diversity-Aspekte wird hier interessant, welche der Anstöße sich im Vorhaben letztendlich konkretisieren. Erwartete Ergebnisse und die Ausgangslage für das Vorhaben sind zu beschreiben, die zu verwendenden Methoden zu planen und die Ziele und Zielgruppe(n) zu definieren.

Beispielsweise können folgende Fragen zu einer Erweiterung der *Vorhabensdefinition* führen:

Gibt es zu dem Forschungsfeld relevante Arbeiten aus den Gender/Diversity, Disability oder Postcolonial Studies? Welche Bereiche, die traditionell als weiblich verstanden werden, könnten gezielt einbezogen werden? Welche Arten von Wissen und wessen Wissen soll für Forschung und Entwicklung genutzt werden, z.B. Alltagswissen, Wissen der Zielgruppe oder wissenschaftlich abgesichertes Wissen? Wie lassen sich Zielgruppen am Projekt beteiligen? Welcher Zugang zu Technologien, welche mentalen, finanziellen, zeitlichen Ressourcen werden bei ihnen vorausgesetzt?

In der *Analyse*-Phase werden relevante Gegebenheiten und Anforderungen untersucht, z.B. die Zielgruppen und Zielkontexte, bestehende oder denkbare Technologien, auch die Risiken, die mit verschiedenen Lösungen verbunden sind.

Die Gender-/Diversity-Perspektive kann z.B. mithilfe der folgenden Fragen angesprochen werden:

Sind bestehende Arbeitsmittel oder Technologien für alle Bevölkerungsgruppen nutzbar? Sind mit dem Projekt für bestimmte Gruppen besondere Risiken verbunden? Gibt es Bereiche sog. "unsichtbarer Arbeit", die mit besonderer Sorgfalt zu erforschen wären? Welche zusätzlichen oder alternativen Methoden wären dafür geeignet?

In der Phase der *Modell-/Konzeptbildung* werden die Analyseergebnisse konstruktiv in abstrakte oder technische Lösungskonzepte umgesetzt. Konzeptuell oder technisch Mögliches wird ggf. mit sozial Erforderlichem konfrontiert. Hier werden Vereinfachungen vorgenommen, Spezialfälle ausgegrenzt; verschiedene Modelle oder Gestaltungen werden gegeneinander abgewogen und Entscheidungen im Hinblick auf die anstehende Realisierung getroffen.

Gender/Diversity-Aspekte könnten z.B. mithilfe der folgenden Fragen eingebracht werden:

Welche Argumente stehen bei konzeptionellen Entscheidungen im Vordergrund? Wie transparent werden die Folgen bestimmter Entscheidungen gemacht? Führen Entscheidungen zur Ausgrenzung bestimmter Zielgruppen oder zur Aufgabe ursprünglicher Ziele? Wie lässt sich soziale Vielfalt in die Konzept- und Modellbildung hinein tragen? Inwieweit werden Zielgruppen in der Phase der Konzeption beteiligt? Mit welchen sprachlichen Metaphern wird gearbeitet?

In der *Realisierungsphase* werden die zuvor spezifizierten Modelle bzw. Konzepte zur Lösung einer Projektfragestellung häufig in Form von Hard- und Softwarelösungen verwirklicht. Die einzelnen Elemente werden beispielsweise in einen Prototypen oder eine Implementierung überführt. Es werden Ergebnisse produziert, die in einem späteren Schritt auf die Erfüllung der in früheren Projektphasen definierten Bedingungen und Ziele geprüft werden müssen.

Eine Reflexion von Gender- und Diversity-Aspekten kann dabei helfen, die Vielfalt der anfangs formulierten Fragestellungen auch angesichts von Schwierigkeiten bei der technischen Umsetzung im Auge zu behalten:

Wird die ursprünglich vielfältig angelegte Zielrichtung des Projektes in den Lösungen noch bewahrt? Hat die Art der Realisierung Auswirkungen auf den Funktionsumfang oder die Nutzbarkeit der Systeme; welche Gestaltungsalternativen gäbe es? Welche Aspekte drohen auf dem Weg zur Realisierung auf der Strecke zu bleiben? Ist die Art der Realisierung womöglich auf die Zusammensetzung der Arbeitsgruppe und ihre besonderen unhinterfragten Vorgehensweisen zurückzuführen?

Phasen der *Evaluation* können nach Bedarf (auch mehrfach) zu verschiedenen Zeitpunkten in Projektprozesse eingefügt werden. Hier werden Modelle an Fällen überprüft, Verfahren exemplarisch erprobt, technische Prototypen funktional getestet, aus der Nutzungsperspektive überprüft. Abhängig von den Ergebnissen kann ein wiederholter Eintritt in frühere Phasen nötig werden.

Gender/Diversity-Aspekte können mit folgenden Fragen in die Evaluation eingebracht werden:

Wie wird bei der Auswahl von Testpersonen eine Vielfalt und Repräsentanz der Zielgruppen sichergestellt? Werden realistische und inklusive Testszenarien und Nutzungskontexte verwendet? Lassen sich die Ergebnisse auch nach Nutzer_innen und Kontexten differenziert interpretieren? Mit welchen Qualitätskriterien wird bei der Evaluation gearbeitet? Werden qualitative und quantitative Verfahren verwendet? Wie wirksam werden die Evaluationsergebnisse; wieviel Überarbeitungsaufwand wird eingeplant? Welche Spielräume für Umnutzung, Andersnutzung, Nutzung der Produkte in anderen Kontexten werden erkundet?

Zur *Verbreitung* von Projektergebnissen werden Publikationen verfasst, technische Produkte werden dokumentiert, vermarktet, eingeführt und gewartet, Nutzer_innen werden geschult.

Wem werden die Ergebnisse zugänglich gemacht? Wie lassen sich Ergebnisse auch einem fachfremden Publikum verständlich machen? Welche Zielgruppen oder Nutzerbilder bestimmen die Art und Ausführlichkeit der Produktdokumentation? Mit welchen Szenarien und Bildern wird beim Marketing gearbeitet? Werden unterschiedliche Zielgruppen auch spezifisch angesprochen? Wie lassen sich Schulungen auf verschiedene Nutzergruppen zuschneiden?

Wie bereits angemerkt, kann hier nur ein Eindruck in die Nutzung des GERD-Modells gegeben werden. Zum vollständigen Modell gehört ein umfangreicher Fragenkatalog, der für jede der Phasen einschlägige Fragen mit Bezug zu den Reflexionsaspekten aufführt. Die einzelnen Aspekte, genau wie die Fragen, die helfen sollen, die jeweilige Perspektive einzunehmen, verschränken sich im Reflexionsprozess miteinander und werden durch Beispiele anschaulich (ausführlich dazu siehe die oben genannten Quellen).

Schlussbemerkung

Das GERD-Modell wurde als ein Lösungsvorschlag für die eingangs skizzierte Herausforderung, nämlich Gender- und Diversity-Aspekte mit Forschungs- und Entwicklungsvorhaben der Informatik zu verschränken, entwickelt. Ziel des Modells ist es, soziale Anteile im Technischen sichtbar zu machen und den Gestaltungsprozess, insbesondere von Informatiksystemen, für die Reflexion zu öffnen. Vor dem Hintergrund verschiedener Dimensionen der Geschlechterordnung sollen Annahmen und Bilder, Werte und Prioritäten, die häufig wenig reflektiert in die Projektplanung und -durchführung eingehen, transparent und diskutierbar gemacht werden. Zudem soll die Mehrdimensionalität vermeintlich eindeutiger und sachlicher Entscheidungen deutlich werden. Expertise aus den Gender Studies soll keine kommentierende Funktion technischer Gestaltung einnehmen, *nachdem* Informatiksysteme entwickelt wurden, sondern eben gerade *im* Gestaltungsprozess mitwirken.

Das GERD-Modell ist das Ergebnis einer systematischen Konfrontation von Informatik und Gender Studies. So sehr auch versucht wurde, Komplexität beizubehalten, stellt das GERD-Modell doch zunächst einen, nicht abgeschlossenen Versuch der Vermittlung zwischen zwei Disziplinen dar. Selbstverständlich lassen sich weder die Informatik, noch die Gender Studies differenziert in ein Modell überführen. Mit dem GERD-Modell soll auch nicht impliziert werden, dass Gender- und Diversity-Expertise sich über Modellbildung in die Informatik vollständig integrieren ließe. Es ist im Gegenteil ein Plädoyer für Zusammenarbeit. Die Bandbreite an Anwendungsfeldern der Informatik macht es notwendig, Forschungs- und Entwicklungsteams interdisziplinär und auch bzgl. anderer Aspekte divers zusammenzusetzen. Dies begünstigt eine Perspektivenvielfalt und die Bereitschaft, sich auf andere Sichtweisen einzulassen. Im Modell wird dies mit dem Reflexionsaspekt „Arbeitskultur" angesprochen. Die Integration von mehr Frauen und/

oder anderen bisher zu wenig Beteiligten in Informatikteams reicht aber keinesfalls aus, um Gender/Diversity-Perspektiven in die Ziele und Aktivitäten solcher Gruppen einzubringen. Stattdessen muss erkannt und wertgeschätzt werden, dass mit den Gender und Diversity Studies Wissenschaftsgebiete entstanden sind und Expert_innen ausgebildet werden, die zu einer innovativen und sozialverträglichen Ausrichtung von Informatik und Informatiksystemen beitragen können. Dieses Know-how sollte selbstverständlicher Teil interdisziplinärer Projekte werden. Das vorgestellte GERD-Modell dient folglich als Verständigungs- und Arbeitsmittel in enger Kooperation mit Expert_innen aus beiden Disziplinen, sowohl der Informatik als auch der Geschlechterforschung. In der Entwicklung des Modells wurde also nicht davon ausgegangen, dass Informatiker_innen allein unter Zuhilfenahme des GERD-Modells und den dazugehörigen Fragenkatalogen die Integration von Gender/Diversity-Aspekten sicherstellen können.

Das GERD-Modell wird bereits im Rahmen technikwissenschaftlicher Ausbildung an verschiedenen Standorten verwendet[6]. Ein weiterer wichtiger Schritt wäre es nun, die Durchführbarkeit des GERD-Modells zu überprüfen, indem das Vorgehen im Rahmen von informatischen Forschungs- und Entwicklungsprojekten in allen Phasen angewendet wird, und dabei das Modell zu verfeinern. Dabei gilt es auch zu untersuchen, wie gut sich das Modell im Zuge der verschiedenen Vorgehensmodelle anwenden lässt, die in verallgemeinerter Form im GERD-Modell abgebildet wurden. Empfehlenswert wäre es, bereits in den Planungsphasen (Anstöße, Vorhabensdefinition) eines solchen Vorhabens Gender- und Diversity-Expertise zu integrieren. Außerdem sollte die Verständlichkeit des Modells für Informatiker_innen überprüft und die Darstellung entsprechend angepasst werden.

In der Informatik gibt es zudem Verfahren, die besonders anschlussfähig an das GERD-Modell sind. Zu nennen sind hier Gestaltungsrichtungen, die Kontext- und Mensch- und Nutzungs-zentriert arbeiten, wie das Human-Centered oder User-Centered Design, das Kontextuelle Design oder partizipative Methoden, die Nutzende mitgestalten lassen (ISO 13407:1999; Kurosu 2013; Beyer/Holtzblatt 2017; Simonsen/Robertson 2013). Darüber hinaus nutzt der Ansatz des Reflective Designs technische Artefakte gezielt zu Reflexion und Design for All oder Inclusive Design nehmen marginalisierte Zielgruppen in den Blick (Sengers et al. 2005; Stephanidis 1995). Im GERD-Modell könnte die Schnittstelle zu diesen Verfahren ausgebaut werden, und die Methoden beispielsweise mit Hilfe der Arbeiten von Buchmüller (2016) und Bath (2009) um Gender- und Diversitäts-Perspektiven ergänzt werden.

Das Arbeiten im technischen Feld selbst zeigt zudem mit welcher Selbstverständlichkeit die meisten Forschenden und Entwickelnden in der Informatik ihre Arbeit im gesellschaftlichen Kontext sehen und entsprechend soziale und technische Fragestellungen verbinden.[7] Das notwendige Wissen und die Methoden dafür er-

---

6   Z.B. im Gender Pro MINT Programm der TU Berlin, in Lehrveranstaltungen der AG "Gender, Technik, Mobilität" der TU Braunschweig, in Veranstaltungen zu Gender in MINT der Johannes Kepler Universität Linz und in der Informatiklehre der Universität Kassel.

7   Dies ist auch ein Befund des Forschungsprojekts InformAttraktiv (siehe Zeising et al. 2014).

werben sie in interdisziplinärer Kooperation und Recherche. Die primäre Ausrichtung der Informatik auf die formale Konstruktion von informationstechnischen Systemen bewirkt dabei häufig einen eher pragmatischen Umgang mit Konzepten und Forschungsergebnissen anderer Disziplinen: Was passend oder nützlich scheint, das vermeintlich klar und eindeutig Vorzufindende, wird aufgegriffen; wissenschaftstheoretische oder -kritische Erwägungen finden weniger Beachtung. So bestehen einerseits gute Voraussetzungen für die Aufnahme neuer wissenschaftlicher Perspektiven, andererseits liegt eine Beschränkung auf Konzepte nahe, die eine Formalisierung erlauben. Wie der Titel des Beitrags verdeutlicht, muss sich Geschlechterforschung in der Informatik genau mit diesem Spannungsfeld zwischen dem Formalen und der Vielfalt der sozialen Welt auseinandersetzen. Für einen konstruktiven Austausch zwischen Technikwissenschaft und Gender Studies, braucht es dazu die Bereitschaft auf beiden Seiten. Die Informatik ist aufgefordert sich auch gegenüber solchen Wissensbeständen und Verfahren zu öffnen, die nicht unmittelbar anschlussfähig an technische Gestaltung erscheinen. Die Disziplin der Gender Studies dagegen muss sich mit technischen Eigengesetzlichkeiten auseinandersetzen und lernen den Herausforderungen, die das gestaltende Arbeiten mit sich bringt, mit Flexibilität und Pragmatismus zu begegnen.

Literatur

Akrich, Madeleine (1992): The Description of Technical Objects. In: W.E. Bijker und John Law (Hg.): Shaping Technology/Building Society. Studies in Sociotechnical Change. Cambridge: MIT Press, S. 205–240.

Bath, Corinna (2007): Discover Gender in Forschung und Technologieentwicklung. Soziale Technik 4 (2007), 3–5.

Bath, Corinna (2009): *De-Gendering* informatischer Artefakte. Grundlagen einer kritisch-feministischen Technikgestaltung. Staats- und. Universitätsbibliothek Bremen. Online verfügbar unter http://nbn-resolving.de/urn:nbn:de:gbv:46-00102741-12.

Beyer, Hugh; Holtzblatt, Karen (2017): Contextual design. Defining customer-centered systems. Second Edition. San Francisco, Calif: Morgan Kaufmann.

Boehm, Barry W. (1988): A Spiral Model of Software Development and Enhancement. IEEE Computer Society Press 21 (5): 61–72.

Braun, Christina v.; Stephan, Inge (Hrsg.) (2006): Gender-Studien. Eine Einführung. Metzler, Stuttgart.

Bührer, Susanne & Martina Schraudner (2006): Gender-Aspekte in der Forschung. Wie können Gender-Aspekte in Forschungsvorhaben erkannt und bewertet werden? Karlsruhe: Fraunhofer Institut.

Buchmüller, Sandra (2016): GESCHLECHT MACHT GESTALTUNG – GESTALTUNG MACHT GESCHLECHT: Der Entwurf einer machtkritischen und geschlechterinformierten Designmethodologie. Universität der Künste, Berlin. Online verfügbar unter https://opus4.kobv.de/opus4-udk/frontdoor/index/index/docId/997.

Crenshaw, Kimberlé W. (2017): On Intersectionality: The Essential Writings of Kimberlé Crenshaw: New Press.

Crutzen, Cecile (2013): Nichtmenschlich ist auch Gender. Informatik-Spektrum, Juni 2013, S. 309–318.

Degele, Nina (2008): Gender, Queer Studies. Eine Einführung. Paderborn: Fink (UTB, 2986).

Draude, Claude; Wajda, Kamila (2018): Making IT Work. Integrating gender research in computing through a process model. In Proceedings of 4th Gender&IT conference, Heilbronn, Germany (GenderIT'18). ACM, New York, NY, USA, 8 pages.

Draude, Claude (2017): Computing Bodies. Gender Codes and Anthropomorphic Design at the Human-Computer Interface. Wiesbaden: Springer VS. Online verfügbar unter http://dx.doi.org/10.1007/978-3-658-18660-9.

Draude, Claude; Wajda, Kamila; Maaß, Susanne (2014): GERD – Ein Vorgehensmodell zur Integration von Gender & Diversity in die Informatik. In Zeising, Anja, Claude Draude, Heidi Schelhowe & Susanne Maaß (Hrsg.), Vielfalt der Informatik. Ein Beitrag zu Selbstverständnis und Außenwirkung. Universität Bremen. Online verfügbar unter https://elib.suub.uni-bremen.de/edocs/00104194-1.pdf.

Draude, Claude (2006): Degendering the Species? Gender Studies Encounter Virtual Humans. In: Antonella De Angeli, Nadia Bianchi-Berthouze (Hg.), Proceedings - AVI 2006, Advanced Visual Interfaces, Workshop Gender and Interaction, Venice, Italy, 2006.

European Commission (2013). Gendered Innovations. How Gender Analysis Contributes to Research. Report of the Expert Group "Innovation Through Gender", Chairperson: Londa Schiebinger, Rapporteur: Ineke Klinge. Online verfügbar unter http://genderedinnovations.stanford.edu/Gendered%20Innovations.pdf.

Christiane Floyd (1999): Interview. In Dirk Siefkes, Anette Braun, Peter Eulenhöfer, Heike Stach und Klaus Städtler (Hg.): Pioniere der Informatik. Ihre Lebensgeschichte im Interview. Berlin, Heidelberg: Springer.

Funken, Christiane; Schinzel, Britta (Hg.) (1993): Frauen in Mathematik und Informatik - Tagungsbericht. Schloß Dagstuhl, 01.06. - 04.06.1993. Freiburg: Universität Freiburg.

Harding, Sandra (1986): The Science Question in Feminism. Cornell, MA: Open University Press.

Heintz, Bettina (1993): Die Herrschaft der Regel. Zur Grundlagengeschichte des Computers. Frankfurt u.a: Campus-Verl.

Klinger, Cornelia; Axeli Knapp, Gurdrun; Sauer, Birgit (Hrsg.) (2007): Achsen der Ungleichheit. Zum Verhältnis von Klasse, Geschlecht und Ethnizität. Frankfurt am Main: Campus.

Kumbruck, Christel (2001): Unsichtbare Arbeit: Umgang mit unsichtbarer Arbeit bei Reorganisationsprozessen aus Sicht eines soziokulturellen Ansatzes. In Journal für Psychologie (9): 24–38.

Kurosu, Masaaki (Hg.) (2013): Human-computer interaction. Human-centred design approaches, methods, tools, and environments: 15th International Conference, HCI International 2013, Las Vegas, NV, USA, July 21-26, 2013, proceedings. Berlin, New York: Springer (LNCS sublibrary. SL 3, Information systems and application, incl. Internet/Web and HCI, 8004).

Nake, Frieder (2001): Das algorithmische Zeichen. In: Bauknecht, Kurt, Wilfried Brauer & Thomas A. Mück (Hrsg.), Informatik 2001. GI/OCG Jahrestagung, S. 736–742.

Nardi, Bonnie; Engeström, Yrjö (1999): A Web on the Wind: The Structure of Invisible Work. In Computer Supported Cooperative Work 8(1):1-8. DOI 10.1023/A:1008694621289.

Orland, Barbara; Scheich, Elvira (Hg.) (1995): Das Geschlecht der Natur. Feministische Beiträge zur Geschichte und Theorie der Naturwissenschaften. Frankfurt am Main: Suhrkamp.

Peffers, Ken; Tuunanen, Tuure; Gengler, Charles E.; Rossi, Matti; Hui, Wendy; Virtanen, Ville; Bragge, Johanna (2006): The Design Science Research Process: A Model for Producing and Presenting Information Systems Research. In Proc. DESRIST 2006, Claremont, CA, S. 83–106.

Rommes, Els (2002): Gender Scripts and the Internet - The Design and Use of Amsterdam's Digital City. Enschede: Twente University Press.

Rothenberg, Paula S. (Hrsg.) (2009): Race, Class, and Gender in the United States. Worth Publishers, New York.

Schelhowe, Heidi (1996): Software-Entwicklung als sozialer Gestaltungsprozeß. Aspekte für eine Frauenforschung in der Informatik. In: Gesellschaft für Informatik e.V. (Hg.): 10 Jahre Frauenarbeit und Informatik. Sonderheft „Frauenarbeit und Informatik" der Gesellschaft für Informatik e.V., S. 54–66.

Schelhowe, Heidi (2005a). Interaktionen – Gender Studies und die Informatik. In: Kahlert, Heike, Barbara Thiessen & Ines Weller (Hrsg.), Quer denken - Strukturen verändern. Gender Studies. VS Verlag, Wiesbaden, S. 203–220.

Schelhowe, Heidi (2005b): Rechenmaschinen in der Interaktion Zur Bedeutung von Computern in Wissensnetzwerken. In Ernst, Silke; Warwas, Jasmin; Kirsch-Auwärter, Edith (Hg.): Wissenstransformation. Wissensmanagement in gleichstellungsorientierten Netzwerken. Münster: LIT-Verlag 2005, S. 125-138.

Schelhowe, Heidi (2014): Soft Ware und Hard Men. Männlichkeit in der Informatik. In *Männer und Männlichkeiten. Disziplinäre Perspektiven*, N. Jacoby, B. Liebig, M. Peitz, T. Schmid and I. Zinn, Eds. Zürich: vdf Hochschulverlag, S. 169–186.

Schiebinger, Londa L. (1999): Has feminism changed science? Cambridge, Mass: Harvard University Press.

Schinzel, Britta (2014): Vom Lochstreifen zur Cloud - Wissenskulturen und Erlebnisse in MINT-Fächern. Schriftlicher Fassung des Vortrags, zur Verfügung gestellt von der Vortragenden. Vortrag im Rahmen des Studium Generale am 05.02.2014, Universität Freiburg.

Schraudner, Martina; Lukoschat, Helga (Hrsg.) (2006): Gender als Innovationspotential in Forschung und Entwicklung. Stuttgart: Fraunhofer IRB Verlag.

Schwaber, Ken (2004). Agile Project Management with Scrum. Redmond, Washington: Microsoft Press.

Sengers, Phoebe; Boehner, Kirsten; David, Shay; Kaye, Joseph 'Jofish' (2005): Reflective Design. In: Proceedings of the 4th Decennial Conference on Critical Computing: Between Sense and Sensibility. New York, NY, USA: ACM (CC '05), S. 49–58. Online verfügbar unter http://doi.acm.org/10.1145/1094562.1094569.

Simonsen, Jesper W.; Robertson, Toni (Hg.) (2013): Routledge international handbook of participatory design. 1. Aufl. New York NY u.a: Routledge (Routledge international handbooks).

Stephanidis, Constantin (1995). Towards User Interfaces for All: Some Critical Issues. In Proc. HCI International, Tokyo: Elsevier (S. 137–142).

Wegner, Peter (1997): Why Interaction is More Powerful Than Algorithms. In: Commun. ACM 40 (5), S. 80–91. Online verfügbar unter http://doi.acm.org/10.1145/253769.253801.

Zeising, Anja; Draude, Claude; Schelhowe, Heidi; Maaß, Susanne (Hrsg.) (2014): Vielfalt der Informatik. Ein Beitrag zu Selbstverständnis und Außenwirkung. Universität Bremen. Online verfügbar unter https://elib.suub.uni-bremen.de/edocs/00104194-1.pdf.

IV. FALLBEISPIELE UND AUSTRAGUNGSORTE

GENDERED SPACES KAIRO
EINE INTERKULTURELLE RAUMSOZIOLOGISCHE ANALYSE

Till Beutling

Der vorliegende Text dokumentiert ein Forschungsprojekt, das in Kairo/Ägypten als Teil der Diplomarbeit des Autors an der Köln International School of Design durchgeführt wurde. Ziel der Arbeit war es, die geschlechtsspezifische Okkupation und Zuweisung von Raum und die ihm eingeschriebenen Machtrelationen im fremden kulturellen Kontext zu erforschen sowie die dabei gewonnenen Erkenntnisse in einem weiteren Schritt für gestalterisch-interventive Strategien fruchtbar zu machen.

Zur analytischen Beschreibung von Raum

Jede Konstituierung von Raum ist zunächst durch die sozialen Güter und Menschen und darüber hinaus durch deren Verknüpfung untereinander bedingt. Hierbei ist allerdings derzeit in der Wissenschaft eine Bevorzugung der Analyse der sozialen Güter gegenüber der Analyse der Beziehung von Gütern zueinander zu beobachten (vgl. Löw 2001).

Als Reaktion auf die Bevorzugung der Objekte gegenüber den ihnen inhärenten Beziehungen schlägt Gabriele Sturm die wechselseitige Verwendung beider Perspektiven vor, denn *„ein entsprechendes positionierendes Denken teilt die Dinge zunächst auf, definiert sodann die vorgeblich interessierenden Merkmale und ordnet erst abschließend mögliche Verbindungen zu – was auch anders Zusammengehörendes trennt"* (Sturm 2000, 151). Martina Löw empfiehlt an dieser Stelle, den Perspektivwechsel zwischen Element und Beziehung um die strukturanalytische und interaktiv-biografische Perspektive zu erweitern (vgl. Löw 2001, 219), also auch Strukturen in Form von Regeln und Ressourcen wie auch die Komponente der Zeit bzw. der Interaktion gegenüber der idiografischen Betrachtung des zu untersuchenden Raumes zu berücksichtigen.

Zur angemessenen Erfassung der Komplexität des Phänomens der sozialen Konstruiertheit vergeschlechtlichter Räume im (halb-)öffentlichen Raum bedarf es einer mehrdimensionalen bzw. multiperspektivischen forschungsmethodologischen Konzeptionalisierung. Dabei kann aus forschungspragmatischen Gründen eine separate Betrachtung der raumbildenden Aspekte durchaus hilfreich sein. Renate Ruhne sieht vier Analysedimensionen vor, die sich als eigenständige Facetten betrachten lassen, aber im Bezug auf die Phänomene Raum und Geschlecht gleichzeitig als auf komplexe Weise miteinander verwoben aufzufassen sind. Dabei handelt es sich um die folgenden, aus Sturms Ansatz übernommenen, vier Dimensionen des Sozialen:

1.) Materielles/physisches Substrat:
Die als „empirische Realität" (ebd., 138) bezeichnete Dimension umfasst alle physischen Objekte und schließt somit auch den menschlichen Körper mit ein. Angelehnt an Löw muss hier zwischen der materiellen Wirkung und der symbolischen Wirkung unterschieden werden. Es müssen also die erfassten Objekte stets auch in Bezug auf ihre soziale Konstruiertheit respektive ihre Wechselwirkung mit den anderen Dimensionen befragt werden.

2.) Normative Regulierungssysteme:
Als eine soziale Norm ist jede mehr oder weniger verbindliche, allgemein geltende Vorschrift für menschliches Handeln zu fassen (Ruhne 2003). Die Legitimationsgrundlage für Normen bilden gesellschaftliche Wertevorstellungen. Die Normen können juristisch, religiös oder sozial bedingt sein und können abhängig vom jeweiligen Raum und den ihn einnehmenden Gruppierungen divergieren. Jedes Norm- und Wertesystem ist sozial konstruiert und damit prinzipiell veränderbar.

3.) Interaktions- und Handlungsbeziehungen:
Handelnde Menschen befinden sich in einem System von Beziehungen und sind somit relational miteinander verwoben. Dass Handeln nicht allein nur wiederum Handeln beeinflusst, sondern das materielle/physische Substrat, die normativen Regulierungssysteme wie auch die symbolisch-kulturelle Ordnung miteinbezieht, verdeutlicht nochmals jene komplexe Verflechtung der Dimensionen.

4.) Symbolisch-kulturelle Ordnungen:
Die Dimension der symbolisch-kulturellen Ordnung beschreibt die Bedeutungs-, Wissens- oder Sinnaufladung sozialer Prozesse und deren Verdichtung zu zeichenhaften Konventionen eines Raumes. Diese Dimension kann sich von der Sprache bis hin zu Objekten – also allen gestalteten Produkten, Zeichen, Konzepten und Prozessen (vgl. Brandes 1008a, 172) – und bis hin zum zeichenhaften intentionalen und nichtintentionalen Handeln erstrecken.

Dem Faktor Macht wird in diesem Grundmodell eine zentrale Bedeutung zugewiesen, da davon ausgegangen wird, dass eine differenzierte Machtstruktur in Bezug auf das Verhältnis von Geschlecht und Raum das „wesentliche Bindeglied" zwischen den Kategorien darstellt. Die Machtstruktur beeinflusst sowohl Interaktions- und Handlungssysteme in Bezug auf soziale Normen, Gesetze und Werte als auch die damit einhergehende Formulierung und Rezeption von Zeichen (vgl. Ruhne 2003, 142 ff.).

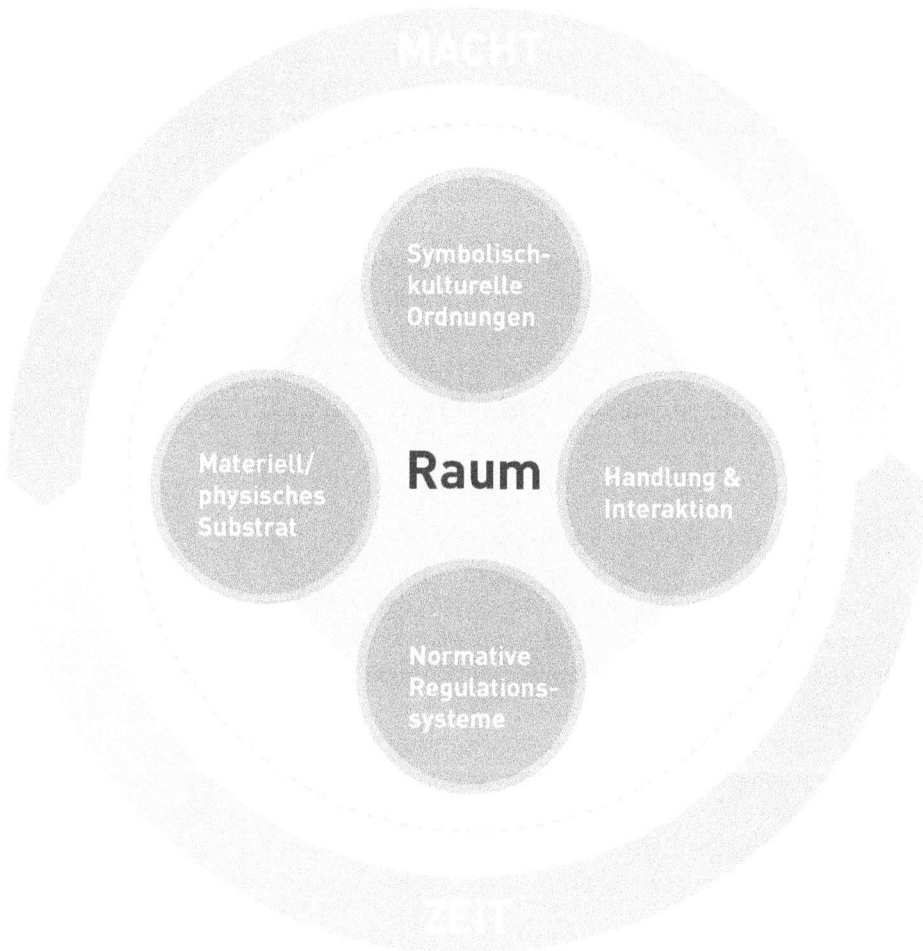

Abbildung 3: Kombiniertes Modell zur Beschreibung von Raum.
Angelehnt an den Modellen von Sturm und Ruhne.

Gender + Space = Gendered Space?

Versteht man Gender als Strukturprinzip kultureller Bedeutungsmuster, so ist folgerichtig anzunehmen, dass Gender jede Handlung mitbedingt und damit zugleich sowohl die Wahrnehmungen (nach Löw die Syntheseleistungen) als auch die Platzierungen (des eigenen Körpers, aber auch von Objekten, anderen Menschen etc.) in städtischen Räumen durchzieht (vgl. Löw 2008). *„Seit frühster Kindheit lernt man in jeder Kultur die Regeln räumlichen Verhaltens"* (Rodenstein 2005, 10). Durch Erziehung und Sozialisation erfährt man, welche Nähe oder Distanz je nach sozialer Bedingung angemessen ist, in welchen „Räumen" man sich als Frau oder Mann aufhalten darf und welche Überschreitungen sanktioniert werden. Je nach Geschlechterkultur sind diese ungeschriebenen oder geschriebenen Regeln der

Raumnutzung stärker oder schwächer ausgeprägt. Geschlechtsspezifische räumliche Arrangements durchdringen dabei sämtliche Gesellschaften, selbst solche mit scheinbar egalitären Geschlechterkulturen (ebd., 10). Das geschlechtsspezifische räumliche Handeln überträgt sich auf den Raum und weist ihm selbst ein Geschlecht bzw. eine Geschlechtstendenz zu. Diese Zuweisung repräsentiert nicht nur eine geschlechtsspezifische Rollenzuschreibung, sondern ist, ganz im Sinne einer Dualität von Struktur und Handlung, in der Lage, „Geschlecht" auch rekursiv zu produzieren. Die geschlechtsspezifische Zuweisung von Raum zeigt sich als soziale Konstruktion, wie die Zuweisung von Geschlecht selbst. Und *„nicht immer sind die Arrangements der Geschlechter kompatibel – wo sie aufeinander treffen können Konflikte und Einengungen, aber auch genau so Chancen für Freiräume und für einen Wandel der Arrangements erwachsen"* (ebd.). Damit zeigen die Arrangements der Geschlechter selbst bereits den ihnen inhärenten Rahmen für Handlungsmöglichkeiten auf.

Feldforschung in kultureller Fremdheit

Mit dem Stichwort des „going-native" wird der Sachverhalt bezeichnet, dass der teilnehmende Beobachter die Urteilsmaßstäbe und Verhaltensmuster der Akteure im Feld adaptiert und damit beginnt, sich mit ihnen zu identifizieren. Kritik erfährt dieses Konzept durch das Argument, dass der Forscher so nicht in der Lage sei, sich auf seine Beobachtungsaufgabe zu konzentrieren und folglich mit fehlender Objektivität agieren würde (vgl. Girtler 2001). Die geforderte Objektivität entpuppt sich bei näherer Betrachtung allerdings ohnehin als Phantom, denn bereits durch die Formulierung der Forschungsfrage (und natürlich erst recht während der Forschung im Feld) wird ein Eingriff in das soziale Umfeld und damit in den Forschungsraum vorgenommen.

Es ließe sich andererseits darüber streiten, ob ein weißer männlicher Vertreter des westlichen Kulturkreises nicht ungeeignet ist, weibliche Räume in einem islamisch geprägten Kulturkreis zu erforschen. Dem ließe sich entgegenhalten, dass die größtmögliche Distanz zum Untersuchungsgegenstand auch ein Minimum an Voreingenommenheit bedeuten kann. Aus dem richtigen Abstand könnte eine unscharfe Wahrnehmung aufgrund zu großer Nähe, der Effekt des „going-native", vermieden und somit erst die Wissenschaftlichkeit der Analyse gewährleistet werden (ebd.).

Im Kontext dieser Studie wurde versucht, die Frage nach der „richtigen Distanz" über eine Kooperation mit ForscherInnen vor Ort aufzulösen. Durch die doppelte Betrachtung – kulturspezifische Distanz einerseits und kulturelle Involviertheit der lokalen ForscherInnen andererseits – sollten möglichst viele „Teilansichten" (Cappai 2008, 17) gesammelt werden, um somit einen umfassenden Blick auf den Untersuchungsraum gewährleisten zu können. Die Involvierung lokaler ForscherInnen ist gerade bei der Erforschung des sozialen Raums sinnvoll, da, wie bereits erwähnt, die Kenntnis kulturspezifischer Konventionen unerlässlich ist, um die allgegenwärtigen Zeichen zu verstehen (vgl. Bourdieu 1989). Die Erhebung der Daten orientierte sich an den drei Phasen der Beobachtung nach Spradley (vgl. Flick 2009, 288) und gliedert sich in:

1.) Deskriptive Exploration: Diese dient der anfänglichen Orientierung im Untersuchungsfeld und liefert erste spezifische Beschreibungen. Sie wird dazu genutzt, die Komplexität des Feldes zu erfassen. Der Zugang sollte möglichst unstrukturiert erfolgen. In diesem Fall wurde die „Beobachtung" in eine Gruppendiskussion transformiert. Raum wurde also „passiv" auf Basis der Erfahrungen der TeilnehmerInnen betrachtet.

2.) Fokussierte Beobachtung: Hier verengt sich die Perspektive zunehmend auf die für die Fragestellung besonders relevanten Prozesse und Probleme.

3.) Selektive Beobachtung: Diese ist gegen Ende der Erhebung darauf ausgerichtet, weitere Belege und Beispiele für die im zweiten Schritt ermittelten Beobachtungen zu erfassen.

Fotografische Dokumentation

Um die vorgenommenen Beobachtungen effektiver bewerten und kommunizieren zu können, wurden sie durch eine fotografische Dokumentation gestützt. *„Kameras sind unbestechlich in der Wahrnehmung und Dokumentation: Sie vergessen nicht, ermüden nicht und machen keine Fehler. Jedoch transformieren auch Fotos die Welt, die sie darstellen, in eine spezifische Form"* (ebd., 307). Wichtig ist hierbei also die Reflexion darauf, dass die Fotografie keine objektive oder wahrheitsgetreue Abbildung der Wirklichkeit liefert, sondern ein Ergebnis produziert, das die erlebte Realität vorab filtert und strukturiert. Sie entspricht gleichermaßen einer Selektion und Interpretation Seitens des Forschers wie auch einer gewissen Logik des Apparats (vgl. Petermann 1995). Daher wurden die produzierten Bilder vor allem als Erinnerungsstützen in der Auswertung der Beobachtungen sowie zur späteren Verdeutlichung der analysierten Ergebnisse verwendet.

Deskriptive Exploration

Die erste Phase der Untersuchung wurde als Gruppendiskussion mit 22 Studentinnen des Fachbereichs Design der „German University in Cairo" durchgeführt. Diese entstammen zwar alle der Oberschicht, teilen aber mit den primären Nutzerinnen und Nutzern der zu untersuchenden Räume die allgemeine Erfahrung des Aufenthalts und der Bewegung im öffentlichen Stadtraum, in dem sich die unterschiedlichen Schichten begegnen. Für diesen ersten Schritt, dessen Zweck in einer Vorstrukturierung möglicher Fragestellungen und Schwerpunkte der weiteren Untersuchung lag, sollte somit genügen, dass die Diskussion neben persönlichen Erfahrungen auch allgemeine Beobachtungen und empathische Einschätzungen fokussierte. Die Diskussion verlief auf der Grundlage eines teilstrukturierten Leitfadens und bewegte sich um folgende Fragestellungen:

– „Was ist für dich ein männlicher Raum?"
– „Was ist für dich ein weiblicher Raum?"
– „Wo fühlst du dich als Frau im öffentlichen Raum wohl?"
– „Wo fühlst du dich als Frau im öffentlichen Raum unwohl?"

Die Ergebnisse der Diskussion werden im Folgenden visuell als Tag-Cloud darge-stellt, wobei sich die Größe der Darstellung relativ zur Anzahl der Nennung verhält.

♂

Sport
Fußball
Technik
Ahwa[1] Moschee[3]
Cyberfcafé[·]
öffentl. Busse[2] Fußballplatz
Frisiersalon Belebte Plätze
Werkstatt
Bodybuilding

♀

Einkaufen
Frisiersalon Frauenwagon[7]
Moschee[·]
Modernes Café
Moschee[·] Shopping
Geschäfte mit weiblicher Zielgruppe
Küche[5] Privater Raum[·]
Mall

Abbildung 4: Tag-Cloud. Erläuterung:
1. Das ahwa ist ein traditionelles Kaffeehaus 2. Bedingt durch das Geschlecht des Fahrers 3. Die Moschee ist für gewöhnlich in einen männlichen und weiblichen Bereich aufgeteilt 4. Internatcafés aber speziell die Aktivität des Onlinespielens 5. Räume aus dem privaten Bereich wurden mehrfach genannt, obwohl die Frage auf den öffentlichen Raum abzielte 6. Die Moschee ist für gewöhnlich in einen männlichen und weiblichen Bereich aufgeteilt 7. Die Metro hat zwei Wagons nur für Frauen.

Fokussierte Beobachtung

Für die fokussierte Beobachtung wurden mit Hilfe eines Beobachtungsbogens über drei Tage hinweg in wechselnden Teams simultan Daten erhoben. Dabei galt als Maßgabe für alle ForscherInnen, sich währe–nd der Beobachtung selbst im Hintergrund der Situation zu bewegen. Die fotografische Dokumentation des Rau-mes erfolgte stets im Anschluss an die Beobachtung (spätestens hier muss man in den meisten Teilen Kairos um Erlaubnis bitten und beeinflusst somit die Situation maßgeblich). Teilweise war es auch notwendig, die beobachteten Personen vor Ort über spezifische Hintergründe zu befragen. Damit folgt die Vorgehensweise dem Leitsatz, die Methode an den Forschungsgegenstand anzupassen.[1]

Die Beobachtung erfolgte schwerpunktmäßig zunächst an den Orten, welche im ersten Schritt als „weiblich" respektive „männlich" konnotierte Orte identifiziert wurden. Auf Basis dieser Beobachtungen wurde induktiv ein erstes Kategoriensys-tem hergeleitet, welches später bei der Beobachtung von Straßensituationen Ver-wendung fand und erweitert wurde.

Der Beobachtungsbogen

Für die fokussierte Beobachtungsphase empfiehlt Flick eine strukturierte Annährung.

---

1   Beispielsweise wurde der ungewöhnliche Umstand, dass eine Frau vor einem Geschäft sitzt, erst durch Nachfragen erklärbar. Die Frau war verwitwet und musste aus wirtschaftlichen Gründen an Stelle ihres Mannes im öffentlichen Raum tätig sein, was ihr aber gleichzeitig die Freiheit einräumte, vor ihren halb offenen Geschäftsräumen sitzend zu verweilen.

Die strukturierende Grundlage bildete ein Beobachtungsbogen, der aus den Modellen zur Raumbeschreibung nach Sturm und Ruhne abgeleitet wurde. In den vier Feldern des Beobachtungsbogens wurden – soweit möglich – sämtliche für eine holistische Raumanalyse relevanten Aspekte und ihre Beziehungen zueinander als Strukturelemente festgehalten.

Physical

Unter dieser Kategorie wurden Objekte physischer Natur erfasst. Dies umfasst Menschen, Tiere, Pflanzen, Artefakte sowie unbelebte natürliche Objekte und deren physische Positionierung zueinander.

Semiotic

Als semiotische Elemente wurden die symbolhaften Zuschreibungen, die physischen Objekten und/oder Tätigkeiten anhaften, notiert. Hier zeigt sich wiederum die Notwendigkeit der Kenntnis kulturspezifischer Konventionen, die sich nur mit Unterstützung von Menschen aus dem entsprechenden Kulturkreis oder von ExpertInnen auf dem spezifischen Fachgebiet hinreichend verstehen lassen.

Interaction

Im Feld „Interaction" wurden die beobachteten Tätigkeiten und das Verhalten der Personen im untersuchten Raum festgehalten.

Regulations

Unter der Kategorie „Regulations" wurden kulturelle und juristische Normen, denen die jeweils beobachtete Situation unterliegt, bestimmt.

Die verschiedenen Felder stehen in wechselseitigen Abhängigkeitsverhältnissen zueinander. So ist es beispielsweise möglich, durch die Erfassung der Interaktionsebene kulturelle und juristische Normen zu rekonstruieren oder aber durch das Wissen um kulturelle und juristische Normen Verhalten und Tätigkeiten zu verstehen.

Am Ende jedes Forschungstages wurden die Daten gesammelt und die Beziehungen der einzelnen Aspekte zueinander innerhalb der jeweiligen Forschungsteams diskutiert. Abschließend erfolgte eine Einordnung in ein semantisches Differential, um die relative Gewichtigkeit jedes einzelnen Aspekts im Verhältnis zu den anderen bestimmen zu können.[2] Im Rahmen der vorliegenden Dokumentation erfolgt die Aufbereitung der Daten in textlicher Form und wird durch eine visuelle Darstellung ergänzt.

---

2   Auf dem semantischen Differential wurden den einzelnen erfassten Aspekten auf einer Skala von eins bis sieben Punkte zugewiesen. Dabei entspricht ein höherer Wert einer höheren Relevanz und Prägnanz des jeweiligen Aspekts.

observer

name: date/time: duration of observation:

location: index: /

objects   signs

people   symbols

physical   semiotic   representation

regulations interaction

laws   acting

cultural norms   behaviour

context   **notes**

Abbildung 5: Beobachtungsbogen

Detailanalysen

Das traditionelle Café

Auf die Frage nach männlich konnotierten Räumen wurde in der Gruppendiskussion am häufigsten das traditionelle Café [ahwa] genannt. In Kairo befindet sich
an nahezu jeder Straßenecke ein ahwa. Diese haben einen hohen Stellenwert im sozialen Alltag. Männer treffen sich hier, um über lokale und globale politische Ereig-
nisse zu diskutieren, um Geschäfte abzuwickeln, oder einfach, um zu entspannen.
Eine zentrale Tätigkeit ist neben dem Konsum von Kaffee oder Tee das Rauchen
von Wasserpfeifen und das Spielen von Karten- oder Brettspielen. Diese Tätigkeiten wie das Aufsuchen eines ahwa generell gelten für Frauen als verpönt [Makruh].
Der Ausdruck Makruh umschreibt eine kulturelle Norm, nach der gewisse Tätigkeiten und Verhaltensweisen zwar nicht ausdrücklich verboten sind, aber nicht den
„guten Sitten" entsprechen. Dem Ausdruck Makruh steht der Begriff Haram zur
Seite. Tätigkeiten oder Gegenstände, die Haram sind, gelten als Sünde und werden
bestraft.

Das traditionelle Café (Seitenstraße)

Eine interessante Entdeckung wurde in eines ahwa in einer kleinen Seitengasse
gemacht, hier hielten sich überraschenderweise auch einige Frauen auf. Semantisch
und konzeptionell unterschied sich dieses Café in keiner Weise von den bis dahin
beobachteten ahwas. Der ausschlaggebende Punkt ist hier die geografische Lage.
Die kleine Straße [hara] oder die Gasse [zokak] gelten gegenüber den großen Straßen als eher dem privaten Raum zugehörig und dieser wird traditionell der Frau zugeschrieben. Der öffentliche Raum stellt per se eine männliche Domäne dar. Inter-
essanterweise wiederholt sich diese Struktur geschlechtsspezifischer Zuweisung bei
einer gemischtgeschlechtlichen Konstellation im privaten Raum. Sind männliche
Besucher im privaten Raum anwesend, bewegt sich die Frau in die hinteren (klei-
neren) Zimmer und überlässt den (großen, repräsentativen) Gemeinschaftsraum
den Männern. Die scheinbare Schutzbedürftigkeit zeigt sich hier auch auf etymo-
logischer Ebene in der Bezeichnung der hinteren Räumlichkeiten. Diese werden
Haram (Sünde/Verbot) genannt und implizieren die Schutzbedürftigkeit der Frau
durch ein Zugangsverbot für (fremde) Männer.

Abbildung 6: Typisches ahwa in Kairo.

Abbildung 7: Das ahwa und die in diesem Kontext benutzen Objekte bilden auch während
der physischen Abwesenheit von Männern männliche Räume.

Das moderne Café

Als „weiblicher Ort" wurde in der Gruppendiskussion das „moderne" Café identifiziert. Hierbei handelt es sich um global agierende Ketten wie „Starbucks" oder
„Cilantro", die sich in Interieur, Warenangebot und Preislage stark ähneln. Da diese
Unternehmen den kapitalistischen Marktgesetzen und nicht den kulturell-religiö-
sen Normen folgen, sind hier Frauen als Gäste erwünscht. Die modernen Cafés er-
freuen sich großer Beliebtheit vor allem bei jüngeren Menschen aus der gehobenen
Mittelschicht. In ihren Räumlichkeiten erscheinen die außerhalb allgegenwärtig
manifesten kulturellen Normen ein Stück weit neutralisiert (gleiches gilt für andere „westliche" Gastronomieketten wie McDonald's oder Kentucky Fried Chicken).
Männer und Frauen agieren hier, zumindest was das vordergründig Beobachtbare
anbelangt, gleichberechtigt. So wird inselartig eine neue Form von öffentlichem
Raum geschaffen, welcher allerdings aufgrund relativ hoher Preise ausschließlich
der gehobenen Mittelschicht (bzw. in anderen luxuriösen Stadtteilen der Oberschicht) vorbehalten ist.

Frauenabteil der Metro

Die Metro von Kairo wurde 1987 in Betrieb genommen und stellt seitdem das
sicherste Verkehrsmittel im öffentlichen Personennahverkehr in Kairo dar. 1990
wurde erstmals die Anweisung erteilt, den ersten Waggon für Frauen zu reservie-
ren. Daraus hat sich eine festgeschriebene Norm entwickelt, die durch deutliche
Markierung am Bahnsteig und auf den Türen der Metro kommuniziert wird. Die
Motivation für diesen Schritt war nicht religiös bedingt, sondern entstand als Reaktion auf die steigende sexuelle Belästigung von Frauen im Gedränge des öffentlichen Nahverkehrs.
In der Beobachtung der Metroabteile zeigt sich eine hohe Übereinstimmung der
Tätigkeiten und Körperhaltungen der Passagierinnen in den Frauenwaggons mit
denen der Passagiere in den verbleibenden Waggons, welche überwiegend von
Männern genutzt werden. Die Segregation ist hier notwendige Voraussetzung für
ein somit nur scheinbar gleichberechtigtes Agieren der Geschlechter.

Abbildung 8: Frauenabteil in der Metro.

Shopping

Als weiblicher Raum – versteht man Raum als durch Handlungen Konstituiertes – wurde auch der Tätigkeitsbereich des Shoppings, das heißt weniger der Erwerb des täglichen Bedarfs als vielmehr der Einkauf von Luxusgütern, genannt. Dies ist insofern zunächst verwunderlich, als sowohl die Besitzer wie auch die Angestellten der beobachteten Ladenlokale stets männlich waren. Während der Beobachtung fiel auf, dass Frauen, die ohne Begleitung unterwegs waren, sich meistens in den in die Häuser eingelassenen Eingangsbereichen der Geschäfte aufhielten, während Frauen in Begleitung auch an den Schaufenstern verweilten, die direkt an den Gehsteig angrenzen. Denn auch auf den Shopping-Meilen überwiegt eine männliche physische Präsenz. Dem steht eine hohe Anzahl anderer weiblicher Körper gegenüber – die der weiblichen Schaufensterpuppen. Dass sich an Schaufensterpuppen auch immer spezifische Konzepte von Geschlecht ablesen lassen, hat Tom Bieling in seiner Arbeit „Gender Puppets" nachgewiesen: *„Insofern Individuum und Gesamtheit im wechselseitigen Prozess (rezeptiv und produktiv) geformt werden und auch geschlechtliche Rollenbilder dabei (weitgehend) sozial konstruiert werden, [...] so ist auch die Inszenierung der Schaufensterpuppe Teil dieses sozialen Konstruktionsprozesses, indem sie gleichermaßen rezipiert und signalisiert, sendet und empfängt, und somit nicht nur passiv gestaltet wird, sondern ihre (soziale) Umwelt (allein schon durch ihre Präsenz) ›aktiv‹ mitgestaltet."* (Bieling 2008, 132).

Auch in Kairo zeigt sich hier das Spektrum gesellschaftlicher Erwartungen an Frauen und dementsprechend die (erwünschte) kulturelle Norm „weiblichen" Verhaltens. In der Betrachtung der präsentierten Kleidung und Körperhaltungen lassen sich Inszenierungen der Frau als verhülltes – und damit aller sexuellen Reize beraubtes –, passives Wesen im öffentlichen Raum sowie als sexuelles Objekt im privaten Raum unterscheiden. Hierbei handelt es sich natürlich um die extremsten Pole der angebotenen Waren im Kontext von Bekleidung. Neben Hijab (Schleier) und tiefausgeschnittenen Kleidern, die an Schaufensterpuppen mit aufreizender Pose ausgestellt werden, existiert auch ein Warenangebot, das der Frau nicht explizit eine Rolle als (ent-)sexualisiertes Objekt zuweist. Deutlich wird in der Gesamtbetrachtung gleichwohl, dass die Sexualisierung des weiblichen Körpers einerseits prominent beworben wird – die entsprechenden Geschäfte befanden sich an den Hauptstraßen –, andererseits der Selbstbestimmung der Frau entzogen bleibt, indem sie als tatsächliche Performanz strikt auf den Privatraum beschränkt ist. Dies zeigt sich auch daran, dass die „aufgereizten" Schaufensterpuppen allesamt entschleiert sind.

Abbildung 9: Schaufensterpuppen in Kairo.

Induktive Kategorienbildung

Straßen und Gassen, Plätze und Brücken stellen neben den Transportsystemen das primäre Bindeglied verschiedener Orte im öffentlichen Raum dar. Daher fungiert „die Straße" im Folgenden als Meta-Untersuchungsgegenstand zur Überprüfung der im Vorfeld erstellten ersten Kategorien bzw. zur induktiven Bildung weiterer Kategorien. Der nachfolgende Kategorienkatalog wurde aus den Gruppendiskussionen mit den beteiligten Forscherinnen abgeleitet und versteht sich als eine Beschreibung der Faktoren, die sich im Rahmen der Untersuchung für die Beeinflussung oder Definition der Geschlechtstendenz eines Raumes verantwortlich zeigten.

Räume physischer Präsenz

Bei der Betrachtung von Straßensituationen in Kairo fällt unmittelbar die physische Präsenz des Männlichen ins Auge, bedingt durch die im Verhältnis zu den Frauen im Schnitt deutlich größere Anzahl von Männern, die sich durch die Straßen bewegen, dort verweilen oder sich aus Gründen der Erwerbstätigkeit im öffentlichen Raum aufhalten. Das Geschlecht eines Ortes wird zu einem nicht unerheblichen Teil schlicht von dem Geschlecht der Menschen beeinflusst, die ihn okkupieren.

Räume durch Stillstand und Bewegung

Mit Hilfe fotografischer Langzeitbelichtungen lässt sich eine gemachte Beobachtung in interessanter Weise verdeutlichen: Auffällig ist bei der Betrachtung der Bilder, dass nahezu nur Männergruppen an Orten stillstehen, während Frauen sich in der Regel permanent in Bewegung befinden. Im Kontext der Straßen von Kairo überlagert die statische physische Präsenz des Stillstands die flüchtige Präsenz der Bewegung – die Entscheidung zum Verweilen wird (selbst-)bewusst getroffen, während der permanente Transit als Manifestation eines sozialen Zwangs erscheint, der Frauen ein Verweilen nicht gestattet. Diese Hierarchisierung der beiden Zustände ist keine notwendige. Das Vermögen zur Mobilität kann gegenüber erzwungenem Stillstand auch auf eine Machtposition von Akteuren verweisen. Es zeigt sich eine Kontextabhängigkeit der Kategorie „Bewegung/Stillstand", deren raumkonstituierender Sinn von jeweiligen Motivationen und Handlungsspielräumen bedingt ist.

Weibliche Schutzräume

Bleiben Frauen im öffentlichen Raum stehen, dann nur, wenn es dafür einen praktischen „Grund" gibt, z. B. das Warten auf öffentliche Nahverkehrsmittel oder den Einkauf an einem Straßenstand. Dabei erscheint es, als ob Frauen im öffentlichen Raum zum Verweilen stets eine Art von „Schutzraum" aufsuchen respektive durch bestimmte Handlungen herstellen. Dieser Schutzraum kann vielfältige Formen annehmen und muss nicht zwangsläufig physischer Natur sein. So können der Eingangsbereich oder der Innenraum eines Geschäftes (die Frauen sind in dem Moment als Kundinnen vom Inhaber des Geschäftes geschützt), männliche Begleitung, die Begleitung von Kindern oder Gruppenbildungen mit anderen Frauen gleichermaßen als Schutzräume gewertet werden.

Ein besonderer, physisch manifester Schutzraum wurde während eines Straßenfests beobachtet. Eine Frauengruppe hielt sich hier in einem mit Tüchern abgeschirmten Bereich auf, während die Männergruppe „draußen" auf der Straße feierte. Dieser Akt des Verbergens lässt sich auch an der Übergangslinie von privatem und öffentlichem Raum beobachten. Der Übergang in den Privatraum der Frauen kann durch vielfältige Arten von „Schwellen" wie Fenster, Vorhänge, Hauseingänge, Etagen etc. prozessiert werden.

Als kleinster Schutzraum kann Kleidung gewertet werden, die allein den unmittelbaren Körperraum schützt. Die bereits geschilderte Bandbreite erstreckt sich von westlicher Mode bis zur Vollverschleierung. Im Rahmen der Beobachtung befragte Frauen gaben an, sich selbst durch die Verschleierung vor Männern schützen zu wollen. Dagegen argumentiert der normative Diskurs der islamischen Kultur, dass die Verschleierung dem Zweck diene, Männer vor den weiblichen sexuellen Reizen zu schützen. In Gesprächen mit Männern zeigt sich hier eine bemerkenswerte Differenz zwischen Selbstbeschreibungen und Beschreibungen der Gesellschaft. Dabei wird die eigene Frau als potenzielles Opfer triebhafter männlicher Übergriffe gesehen, wovor es sie zu schützen gilt, der Mann selbst wähnt sich zugleich aber als Opfer einer weiblichen Gesellschaft von Verführerinnen.

Räume der Erwerbsarbeit

Speziell der Begriff der – im öffentlichen Raum sichtbaren – Erwerbstätigkeit ist konsequent männlich konnotiert und reflektiert somit die Rolle des Mannes als „Ernährer" und „Versorger" der Familie. Arbeitende Frauen finden sich im öffentlichen Raum ausschließlich im Sektor der nicht-körperlichen Arbeit, dann aber auch nur marginal und zumeist bedingt durch ökonomische Zwänge, da eine arbeitende Frau den Eindruck erzeugt, ihr Mann sei unfähig, seine Familie zu versorgen. Dies bedeutet im arabischen Kontext eine Infragestellung seiner Männlichkeit und damit indirekt auch der diskursiven Grundlagen der klaren Rollenzuweisungen.

Die bei der Arbeit verwendeten Objekte können selbst zu Repräsentanten von Geschlecht werden, wenn ihre Verwendung einer geschlechtsspezifischen Konvention unterliegt. Beispielsweise sind Wachhäuschen von Soldaten oder Polizisten dadurch „männlich" konnotiert, dass sie ausschließlich von Männern zur Ausübung der Berufe „Polizist" oder „Soldat" genutzt werden. Gleiches gilt für die im öffentlichen Raum überall zu findenden einzelnen Stühle. Diese werden entweder vom Besitzer eines Geschäfts genutzt – dieser ist für gewöhnlich männlich – oder sie dienen als Sitzmöglichkeit für Parkeinweiser. Durch die nahezu ausschließliche Nutzung durch Männer werden die Stühle selbst zu einem männlichen Zeichen. Während der Recherche setzte sich eine Studentin kurz auf einen dieser Stühle, was Irritation und verärgerte Blicke bei vorübergehenden Passanten hervorrief.

Formale Konnotationen von Objekten im Raum

Interessant (nicht nur) am Fallbeispiel Kairo ist, dass die geschlechtsspezifische Konnotation vieler Formen final erst durch den Kontext determiniert wird, in dem sie auftreten. Auch für sich genommen eher weiblich konnotierte gestalterische Elemente in Caféhäusern (z. B. florales Dekor auf Tassen und Stühlen, ändern nichts an der männlichen Zuschreibung dieser Orte. Die Gesamtmenge formal geschlechtsspezifischer Objekte im öffentlichen Raum ist allerdings erheblich. Darunter fallen: Straßennamen, Statuen, Wahlplakate, Produkte der Populärkultur und damit auch Warenangebote in Geschäften, Erzeugnisse der Kulturindustrie, Werbung etc. Über ihre Konnotationen prägen alle diese Objekte als Zeichen die männliche oder weibliche Wirkung von Orten.

Geschlechtsspezifische Zuweisung von Raum

Durch intentionale geschlechtsspezifische Zuweisungen von Orten und repetitive Handlungen entstehen Konventionen, die auch dann wirksam bleiben, wenn unmittelbar vergeschlechtlichende Aspekte (physische Präsenz und/oder Handlungen) nicht greifen. So ist etwa, um ein besonders offensichtliches Beispiel zu wählen, die Damentoilette auch dann ein weiblicher Ort, wenn sich keine Frau in ihr aufhält. Voraussetzung ist hierbei eben das Erkennen der jeweiligen Konvention – im Fall der Toilette wird diese in der Regel in Form einer symbolischen Markierung kommuniziert. Ferner können aber auch (nicht-)intentionale, ritualisierte Handlungen oder ritualisierte physische Okkupationen zu einer Konvention führen, nach deren Verständnis einem Ort eine geschlechtsspezifische Tendenz zugewiesen wird.

Zeiträume

Auch geschlechtsspezifische zeitliche Regularien beeinflussen eine mögliche physische Okkupation des öffentlichen Raums und damit dessen Geschlecht. Nach ca. 22 Uhr gilt es in Kairo als „unanständig" respektive gefährlich, sich als Frau ohne Begleitung im öffentlichen Raum aufzuhalten. Dementsprechend ist der öffentliche Raum nach dieser Uhrzeit als männlicher Raum zu bewerten. Interessante Beobachtungen lassen sich während des Freitagsgebets machen. In Ägypten gilt der Moscheebesuch zum Freitagsgebet nur für Männer als obligatorisch. Frauen beten häufig im privaten Raum. Innerhalb dieses Zeitraums befinden sich daher außer arbeitenden Männern (Lieferanten, Polizisten) nahezu ausschließlich Frauen auf der Straße, welche die „männerfreie Zeit" offenbar nutzen, um sich im öffentlichen Raum freier zu bewegen.

Mobilitätsräume

Das Führen von Verkehrsmitteln ist zum größten Teil Männern vorbehalten. Dies gilt besonders für Verkehrsmittel des öffentlichen Personennahverkehrs und Taxen, ebenso für LKWs und private Verkehrsmittel wie Fahrräder und motorisierte Zweiräder. Das einzige regulär von Frauen bediente Verkehrsmittel stellt das private Auto dar, auch wenn die Zahl der Autofahrerinnen im Verhältnis zur Zahl der von Männern genutzten Autos nur marginal ist. Auch im Bereich der Mobilität lassen sich Strategien von Frauen beobachten, dem männlich dominierten Raum entgegenzuwirken. So setzen sich etwa Frauen in Minibussen häufig in Gruppen zusammen und nutzen, wenn möglich, die vorderen Sitzreihen, um Körperkontakt mit hinten sitzenden Männern zu vermeiden. Die männliche Omnipräsenz, die für den öffentlichen Raum im Allgemeinen in allen beobachtbaren Aspekten zu konstatieren ist, setzt sich dabei auch in den Mobilitätsräumen ungebrochen fort. Den einzigen weiblichen Mobilitätsraum stellen die seit März 2010 eingeführten Frauentaxen dar. Dieser Service bietet von Frauen bediente Taxen an und richtet sich ausschließlich an Frauen, die damit der Gefahr der Belästigung durch einen männlichen Taxifahrer entgehen können. Allerdings operieren die Taxen zum Schutz der Fahrerinnen nur von 9 Uhr bis 17 Uhr und vernachlässigen damit einen Zeitraum, in dem sie am ehesten benötigt werden würden.

Zwischenfazit

Nach Henri Lefèbvre wird Macht durch die Einteilung, Zuweisung und Verplanung von Raum erzeugt, in einer Bewegung gleichzeitiger Fragmentierung und Homogenisierung. Sämtliche Faktoren – von der Einteilung über die Zuweisung bis hin zur Verplanung – befinden sich in den untersuchten Stadtteilen auf sozialer und politischer Ebene fest in männlicher Hand. Der Raum wird dabei fragmentiert und unterliegt doch der homogenen Herrschaft und Verfügungsgewalt durch das männliche Geschlecht.

Frauen sind im öffentlichen Raum „ohnmächtig", da die überwältigende Mehrzahl raumkonstituierender Ressourcen einer männlichen Kontrolle unterliegt. Somit ist keine Co-Existenz im öffentlichen Raum denkbar, da es nur wenige Nischen, nur wenige Bereiche gibt, die nicht von Männern besetzt sind.

Nur eine mögliche Okkupation des Raumes bzw. eine Aneignung seiner Ressourcen durch Frauen würde, folgt man dem Giddensschen Gedanken der Reproduktion von Struktur durch Handeln, die patriarchalische Struktur angreifen. Daher sind die Institutionen, deren Machtposition auf dieser Struktur beruht, daran gebunden, diese ihrerseits durch Handlung (die Marginalisierung von Frauen im öffentlichen Raum, begründet durch gesellschaftliche oder religiöse Normen) zu verteidigen.

Eine gleichberechtigte Co-Existenz von Männern und Frauen im öffentlichen Raum wird ferner durch die Rollenbeschreibung der Frau als sexualisiertes Objekt unmöglich gemacht. Neben den im Besonderen beobachteten Faktoren (Schaufensterpuppen, Darstellung von Frauen in der Populärkultur etc.) manifestiert sich diese Tendenz in der steigenden Anzahl sexueller Belästigungen, sexueller Übergriffe und vergeschlechtlichter Gewalt.[3]

Deshalb nutzen Frauen den öffentlichen Raum häufig nur unter Verwendung von Schutzräumen und/oder befinden sich dort im ständigen Transit. Als Schutzraum muss, wie erwähnt, auch die Nutzung männlicher Begleitung gewertet werden, was man auch als eine Form direkter Abhängigkeit bezeichnen könnte. Die Nutzung der Schutzräume ist grundsätzlich kritisch zu bewerten, da davon auszugehen ist, dass durch sie das traditionelle Rollenbild der Frau als schwaches, schutzbedürftiges Wesen reproduziert wird. Die Argumentation, Frauen würden in den inselartigen segregierten Bereichen (Café, Frauenabteil der Metro und natürlich auch dem Privathaushalt) Macht erlangen, ist auch insofern problematisch, als die Entscheidung, diese Bereiche aufzusuchen, nicht als freie Entscheidung aufzufassen ist, sondern aufgrund eines sozialen Zwangs notwendig wird. Alle beobachteten weiblichen Räume ließen sich als Reaktionen auf die männliche Omnipräsenz und das daraus resultierende Herrschaftsverhalten interpretieren. Die Schaffung von geschlechtssegregierten Räumen kann daher nur als eine „kosmetische Strategie" bezeichnet werden, die vom eigentlichen Problem – einer geschlechtsspezifischen Machtproblematik – ablenkt.

Konzeption

Auf Basis der Feldforschungen und der Interpretation ihrer Ergebnisse wurden in einer abschließenden Gruppendiskussion mit den teilnehmenden Studierenden mögliche Handlungsspielräume für gestalterische Interventionen eruiert. Die Teilnehmerinnen der Diskussionsrunde stimmten darin überein, dass Frauen durch die männliche Omnipräsenz im öffentlichen Raum sowie den geschlechtsspezifischen Herrschaftsanspruch von Männern über diesen in den privaten Raum gedrängt werden, was wiederum zur (Re-)Produktion spezifischer Rollenerwartungen an Frauen führt. Es bestand schnell Einigkeit, dass diese zur Gewohnheit verfestigten Muster nicht nur über ein Engagement auf offizieller politischer Ebene (wie Bildungsoffensiven, Förderung von Frauenarbeit, Sozialgesetzgebung etc.) adressiert werden können und darüber hinaus auch an den Quellen der Reproduktion von Strukturen angesetzt werden muss.

Spacing meint, wie bereits dargelegt, die Platzierung sozialer Güter im Raum, die sich direkt auf die Syntheseleistung (die Wahrnehmung von Raum) auswirkt. Eine solche Platzierung ist somit niemals wertfrei, sondern konstituiert auf der symbolischen Ebene immer eine Form von Repräsentation. Hierzu wurde von einer Vielzahl feministischer repräsentationskritischer und wissenschaftstheoretischer Arbeiten herausgestellt, dass Repräsentation immer in Macht- und Herrschafts-

---

3   Bei einer Studie des Ägyptischen Zentrums für Frauenrechte gaben 83 % der Ägypterinnen an, regelmäßig sexuell belästigt worden zu sein, während 62,3 % der Männer angaben, dass sie Frauen belästigen würden.

prozesse involviert und an der (Re-)Produktion von Gesellschaft beteiligt ist (vgl. Schaffer 2008).

Diese Perspektive ermöglicht Fragen danach, welche Gesellschaftsformen durch welche Prozesse der Bedeutungsproduktion (re-)produziert werden und wie sich diese Verhältnisse anders produzieren lassen könnten. Somit verschiebt sich der Fokus von strategischen Überlegungen, wie sich mehr Sichtbarkeit innerhalb bestehender Verhältnisse erzielen lässt, hin zu Überlegungen, wie Repräsentationen anderer Verhältnisse hergestellt werden können. Denn letztlich geht es nicht so sehr darum, ›das Unsichtbare sichtbar zu machen‹, sondern darum, wie sich die Bedingungen von Sichtbarkeit eines „anderen" gesellschaftlichen Subjekts herstellen lassen (ebd., 17).

Allgemein muss im Hinblick auf die vorgelegten Ergebnisse die Repräsentation von Frauen im öffentlichen Raum als „passiv", „flüchtig", „schutzbedürftig" und „unsichtbar" beschrieben werden. Eine mögliche Anforderungsskizze an gestalterische Entwicklungen lautet daher: Wie kann die Repräsentation von Frauen und von Weiblichkeit im öffentlichen Raum erhöht werden? Wie kann im Weiteren diese Repräsentation mit Attributen wie „aktiv", „beständig" und „selbstbewusst" verknüpft werden? Wie kann verhindert werden, dass diese Repräsentation von Weiblichkeit sexuell konnotiert und/oder angegriffen wird?

Diesen Fragestellungen folgend wurden in einem Workshop erste Ideenskizzen erarbeitet, welche im weiteren Verlauf in einzelnen Teams ausgearbeitet wurden. Zwei Konzepte einer möglichen Intervention im öffentlichen Raum sollen im Folgenden dargestellt werden.

Take a seat![4]

Das Konzept „Take a seat!" fokussiert geschlechtsspezifische, männliche Orte. Als potenziell veritabler Ansatzpunkt für Interventionen hatte sich der Ort des traditionellen Cafés [ahwa] herauskristallisiert. Dieses ermöglicht als sozialer Knotenpunkt Kommunikation und den Austausch von politischen und gesellschaftlich relevanten Informationen. Dass die Nutzung dieses Ortes primär Männern vorbehalten ist, soll durch das Konzept thematisiert und hinterfragt werden.

Ein Stuhl fordert zum Sitzen auf. Ohne kulturspezifischen Kontext handelt es sich dabei zunächst um eine neutrale Nutzungsimplikation. Aufgrund der kulturellen Konvention, die das traditionelle Café als männlichen Ort definiert, werden allerdings auch die (typischen) Stühle, die an diesen Orten vorzufinden sind, selbst zu männlich konnotierten Zeichen. Begreift man den Stuhl in dekonstruktivistischer Lesart als Text, so bildet er die Aussage „Setz dich!", aber im Kontext des traditionellen Cafés in einer Weise, dass durch diese Aussage ausschließlich Männer adressiert werden respektive das Weibliche ausgeklammert bleibt.

4   DesignerInnen: Salma Adel, Caroline Shoushanian, Ghada Fikri, Nourhan Hegazy, Khadija Samy, Till Beutling.

Die männlichen Konventionen des Ortes sollen im Konzept „Take a seat!" durch ein visuelles Zeichensystem, das mit dem Umstand der geschlechtsspezifischen Zuweisung spielt, in Frage gestellt werden. Dafür bot sich die Nutzung einer Besonderheit der arabischen Sprache an, nach der Verben geschlechtsspezifisch gebeugt werden. So unterscheidet sich der Imperativ „Sitze/Setze dich" in der weiblichen Form تفضّلي von der männlichen Form تفضّل. Die Kernidee des Konzepts ist eine Umdeutung des männlich konnotierten Zeichens „Stuhl" unter Verwendung des weiblich konnotierten Sprach- und Schriftzeichens تفضّلي. Diese Aufforderung an Frauen, sich zu setzen, kann beispielsweise mit Aufklebern oder mit Hilfe einer Sprühschablone auf den Stühlen hinterlassen werden.

Der Stuhl als zentraler Bestandteil dieses männlichen Raums lässt sich somit nicht mehr klar zuordnen. Denn der Stuhl fungiert nach wie vor als konventionalisiertes männliches Zeichen – allerdings dient er nun simultan als eine an Frauen gerichtete schriftliche Aufforderung, Platz zu nehmen. Somit wird die vordergründig etablierte binäre Geschlechterordnung durch eine widersprüchliche Zuweisung unterlaufen. Setzte sich ein Mann auf den nun weiblich und männlich konnotierten Stuhl, wäre seine Identität („ich setze mich als Mann auf einen Stuhl, der Männern vorbehalten ist") destabilisiert. Die scheinbar strikte Opposition von Mann und Frau kollabiert.

Während gewöhnliche Orte – wie das ahwa – gesellschaftlichen Verhältnissen entsprechen, zeichnen sich heterotopische Räume dadurch aus, dass in ihnen *all die anderen realen Orte, die man in der Kultur finden kann, zugleich repräsentiert, in Frage gestellt und ins Gegenteil verkehrt werden"* (ebd., 320). Die Umwandlung des ahwa von einem gewöhnlichen Ort zu einer Heterotopie erfolgt hierbei durch die Einsetzung eines Systems sprachlicher Differenzierung. Dieses zeigt sich erweiterbar und ließe sich auch auf andere Aspekte des Alltags übertragen. Vorstellbar wären beispielsweise die „verweiblichten" Formen von „Lenken" (Verkehrsmittel), „Arbeiten" (an Wachhäusern von Polizei und Militär), „Verkaufen" (Geschäfte) und weiteren Tätigkeiten im Kontext eindeutig männlich konnotierter Orte.

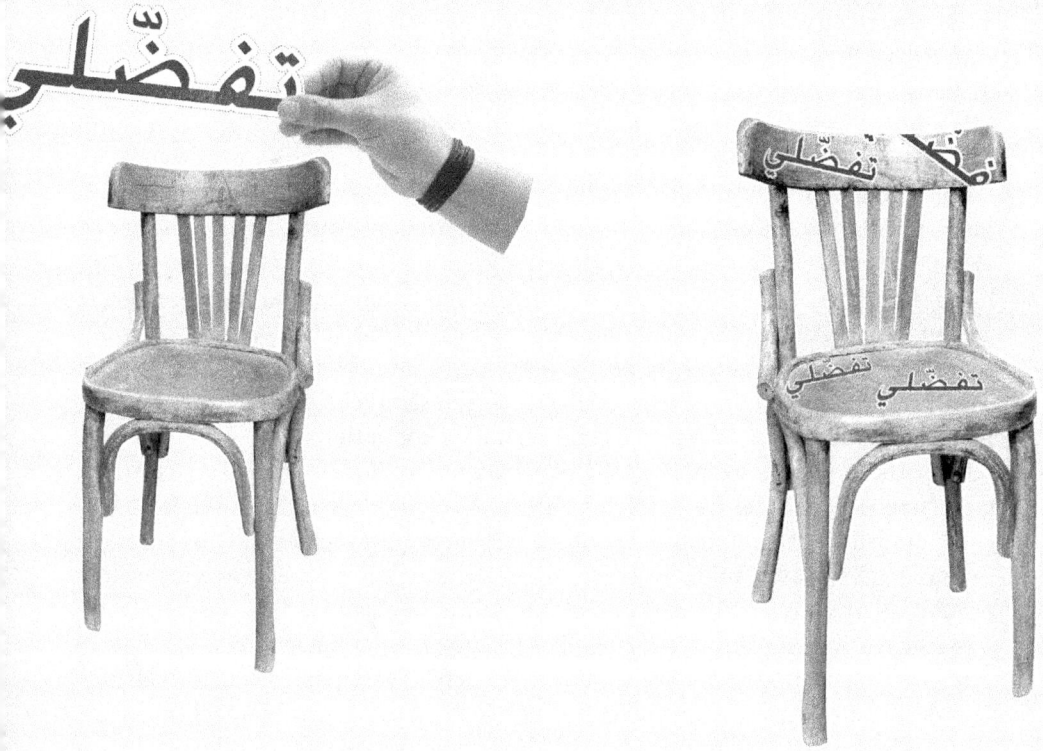

Abbildung 10: Konzeptskizze "Take a Seat".

Adhān[5]

Das Konzept „Adhān" setzt an dem Komplex an, der durch sein kulturelles Gewicht die spezifischen Geschlechterrollen in Kairo wohl am intensivsten (re-)produziert, nämlich an der Religion. Da sich der Islam, wie jede Religion, nicht nur auf eine spirituelle Wirkungsebene beschränkt, sondern darüber hinaus auch auf politischen, sozialen und materiellen Ebenen prägend ist, muss er als Ideologie bezeichnet werden bzw. manifestiert sich durch seine kulturelle Interpretation in Form einer religiösen Ideologie.

Der sogenannte Adhān bezeichnet den islamischen Aufruf zum Gebet und wird fünfmal täglich akustisch über den gesamten Stadtraum kommuniziert. Neben den visuellen Repräsentationen der Moscheen und speziell der Minarette stellt der Adhān das stärkste Zeichen des Islams im öffentlichen Raum dar und ist eine explizite „Anrufung" im Althusserschen Sinne. Personell wird der Adhān vom Muezzin vollzogen, der – wie alle autorisierten Sprecher der islamischen Ideologie – stets ein Mann ist. Der Adhān und darüber hinaus nahezu sämtliche weiteren Zeichen des Islams im öffentlichen Raum sind somit männlich konnotiert.

Kernstück des Konzepts „Adhān" ist eine Audioaufnahme, welche den Gebetsruf in Tonhöhe und -folge imitiert. Allerdings wird die Aufnahme von einer eindeutig als weiblich erkennbaren Stimme gesprochen. Das so erzeugte akustische Zeichen könnte mithilfe einer Zeitschaltuhr an einem versteckten erhöhten Ort aktiviert werden und erfasst mit hoher Lautstärke große Teile des öffentlichen Raums. Durch die Rolle der so autorisierten imaginären Sprecherin erfolgt eine Irritation in der kontinuierlichen geschlechtsspezifischen Zuweisung. Die derart modifizierte Interpellation der Individuen kann demnach auch die Bildung von (Teil-)Identitäten beeinflussen. Durch den offensichtlichen Bruch mit den tradierten Geschlechterrollen wird das Problem der komplementären Rollenverteilung thematisiert und hinterfragt. Es entsteht eine Irritation des ritualisierten Selbstverständnisses der islamischen Ideologie. Dabei bleiben die AutorInnen des Zeichens unsichtbar und damit personell unangreifbar. Denn personelle Sichtbarkeit würde auch immer eine mögliche Einbindung in Kontroll- und Disziplinierungsinstanzen bedeuten.

---

5   DesignerInnen: Aisha Mansour, Till Beutling.

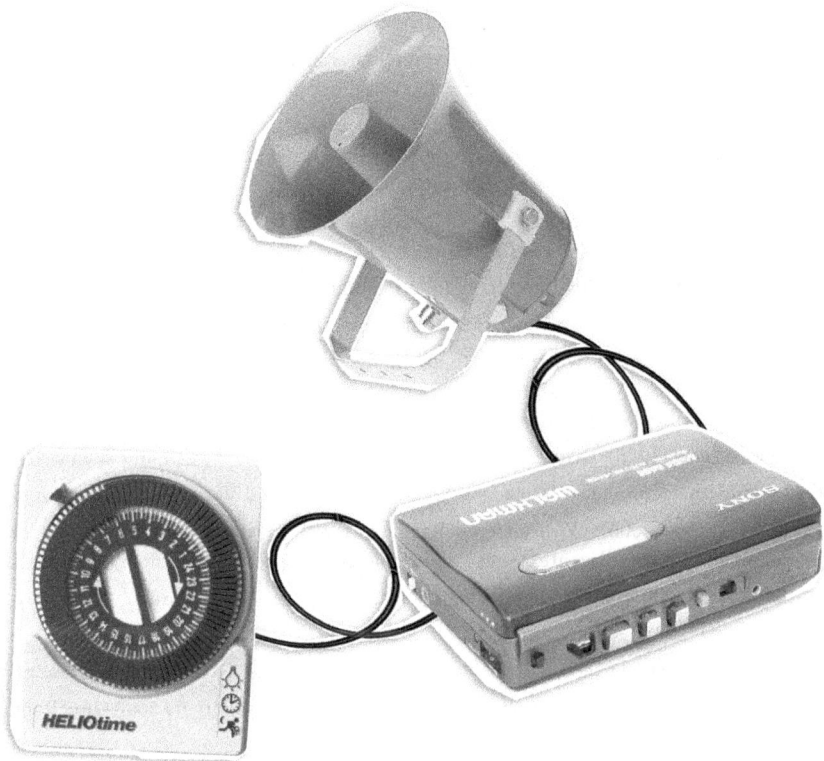

Abbildung 11: Konzeptskizze Adhān.

Literatur

Becker, Ruth / Kortendiek, Beate (Hg.) (2004): Handbuch Frauen- und Geschlechterforschung. Theorie, Methoden, Empirie, Wiesbaden.

Bieling, Tom (2008): Gender Puppets. Geschlechterinszenierung anhand der nonverbalen Kommunikation von Schaufensterpuppen. Lit, Münster.

Bourdieu, Pierre (2006): „Sozialer Raum, symbolischer Raum (1989)", in: Stephan Günzel / Jörg Dünne (Hg.), Raumtheorie. Grundlagentexte aus Philosophie und Kulturwissenschaften. Suhrkamp, Frankfurt a. M.

Brandes, Uta (2008): „Gender Design", in: Michael Erlhoff / Tim Marshall (Hg.), Wörterbuch Design. Begriffliche Perspektiven des Design. Birkhäuser, Basel.

Brandes, Uta / Erlhoff, Michael / Schemmann, Nadine (2008): Designtheorie und Designforschung. Reihe Design studieren. UTB, Paderborn.

Cappai, Gabriele (Hg.) (2008): Forschen unter Bedingungen kultureller Fremdheit, Wiesbaden.

Flick, Uwe (2009): Qualitative Sozialforschung. Eine Einführung, Reinbek.

Flick, Uwe / von Kardorff, Ernst / Keupp, Heiner / von Rosenstiel, Lutz / Wolff, Stephan (Hg.) (1995): Handbuch Qualitative Sozialforschung. Grundlagen, Konzepte, Methoden und Anwendungen, 2. Aufl., Weinheim.

Foucault, Michel (1978): Dispositive der Macht. Über Sexualität, Wissen und Wahrheit, Berlin.

Foucault, Michel (1983): Der Wille zum Wissen. Sexualität und Wahrheit 1, Frankfurt a. M.

Foucault, Michel (2006): „Von anderen Räumen (1967)", in: Stephan Günzel / Jörg Dünne (Hg.), Raumtheorie. Grundlagentexte aus Philosophie und Kulturwissenschaften, Frankfurt a. M.

Girtler, Roland (2001): Methoden der Feldforschung, 4. Aufl., Wien / Köln / Weimar.

Löw, Martina (2001): Raumsoziologie, Frankfurt a. M.

Löw, Martina / Mathes, Bettina (Hg.) (2005): Schlüsselwerke der Geschlechterforschung, Wiesbaden.

Löw, Martina / Steets, Silke / Stoetzer, Sergej (2008): Einführung in die Stadt- und Raumsoziologie, 2. Aufl., Leverkusen / Berlin.

Petermann, Werner (1995): „Fotografie- und Filmanalyse", in: Uwe Flick / Ernst von Kardorff / Heiner Keupp / Lutz von Rosenstiel / Stephan Wolff (Hg.), Handbuch Qualitative Sozialforschung. Grundlagen, Konzepte, Methoden und Anwendungen, 2. Aufl., Weinheim.

Rodenstein, Marianne (Hg.) (2006): Das räumliche Arrangement der Geschlechter. Kulturelle Differenzen und Konflikte, Berlin.

Ruhne, Renate (2003): Raum Macht Geschlecht, Wiesbaden.

Said, Edward W. (2003): Orientalism, 25. Aufl., London.

Sarasin, Philipp (2010): Michel Foucault zur Einführung, 3. Aufl., Hamburg.

Scambor, E. / Scambor, C. (2007): „Der Gender Walk. Eine bewegte Analyse der sozialen Konstruktion von Geschlecht im öffentlichen Raum", in: zoll+. Österreichische Schriftenreihe für Landschaft und Freiraum (10 / 2007), S. 25–29.

Schaffer, Johanna (2008): Ambivalenzen der Sichtbarkeit. Über die visuellen Strukturen der Anerkennung, Bielefeld.

Schroer, Markus (2005): Räume, Orte, Grenzen. Auf dem Weg zu einer Soziologie des Raums, Frankfurt a. M.

Schulze, Reinhard (2003): Geschichte der islamischen Welt im 20. Jahrhundert, München.

Spain, Daphne (1992): Gendered Spaces, Chapel Hill, NC.

Sturm, Gabriele (2000): Wege zum Raum. Methodologische Annäherungen an ein Basiskonzept Raumbezogener Wissenschaften, Opladen.

Tibi, Bassam (1991): Der Islam und das Problem der kulturellen Bewältigung sozialen Wandels, Frankfurt a. M.

MASSNEHMEN UND MASSGEBEN

GENDER IN TECHNIK, MUSEUM UND DESIGN

Daniela Döring und Tom Bieling im Gespräch

Technologieentwicklung beinhaltet immer auch ein Narrativ der Standardisierung, die ihrerseits gekoppelt ist an eine Vermessung des Körpers. Normgrößen in der Textilindustrie etwa, sind zum einen auf die Praxis der maschinellen Produktion zurückzuführen, zum anderen erfolgt die Erhebung von Größenmaßstäben anhand von Mittelwerten, denen gegenüber vieles unweigerlich als Abweichung wahrgenommen werden muss. Technologien fungieren somit stets als Kennzeichen gesellschaftlicher Machtverhältnisse. Welche (Geschlechter-)Normen in Technologien, ihrer Entwicklung, Nutzung, Tradierung und Vermittlung verhandelt werden, diskutiert nachfolgende Betrachtung am Beispiel von Technikmuseen.

Dass die museale Archivierung und Inszenierung in ihrem gewohnten Bezugsrahmen polarisieren kann, wird spätestens dann deutlich, wenn man die Funktion von Museumssammlungen als Artikulationsmedium der Geschlechterkonstruktion zwischen dem Versuch einer neutralen Abbildung und einem tatsächlich aktivem Einfluss diskutiert: Während der Mensch – durch Auswahl, Anordnung, Deutung und Beschreibung entsprechender Exponate bestimmte Gendermuster in die Sammlungen einschreibt, wirkt das Ergebnis auf den Menschen zurück, indem es Einfluss auf die Deutungs- und Verständnisweisen der Rezipient*innen nimmt.

In ihrer bildungsinstitutionellen, dokumentarischen Funktion sind Technikmuseen an der Definition und Tradierung gesellschaftlicher Wertvorstellungen und kultureller Identitäten beteiligt. Dass man Technikgeschichte und daraus ableitbare Konzepte gesellschaftlicher Realitäten auch anders erzählen kann, zeigen die Arbeiten Daniela Dörings. Allem voran, in dem sie Fragen stellt: Wer hat Technik erfunden? Wer hat diese genutzt? Unter welchen Bedingungen? Wer wurde von ihr ausgeschlossen? Und weshalb? Daraus eröffnen sich Möglichkeitsräume einer anderen Art der Darstellung, Inszenierung und eben auch Deutung von Technik, bei der es nicht einzig um die Heroisierung bahnbrechender Maschinen geht, sondern auch um deren Einbettung in einen gesellschaftlichen und geschlechtspolitischen Kontext.

Ein Gespräch aus techniksoziologischer, medienwissenschaftlicher und wissenschaftshistorischer Perspektive

Tom Bieling (TB): Mit dem Forschungsprojekt „Gender Technik Museum" haben Sie sich der Analyse von Geschlechterbildern in technischen Museen gewidmet und dabei auch konkrete Strategien für eine gendergerechte und reflexive Museumspraxis entwickelt. Technikmuseen sind in ihrer gleichermaßen kulturarchivierenden, -interpretativen und bildungsinstitutionellen Funktion unweigerlich an der Definition und Vermittlung von kulturellen Wertvorstellungen beteiligt. Hier werden gesellschaftliche Wahrheiten generiert, die auch eine Vorbildfunktion beinhalten, indem Rezipient*innen ihr Deutungs- und Handlungsspektrum auf dem präsentierten Informations-Fundus aufbauen. Welche Arten von Geschlechterbildern sind Ihnen im Kontext technischer Museen begegnet?

Daniela Döring (DD): Mehrheitlich fanden wir auffallend konventionelle Geschlechterstereotypen in den Ausstellungen und Sammlungen technischer Museen vor, aber auch durchaus unterschiedliche Umgangsweisen mit Geschlechterfragen. Gemeinsam mit meiner Kollegin Hannah Fitsch untersuchte ich im Rahmen des einjährigen BMBF-Projektes fünf verschiedene Museen – das Deutsche Technikmuseum Berlin, das Deutsche Museum München, das Technische Museum Wien, das Museum der Arbeit in Hamburg und das Militärhistorische Museum in Dresden – und befragte Mitarbeiterinnen und Mitarbeiter nach ihren Vorstellungen und Erfahrungen mit dem Thema Geschlecht. Vor allem in den Dauerausstellungen dominiert das Bild des männlichen Erfinders als Entdecker und Genie, als Wissenschaftler und Meister, wohingegen Frauen meist als unbenannte Rand- und Hintergrundfiguren, als Ehefrauen, Begleiterinnen, Hilfsarbeiterinnen, Musen und Allegorien zu sehen sind. Natürlich hat es auch Erfinderinnen gegeben! Doch von diesen sind kaum materielle Spuren überliefert, weil sie historisch nicht die gleichen Möglichkeiten und Zugänge etwa zum Studium oder zur Erwerbsarbeit hatten wie Männer. Sie wurden aber auch – wie das Beispiel der Mathematikerin Ada Lovelace zeigt – oftmals von der Geschichtsschreibung selbst ausgeschlossen. Erst kürzlich wurde ihre wissenschaftliche Arbeit nicht nur als Übersetzerin der Schriften Charles Babagges, sondern als erste Programmiererin – und mit ihr die Leistungen vieler anderer Pionierinnen in der Computertechnik – herausgearbeitet und anerkannt (Krämer 2015). Das Ausstellen einiger weniger und immer der gleichen Wissenschaftlerinnen bleibt jedoch dem damit unterstellten Phänomen der „Ausnahmefrau" verhaftet, das die Regel einer männlich dominierten Technikgeschichte eher bestätigt als aufbricht.

Dieser Problematik begegnen Technikmuseen auf verschiedenen Ebenen mit unterschiedlicher Intensität. So widmen einige Mitarbeiter*innen verstärkte Aufmerksamkeit der Recherche von Zeugnissen und Quellen weiblicher Leistungen und Beiträge zur Geschichte, aber auch dem Auffinden von Quellenmaterial, das quer zur traditionellen und linearen Erfindungsgeschichte steht. In Dresden sind in der Dauerausstellung zu vielen Themen Doppelbiographien zu finden, die ein vielfältiges Bild der an der Geschichte beteiligten Menschen entlang der Kategorie Gender und Klasse/Schicht darbieten. In Wien werden in dem Themenbereich „Arbeit" sowohl traditionelle Rollenverteilungen gezeigt als auch kritisiert, indem die Besucher*innen spielerisch an individuellen Beispielen die Berufswahl erraten und damit ihre eigenen Geschlechterklischees auf den Prüfstand stellen können.

Besonders die Vermittlungsabteilungen bemühen sich um eine Diversifizierung möglicher Zugänge und Erzählungen, um Menschen jenseits der lange Zeit vorherrschenden homogenen Besuchsgruppe des technisch interessierten und versierten Mannes anzusprechen. Spezielle Veranstaltungsformate und Programme für Mädchen zielen darauf ab, vermeintlich natürliche Dispositionen als kulturelle Vorannahmen zu entziffern und gesellschaftliche Barrieren und Hindernisse abzubauen, die – wie anhand aktueller Statistiken über die Anteile von Frauen in den MINT-Fächern, auf Führungsetagen oder an der Reproduktionsarbeit ablesbar – längst nicht überwunden sind.

TB: Technik – sei es als Objekt oder auch als technische Handlung – ist bis heute gleichwohl immer noch stark männlich konnotiert. Woran liegt's?

DD: Geschlecht – und weitere Differenzkategorien wie Ethnie, Nation, Schicht, Alter, Sexualität, etc. – durchlaufen als gesellschaftsstrukturierende Elemente verschiedene Formen der Institutionalisierung. Am Beispiel des Museums können wir sehr gut nachvollziehen, wie sich Vorstellungen von Geschlecht strukturell und institutionell etwa in Wissenschaft, Sammlung und Sprache ein- und festschreiben. Technik wurde lange Zeit von Männern entwickelt, erforscht und betrieben. Gerade in der Sammlungsgeschichte technischer Museen zeigt sich eine männlich dominierte Fachkultur aus Ingenieuren, Mathematikern, Wissenschaftlern, Bastlern und Genies. Technische Sammlungen dokumentieren seit ihrer Entstehung im 19. Jahrhundert vor allem Zäsuren, Meilensteine, Entwicklungen und Leistungen von Technologien und sind damit einem linearen Fortschritts- und Innovationsglauben verhaftet. Deren Kontexte, Bedingtheiten und Umfelder bleiben jedoch zumeist unbenannt. Diese Auffassung ist im Wissenschaftsverständnis und in der Wissenschaftsgeschichte technischer Disziplinen verankert und wurde historisch flankiert von einer Repräsentationspraxis der Industrie-, Gewerbe-, Welt- und Kolonialausstellungen, die im nationalen Wettstreit den Technikmuseen erste Sammlungsbestände lieferten. Erst die kapitalistische Ökonomie des 19. Jahrhunderts verhalf einer dichotomen Geschlechterordnung, welche die Erfindung der geschlechtsspezifischen Differenz mit der Vorstellung einer scheinbar „natürlichen" Arbeitsteilung verband, zum Durchbruch. Eine solche Polarisierung in Produktion und Reproduktion, Kultur und Natur, Männlich und Weiblich, das Eigene und das Andere, Gesund und Krank etc. wird seit dem 19. Jahrhundert zur gesellschaftlichen Norm.

Maßgeblich waren es die feministischen und sozialen Bewegungen der 1970er und 1980er Jahre sowie die historische Frauenforschung, welche die strukturellen Ausschlüsse und die Marginalisierungen von Frauen als technische Akteurinnen problematisierten. Umstritten war auch, was überhaupt als Technik verstanden und welche Objekte gesammelt werden sollten. So wurde der klassische, enge Technikbegriff kritisiert und etwa durch den Aufbau von Sammlungen zur Haushalts- und Alltagstechnik erweitert. Damit fanden überhaupt erst verstärkt Nutzungsgeschichten und Lebensrealitäten von Frauen Eingang ins technische Museum. Gleichzeitig stoßen wir hier auf eine grundlegende Problematik: Wenn geschlechtsbezogene und soziale Ungleichheiten im Museum thematisiert werden, laufen diese Gefahr, stereotype und bipolare Geschlechtervorstellungen zu reproduzieren. Um diese vielmehr zur Disposition zu stellen, fehlen bislang die Strategien.

Das Konzept von Technik als männliche Domäne ist jedenfalls deshalb so wirkmächtig, weil Männlichkeit in den Ausstellungen und Sammlungen des Museums unsichtbar gemacht und damit als für den Menschen schlechthin geltende Norm etabliert wird. Neben der Sichtbarmachung von Frauen in der Technikgeschichte wäre also vor allem zu untersuchen, welche Männlichkeitskonzepte Technik hervorbringt. Inzwischen untersucht die technikhistorische Genderforschung nicht nur Konzepte von Weiblichkeit *und* Männlichkeit, sondern sucht verstärkt Wege aus der Binarität, indem beispielsweise Umcodierungen, Uneindeutigkeiten und Zwischenräume stärker fokussiert werden (Heßler 2016, 34f). Die akademischen Debatten und zum Teil auch aktivistischen Bewegungen sind jedoch bislang kaum in die Technikmuseen vorgedrungen. Im Gegenteil, sie repräsentieren eine männlich konnotierte und durch die Sammlung bezeugte Technikgeschichte, ohne ihre historischen Bedingtheiten und Konstruktionen ausreichend zu thematisieren. Ein wesentliches Ergebnis des BMBF-Projektes war daher die Vernetzung und der Austausch zwischen dem wissenschaftlichen Feld und der Museumspraxis.

TB: Welchen Einfluss Technik auf geschlechtliche Konstruktionen hat, hängt eng damit zusammen, welches Technikverständnis wir zu Grunde legen. Gehen wir beispielsweise eher von einer ingenieurswissenschaftlichen, funktionsorientierten oder aber von einem handlungsorientierten, kulturgeschichtlichen Technikbegriff aus? Bei letzterem stünden Funktion und Handhabung von Technik immer auch im Kontext mit individuellen oder gesellschaftlichen Anforderungen und Bedürfnissen, Kulturentwicklungen und bestimmten Formen der Aneignung.

DD: In den Interviews mit den Mitarbeiter*innen der Technikmuseen konnten wir im Wesentlichen diese beiden Vorstellungen von Technik ausmachen, die nicht nur nebeneinander stehen, sondern auch miteinander ringen. Der apparative Technikbegriff wird zwar zugunsten eines kulturhistorischen Technikverständnisses mehr und mehr aufgegeben, dennoch stehen große Maschinen, Geräte, Instrumente und Anlagen nach wie vor im Mittelpunkt der Ausstellungen. Mit ihrer auratischen Faszinationskraft werden sie oft als Gegenpol zu ihrer kulturellen und gesellschaftlichen Kontextualisierung und Verwendung verstanden, für die neue Displays und Vermittlungsformen gefunden werden müssen. Der Mensch – so der Befund in vielen technischen Museen – verschwindet oftmals hinter den Maschinen und technischen Daten. Wenn sich Technikmuseen verstärkt einer Kulturgeschichte der Technik zuwenden, könnte die Geschlechtergeschichte und -forschung diesen Prozess fruchtbar unterstützen, weil diese immer auch Bedingtheiten und Möglichkeiten für kollektive und individuelle Handlungen, Wissen, Normen und Aneignungen untersucht. Wir haben in unseren Interviews daher nicht nur nach Geschlechterwissen, sondern auch nach dem Technikbegriff und den Vorstellungen und Funktionen eines (guten) Museums gefragt. Dabei kam heraus: je offener beide Institutionen gedacht werden, desto stärker rücken Geschlecht als soziale Technologie sowie die Vergeschlechtlichung von Technik in den Blick.

TB: Geht man von einer sozialen und kulturellen Konstruktion sowohl von Technik als auch von Geschlecht aus, wird deutlich, wie sehr beide als sich gegenseitig konstituierend zu verstehen sind. Unsere Vorstellungen von Geschlecht fließen in die Technikgestaltung und -entwicklung mit ein. Im gleichen Zug haben Technikperzeption und -nutzung einen Einfluss darauf, wie Gender dargestellt, kommuniziert oder wahrgenommen und interpretiert wird.

DD: Genau. Diese Wechselwirkungen und Aushandlungsprozesse schlagen sich auch in den Museumssammlungen und -ausstellungen nieder. Nehmen wir etwa das Beispiel des Rasierers. Erste elektrische Rasierapparate – so erläutert es die Kustodin des Sammlungsbereiches Alltag im Technischen Museum Wien Roswitha Muttenthaler – waren geschlechtsneutral. Historische Gebrauchsanweisungen zeigten eine Nutzung des Gerätes durch Männer und Frauen gleichermaßen. Erst mit ihrer massenhaften Verbreitung erhalten diese ein stark vermännlichtes *oder* verweiblichtes Design durch Farbe, Form, Beschriftung und Werbung. Die geschlechtsspezifische Polarisierung von technischen Gebrauchsgegenständen stammt als angenommene Zielgruppe zur Umsatzsteigerung aus der Ökonomie und ist bis heute nicht nur in genderstereotypen Designs, sondern auch anhand unterschiedlicher Preise des gleichen Gerätes virulent. Von den Produktionsfirmen und Handelsunternehmen wurden Apparate für Männer häufig als Rasierapparate, die für Frauen hingegen als Damenrasierer bezeichnet (Muttenthaler 2016, 120f). Wenn ein solches Objekt in die Sammlung des Museums gelangt, stellt sich die Frage, wie es in der Datenbank bezeichnet, inventarisiert und verschlagwortet werden soll. Wird die originale Produktbezeichnung übernommen, so gilt der Rasierer für Männer als allgemeine Norm, der Damenrasierer bildet abgeleitet davon eine zweite, nachrangige Produktklasse. Roswitha Muttenthaler hat sich dafür entschieden, die Bezeichnungen Herren-, Damen- und Unisexrasierer einzuführen.

Was freilich nicht in den Bezeichnungen aufgeht, sind die Geschlechterkategorien durchquerende und widerständige Verwendungspraxen. Umso wichtiger sind Nutzungsgeschichten, die immer stärker von den Museen gesammelt und erhoben werden. Zwar wird Geschlecht in der Rezeption und Verwendung stets ausgehandelt, jedoch sammeln Museen immer auch das Typische und vereindeutigen durch sammlungsimmanente Kategorien. Es ist also besonders die Frage spannend, wie diese Aushandlungs- und Aneignungspraxen selbst gesammelt und ausgestellt werden können.

TB: Von Technikmuseen geht somit – ebenso wie von den darin thematisierten Technologien selbst – eine normative Kraft aus, zumal in ihnen soziale Rollen- und ästhetische Leitbilder transportiert und zum Maß der Dinge erhoben werden. Normativ in dem Sinne, dass sie bewusst oder unbewusst darauf abzielen, bestimmte Vorstellungen von Geschlecht gesellschaftlich akzeptabel zu machen oder ihnen

Regelkonformität zu verleihen, sie also zu ‚normalisieren'. Sehen Sie Tendenzen, dass eine derart einseitige Kulturgeschichte der Technik auch anders erzählt werden könnte? Worauf sollten sich Museen (und andere Dokumentationsplattformen) verstärkt konzentrieren?

DD: Das Museum ist vor allem dann normativ, wenn es als bloßer Spiegel oder Abbild der Gesellschaft verstanden wird. An dieser Repräsentationspolitik ist in den letzten Jahren viel Kritik geübt worden, gleichzeitig erweist sich aber die Institution als sehr beständig. Obwohl verstärkt seit den 1970er Jahren feministische, postkoloniale und museologische Studien die großen Meistererzählungen, die geltenden Wahrheitsansprüche und universalen Geschichten in den Museen problematisieren, verändert sich die Museumspraxis nur langsam. Im Fokus der Debatten standen und stehen Ein- und Ausschlüsse in Wissenschafts- und Sammlungspolitiken, Sichtbarkeiten und Marginalisierungen in Ausstellungen und Vermittlungen, damit verbundene Zugänge sowie die Deutungshoheit, die Autorität der oftmals unsichtbaren Sprechenden/Kuratierenden und die Macht- und Herrschaftsordnung der Institution. Das Museum verobjektiviert Wissen nicht nur durch seine Objekte und materielle Kultur, die es bewahrt, sondern auch durch vermessende und standardisierende Inventarisierungs- und Inszenierungspraktiken. Normativ ist die Institution schließlich auch durch das Aneignen und Einüben eines bestimmten, zumeist bildungsbürgerlichen Habitus, Expertise und Hierarchien. Um das Museum als normgebende Instanz zu hinterfragen, haben wir in unserer Studie für verschiedene Strategien der Öffnung plädiert. Das betrifft nicht nur das Technik- oder Objektverständnis, sondern vor allem die Institution selbst und knüpft an verschiedenste Entwürfe an, das Museum als Ort der Debatte, des Konfliktes und der Kritik, als experimentelle Probebühne oder Gegenort von Hegemonie zu denken. Hierfür wäre eine stärkere interdisziplinäre Zusammenarbeit zwischen den Museumstypen produktiv. Wenn wir beispielsweise an den kolonialen Kontext von Technikgeschichte denken, ließe sich auf ethnologische Ausstellungen und die gegenwärtigen Debatten schauen. Die intersektionale Verwobenheit der Differenzkategorien wie Gender, Race, Class, Sexualität, Nation, Alter, Dis/Ability etc. müsste stärker auf theoretischer und praktischer Ebene untersucht werden.

Im Hinblick auf diese komplexen, sozialen Ungleichheiten suchen Museen derzeit nach Strategien für Multiperspektivität und Diversität in Sammlung, Ausstellung und Vermittlung, und diese werden auch erprobt. Oftmals werden beispielsweise künstlerische Interventionen eingesetzt, um die (wissenschaftliche) Erzählung zu erweitern. Wichtigstes Element ist jedoch die Ebene der (Selbst-)Reflexion, die bisher kaum vorkommt, aber deutlich machen würde, von welcher Position aus gesprochen wird. Damit könnte sich das Museum eben nicht nur als affirmativer Ort der Reproduktion und Vermittlung von bereits vorhandenem Wissen gerieren, sondern seine mediale, institutionelle und disziplinäre Wissensproduktion zur Disposition stellen. Wir empfehlen dafür die Förderung von internen wie externen, disziplinübergreifenden Debatten, aber auch personelle Beratungen zu Gender und Diversity sowie Kooperationsprojekte, die es stärker erlauben, die eigene

Sammlungs- und Ausstellungspraxis zu reflektieren und für verschiedene Lesarten offen zu halten. Dabei bleibt (Selbst-)Kritik immer auch eine Gratwanderung, die letztlich auch die Institution in Frage stellt.

TB: Die Geschichte der Technologieentwicklung ist immer auch eine Geschichte der Vermessung des Körpers gewesen. Inwiefern hängt beides zusammen?

DD: So sehr Techniken des Vermessens danach suchen, eindeutige und universale Messergebnisse zu erzielen, so sehr tritt zugleich auch immer das Abweichende, Störende, das Uneindeutige und Unpassende, das Widerständige und Eigensinnige von Materialität zu Tage. Zwar erzeugt die Medialität von mechanischen, metrischen, statistischen, mathematischen oder auch bildgebenden Verfahren eine enorm wirkmächtige Evidenz, zugleich müssen aber die quantitativen Resultate interpretiert und vermittelt werden. Dieses Changieren zwischen dem Vereindeutigen und Verschwimmen von Kategorien lässt sich als eine Art Unruhe begreifen, die – so die Vorstellung – nur durch noch bessere Technologien der Vermessung und Verdatung geschlossen oder gar überwunden werden kann. Das Messen produziert also immer schon das Begehren nach neuen Messreihen und -technologien mit. Es stellt einen Modus der Aneignung von Welt dar, der nicht nur auf bestimmte quantifizierbare Ergebnisse abzielt, sondern auch eine Relation zur Wirklichkeit auslotet. Der Zweck des Messens erschöpft sich also nicht allein darin, Aussagen über das zu Vermessende zu treffen, sondern besteht vielmehr auch in den Methoden und Verfahren selbst. Erstaunlich daran ist, dass der Glaube an die Objektivität und Aussagekraft der Zahl dadurch weniger erschüttert, als vielmehr bestärkt zu werden scheint. Das mag daran liegen, dass Messen allein keine Normen hervorbringt, sondern diese vielmehr vergesellschaftet. Das heißt, dass die dem Messen zugrunde gelegten Normen, Vorstellungen und Idealen erst über Prozeduren der Vermessung gesellschaftliche Akzeptanz und Normalität erlangen.

TB: In Ihrem Buch „Zeugende Zahlen. Mittelmaß und Durchschnittstypen in Proportion, Statistik und Konfektion des 19. Jahrhunderts" zeigen Sie auf, wie der „Durchschnittstypus" im 19. Jahrhundert als Idealbild erfunden und gleichsam durch Techniken des Maßnehmens und Berechnens formalisiert wird. Der Zahl, so Ihre These, fällt dabei eine zentrale Rolle zu, in dem sie zum Garanten für Objektivität schlechthin erhoben wird, was ja in engem Bezug zu Standardisierungs- und Normalisierungsprozessen steht. Sie stellen hierbei eine, in der Kulturgeschichte der Zahl bereits angelegte symbolische Geschlechterordnung fest. Mögen Sie das kurz konkretisieren?

DD: Gern. Die Zahl ist historisch in höchst unterschiedlichen Konzeptionen gedacht worden. Während das antike Verständnis an die Praxis des Zählens und mehrdimensionalen *Erzählens* gebunden war, löst sich das Zahlzeichen im Lauf der Geschichte zunehmend von seiner materiellen Grundlage wie etwa Finger, Kerbholz, Rechenstein etc. Das neuzeitliche Konzept der Zahl wendet sich von der Vorstellung der *An*zahl ab und konstituiert den Wissenstyp des „Sich-in-den-Ziffern-Auskennens" (zitiert nach Krämer in Döring 2011, 39). Als abstraktes Zeichen reüssiert es zur universalen Sprache der Wissenschaften, welche im 19. Jahrhundert den menschlichen Körper, soziale Phänomene und die Natur schlechthin erfasst. Dieses Zahlkonzept vermag also die dichotome Trennung zwischen dem vermessenden Subjekt und dem zu vermessendem Objekt zu garantieren. Diese Trennung steht insbesondere dort in Frage, wo der Mensch eben Subjekt und Objekt der Untersuchung zugleich ist. Diese Ambivalenz wird über eine traditionelle, symbolische Geschlechterordnung „gelöst", in der das weiblich codierte Objekt und Material der Vermessung dem männlichen Subjekt grundsätzlich und ausschließend gegenübergestellt wird. Der Wissensproduktionsprozess ist also selbst vergeschlechtlicht: Das klassische, weibliche codierte Prinzip der Fruchtbarkeit wird von einer abstrakten Zahlensprache männlicher Akteure und Wissenschaftler überschrieben. Mit ihr kann neues Wissen erzeugt werden, aber Körperlichkeit muss um jeden Preis ausgeschlossen bleiben. Das Bezeugen dieses Wissens kommt dann wiederum dem weiblichen Körper zu. Einerseits wird hier die Entfernung von Körperlichkeit aus der Wissenstheorie gesichert, andererseits jedoch als das Andere in die Wissensproduktion integriert, um die ständige Generierung von Normen und die Erneuerung des Wissens zu erlauben. Diese symbolische Geschlechterordnung zeigt sich auch im Maßnehmen selbst, wenn etwa in den historischen Statistiken die männliche, weiße Norm die maßgebende Bezugsgröße für Standardisierungs- und Normalisierungsprozesse bildet. Der Durchschnittstyp, in dem ästhetische und gesellschaftliche Ideale verobjektiviert und formalisiert werden, wird zum biopolitischen und universellen Maß, an dem sich alle anderen Einheiten messen lassen (müssen).

TB: Im Zuge der Digitalisierung nimmt die Vermessung des Körpers auf mehreren Ebenen rasant zu. Welche Chancen und welche Schwierigkeiten ergeben sich daraus in Bezug auf Gestaltungs- ebenso wie auf Geschlechterfragen?

DD: Die digitale Verdatung und Vermessung ist mit dem Versprechen neuer Freiheiten, Demokratisierung und Emanzipation angetreten. So sind etwa Anhänger*innen der „Self-Quantify-Bewegung" davon überzeugt, durch permanente Überwachung, Verdatung und Tracking des eigenen Körpers einen enormen Handlungs-, Kontroll- und Gestaltungsfreiraum zu gewinnen. Einerseits werden sie zu Expert*innen über das Zahlenwissen, andererseits liefern sie sich den Normen, Idealen und Logiken der Technologien aus. Diese Selbstführung ist freilich als neoliberales Paradigma und Einverleibung von ökonomischer und politischer Fremdführung problematisiert worden. Messen kann kaum mehr von Regieren, Operationalisieren und Optimieren getrennt werden. Statistiken und Quantifizierungen waren seit jeher vor allem Instrumente der politischen Ökonomie, um die Wohlfahrt der Nationen herzustellen und zu verbessern. Heute gelten Zahlen nicht mehr als bloßes Abbild der Realität, sondern als Werkzeuge ihrer Annäherung. Damit werden nahezu alle Bereiche des Lebens messbar gemacht und die Zahl gewinnt weiter an Definitionsmacht.

Der Siegeszug des Digitalen beruht womöglich wiederum – genau wie jener der Quantifizierung – auf der Macht des (Ver-)Fügens, welche Körperlichkeit ausblendet, ja zu überwinden scheint. Einerseits verspricht die Loslösung von körperlichen Präsenzen im Digitalen die Überwindung von Ungleichheiten, andererseits schreiben sich Geschlecht und andere Differenzkategorien als kulturelle *Vor*annahmen in die Technologien ein, sie werden dadurch zunehmend unsichtbar und von Algorithmen naturalisiert (Freudenschuss 2014).

Natürlich verschwindet die Materialität etwa der Daten speichernden Serverfarmen oder die Arbeiten an Produktion und Entsorgung von Daten, Müll und Technologien nicht einfach, diese Ökologien werden aber im öffentlichen Diskurs marginalisiert. Nachhaltiges Design, reparierbare Geräte, herausnehmbare Akkus etc. stehen der Logik der kapitalistischen Ökonomie entgegen und diese verstärkt gegenwärtig die geschlechtsbezogenen, sozialen und globalen Ungleichheiten eher, als dass sie diese auflöst.

TB: Inwiefern ist die Auseinandersetzung mit der Geschlechterordnung nicht nur für die Kultur- und Medienwissenschaft maßgeblich, sondern auch für gestaltende Disziplinen?

DD: Insbesondere gestaltende Disziplinen agieren entlang eines wechselseitigen Theorie-Praxis-Verhältnisses. In die verwendeten Symboliken, Formen, Farben und Materialien haben sich gesellschaftliche Theorien und Gendercodes eingeschrieben, gleichzeitig können sie dieses implizite Wissen in Frage stellen, unterwandern oder neu verhandeln.

Um am Beispiel des Technikmuseums zu bleiben, ließe sich fragen, wie historische und gegenwärtige Geschlechternormen ausgestellt werden können, ohne Stereotypen zu reproduzieren? Denn das Museum steht vor allem in der Kritik, universelle Geschichten zu erzählen, ohne deren historische Bedingt- und Gemachtheit durch den expositionellen Apparat selbst einzuräumen. Geschlecht und andere Differenzkategorien erscheinen in der musealen Darstellung als Wahrheiten und Tatsachen. Hergestellt wird dieser Eindruck vor allem über eine verobjektivierende Sprache und standardisierte Beschriftungen, eine bestimmte Repräsentationspraxis (etwa der vermeintlich neutralen Ästhetik des White Cubes) sowie Inszenierungs- und Legitimationspolitiken, die Medialität des Zeigens tritt dabei jedoch in den Hintergrund. Gerade Ausstellungsdesign und -architektur können dazu beitragen, Lesarten aufzufächern, Brüche zu erzeugen, eine Metaebene einzuführen. In der von mir kuratierten Ausstellung „uni-form? Körper, Mode und Arbeit nach Maß", die im Haus der Brandenburgisch-Preußischen Geschichte 2016 stattfand, entwickelten wir ein reflexives Ausstellungsdisplay, das die Gemachtheit und Dekonstruktion von Maßeinheiten, aber auch der Erzählung selbst thematisierte und offenlegte (Döring 2016). Über das Ausstellungsdesign wurde somit ein kritischer Blick möglich, der das Vermessen nicht als Fortschrittsgeschichte, sondern als Ökonomie mit seinen Versprechen, Standardisierungen und Zwängen auswies. Dass jedem Designprozess geschlechtsbezogene Normen, Maßnahmen und Vorstellungen vom

Menschen zugrunde liegen, zeigen eindrücklich Beispiele wie Scheren für Rechts-
und Linkshänder*innen, Positionen von Geländern, Notrufen oder barrierefreie
Zugangsmöglichkeiten. Design bezieht sich jedoch nicht nur auf das Erzeugen eines
bestimmten Produktes, sondern ist auch Bestandteil von Methoden und Verfahren
etwa des Vermessens, Visualisierens, Modellierens oder Experimentierens. Werkzeuge, Materialien und Medialitäten schreiben sich in den Vorgang des Denkens
und des Gestaltens ein und ermöglichen oder verunmöglichen Handlungen und
Erkenntnisse. Design- und Gestaltungsprozesse sind ästhetische, materielle und
technologische Hervorbringungen von Wissen (Doll/Bredekamp/Schäffner 2016).
Wenn also materielle Kulturen wie Museumssammlungen oder epistemische Vorgänge wie das Messen nicht nur als Abbilder, sondern als konstruierende Akteure
verstanden werden, so ist ein reflexiver Gebrauch der darin enthaltenen Praxen,
Normen und Ideale notwendig. Design als Wissenskultur und reflexive Kulturtech-
nik hält dafür ein großes Potential, aber auch eine große Verantwortung bereit.
Gerade der Prozess des Entwerfens mit seiner Latenz und Offenheit auf der einen
und seiner normativen Anwendungsperspektive auf der anderen Seite steht an der
Schnittstelle zwischen dem Maßnehmen und Maßgeben.

Weitere Informationen zum Projekt GENDER; TECHNIK; MUSEUM:
www.gendertechnikmuseum.de

Literatur

Doll, Nikola / Bredekamp, Horst / Schäffner, Wolfgang / Ahrens-Heimer, Elisa (Hg.) (2016): +Ultra.
    Gestaltung schafft Wissen. Leipzig: E.A. Seemann.

Döring, Daniela (2011): Zeugende Zahlen. Mittelmaß und Durchschnittstypen in Proportion, Statistik
    und Konfektion. Berlin: Kulturverlag Kadmos.

Döring, Daniela (Hg.) (2016): Vom Maßnehmen, Zuschnitt und Nähen einer Ausstellung. Publikation
    zur Sonderausstellung »uni-form? Körper, Mode und Arbeit nach Maß« vom 15.4.-24.7.2016 am
    Haus der Brandenburgisch-Preußischen Geschichte, Potsdam.

Freudenschuss, Magdalena (2014): Digitalisierung: eine feministische Baustelle - Einleitung. In: Femi-
    na politica 23, 2, pp. 9–21. URN: http://nbn-resolving.de/urn:nbn:de:0168-ssoar-448591 (Zugriff
    vom 24.11.2017).

Heßler, Martina (2016): Das Öffnen der black box. Perspektiven der Genderforschung auf Technikge-
    schichte. In: Döring, Daniela / Fitsch, Hannah (Hg.): GENDER; TECHNIK; MUSEUM. Strategien
    für eine geschlechtergerechte Museumspraxis. Berlin: Hg. v. Zentrum für Interdisziplinäre Frauen-
    und Geschlechterforschung, Technische Universität Berlin. S. 19–37.

Krämer, Sybille (Hg.) (2015): Ada Lovelace. Die Pionierin der Computertechnik und ihre Nachfolge-
    rinnen. Paderborn: Fink, Wilhelm.

Muttenthaler, Roswitha (2016): Dinge neu gebrauchen – Zum Umgang mit Sammlungen von gegen-
    derten „Dingen von Belang" In: Döring, Daniela / Fitsch, Hannah (Hg.): GENDER; TECHNIK;
    MUSEUM. Strategien für eine geschlechtergerechte Museumspraxis. Berlin: Hg. v. Zentrum für
    Interdisziplinäre Frauen- und Geschlechterforschung, Technische Universität Berlin. S. 115–130.

AKTSTUDIUM IN ÄGYPTEN

HINDERNISSE UND VERBOTE IM KUNST- UND DESIGNSTUDIUM

Fred Meier-Menzel

Hundertausende von Ägypterinnen und Ägyptern versammeln sich im Februar 2011 auf dem Platz der Freiheit ‚Midan Tahrir‘, und stürzen das 40-jährige Mubarak-Regime. *Eine* Handlung und *ein* Bild aus dieser Zeit lieferten den Ausgangspunkt für meine designorientierte Forschungsstudie „Vom Aktmodell zur Aktivistin – die doppelte Kolonisierung des weiblichen Körpers in Ägypten". Es ist das Bild der Ägypterin Aliaa El-Mahdy, die sich 2011 als Aktmodell fotografieren lässt, und das Foto auf ihrem Facebook-Blog postet. Sie outet sich damit als politische Aktivistin, die den eigenen weibliche Körper zum Streitgegenstand erhebt (Abb. 12). Ihrem Bild-Posting im Internet fügt sie begleitende Worte bei, die sie gegen ihre nicht näher benannten politischen Feinde richtet. Sie beschimpft diese als sexuell blockierte Chauvinisten, die ihr das „Recht auf freie Ausdrucksform" nähmen. Zynisch schlägt sie ihnen vor, sie sollten alle Kunstbücher verbrennen, ehemalige Aktmodelle, die bis in die 1970er Jahre hinein an ägyptischen Kunstakademien Modell standen, hinter Gitter bringen, um sich abschließend selbst zu verbrennen.

Die Begriffe ‚Aktmodell‘ und ‚Aktivistin‘ enthalten beide das Wort „Akt", lateinisch *actus*[1], das ‚Handlung‘ bedeutet, aber auch dessen Verbform *agere,* das sowohl ‚führen‘,‚verhandeln‘, ‚darstellen‘ im Infinitiv heißt, und in der zweiten Person Singular die Passivform ‚du wirst geführt/ verhandelt/ dargestellt‘ beinhaltet.[2] Ein Aktmodell ist folglich etwas Statisches, eine Person, die stillsteht, in eingefrorener Pose, die abgezeichnet, abgemalt wird, die den schönen Künsten dient, ohne in irgendeiner Form politisch konnotiert zu sein. Ein Aktmodell kann Frau, Mann, Kind sein. Ich werde mich vorwiegend mit der Frage des weiblichen Aktmodells, der aus ihr hervorgehenden Repräsentation und mit dem Aktzeichenprozess befassen.

Der Duden führt zum Begriff ‚Modell‘ mehrere Bedeutungen an. Neben „Form", „Beschaffenheit", „Muster" ist es auch „das wissenschaftliche Objekt, das zur Anschauung dient", oder eine „Person, die sich [berufsmäßig] als Gegenstand bildnerischer oder fotografischer Darstellung, Gestaltung, zur Verfügung stellt"; ebenso wird „Model" und „(verhüllend) Prostituierte" aufgeführt.[3]

---

1   Vgl. Duden 2017, ‚Akt‘ [26.11.2017].
2   Vgl. https://www.frag-caesar.de/lateinwoerterbuch/agere-uebersetzung-1.html [26.11.2017].
3   Vgl. Duden 2017, ‚Modell‘.

Abbildung 12: Alia El Mahdy Blogpost, der millonenfache Klicks erhielt, 2011.

Wie viele Beispiele aus der Kunstgeschichte belegen, diente der real existierende Körper in Kunstwerken oft nur als zweckgebundene Vorlage, die die meist männlichen Künstler studierten, um sie dann in der ihnen zugedachten Rolle im Bild zu verwenden. Die Bildsujets im 19. Jahrhundert waren oft antikisierender Natur oder hatten einen mythischen Hintergrund. Wurde ein Kunstwerk an einem öffentlich zugänglichen Ort ausgestellt, diente der Körper der Frau, die einst als leibhaftiges Modell im Atelier des Künstlers in einer Pose ausgeharrt hatte, mit ihrer Nacktheit dem gesellschaftlich akzeptierten Lustgewinn, dem durch den Kunstmarkt legitimierten männlichen Voyeurismus. Dabei wurden Name, Identität und Herkunft des Aktmodells unwichtig, ganz im Gegenteil, in der „Hochkunst" des 19. Jahrhunderts war man bemüht, nur gesellschaftlich akzeptierte Figuren (aus der Antike), die nicht der Gegenwart entsprangen, als Bildinhalt zuzulassen. Das entstandene Akt-Bild, ob Foto oder Tafelbild, entledigte sich mit dem Vollzug seiner Fertigstellung der Vorlage und löste sich von der Person ab. Die Verantwortung für die bildhafte Nacktheit lag beim Künstler oder beim Auftraggeber.[4] Der phänomenale Leib hatte ausgedient und auf dem Bildträger (Papier, Ölbild, Zeichnung, digitales Bild) verblieb lediglich der semiotische Körper (Fischer-Lichte 2012, 61).

Die nackte menschliche Figur in der Kunst verweist immer wieder auf die Darstellungen des Menschen in der Antike. Andachtsvoll gefeiert wird dort der ebenmäßige, meist männliche Körper, der aus dem Werkstoff Marmor, Stein, Bronze, Holz und Elfenbein geschaffen wurde. Ein Grund für das Ebenmaß der Körper waren sicher die sportlichen Trainingscamps, in denen die jungen Männer nackt Leibesübungen ausführten.[5] Antike Bildhauer wie Polyklet verfügten über ein schriftliches Regelwerk an Maß- und Zahlensystemen, das sie bei der Anfertigung ihrer Kunst einsetzten.

Zum Ende der Antike und im Mittelalter geriet die Darstellung des Nackten zunehmend in Misskredit angesichts der Erstarkung der christlichen Kirche. Erst in der Zeit der Aufklärung, als man die Antike wiederentdeckte und Künstler wie Mediziner gemeinsam den Körper (durch Anatomie) wissenschaftlich erforschten, erlebte die nackte menschliche Figur eine Renaissance. Bis ins späte 19. Jahrhundert durfte das Geschlecht, insbesondere das weibliche, nicht gezeigt werden. Durch das Aufkommen der Fotografie änderten sich die Aktdarstellungen in der Kunst grundlegend. In der statischen Kunst wie der Malerei, der Grafik und der Skulptur ist es fraglich, wie wichtig die Aktdarstellung in der Kunst noch ist.

In Deutschland nach dem Zweiten Weltkrieg haben sich zwei Systeme, die sich in zwei Staatsformen und zwei Kunstauffassungen ausdrückten, herausgebildet, die bis in die Gegenwart ihre Wirkung zeigen: die BRD und die DDR. In der DDR gab es die realistische Kunst und die staatlich gerechtfertigten und bezahlten Berufskunstschaffenden, während in der Bundesrepublik die Kunstschaffenden sich in der freien Marktwirtschaft zurechtfinden mussten.

---

4   Die Wahl der männlichen Form ist absichtlich gewählt [Anm. d. Verf.].

5   Vgl. Oertel, Gisela: Die griechische Plastik, in: Bibliographisches Institut & F. A. Brockhaus AG, Mannheim und Duden Paetec GmbH, Berlin, online: http://tinyurl.com/l33f7av [2.10.2013].

Erstere wurden von staatlicher Seite in periodischen Abständen dazu angehalten, den „Arbeiter- und Bauernstaat", der sich an Marx'scher Lehre orientierte, recht naturgetreu wiederzugeben. Dabei war es notwendig, die Arbeitenden auf dem Feld oder im Tagebau als Helden der Arbeit möglichst treffsicher proportioniert darzustellen. Die Kunsthochschulen der DDR unterhielten daher Kunstklassen, die den Studierenden eine intensive Beschäftigung mit dem menschlichen Körper abverlangten. Und bis heute bleiben die betreffenden Lehrinstitutionen ihrem Erziehungsstil noch weitgehend treu.

Über sexuelle Beziehungen zwischen Maler oder Malerin und Modell gibt es zahlreiche Geschichten, auf die ich nicht weiter eingehen werde. Tatsächlich entsteht eine große und magische, auch erotische Nähe zwischen den Malenden, dem Modell und dem Abbild. Die spanische Künstlerin Ana Cayuela Muñoz, die auch Aktmodell ist, entwickelte den Begriff der ‚Bidirektionalen Kunst'. Diese Kunstform geht von der Idee einer gemeinsamen Autorenschaft aus, wenn ein Aktbild entsteht, egal ob es sich um eine Zeichnung oder ein Foto handelt.[6] Während die Interaktion zwischen Aktmodell und Künstlerin oder Künstler durch eine intensive, oft sehr unterschiedlich sich auswirkende Art und Weise geprägt ist, ist der Ablauf einer Zeichen- oder Malsession im Zeichensaal einer Kunstakademie bzw. Designhochschule weitaus stärker reglementiert. Hier geht es allein um die „Grammatik"[7] der menschlichen Figur. Zudem fungiert meist eine Lehrperson als übersetzende Instanz zwischen der Aktzeichnung der oder des Studierenden und dem Körperbild des Modells, was die Atmosphäre weniger privat erscheinen lässt. Und trotzdem bleibt vor jeder Aktzeichensession eine Extraspannung, eine Erwartung, wie das Modell aussieht und wie man zeichnerisch mit ihm oder ihr zurechtkommt. Für das Modell sind andere Fragen wichtig, etwa: „Wie finden mich die Zeichner?", oder ob man ein gutes Modell im Sinne der Zeichnenden abgibt, ob man schön ist, ob dick, und man erwartet mit Spannung, in der Pause einen Blick auf entstandene Zeichnungen werfen zu können. Diese positive Spannung, die sich vom Modell, sei es des eigenen oder anderen Geschlechts (evtl. auch unter Einbeziehung der enthaltenen Erotik) auf die Künstlerin oder den Künstler überträgt, belebt den Strich beim Zeichnen und erweckt die Aktzeichnung zum Leben.

---

6   Ana Cayuela Muñoz hat das Verhältnis zwischen Künstlerin/Künstler und der Bildinspiration (Modell) untersucht. ‚Bidirektionale Kunst' entspreche nicht den Erwartungen der heutigen globalen Kunst. Der gemeinsame Prozess der Bildherstellung ist in dieser Kunstauffassung dem Bildergebnis übergeordnet (vgl. Muñoz 2014, 14).

7   Mit „Grammatik" ist das recht technisch und auf Anatomie des Knochenbaus und des Muskelapparates ausgelegte zeichnerische Erlernen des Körpers gemeint.

Do women have to be naked to get into the Met. Museum?

Less than 5% of the artists in the Modern Art sections are women, but 85% of the nudes are female.

GUERRILLA GIRLS CONSCIENCE OF THE ART WORLD
www.guerrillagirls.com

Copyright © 1989, 1995 by Guerrilla Girls, I

Abbildung 13: Guerilla Girls, Banner für die öffentliche Kunstförderung, New York, 1989.

Das Spannungsverhältnis „Männlicher Künstler malt weibliches Modell" wirkte sich in der Kunstgeschichte einseitig aus; das bewies die anonyme feministische Künstlerinnengruppe „Guerilla Girls" im New York der 1980er Jahre durch eine einfache Diagrammatik: Sie proklamierten in ihrer Kunst, dass die im Metropolitan Museum of Modern Art vertretenen Künstler vorwiegend männlich sind und nur ein verschwindend niedriger Prozentsatz weiblich. Ganz umgekehrt verhält es sich mit den Nackten, die es im Museum zu sehen gibt: Hier überwiegen die Frauen mit 85 Prozent aller Darstellungen. Diese einseitige Produktion von weiblichen Nackten durch männliche Künstler prangerten die Guerilla Girls an (vgl. Abb. 13). Auf großen Bannern zitierten sie mit ihrer Arbeit den „Körper der großen Odaliske" von Ingres, und ersetzten den Kopf der Figur durch eine Gorillamaske.

Der folgende Abschnitt wird zeigen, wie sich die einseitige genderspezifische Künstlersicht auf Nacktheit, die von den Guerilla Girls kritisiert wird, in die westliche Kunstgeschichte des 19. Jahrhunderts einschreibt, wie sie ihre Blüten bei den englischen Kolonialherren schlägt und wie sich diese mit männlicher Geilheit gepaarte Verklemmtheit der Gesellschaft auf die von den Europäern nach Ägypten exportierte Aktmalpraxis überträgt.

Parallelen viktorianischer und ägyptischer Aktkunstpraxis

Der Akt im 19. und 20. Jahrhundert hat den Akademiebegriff in der westlichen Kunstgeschichte geprägt. Es gab verschiedene Ausrichtungen der Aktmalerei, die vornehmlich aus Nordeuropa kamen. Es gab den Akt venezianischen Ursprungs, dem man einen sinnlichen Farbauftrag nachsagte, den stilisierten französischen Akt und den englischen Akt. Letzterer war wie fast alle Aktdarstellungen im 19. Jh. eingebettet in antikisierende Thematiken, die als Ausdruck höchster Reinheit bewertet wurden. Das seit der Aufklärung wieder neu angestoßene Brauchtum, den nackten Körper darzustellen, geriet im 19. Jh. unter dem Einfluss der Kirchen zunehmend in Misskredit. Nacktheit war akzeptiert, solange sie unter Ausschluss der Öffentlichkeit stattfand und von Spezialisten überwacht wurde (Anatomie, Künstlerstudio).

Angesichts der Kolonialisierung Ägyptens (Meier-Menzel 2014, 61–152) und des konfliktbeladenen Auftritts von Nacktheit in der ägyptischen Öffentlichkeit kann ein Zusammenhang zu den gesellschaftlichen Moralvorstellungen und dem Auftreten von Nacktheit in der bildenden Kunst des ausgehenden 19. Jh. im viktorianischen England und dem Ägypten der 1970er Jahre bis heute hergestellt werden.[8] Genau in der Zeit, in der Ägypten vom britischen Militär unterworfen wurde (2. Hälfte des 19. Jh.), gab es im viktorianischen England einen „Feldzug für die Reinheit" (*purity campaign*), deren Vertreter und Vertreterinnen moralisch und protestantisch-religiös begründet, die Ausstellung insbesondere von weiblicher Nacktheit bekämpften. Das viktorianische Zeitalter ist für seine „Scheinsittsamkeit und Heu-

---

8   Formell bestand die britische Kolonialherrschaft von 1882 bis 1922. Mit dem ihnen eigenen Führungsprinzip, dem ‚indirect rule' hatten die Briten jedoch noch Einfluss bis in die 1950er Jahre.

chelei" sexuelle Themen betreffend bekannt, und das Wort ‚prüde' wird nahezu als Synonym verwendet. Die Vorgänge, die sich im „Mutterland" abspielten, reproduzierten sich in Ägypten rund 80 Jahre später in ähnlicher Weise und halten bis heute an. Bereits zu Regierungszeiten Anwar El-Sadats, der 1981 dem Attentat eines Islamisten zum Opfer fiel, veränderte sich die ägyptische Gesellschaft hinsichtlich einer stärkeren religiösen Ausrichtung. Dieser Prozess erfuhr durch die einjährige Regierungszeit der Muslimbrüder (2012–2013) eine zusätzliche Brisanz, die sich nach Mohammed Mursis Absetzung keineswegs entschärft hat. Das Aktzeichnen als Studienfach wurde als Folge der neuen Frömmigkeit, die Sadat seit 1973 strategisch installierte, in den 1980er Jahren aus der Kunsterziehung vollständig entfernt.[9]

Es ging der aufsteigenden viktorianischen Großmacht England in der zweiten Hälfte des 19. Jhs. darum, gesellschaftliche Anliegen durch Museen zu vermitteln. „Lautstarke bürgerwehrartige Vereinigungen", die keinen Unterschied machten zwischen der „Hochkunst" und der Pornografie sorgten für die Einhaltung der Moral, die ausschließlich dem heterosexuellen, patriarchalen Familienbild entsprach (Smith 2001, 12). Nationalismus sollte sich in der Kunst widerspiegeln und sich vom frivolen Stil der Venezianer und dem stilisierenden Stil der Franzosen abgrenzen. Der englische Akt wurde als natürlich bezeichnet und sollte dazu dienen, ein „internationales Schönheitsideal" zu prägen. Die Gesichter der gemalten Figuren waren mit englischen Physionomien ausgestattet und seien so „rein wie Griechinnen" gewesen (ebd., 7).

Während Nacktsein insbesondere beim männlichen Akt als Ausdruck von Natürlichkeit galt (beim kraftvollen Sporttreiben oder beim Schwimmen in bestimmten Strandabschnitten), war es weitaus schwieriger, die Natürlichkeit weiblicher Nacktheit in der Öffentlichkeit zu rechtfertigen. Das brachte es mit sich, dass die am Schaffensprozess beteiligten Aktmodelle meist einen schlechten Ruf hatten und unter Verdacht standen, Prostituierte zu sein, die einen schlechten Einfluss ausübten. Ein weiteres Problem war die idealisierte Antikisierung der nackten Frauenfiguren. Es gab eine immer größer werdende Diskrepanz zwischen der Realität des weiblichen Körpers und dem haarlosen Ideal des antikisierten Körpers. Der sexualisierte weibliche Körper stellte eine Bedrohung für die Gesellschaft dar, und diese Ängste übertrugen sich auf die Maler. Der einseitige Blick auf die nackte Haut kann noch durch ein anderes Argument gestützt werden: Frauen, die als Kunststudierende an englischen Akademien und in anderen europäischen Ländern Zutritt erhalten wollten, mussten mit zahlreichen Hindernissen kämpfen, z. B. mit dem limitierten Zugang zum Aktstudium, der ein Zeugnis von der männlichen Kontrolle über die weibliche Nacktheit ablegt. Männlichen Künstlern wurde in Europa bereits seit dem 16. Jahrhundert Zugang zu einer professionellen Kunstausbildung an Kunstakademien geboten. Die Ausbildung von Frauen beschränkte sich im 19.

---

9   Nach erfolgreicher Beendigung des Sechstagekrieges und dessen siegreichem Ausgang für Ägypten, wollte sich der Militärmann Sadat mithilfe der islamistischen Organisationen im Lande gegen die linke Opposition durchsetzen.

und bis ins 20. Jahrhundert hinein auf private Malschulen oder mangelhaften Unterricht durch Familienangehörige oder Ehemänner.

Eine Parallele, die sich trotz der in England vorgeschriebenen Sittsamkeit mit dem bis heute gern verwendeten Stereotyp des Harems ziehen lässt, lieferte die Beschreibung der Künstler im Umgang mit ihren Modellen. Meist wurden diese hinter dem Rücken der Ehefrau ins Studio des Künstlers gebeten. Um seine Modelle ungestört empfangen zu können baute der englische Maler Marcus Stone (1840–1921) einen eigenen Eingang für sie (Postle/Vaughan 1999, 58). Diese baulichen Konsequenzen erinnern (zumindest entfernt) an die Gemächer des Sultans, die für seine Frauen bestimmt waren. Ein anderer Künstler, der britische Illustrator und Karikaturist Linley Sambourne (1844–1910), führte ein Notizbuch mit den körperlichen Vorzügen der jeweiligen Modelle (ebd., 62). Ein osmanischer Herrscher könnte ein ebensolches Skizzenbuch geführt haben. Ich selbst habe ein solches Notizbuch in den 1990er Jahren bei einem Künstler der Chelsea-Kunstszene in London gesehen. Er malte in Öl und lud ausschließlich weibliche Aktmodelle und männliche Mitmalende in sein Studio ein. Das Modell (ich) wurde auf blumige Stoffe drapiert und hatte kaum eigene Wahlmöglichkeiten in der Gestaltung der Pose.

Aktmalerei als männlich-koloniale Blickpraktik im 18./19. Jahrhundert

Die Sexualisierung der arabischen Frau hat Tradition. Der neuzeitliche Blick seit der Zeit der Aufklärung bewirkte eine Bevorzugung des männlichen, weißen Subjekts. Der männliche europäische Künstler (Orientalist) bildete den Orient ab und schuf mit seinem „weißen Blick" eine neue Realität, die er mit einem Klassifizierungssystem versah, das die Kunstwissenschaftlerin Viktoria Schmidt-Linsenhoff als ‚politische Farbenlehre' bezeichnet.[10] Innerhalb dieser Werteskala wurde der weiße männliche, meist unsichtbare Körper als am höchsten stehend bewertet, der weiße weibliche Körper war dem nachgestellt. Der weibliche Körper farbiger Hautfarbe ist dem weißen untergeordnet, was in zahlreichen Haremsdarstellungen auffällt. Der Mann mit farbigem, meist schwarz dargestelltem Körper steht in dieser rassistischen Sichtweise an der untersten Stelle der Hierarchie. Er kommt wahlweise kastriert (Eunuch) oder als animalisierte Bestie auf den Tafelbildern der Orientalisten vor.

Die gemalte Haremsszene weist sich vor allem dadurch aus, dass ihr Betrachter nicht präsent ist. Werke von renommierten Künstlern wie Jean-Auguste-Dominique Ingres, Eugène Delacroix, Jean-Léon Gérôme, Ernest Normand und anderen

---

10 Erläuterung des Forschungsstands: Im Deutschland der 1970er Jahre wurden die ersten Frauenforschungsprojekte installiert, nachdem sich Studentinnen mit massiven Protesten gegen das männliche Patriarchat in der Wissensbildung gewandt hatten. Seit den 1980er Jahren gab es Theoretikerinnen, die nicht der „weißen" Herrschaftskultur angehörten, die die Frau als einheitliche Kategorie infrage stellten. Die weltweit immer stärker werdenden Migrationsbewegungen, Gesellschaften, die sich zunehmend aus vielfachen Ethnien zusammensetzen, haben bewirkt, dass die postkoloniale Diskussion sich verändert, wenn nicht gar aufgehoben ist (Schmidt-Linsenhoff 2010).

gewähren Einblicke in private Räumlichkeiten, die dem westlichen Betrachtenden, Eroberer und Reisenden verwehrt waren. Die Künstler unterbreiteten dem Auge des Betrachters das Angebot der passiven, verfügbaren Frau, und brachten ihn damit in die Position des unsichtbar Befugten, für den diese zahlreichen sexuellen Angebote bestimmt sind. Bilder europäischer Maler lenkten mit Sklavenmarktszenen, die in einen altorientalischen Kontext verlegt wurden, von der eigenen Brutalität und Rücksichtslosigkeit der Versklavung von Menschen ab.

Diese Repräsentationen hatten einen multifunktionalen Nutzen für die Kolonialherren: Sie dienten der Befestigung von Hierarchien. Zum einen sagen sie aus, dass die „Indigenen" Barbaren seien, da solche Sklaverei noch betrieben wurde, nachdem sie in Europa längst abgeschafft wurde. Zum anderen legen sie eindeutig die weiße Hautfarbe auch als sexuell zu bevorzugen fest, und in dritter Instanz zeigen sie die Frau nackt exponiert und generieren sie so zum Objekt. In zahlreichen Reiseberichten wurde der Harem, also der Ort, wo sich die Privatgemächer des Sultans befanden, mit seinen Bewohnerinnen geradezu wissenschaftlich dokumentiert. Das ist ein Paradox, denn die Bewohnerinnen des Harems zeichneten sich vor allem durch Unsichtbarkeit aus.

Bewusste Hierarchiebildung aufgrund von Hautfarbe und Geschlecht findet heute im Zeitalter der Markenwerbung mit neuer Aggressivität statt. Dass Frauenkörper für Markenartikel sexualisiert werden, ist immer noch nicht ausreichend tabuisiert. Der unsichtbare Mann ist oft auch der Entscheider für eine Kampagnenidee oder der Marketingchef einer Firma.

Aktstudium an der Staatlichen Kunstakademie in Ägypten

Die europäischen Malstile im 19. und 20. Jahrhundert prägten nicht nur das Bild über den Orient, sie beeinflussten auch die ägyptischen Kunstschaffenden. Es herrschte ein reger Austausch von Bildern zwischen Orient und Okzident, und die Bildungselite Ägyptens begann nun ebenfalls zu reisen. Die wohlhabenderen Söhne ägyptischer Oberschichtsfamilien wurden zunehmend zum Studium nach Europa geschickt. Auf der Beliebtheitsskala junger Künstler stand auf Platz eins Paris. Der Bildhauer Mahmoud Mukhtar (1891–1934) hatte dort die Kunstakademien und die Künstlerstudios kennengelernt, und es ist davon auszugehen, dass er dort auch mit der Praxis der Akt-Kunst vertraut gemacht wurde. Die frauenpolitisch fragwürdige Praktik des Aktzeichnens findet ihren Eintritt in die ägyptische Kunstszene dank Lehrenden in den Kunstakademien aus Frankreich, Italien und anderen Ländern Nordeuropas. Ab 1908 wurde die staatliche Kunstakademie in Kairo, die Helwan-Universität, gegründet und in ihr sowie in zahlreichen Künstlerstudios wurde Akt drei Generationen lang unterrichtet.[11]

Das Erlernen der menschlichen Figur mithilfe eines nackten menschlichen Mo-

---

11   Vgl. Khalifa, Kholoud: Corporal Representation in the Arts in Egypt/Review of Progress Over Three Decades, 2008, Online: http://www.contemporarypractices.net [28.3.2012].

dells wurde dann durch Präsident Anwar El-Sadat 1975 an den staatlichen Akademien Ägyptens per Gesetz verboten.[12] Als die Aktzeichenpraktik ungefähr zeitgleich mit dem endgültigen Abzug der Engländer aus Ägypten wieder verschwindet (aus religiös-moralischen Gründen), und, wie damals in England, Beschränkungen und Verbote für manche Werke erteilt werden) entsteht ein Vakuum, eine Stagnation, gleich der eingefrorenen Pose des Aktmodells. Die britisch-prüden Auffassungen aus Englands viktorianischer Zeit reproduzieren sich zeitversetzt in ägyptischen Bildungsinstitutionen.

Die Lehrangebote an der Helwan-Universität kreisen um Malerei, Skulptur, Grafik, Porträts in Öl sowie Stillleben. Dozent Ahmed Hanno vermisst die Freiheit des Denkens, und der Konzeptkünstler und Autodidakt Shady El-Noshokaty, der ebenfalls an der Fakultät Kunst lehrt, hat „nach Meinung mancher mehr für den Kunstverstand junger Ägypterinnen und Ägypter getan als beide Hochschulen zusammen".[13] El-Noshokaty arbeitet mit Videos, Performances, Comics. Es ist weniger das Fehlen von nackten Modellen in der zeitgenössischen Kunsterziehung Ägyptens, als vielmehr das Verbot, frei zu denken und sich auszuprobieren, das jede Kreativität im Keim erstickt. Der Amerikaner Brian Curling, ehemaliger Kunstdozent an der American University in Cairo, sieht das ähnlich: Ägypten habe sich die westlichen Ideen der Akt-Kunst über die Jahre angeeignet, jetzt sei es an der Zeit, eine eigene künstlerische Identität zu entwickeln.[14]

Wie hinderlich fehlende Nacktheit bei der Kunst- und Designvermittlung sein kann, erlebte ich 2006–2012 in meiner Zeit als Professor of Drawing an der German University in Cairo (GUC). Die Studierenden im Designbereich sollten zeichnerisch Bewegungsabläufe im Animationsfilm konstruieren und figürliche Illustration anfertigen. Körperproportionen spielen beim Design etwa von Sitzmöbeln eine wichtige Rolle. In Ermangelung eines Aktmodells und angesichts der kulturell bedingten Unmöglichkeit, den Studierenden Aktfotografien oder -zeichnungen zu zeigen, musste ich andere Methoden der didaktischen zeichnerischen Vermittlung der menschlichen Figur finden. Der Körper kann z. B. in Kuben, Säulen und geometrische Körper zerlegt werden, um ihn zu vereinfachen. Man kann vorgegebenen Proportionsrastern folgen. Das menschliche Skelett konnte ich den Studierenden immerhin als formengenerierende Menschenarchitektur in Form eines Plastikskelettes zeigen. Es durfte nur gezeichnet und modelliert werden, was unter der Haut lag, oder die textile Schicht, die die Haut verdeckte. Das anatomische Zeichnen mithilfe von Büchern und Webmaterial und das Herstellen kleiner Drahtfigürchen mit Knochen und Muskelrepräsentationen[15] vermittelte den Studierenden den Zugang zur menschlichen Figur.

---

12   Vgl. Zekri, Sonja: Ein Bündel Mensch/Über Aktmalerei in Kairo, in: Süddeutsche Zeitung Nr. 20, S.11, 24.1.2008, online: http://www.sz-archiv.de/ [26.11.2017].

13   Vgl. ebenda.

14   Vgl. Zekri, Sonja: Ein Bündel Mensch/Über Aktmalerei in Kairo, in: Süddeutsche Zeitung Nr. 20, S.11, 24.1.2008, online: http://tinyurl.com/mxmk8oa [13.9.2014].

15   Das Drahtzugmodell nach der Methode von Dr. Manfred Zoller, Emeritierter Professor der Kunsthochschule Weissensee. Zahlreiche Praxisbeispiele finden sich in dessen Buch „Gestalt und Anatomie" (Zoller 2001).

Im April 2013 führte ich vier Interviews zum Thema Akt und figürliches Zeichnen an der Fakultät der angewandten Künste der Helwan-Universität in Kairo durch: mit der Dozentin Heba Zohny, der Teefrau Mona, dem Kunststudenten Mahmoud Abdelgafour und der Professorin Doaa Khaled.

Heba Zohny, Dozentin für Angewandte Kunst, zum Interviewzeitpunkt 40 Jahre alt, lebt in Heliopolis und hat am Fachbereich Dekoration der Helwan-Universität studiert. Sie liebt die Landschaftsarchitektur und hat zu diesem Thema promoviert. Ich befragte sie zu ihrer Lehrtätigkeit und -methodik im Bereich der figürlichen Kunst. Heba betont, man brauche viel Übung, um Dinge und Personen souverän zeichnerisch darstellen zu können. In ihren Äußerungen benutzt sie die Wir-Form, um mir von Schwierigkeiten zu berichten, die sie mit ihren Kolleginnen der Kunstfakultät teilt. Da gibt es beispielsweise die Suche nach dem Modell mit der „guten Form und guten Kleidern". In ihrem Unterricht hatte sie eine beleibte Frau als Modell beschäftigt, die eine Galabeya[16] trug, doch das Figurenstudium mit ihr erwies sich für die Lehrzwecke als ungeeignet. Die Modestudierenden hatten unter dem bodenlangen Gewand weder Taille noch irgendwelche anderen Körperteile erkennen können. Man sei daher dazu übergegangen, nur noch Männer zu beschäftigen, deren Kleider nicht zu locker am Körper hängen. Sie müsse manchmal intervenieren, so Heba, und dem von der Akademie bezahlten Arbeiter sagen „Das ist zu lose, zieh' was anderes an" oder „Zieh' einen Pullover an statt des Jacketts, das Jackett verdeckt alles". Es gibt im Unterricht auch die Möglichkeit, dass sich die Studierenden gegenseitig Modell stehen, aber das sei nur eine Variante für kurze Posen und schnelle Skizzen. Es werde viel aus Büchern kopiert. Da die Studierenden an die überlängten Mode-Mannequins gewöhnt seien, falle es ihnen schwer, natürliche Proportionen zu zeichnen. Viele der jungen Frauen in der Akademie sind sehr islamisch gekleidet. Ich wollte von Frau Zohny wissen, ob es ihnen nicht peinlich sei, einen Mann abzeichnen zu müssen, was sie verneinte. Dieses Problem sei eher bei ihr selbst zu verorten. Die Studierenden zeichneten nackte Figuren zuhause aus Büchern ab und legten sie ihr zur Korrektur vor. Es sei ihr unangenehm, in Anwesenheit des männlichen Modells Kommentare dazu abzugeben. Sie erinnert sich, dass ihre eigenen Professorinnen und Professoren ihnen stets sämtliche Kunstwerke gezeigt hätten, auch die mit den Nacktdarstellungen. Sie selbst würde religionsbedingt niemals eine reale nackte Person zeichnen. Einen Mann, der weder Ehemann noch eigener Sohn sei, als Aktmodell zu haben, sei unmöglich.

Mona[17], 60 Jahre, Teefrau in der Kunstakademie, hat viele Jahre lang als Aktmodell der Helwan-Universität gearbeitet. Angefangen hat sie an der Fakultät der Freien Künste im feinen Kairoer Stadtteil Zamalek. Ihre Mutter saß dort Porträtmodell und sie selbst war seit ihrem 16ten Lebensjahr als Aktmodell beschäftigt gewesen. Es gab dort Anordnungen von mehreren (weiblichen) Modellen. Ein „großes", also üppiges Modell wurde in einer Komposition mit mehreren zierlicheren Modellen

---

16 Traditionelles Kleidungsstück in Ägypten für Männer und Frauen: ein einteiliges Kleid mit langen Ärmeln, das bis zum Boden reicht. Es wird eher von der ärmeren Bevölkerungsschicht getragen. [Anm. d. Verf.]

17 Name geändert.

angeordnet. Jungen Modellen wurde der Vorzug gegeben. Ein Professor namens Darwish hatte ihr einmal eine Aktzeichnung geschenkt. Auf die Frage, ob es für sie problematisch sei, zu erzählen, dass sie als Aktmodell gearbeitet habe, antwortet eine im Raum anwesende Dozentin für sie mit ja. Sie sage es keinem. Bereits in ihrer Jugend sei der Status des Aktmodells problematisch gewesen, erfahre ich noch. Gemütlich sei es aber auch gewesen und man habe viel Spaß mit den Studierenden gehabt.

Ein weiteres Gespräch folgte mit Mahmoud Abdelgafour, 23 Jahre, Kunststudent, zum Interviewzeitpunkt im ersten Studienjahr Grafik an der Fakultät für Bildende Kunst der Helwan-Universität in Kairo-Zamalek. Es würde viel Figur gezeichnet, so Mahmoud, in vielen Positionen. Die Studierenden seien dazu angehalten, die menschliche Figur vor Marktszenen oder auch häusliche Szenen zu platzieren. Die älteren Damen, die an der Fakultät Modell stehen, empfindet er wie Mütter, sie seien sehr freundlich. Er kann sich nicht vorstellen, dass diese Frauen früher nackt Modell gestanden haben können. Der fiktiven Frage, ob er ein nacktes Modell zeichnen würde, weicht er zunächst aus. Dann erzählt er aber begeistert, wie ein Kommilitone ein Auslandsstipendium erhalten habe, und der Beste in dieser Disziplin geworden sei. Ich fragte, ob es wahr sei, dass die antiken Gipsplastiken im Garten der Universität beschädigt worden seien, da sie Nacktheit zur Schau stellten. Als Beispiel nannte ich die Venus von Milo. Er sagte, die Zerstörer seien einfach nur schlechte Zeichner gewesen, die ihre Unfähigkeit mit der Demontage der Gipsstatuen vertuschen wollten.

Mit seinem Interesse am Zeichnen der menschlichen Figur und seinen religiösen Anschauungen gerät Mahmoud Abdelgafour in einen Konflikt. Als höchst talentierter Student (ich habe einige seiner Zeichnungen gesehen) merkt er, dass ihm etwas vorenthalten wird. Er freut sich über den Kontakt zu einer ausländischen Design-Professorin. Später schreibt er mir, er würde gerne im Ausland studieren und ob ich ihm Möglichkeiten dazu verschaffen könne. Er spürt den Mangel an Offenheit, die seiner Ausbildungsstätte eigen ist.

Doaa Khaled, Professorin, 40 Jahre, arbeitet im Fachbereich Dekoration der Fakultät für Angewandte Kunst an der Helwan-Universität. Sie ist nach ihrer Graduierung in ein privates Bildhaueratelier eingetreten, in dem Akt gezeichnet wurde. Als Frau bat sie auch weibliche Modelle in ihr eigenes Atelier, um für sie Akt zu stehen. Die Chance, Männer zu zeichnen oder malen, erhielt sie nie. Einmal stellte sie eine ihrer Aktzeichnungen aus. Die Zeichnung erfuhr überdurchschnittlich viel Aufmerksamkeit und viele Interessierte hatten sie kaufen wollen. Doaa Khaled erschien es so, als schauten die Menschen das Bild „von der falschen Seite" her an und daher verkaufte sie es nicht. Das Nacktsein diene dem Zweck des Studierens, des Verstehens der Anatomie, wie auch in der Medizin. Man müsse es nicht die ganze Zeit praktizieren. Um eine künstlerische Idee zu präsentieren, brauche sie es nicht mehr. Das Lehrmaterial für die Studierenden beziehe sie größtenteils aus dem Internet. Die staatlichen Bemühungen, pornografische Webseiten zu schließen, findet sie bedenklich. Sie fordert eine Balance zwischen der Religion und der Kunst und wünscht sich echte Aktmodelle im Unterricht. Als Künstlerin laufe man stets Gefahr, etwas falsch zu machen. Es sei nicht nur das Zeichnen an sich, man müsse die Modelle auch von komischen Plätzen holen, erklärt sie mir. Es gebe da ethische und kulturelle Unterschiede. Das Modell, vermutlich eine Prostituierte, glaube nicht an das, was sie mache, da sie berufsmäßig nicht als Aktmodell arbeite. Prof. Khaled vermisst daher den wissenschaftlichen Rahmen in ihrer Arbeit mit der menschlichen Figur. Sie schlägt genderseparirtes Aktzeichnen als eine mögliche Lösung für das Dilemma vor. Sie könne es auch lehren, ohne gegen die Scharia[18] zu verstoßen. Seit einiger Zeit beschäftige sie sich mit verschleierten Frauen in ihrer künstlerischen Arbeit. Dieses Sujet beanspruche jetzt ihr Denken, aber damit sie die verschleierte Figur richtig zeichnen könne, muss sie sie erst verstandesmäßig durchdringen, genauso wie ein Arzt. Warum die Kunst niedriger bewertet werde als die Medizin, fragt sie sich. Medizin heile den Körper, aber Kunst heile die Seele. Der Arzt und die Ärztin hätten das Recht, Anatomie zu erlernen, sie aber nicht.

Ich frage sie, wie es sich für sie anfühlt, als verschleierte Frau ein nacktes Modell zu zeichnen. Da gebe es Widersprüche, so Khaled. Als sie noch Aktbilder malte, sei sie nicht verschleiert gewesen. Über die Notwendigkeit des eigenen Verschleierns habe sie viel gelesen. Um ein nacktes Modell zu zeichnen, muss man sich in seine Situation hineinversetzen können und sich selbst befragen, ob man das, was man von anderen verlangt, für sich selbst akzeptieren würde. Aus diesem Grund hat sie vollständig mit der Aktmalerei aufgehört. Sie möchte keine Spuren hinterlassen, keine Zweifel aufkommen lassen und nicht sündigen. Um die menschliche Figur zu verstehen, muss am lebenden Modell gelernt werden. Man nehme zum Beispiel die Animationszeichnung, man müsse doch verstehen, wie sich etwas bewegt, wie es springt.

Für eine Außenstehende hören sich ihre Ausführungen über die Künste deprimierend an. Der Mangel steht im Vordergrund und nicht die Möglichkeiten, bestehende Regeln zu durchbrechen. Ich erlebte diese Kunstakademie als ein abgeschlossenes System, das nur immer wieder einen längst fragwürdig gewordenen Kanon westlich erfundener Kunstdisziplinen widerkäut, ohne Einflüsse von außen zuzulassen. Den Lehrenden ist es offensichtlich verwehrt, sich mit der Kunstszene „draußen" zu liieren und einen energetischen Austausch zu führen. Die Sparte Graffitikunst, die in Ägypten erst seit der ägyptischen Revolution 2011 Einzug hielt und politisch-gesellschaftlich in rasanter Geschwindigkeit eine geradezu atemberaubende Publikumsöffentlichkeit bekam, findet ihre größten Aktionskünstler in einem Kilometer Luftlinie von der Helwan-Universität. Oft genug werden die Protagonistinnen und Protagonisten dieser Politkunst in der Helwan-Universität ausgebildet. Doch sie kehren ihrer Ausbildungsstätte verbittert den Rücken. Die Off-Kunstszene trifft sich an wechselnden Orten zum Austausch, inszeniert Performances, näht blutende Herzen in weiße Hochzeitskleider wie die Künstlerin Amal Kenawy[19] (vgl. Meier-Menzel 2014, 37f.) oder bildet Aktionsforen im Umkreis der American

---

18 Gesetzbuch des islamischen Rechts, wichtigste Quelle der Gesetzgebung in Ägypten und anderen arabischsprachigen Ländern.

19 Ägyptische Künstlerin (1974-2012).

University in Cairo AUC, in denen philosophiert, gebastelt, gelötet und gehackt wird. Vor allem ist diese neue virulente Kunstszene international. Die meisten der Künstler*innen waren ein oder mehrere Male im Ausland und sprechen Englisch oft besser als Arabisch.

Prof. Doaa, Prof. Heba und viele ihrer Kolleginnen und Kollegen blenden die Kunstszene um sich herum aus und agieren weiter innerhalb einer kolonial geprägten Kunstauffassung, die sich selbst ad absurdum geführt hat. Hier, in der Akademie ist das Heilige – die westliche Hochkunst wie Stillleben-Malerei, Tonskulpturen und historische Kairoer Architekturszenen –, und da, draußen, ist das wilde attraktive Kunstleben. In diesem Fall ist es keine Frage von Geschlecht, sondern eine Frage von Affizierung und persönlichem Mut, die bestimmt, wer drinnen und wer draußen ist.

In den Interviews wird deutlich, wie stark eine eigentlich durch Kolonialisierung importierte Bildtechnik als Inbegriff der westlichen Kunst des 19. Jahrhunderts Akzeptanz fand und von den Künstlern adaptiert wurde – und wie zugleich insbesondere Künstlerinnen im Zuge der Islamisierung des Landes mit dieser Bildpraktik in einen unlösbaren Konflikt treten und in ihrer künstlerischen Entwicklung stagnieren und resignieren. Damit können sie auch kein Rollenvorbild für künftige Kunstschaffende sein.

Wie sich auch in Deutschland gesamtgesellschaftlich der Umgang mit Nacktheit im Kunst- und Designkontext gewandelt hat, lässt sich am Beispiel der Berliner Künstlerin Susanne Schüffel illustrieren. Schüffel, ehemalige Studierende der Kunsthochschule Weißensee und langjährige Kunstschaffende sah sich 2013 damit konfrontiert, dass sechs ihrer Aktzeichnungen, die in einer Ausstellung der Volkshochschule Marzahn Hellersdorf gezeigt wurden, nach einem Tag vom stellvertretenden Leiter der Institution wieder abgehängt wurden. Die Begründung lautete „Man wolle Rücksicht auf die Gefühle muslimischer Frauen nehmen".[20]

Aktstudium im Design

In der Designausbildung ist das Aktstudium eine notwendige Voraussetzung für zahlreiche gender- und geschlechtsspezifischen Designanwendungen, etwa Ergonomie, Anfertigung von Sitzmöbeln, Fitnessgeräten, Animationen, in der Architektur und in der Mode. Trotz seiner Relevanz ist diese notwendige Voraussetzung bisher noch nicht in allen Designausbildungen angelangt, unabhängig ob dies durch einen freieren Umgang mit Nacktheit möglich ist oder nicht.

Durch das praktische Tun wird das Verstehen von Bewegung, Proportion und Diversität im Designprozess gefördert. „Wie oft passt das Vertikalmaß Deines Kopfes in deinen gesamten Körper?" Eben nicht genau acht Mal wie einige Anleitungsbücher für Zeichnen uns glauben machen wollen. Auch nicht neuneinhalb Mal wie

---

20   Rövekamp, Marie, „Volkshochschule hängt Gemälde mit nackten Frauen ab". Tagesspiegel vom 10.11.2013, https://tinyurl.com/ndbgl5b Online [27.10.2017].

es bei Barbie-Puppen der Fall ist. Das ist bei jedem Menschen unterschiedlich. Das Normalmaß „Mann" als Maß aller Dinge hat längst ausgedient. Individuelles Lernen und Kognition in der Designausbildung materialisiert und manifestiert sich in Zeichnungen und künstlerischen Artefakten wie z.B. Drahtzugmodellen nach Zoller. Zwar gibt es mittlerweile umfangreiche Software wie zum Beispiel ‚Poser‘, die die menschliche Figur in alle erdenklichen Posen und Ansichten simuliert. Den empathischen, sinnlichen Akt des Zeichnens eines interessanten Aktmodells, ob männlich, weiblich oder mit einem dritten Geschlecht versehen, werden diese Programme, technologische Erfassungsmedien wie 3-D-Scanner oder technologische Artefakte wie Wearables nicht ersetzen können.

Die individuelle figürliche Zeichnung ermöglicht den Zugang zu einem spezifischen Wissen und Verstehen des menschlichen Körpers, das benötigt wird, um die Interaktion zwischen Körper und Artefakt in einer Zeit menschlich gestalten zu können, in der der unbarmherzige Kampf um Körperdaten längst ausgebrochen ist.

Literatur

Fischer-Lichte, Erika (2012): Performativität: eine Einführung. Bielefeld: transcript.

Meier-Menzel, Fred (2014): Vom Aktmodell zur Aktivistin – die doppelte Kolonisierung des weiblichen Körpers in Ägypten, Bibliothekskatalog, Bauhaus-Universität Weimar.

Muñoz, Ana Cayuela (2014): Bidirektionale Kunst. Bauhaus Universität Weimar (Diplomarbeit).

Postle, Martin / Vaughan, William (1999): The Artist's Model: From Etty to Spencer. London: Merrell Holberton.

Schmidt-Linsenhoff, Viktoria (1910): Ästhetik der Differenz: postkoloniale Perspektiven vom 16. bis 21. Jahrhundert , 15 Fallstudien. Marburg: Jonas.

Smith, Alison (2001): Prüderie und Leidenschaft - Der Akt in viktorianischer Zeit. Ostfildern-Ruit: Hatje Cantz.

Zoller, Manfred (2011): Gestalt und Anatomie: Ein Leitfaden für den bildnerischen Weg. 2. Auflage, Berlin: Reimer.

GENDER UND DESIGN

EINE METHODOLOGISCHE ANNÄHERUNG UNTER BERÜCKSICHTIGUNG RECHTSPOPULISTISCHER DIFFAMIERUNGEN

Daniel Hornuff

Es ist nicht ohne Brisanz, über das Verhältnis von Design und Gender – Gestaltung und Geschlecht – aus einer methodologischen Perspektive nachzudenken. Die besondere intellektuelle Spannung ergibt sich aus einer mindestens dreifachen Problemstellung: So ist das Verhältnis erstens im Sinne einer Designbarkeit von Geschlecht zu denken, um zu fragen, wie sich, etwa an konkreten physischen Phänomenen betrachtet, (körperliche) Gestaltungseingriffe auf die Konstitution, Erscheinung und Wahrnehmung von Geschlechtlichkeit auswirken. Zu denken wäre hier wohl zuvorderst an die Designangebote und -vollzüge der Ästhetisch-Plastischen Chirurgie, die freilich nicht isoliert zu verstehen sind – schließlich reagieren ihre Maßnahmen in erheblichem Maße auf kulturell erzeugte und somit bereits bestehende Geschlechter- und Schönheitsnormen, die ihrerseits oft genug Folge eines generellen Wunsches nach einem umfassenden „Selbstdesign" entspringen, in westlichen Wohlstandsgesellschaften allerdings als für prinzipiell alle erreichbar – erwerbbar! – deklariert werden. In ihrer prägnantesten und zugleich umstrittensten Form führt diese Praxis dazu, dass „Kinder, die sowohl mit weiblichen als auch mit männlichen Geschlechtsmerkmalen geboren werden, in sehr jungem Alter einer sogenannten geschlechtsangleichenden Maßnahme unterzogen" und somit bereits vor Entwicklung einer individuell-sozialen Geschlechtsidentität „einem eindeutigen Geschlecht zugeordnet" werden (von Borries 2016, 98). Ein aufoktroyiert-verordnetes Design möge demnach bestimmen, welchen Geschlechts die Person fortan zu sein habe.

Auf einer zweiten, ebenfalls an spezifischen Beispielen orientierten Untersuchungsebene lässt sich danach fragen, in welcher Weise sich bestehende Designkonventionen, wie sie sich vor allem in den Feldern des Produkt- und Kommunikationsdesigns manifestieren, auf die Interpretation dessen auswirken, was als geschlechtertypische Verhaltensweise und soziale Rollenverteilung angesehen wird. In diesem Fall stehen Überlegungen zum sogenannten „Gender Design" (vgl. Brandes 2017) im Zentrum – davon ausgehend, dass es sich bei Geschlecht um eine durch Marketingstrategien gezielt adressierbare Kategorie handelt, die sich durch entsprechende Gestaltungsweisen festigen lässt, um sie als allgemein erstrebenswert und damit identitätsbildend zu bewerben. Es geht dabei also um die Berücksichtigung eines designsoziologischen Zusammenhangs, den Beat Schneider besonders präzise zusammengefasst hat: „Gender Design beschäftigt sich mit der scheinbaren Geschlechtsneutralität der Produkte, die sich bei genauem Hinsehen als geschlechtsspezifisch konnotiert erweisen" (Schneider 2005, 255) – und damit dazu prädestiniert scheinen, kategorisierte Rollenmodelle zu verfestigen.

Und schließlich ist in einem dritten, durchaus allgemeineren Sinne zu untersuchen, wie sich akademische Erkenntnisinteressen aus Design- und Geschlechterforschung zueinander verhalten. Zu fragen ist, welche Deutungsähnlichkeiten und -unterschiede sie erzeugen, wie also aus Perspektive einer wissenschaftlichen Erkenntnisbildung Design und Geschlecht jeweils gefasst werden, um diese theoretisch verfügbar machen und damit in ihrer kulturellen Bedeutung durchdringen zu können. Von diesem letztgenannten Punkt handeln die nachfolgenden Überlegungen, in Rechnung stellend, dass damit zwei zunächst unabhängige Wissenschaftsfelder einander konfrontiert werden, um nach den Themen und Grenzen ihrer methodologischen und epistemologischen Schnittmengen Ausschau zu halten.

Das Identitätsparadoxon

Dennoch sind die angeführten Betrachtungsweisen nicht gänzlich isoliert voneinander auszukleiden, bestimmen doch in allen Fällen soziale Praktiken wesentlich darüber, welchen Status Gestaltung und Geschlecht jeweils erhalten. „Warenästhetik und Identität" (Drügh 2011, 21), so Heinz Drügh, gehen Hand in Hand, insofern sie einander systematisch bedingen: Identitätsansprüche – auch jene in geschlechtlicher Hinsicht – werden durch den Umgang mit designten Objekten eingeübt, verfestigt, tradiert, in Zweifel gezogen, wieder aufgelöst und neu kombiniert. Indem gleichermaßen kulturelle, soziale wie ökonomische Aspekte des Konsums an der „Ausstaffierung der täglichen Lebenswelt" (ebd.) involviert sind, formen und formatieren Designkonventionen gängige Geschlechtertypologisierungen. Umgekehrt reagieren (industrielle) Designpraktiken auf bestehende Identitätsmodelle, zielen also darauf ab, durch die Art und Weise der jeweils favorisierten Designlösungen ästhetische Widerspiegelungen geschlechterorientierter Zuschreibungen zu erwirken.

Darüber hinaus dürfte die Plausibilität eines solchen Vergleichs einer epistemologischen Prämisse geschuldet sein, der sowohl Geschlechter- als auch Designforschungen in ihren jeweiligen Ansätzen folgen: Geschlecht und Design gewinnen für eine wissenschaftliche Betrachtung erst und nur dann an Relevanz, wenn grundsätzlich davon ausgegangen wird, dass sich beide Untersuchungsfelder einer Rückführung auf eine ihnen zugrunde liegende Wesenhaftigkeit entziehen. Mit anderen Worten: Sowohl das Geschlecht einer Person als auch die Gestaltung eines Artefakts lassen sich auf keine abschließenden Eigenschaften referenzieren. Beiden ist gemein, dass sie auf keine hinter ihnen liegende, prinzipiell objektivierbare, folglich also auf keine allgemein verbindliche und damit auch nicht auf eine wie auch immer vorausgesetzte substantielle Wirklichkeit verweisen.

Als Untersuchungskategorien der Wissenschaft zeichnen sich Gender und Design im Gegenteil gerade durch eine, wenn man so will, kontingente Verfasstheit aus. Was sich an Bedeutungen mit ihnen verbindet, ist jeweils Folge spezifischer Umstände und Wahrnehmungsweisen, was wiederum bedeutet, dass sie je nach sozialer Situation, gesellschaftlicher Begebenheit, politischer Interessenslage oder kultureller Tradition – je nach Kontext und Rahmen also – sinnhaft aufgeladen und somit eigens angeeignet werden. Was man unter dem Geschlecht einer Person konkret fasst und welcher Sinn der Gestaltung eines Produkts im Einzelfall zugewiesen wird, unterliegt demzufolge weniger der emanierenden Kraft von Körpern und Dingen denn all jenen Zuschreibungen, die diese durch konkrete Begebenheiten erfahren. Die Weite des epistemologischen Feldes deuten Pat Kirkham und Judy Attfield an, wenn sie die Verschränkung unterschiedlicher Diskurspraktiken in Designpraxis wie -theorie zusammentragen und dabei – dies selten genug! – insbesondere die Sozial- und Geschlechterforschungen berücksichtigen: „*Design is posited [...] as a material artefact, commodity, aesthetic object, aide-mémoire, souvenir, lifestyle, political symbol [...]. Discourse and process are framed within methods derived from historical an critical studies of visual culture, material culture studies, media analysis, psychoanalysis, aesthetics, philosophy, feminist practice, and gender studies [...].*" (Kirkham/Attfield 1996, 3)

Dies in Anschlag gebracht, lässt sich anknüpfend ein methodologischer Blickwinkel definieren, der für die Untersuchung sowohl geschlechtlicher als auch gestalterischer Fragestellungen aufschlussreich sein kann. Die Weigerung, Geschlecht und Gestaltung als Ausdrucksgebärden einer sie bedingenden Wesenhaftigkeit zu interpretieren, erfordert ein Abstandnehmen von essentialistischen Hoffnungen. So wenig, wie sich in den geschlechtlichen Merkmalen einer Person ein genereller Typus dieses oder jenen Geschlechts erschöpfend manifestiert, so wenig offenbart sich auf einer gezielt gestalteten Oberfläche von Dingen, was diesen als Sinnreservoir eingespeist worden ist. Folglich hat in beiden Fällen die wissenschaftliche Behandlung der Sujets in besonderer Weise darauf zu achten, bereits in der Wahl der analytischen Begriffe nicht doch – unterschwellig und möglicherweise unbemerkt – zu suggerieren, dass jene Formen, die sich in Körpern wie Dingen zeigen, letztlich doch nur Ausdruck eines innerlich eingelagerten Kerns seien. Erkenntnistheoretisch unerheblich ist also die Frage, ob es diesen wesenhaften Kern in Menschen(-körpern) oder Dingen (und deren Gestaltungsvarianten) überhaupt gibt. Da dieser Kern auch durch den forschenden Blick nicht unmittelbar im Sinne einer direkten Begegnung – nie als ein ,Ding an sich' –, zu erfassen ist, sondern, im Gegenteil, stets nur als Vermitteltes in Erscheinung tritt, bleibt nichts weiter übrig, als die relationale Bedeutung von Oberflächen zu studieren. Gender- und Designforschung könnten Wissenschaftsdisziplinen sein, in denen sich ein de-essentialisierender Skeptizismus zur methodologischen Selbstverständlichkeit ausdifferenziert.

Dass dieser Umstand mehr als methodologischer Wunsch denn als status-quo-Feststellung zu formulieren ist, hat unter anderem damit zu tun, dass er, wissenschafts- und ideengeschichtlich betrachtet, alles anderes als wahrscheinlich gewesen war. So ist gerade in Bezug auf die Thesen- und Theoriegeschichte der gestalteten Dingwelt eine regelrechte Theoriegalerie essentialisierender Deutungsverfahren zu beobachten. Ohne weiteres lässt sich von einer vorwiegend im akademischen Umfeld tradierten und entsprechend hartnäckig eingebübten Lust an der Wesenhaftigkeit sprechen, davon, dass es sowohl in Kunst- als auch Konsumgeschichte massive Bestrebungen gab – und nach wie vor gibt –, das sich jeweils auf Oberflächen Zeigende als notwendige Folgen eines innerlich Wirkenden zu verstehen.

Wer aber „jede Gestaltungsleistung als Kraftakt denkt", so Wolfgang Ullrich im kritischen Rückgriff auf Alois Riegls expressionistische Kunsttheorie, neige generell dazu, einem ästhetischen Ausdruckswillen – jenem „Kunstwollen" – den „Rang einer anthropologischen Konstante" zuzusprechen (Ullrich 2017, 75). Und tatsächlich hat sich nicht nur in Bezug auf hochkulturelle, sondern ebenso mit Blick auf profane, konsumkulturelle Gestaltungsvarianten die Vorstellung herausgebildet, wonach in (industriell) gefertigten Dingen die Ursache ihrer Entstehung manifestiert und demnach materiell überliefert werde. Designanalyse folgt in dieser Auslegung den Modi von Detektivgeschichten, darauf spekulierend, insbesondere in den versteckten und daher sträflich übergangenen Details Hinweise auf eine zurück- oder dahinterliegende Wahrheit – Signale des Eigentlichen – aufzufinden.

Systematisch ähnlich, wenngleich spürbar differenzärmer, argumentieren jene, die die Ansätze, Vorhaben und Ergebnisse der Geschlechterforschungen als grundsätzlich überflüssig darstellen und in einem Amalgam aus (rechts-)populistischen Schematisierungen und reaktionärem Kulturchauvinismus gegen Texte wie Protagonistinnen und Protagonisten dieser Forschungsrichtung zu Felde ziehen. Ihnen dient ‚Gender' als akademisch-begrifflicher Aufhänger zur Empörung, der wiederum dazu dient, ein bevorzugtes Weltbild durch den Aufbau eines scheinbar machtvollen Gegners zu stabilisieren. Davon ausgehend, dass sich in äußeren Merkmalen das (geschlechtliche) Wesen von Personen offenbare und entsprechend unzweifelhaft mitteile, werden Geschlechterforschungen unter den politisch nutzbaren Verdacht des akademischen Okkultismus gesetzt. Die Freude an der geschlechtlichen Selbstessentialisierung drückt sich an kaum einer anderen Stelle derart unverstellt aus als in der öffentlichen Diffamierung entsprechender Forschungskulturen.

Um also zu verstehen, welche tatsächlichen methodologischen Nachbarschaften zwischen Design- und Genderforschung bestehen, soll an punktuellen Beispielen (Günther Anders, Wolfgang Fritz Haug sowie der vor allem in ultrakonservativen bis reaktionären Kreisen forcierten Genderismus-Debatte) untersucht werden, wie sie sich jeweils gegenüber herrschenden Essentialisierungsabsichten verhalten. Gefragt sei, inwiefern beide die Idee einer ebenso wahren wie überdauernden Natur entweder habitualisieren, somit (akademisch) theoretisieren und als politische Kapitalmasse einsetzen – oder ob sie diese historisieren und damit methodologisch distanzieren.

Zur negativen Verführung des Designs

Als der in die USA emigrierte Günther Anders zur Mitte der 1950er Jahre den Blick auf die ihn umgebende Werbe- und Produktwelt richtete, entdeckte er ein ganzes Regime der Imperative. Werbung und Reklame erschienen ihm weniger als Angebote und Versprechen denn als Befehle und Gebote: Zu nahezu jeder Zeit platze irgendein Slogan in den Ablauf des Alltags und fordere einen „zur Schonungslosigkeit" (Anders 2002, 40f.) auf. Zwar besitze man bereits den allergrößten Teil der hier und da beworbenen Produkte; doch indem immer mehr vom bereits Existierenden – in Varianten, Überarbeitungen und versehen mit angeblichen Neuerungen – offeriert werde, sei man angehalten, das jeweils zuletzt Erworbene zu vernichten. Folglich solle – dürfe! – man das Produkt gerade nicht über eine prinzipiell unbestimmte Dauer hinweg in Freiheit besitzen, sondern habe es endlich so weit zu konsumieren, bis es nicht mehr nur gebraucht, sondern vollständig verbraucht worden sei. „Jede Werbung", so Anders zusammenfassend, „ist ein Appell zur Zerstörung" (ebd.), woraus folge, dass „Schonungslosigkeit [...] für uns zum moralischen Gebot geworden" sei (ebd., 42).

Nach Anders werden Produkte einzig mit dem Zweck geboren – das heißt: im Interesse industrieller Gewinnmaximierungen hergestellt und entsprechend gestaltet –, um möglichst geräuschlos sterben zu können. Indem, angeleitet durch die Werbung, der Mensch zum Konsumieren und damit zum Vernichten der Dinge allzeit und an jedem Ort angeleitet werde, adaptiere und generalisiere er jene Verhaltensweisen, die seinen eingebübten Umgang mit Dingen bestimme. Die Warenförmigkeit der Welt werde unausweichlich, weil sich die permanente Vernichtung der Waren zum bestimmenden Faktor des sozialen Miteinanders ausweite: *„Da wir in einer Welt leben, die ausschließlich aus Dingen besteht, die nicht nur ersetzbar sind, sondern ersetzt werden sollen (in extremen Fällen sogar gierig auf Ersetztwerden auftreten), ist es nicht nur plausibel, sondern einfach unvermeidlich, dass wir einen Umgangstypus ausbilden, der diesen prononziert sterblichen und todeswürdigen Gegenständen angemessen ist; dass wir in Griff, Gang, Sitz und Miene Acht- und Achtungslosigkeit entwickeln."* (ebd.)

Anders entwickelt das Paradebeispiel einer negativen Anthropologie. Nach ihr ist der Mensch kein selbst und frei handelnder Akteur in einer von Bedingungen und Voraussetzung strukturierten Welt. Vielmehr sind die Voraussetzungen seines Daseins – sein Leben unter den Bedingungen der modernen Konsumwelt – hinlänglich bestimmend für sein Agieren in der Welt. Anders hebt die Trennung zwischen benutzendem Subjekt und benutztem Objekt auf, indem er das Objekt als – im Wortsinne – stilbildend für die Verhaltensweisen des Subjekts klassifiziert. Im (bei Anders als eine Art ökonomistisch-maschinisierte Dystopie geschilderten) „Schlaraffenland der Produktion" wird „sich die gesamte Industrie in eine einzige alles erfassende Konsummittelindustrie verwandelt" und damit eine jeden durchdringende „Daseinssphäre" des Konsumierens und damit Zerstören-Müssens geschaffen haben.

Die Stellung der (industriell gefertigten) Dinge in der Welt wird in einer umgekehrten platonischen Wertehierarchie verhandelt. Anders bezieht sich denn auch ausdrücklich auf Platon, wenn er in Erinnerung ruft, dass dieser nicht-natürliche, artifizielle Dinge „als ontologisch minderwertig" eingestuft habe, „weil sie, im Unterschied zu den Ideen, der Zeit unterworfen, also vergänglich waren." (ebd., 46). Im Zeitalter der sogenannten dritten industriellen Revolution hingegen sei die

Dauer zum eigentlichen Feind avanciert, gelten doch Dinge, die sich den Zeiten und ihrer Moden zu widersetzen verstehen, als „ontologisch minderwertig, weil sie grundsätzlich zu langsam vergehen." (ebd.) Der Anspruch auf „Ewigkeit" sei dem „Ideal der Nicht-Dauer" gewichen, und das „Aufblitzen des Nu" überstrahle jetzt und fortan das ehemals „stehende[…] Aei." (ebd.)

Obwohl Anders dem Auftritt der Warenästhetik auf der Bühne kultureller Güter eine massive Einflusswirkung zuspricht und davon ausgeht, dass Lebens- und Identitätsgestaltungen nur noch unter Anleitung der reizend verpackten Industrieinteressen möglich sei, folgt seine Theorie von der „Antiquiertheit der Produkte" keinem platten Dingessentialismus. Auch ist sie weit davon entfernt, Konsumprodukten eine emanierende, einzig aus sich selbst heraus schöpfende Eigenaktivität zu unterstellen. Entscheidend ist vielmehr, dass der veranschlagte Zeitbegriff – die Reduktion der Dinge auf den ebenso kurzen wie vergänglichen Augenblick ihres Konsums – letztlich dafür verantwortlich ist, wie das Verhältnis zwischen Dingen und Menschen gedacht wird. Die negative Anthropologie zielt demnach gerade nicht auf den „Ausdruck ‚Verdinglichung'" (ebd., 55).

Stattdessen entwirft Anders ein gesellschaftliches Panorama, in dem das Design der Dinge darauf angelegt ist, die Dinge selbst zum Verschwinden zu bringen – womit auch der Menschen in seiner (natürlichen) Menschlichkeit an sein Ende gelange. Der Akt des Konsums soll von widerständigen, Mühe und Aufwand er- forderlichen Umständen entlastet, ja soll seinerseits so in Form gebracht werden, dass sich der Umgang mit der Welt der Waren auf einer vorbewussten, intuitiven, alltäglich-selbstverständlichen Ebene vollzieht. Konstatiert wird ein *„Stadium, in dem […] die Dingform vermieden, das Ding verflüssigt wird"* (ebd., 55f.), in dem also das Konsumieren nicht länger als ein der Reflexion bedürftiger Akt zu erfahren ist. Entfremdet wird der konsumierende Mensch demnach nicht dadurch, dass ihm dinghafte Eigenschaften aufgezwungen werden. Stattdessen wird er – subtiler und daher umso gewaltsamer – von sich selbst entfernt, indem ihm *„die präparierte Welt in flüssigem Zustand durch die Kehle fließt."* (ebd., 55)

Fataler Weise aber wird ein solcher Zustand persönlicher Unfreiheit als scheinbar vollendete, süß schmeckende Freiheit geschätzt, als ein Alles-zu-jeder-Zeit-Verfüg- bares – wobei die Verfügbarkeit nur deshalb gegeben ist, um durch permanente Verabreichung den Konsummenschen dauerhaft ausbeuten zu können. Die Welt des Konsums ist in letzter Konsequenz eine Welt der „Liquidierung" (ebd., 56), in der sich die geradewegs unmerklich, stets schleichend einnistenden Produkte und die an sie geknüpften Kapitalinteressen die Regie im Leben der Menschen über- nommen haben. Die Frage nach der warenästhetischen Auswirkung auf die ge- schlechtliche Identifikation des Menschen wird obsolet, weil das Primat des „So- fortkonsums" (ebd., 55) auf eine umgehende Befriedigung – Auslöschung – schein- bar persönlicher Bedürfnisse setzt. Nach Anders besitzt der Mensch in und bei sich nichts weiter als „allein" sein „Beliefertwerden-können", einzig noch angetrieben von rudimentärer „Eigentumsgier" und billigem „Habestolz" (ebd., 53). Er ist in ei- nem totalen – und durchaus totalitär gemeinten – Sinne passiv gestellt, de-humani- siert, reduziert auf ein paar letzte, noch ökonomisch relevante Instinkte.

Von den geschlechtlichen Folgen eines scheinhaften Designs

In eine ähnliche, wenngleich wesentlich stärker an marxistischen Modellen und ihren Terminologien orientierte Richtung argumentiert Wolfgang Fritz Haug erstmals zu Beginn der 1970er Jahre. Bemerkenswert – aber dennoch kaum thematisiert – ist, dass Haug seine Variante der Fremdbestimmung durch eine den perfekten Schein errichtende Warenästhetik gezielt mit der Frage nach der Beziehung zwischen Produkten und Geschlechtern verbindet. Das betreffende Kapitel über die „Modellierung der Männlichkeit" (Haug 2009, 121–136) ist im Anschluss an Anders besonders interessant, weil auch Haug einen allgegenwärtigen „Befehlston" wahrnimmt, einen werbetechnisch erzeugten Zwang, „der verbietet, die vorhandenen Gebrauchswerte weiter zu benutzen" (ebd., 125).

Im Unterschied zu Anders betont Haug allerdings durchgehend und durch Detailanalysen forciert die ästhetische Verführungskraft der Produkte, das „Warenschöne", das für die „Verwandlung der Welt der nützlichen Dinge in Waren" zentral verantwortlich gemacht wird (ebd., 23). Es ist demnach weniger der handelnde Umgang mit den Konsumprodukten – wie noch bei Anders – als vielmehr die Gestaltung der Waren selbst, die zu einem tendenziell asozialen, die niederen Instinkte freisetzenden Verhalten führe. „Entfesselte Triebkräfte" (ebd.) seien es folglich, die zunächst die Dinge warenförmig gestalteten und in der Folge zunehmend das Verhalten der Menschen untereinander prägten. „Wenn Verkaufen, egal was, [...] zur Natur" werde, verfalle das Leben der Menschen endgültig in den Modus einer „allgemeinen Konkurrenzsituation." (ebd., 102)

Das Produktdesign kondensiere demnach nicht nur den Geist des Kapitalismus zu einer sinnlich-verführenden Erfahrung; ebenso sei es aktiv daran beteiligt, Menschen- und sogar ganze Weltbilder zu prägen. Das warenästhetische Umschmeicheln potenzieller Käufergruppen führe dazu, dass bislang als gesetzt angesehene Ordnungsmuster hinsichtlich ihrer ökonomischen Ausbeutbarkeit verändert, das heißt marktkonform zurechtgeschnitten werden. Konkret bezogen auf die Frage geschlechtlicher Identifikationen konstatiert Haug: *„Das an der Zuwendung der Männer zur Kosmetik interessierte Kapital musste davon ausgehen, dass hier besonders starke, traditionell tiefverwurzelte Hemmungen zu überwinden waren. Vor der Anwendung kosmetischer Mittel schreckten Männer zurück aus ‚Angst davor, als homosexuell, also feminin zu gelten'. Der überproportionale Werbeaufwand erklärt sich daraus, dass das Kapital, bei aller durch Werbung zu überwindenden Hemmung, eine riesige Marktlücke im Verhältnis der Männer zu ihrem Körper sah."* (ebd., 121)

Auffällig ist, dass Haug die „Einheit von ästhetischer Innovation und angestrengter Transformation des menschlichen Wesens" (ebd., 122) nicht nur mit einer eindeutigen Vorstellung von der Leistungskraft des Warendesigns, sondern ebenso mit einer klaren Bestimmung der Geschlechterverhältnisse belegt. Die zweigeschlechtliche Trennung in Mann und Frau wird als gegeben vorausgesetzt – mit der Folge, dass jede der beiden Kategorien ein inzwischen festgefügtes und klar benennbares „Erscheinungsbild" (ebd., 124) aufweise. Da jedoch die Konsummittelindustrie genuin an einer „Modellierung der Sinnlichkeit" (ebd.) interessiert sei, um neue Absatzmärkte erschließen zu können, laufe es Kapitalinteressen zuwider, sich mit der bloßen Bedienung traditioneller Geschlechterbilder zu begnügen.

Als ungleich ergiebiger erweise sich das Vorhaben, so Haugs Diagnose, aktiv auf diese Geschlechterbilder Einfluss auszuüben, Zwischen- und Überlagerungsbilder zu generieren, um diese im Anschluss mit innovativen Produktangeboten für eine gewisse Dauer wieder stabilisieren zu können. So sehr also Haug reduktionistisch auf der zweigeschlechtlichen Schematisierung beharrt – und diese mit durchaus klischierten ästhetischen Ansprüchen kollektiv gelebter Männlichkeit und Weiblichkeit assoziiert –, so eindeutig wendet er sich gegen eine unverrückbare Konzeption von Geschlecht. Mit anderen Worten: Gerade weil die typisierte Zweigeschlechtlichkeit wesentlich ein Ergebnis sozialer Praktiken sei, werde es dem Kapital überhaupt nur möglich, in diese Aushandlungsprozesse einzugreifen und sie im eigenen Interesse zu formen. Methodologisch macht Haug demnach nichts anderes, als die De-Essentialisierung von Geschlecht strategisch einzusetzen, um eine argumentative Möglichkeit zu bekommen, die wesenhafte Umformungskraft des Produktdesigns einmal mehr betonen zu können.

Dass Haug dabei äußerst raffiniert – und seinerseits rhetorisch auffallend verführend – vorgeht, belegt sein Umgang mit den gewählten Beispielen. Vor allem interessiert ihn, wie die Bekleidungsindustrie an der Formung von Männlichkeitsbildern arbeitet. Bereits der Fokus auf die Textilsparte ist geschickt platziert, lässt sich doch mit der Auswahl entsprechender Angebote das Textildesign in eine unmittelbare Beziehung zur Formung von Körper- und damit physisch repräsentierten Geschlechterbildern bringen. Dass etwa im Jahr 1969 verstärkt eine neue Pullover-Mode für den Mann propagiert worden sei, ist für Haug Anlass, nach der imagebildenden Rolle des offenbar jeweils zugehörigen Ledergürtels zu fragen. Habe dieser – nun nur noch mehr lose denn fixierend auf Hüfthöhe über dem Pullover angelegt – „keine materielle Funktion" mehr, fungiere er umso wirkungsstärker als „bloße Erscheinungsschminke" (ebd., 126). Sein einziger – ästhetischer – Zweck liege folglich darin, „lasziv die Schlankheit" zu betonen und somit als „Attribut des Jugendfetisch" zu fungieren. „Als Lederriemen" schließlich bedeute er ein „symbolisches Objekt für fetischisierende Triebfixierungen" (ebd.). Was vormals der Sphäre des Weiblichen vorbehalten gewesen sei, werde durch die stilisierende Umcodierung eines ursprünglich an reinen Gebrauchszwecken orientierten Bekleidungselementes im Bereich des Männlichen verändert interpretiert und als „neue Bestimmung sekundärer Geschlechtsauszeichnung" (ebd., 124) in Szene gesetzt.

Freudianisch konsequent gewendet, darf nach Haugs Deutung virulenter Industriestrategien das Männliche als phallisches Prinzip freilich nicht verlorengehen, im Gegenteil: Nur wenn tradierte männliche Typologisierungen erhalten und sogar punktuell weiter gefördert werden, sei es der Industrie möglich, ihren neuen Angeboten den Anstrich einer Veränderungs- und Modellierungspotenzialität zu verleihen. Die Kette der von Haug aufgeführten Konsum-Design-Beispiele liest sich denn auch wie die Beobachtung einer verschwörerischen Großtat des Kapitals. Hat noch der Gürtel zu einer attraktivitätssteigernden Feminisierung des Männlichen beigetragen, so werde „unterhalb der Gürtellinie" umso hartnäckiger an der „Erscheinung des Männlichen" festgehalten (ebd., 125f.). Bislang, so Haug, standen vorwiegend Frauen im Blickfeld der Unterwäscheindustrie. Denn die „soziale Geschlechtsrolle" der Frau in einer patriarchalisch verfassten Gesellschaft befördere die Neigung, der „Unterwäsche die Zusatzfunktion von Reizwäsche" beizufügen und damit der Frau ein definitives „Requisit der passiven Geschlechtsrolle" anzudienen (ebd.).

Wenn nun auch der Mann das Interesse entsprechender Textilunternehmen wecke, dann nicht, um ihm eine ähnliche soziale Stellung angedeihen zu lassen. Vielmehr gehe es bei der „Einführung sexueller Reizwäsche für die Männer" (ebd., 128) einzig darum, deren Primärrolle abzusichern: „Zum Kauf von Unterhosen wird gereizt, indem ihr Vorzeigen des Glieds vorgezeigt wird. So wurde nach jahrhundertelang zunehmender Prohibition das Glied wieder öffentlich gezeigt – das Glied eines Image" (ebd., 129f.). Die Inszenierung „phallische[n] Heldentum[s]" werde durch die Ausstattung der Männer „mit einer phallischen Fassade" erwirkt, die allerdings „keinen Schlitz zum Wasserlassen" mehr kenne und damit ihrerseits endgültig die Gebrauchsfunktion durch ein reines „Kostüm zur Exhibition" ersetzt habe (ebd., 131).

Für Haug offenbart sich in diesen beiden – und ähnlichen weiteren – Geschlechtskostümierungen das ureigene Wesen des Warendesigns. Denn das Versprechen auf geschlechtliche, textilbasierte Stilisierung rufe in potenziellen Käufern den Eindruck hervor, durch Anlegen der neu erworbenen Kleidungsstücke nicht nur diesen entsprechend zu erscheinen – sondern, gemäß des warenästhetischen Imperativs, auch so und nicht anders ‚sein' zu können – sich also als jemanden zu identifizieren, der einem durch das Textildesign als Modelltypus buchstäblich angetragen worden sei: *„Wenn der Heranwachsende zum Kauf verlockt wird durch das Versprechen, vermittels der Ware Anerkennung als phallischer Held zu finden, so kauft er, weil er ein solcher sein und nicht, weil er ein solcher nur verpackt sein möchte. Im Schein verspricht ihm die Ware das Sein."* (ebd., 132)

Ein wenig polemisch gewendet, wäre zu folgern, dass der marxistischen Kritik an der Warenästhetik die soziale Variabilität der Geschlechterrollen und ihre jeweiligen Erscheinungsweisen gerade recht kommen. Indem das geschlechtliche Selbst, die sexuelle Identität einer Person, als grundsätzlich nicht festgezurrt dargestellt wird, öffnen sich designkritischen Positionen anschauliche Gelegenheiten, den Modellierungsfolgen des ästhetisierten Kapitals nachzuspüren. Die vorausgesetzte Wesenslosigkeit von Geschlecht dient somit der diagnostizierten Wesensbestimmung des Designs. Ausagiert wird eine Standardsituation des platonisch-ontologischen Diskurses: Erst wenn ein Element (in diesem Fall: das Geschlecht einer Person) in einer systematischen Ferne zum eigentlichen Sein verortet wird, lässt sich ein anderes Element (das Design) als den Kern des Eigentlichen antagonistisch in den Blick nehmen.

In der Folge „unterstellte man den Produzenten von Waren- und Konsumprodukten", so Wolfgang Ullrichs Beobachtung, „Manipulation, hielt ihnen falsche Gebrauchswertversprechen – Lügen – vor oder nahm gar groß angelegte Verschwörungstheorien an" (Ullrich 2013, 8). Übergangen wurden all die zur Reflexion motivierenden, kultur- und sozialbildenden, Geschmacks- und Urteilssinne verfeinernde Dimensionen des Produktdesigns. Umso stärker fällt aber auch auf, dass die kulturkritische Essentialisierung des Designs auf Kosten einer in sich letztlich widersprüchlichen Identitätskonzeption vollzogen wird.

Denn, so wäre zu fragen, welche Gefahr soll konkret von der Warenästhetik auf Konsumenten ausgehen, wenn diese über gar keine natürlich-unhintergehbare (geschlechtliche) Identität verfügen? – wenn also Identität zu ihrer eigenen Konstitution notwendig auf äußere Einflüsse (wie etwa den Konsum) angewiesen ist? Anders gefragt: Muss letzten Endes nicht doch auf so etwas wie ein absolutes Sein – auf einen „Grund der Seele" (ebd., 9) – referiert werden, um die vermeintlichen Überwältigungen durch Design überhaupt als gefahrvolle Angriffe einstufen zu können? Muss demnach nicht doch irgendetwas in der personalen Wesenhaftigkeit als generell verteidigungswürdig und stets schützenswert dargestellt werden? Dekonstruiert der Marxismus die authentische Identität einer Person seinerseits nur zum dem Zweck, um 1.) die Aggressionswirkung des Design-Scheins wirkungsstark aufbauen und dadurch 2.) den Menschen in seiner Substantialität als gefährdet klassifizieren zu können?

Wenn Haug über die einwirkenden Veränderungskräfte auf stereotypisierte Männlichkeitsimages spricht, dann lässt er nicht unerwähnt, für wie begrüßenswert er solche Umwandlungsprozesse grundsätzlich hält: „Gegen bewusste Veränderung wäre nichts einzuwenden, wir Männer hätten sie nötig" (Haug 2009, 129). Doch anstatt dieser eher beiläufig eingestreuten Koketterie methodologisch konsequent zu folgen und im Warendesign eine Art ästhetische Geburtshilfe zur Hervorbringung anders gelagerter Geschlechtermodelle zu erkennen, erscheint es Haug analytisch ungleich attraktiver, einmal mehr die vollzogene Dinghaftigkeit des Menschen anzuprangern – und damit auszublenden, welche geschlechtspolitisch emanzipatorischen Potenziale in einem kultivierenden Umgang mit den Angeboten der Warenästhetik schlummern: „Wiederum ergeht es hier Menschen wie Waren. Jeder soll sich verhalten als Replikat eines Markenbildes, und zwar soll ein jeder sich selbst als Markenartikel lancieren" (ebd.).

Geschlecht als kulturessentialistischer Kampfplatz

Mitte Juli 2017 veröffentlichte Paula-Irene Villa eine ausführliche und mit Detailhinweisen gespickte Replik. Sie reagierte damit auf einen Artikel, der kurz zuvor in der *EMMA* unter dem Titel „Die Sargnägel des Feminismus" (Vukadinović 2017, 66–69) veröffentlicht worden war und dessen Kernaussage darin bestand, den universitär organisierten Gender Studies die gezielte Beförderung massiver Denk- und Sprechverbote zu attestieren. Demnach hätten sich entsprechende Forschungs- und Lehransätze vom eigentlichen Emanzipationsdrang früherer feministischer Bewegungen verabschiedet und ein ihrerseits umfassend autoritäres Klima der Politischen Korrektheit erzeugt.

Ungeachtet all der Anwürfe, polemischen Unterstellungen, Widersprüche und verkürzenden Darstellungen, wie sie der Ursprungsartikel aufweist, lässt sich an ihm und der inzwischen in nahezu allen größeren Feuilletons erfolgten Reaktionen ein zentraler Modus des öffentlichen Streits um die (gesellschaftliche) Stellung der Geschlechterforschung ablesen: Die (in der Regel politisch motivierten) generalisierenden Angriffe auf entsprechende Forschungsgebiete reduzieren diese auf die vermeintlich intendierte Durchsetzungen spezifischer Anschauungs- und Wertungsregeln. Zwischen Gender Studies und Gendermainstreaming – zwischen Forschungspraxis und Gleichstellungspolitik – wird somit nicht mehr systematisch eindeutig getrennt, ja im Gegenteil, die (halb)bewusste Aufhebung existierender Unterschiede dient geradezu als strategisches Mittel der Herabsetzung.

Im Gegenzug verweisen Forscherinnen und Forscher auf die heterogene und im besten akademischen Sinne oftmals widerstreitende Vielfalt der Geschlechterforschungen, erinnern an das stete Ringen um methodologische Grundsätze (nicht selten den Sozialwissenschaften entstammend oder diesen zumindest abgeleitet) und zeigen die entwickelte Theoriequalität beispielhaft herausgegriffener Arbeiten. Es konfrontieren sich somit das öffentliche Ausagieren eines reduktionistischen Bildes akademischer Forschungs- und Lehrarbeiten mit der epistemologischen Komplexität universitärer Erkenntnisinteresse.

Dabei ist der Aspekt der Gestaltung ein zwar meist nicht eigens benannter und wohl auch kaum in dieser Weise reflektierter – und dennoch fungiert das Assoziationsfeld der Gestaltung, der Gestaltbarkeit, des Designs und all seiner Folgen in der Auseinandersetzung als ein beiderseitig orientierendes Gravitationszentrum. Carolin Emcke hat in diesem Sinne vor allem die politischen Diffamierungsbewegungen auf den Punkt gebracht, als sie konstatierte, dass „der Rekurs auf die ‚Natürlichkeit‘ des Geschlechts" wiederholt und einzig dem Zweck unterliege, eine derart vorgeprägte Identität einer Person als eine „die ‚Normalität‘ definierende Norm" darzustellen (Emcke 2016, 137). Daraus folge, dass Abweichungen, Umwandlungen und bewusst vollzogene Eingriffe als Ausdruck erfahrener Abartigkeiten gewertet würden: „Alles andere, alles Veränderliche wird in dieser Logik als ‚unnatürlich‘ oder ‚ungesund‘, als von Gott ‚nicht beabsichtigt‘ und damit als ‚unerwünscht‘ deklariert" (ebd.).

Begriff und Kategorie des Geschlechts werden nach dieser Perspektive politisch verfügbar gemacht, um einem im Kern kulturessentialistisch verhärteten Weltbild anschaulichen Ausdruck zu verleihen. Gerade weil Geschlecht ebenso leicht wie intuitiv geläufig als angeborene und damit prinzipiell (genetisch) festsitzende Eigenschaft eingestuft wird, erhofft man sich über ihre Adressierung eine unmittelbare Satisfaktionsfähigkeit in größeren Gesellschaftsteilen. Die Anrufung der Natur als normgebende Größe reproduziert einerseits ein schematisiertes Bild romantischer Zustände und klarer Identifikationsmöglichkeiten – und ermöglicht andererseits, Positionen, die skeptisch auf die Vorstellung natürlicher Normen blicken und die Weisen entsprechender Zuschreibungen untersuchen, ihrerseits unter den Verdacht eines Willens zur ideologischen Weltgestaltung zu setzen. Systematisch betrachtet handelt es sich also um eine Auseinandersetzung zwischen (politisch motivierter) Ideologie und (methodologisch kontrollierter) Epistemologie – und auf inhaltlicher Ebene um einen Streit zwischen blühenden Naturvisionen und nüchterner Kulturpraxis.

Vor allem letztgenannten Umstand hat Emcke im Blick, wenn sie das Zeitalter „der nachmetaphysischen aufgeklärten Moderne" (ebd., 138) als eine Epoche beschreibt, in der Gestaltungs- und Eingriffsoptionen mit emanzipatorischen Bewegungen zu harmonieren begannen – und nicht länger als naturentfremdende Gewaltakte ausgelegt wurden: *„In einer Ära der Cyborgs, der 3-D-Drucker, der biogenetischen und synthetischen Innovationen, der Reproduktions-Medizin, im Zeitalter des Anthropozäns – was für ein Begriff der Natürlichkeit sollte da noch bestehen, an den Rechtsansprüche gekoppelt werden? Warum sollte einem veränderten oder uneindeutigen Körper weniger Würde, weniger Schönheit oder weniger Anerkennung zukommen?"* (ebd., 138f.)

Die gedankliche Kopplung von Zweigeschlechtlichkeit und veranlagter Natürlichkeit arbeitet der Vorstellung eindeutiger Ordnungsstrukturen zu. Zwischen- und Transeigenschaften weisen demgegenüber Merkmale des Uneindeutigen, des Fluiden, Ambivalenten und Veränderlichen auf, zeigen also aktive Formen der Selbstgestaltung an und erscheinen aus Perspektive der Eindeutigkeitsvertreter außerhalb gesetzter Ordnungsrahmen angesiedelt. Was in Bewegung begriffen und damit der Designentscheidung des Einzelnen überantwortet ist, scheint einen Raum des Andersseins zu besetzen – wohingegen das eigene geschlechtliche Selbst in seiner vermuteten Unabänderlichkeit umso mehr als ordnungsstiftend und folglich als konstitutiv für das (reproduzierende) Miteinander der Menschen (ein)geschätzt wird.

Von Interesse ist folglich, dass die Vorstellung einer vorgeblich hinlänglich natürlich fixierten Geschlechterzugehörigkeit ihrerseits nicht ohne eine bestimmte Idee von Gestaltung auskommt. Schließlich wäre es selbst für kultessentialistische Positionen absurd, jede Form der Geschlechtergestaltung zurückzuweisen und etwa sexuell aufgeladene Erscheinungsbilder einzig den Ausdrucksbewegungen eines natürlich wirkenden Prinzips zuzuweisen. Vielmehr wird sogar eigens und oft mit Nachdruck darauf beharrt, dass es nach wie vor möglich sein müsse, sich zum eigenen angeborenen Geschlecht durch die Art und Weise seiner äußeren Gestaltung zu bekennen. Dem biogenetisch fundierten Geschlecht einen designten öffentlichen Ausdruck zu verleihen und es damit in ein allgemein wahrnehmbares Erscheinungsbild zu überführen, wird demnach zu einer durch gender-feministische Kreise sozial stigmatisierten, damit aber umso heldenhafteren Einzeltat – zu einem Akt vernunftgeleiteten Gestaltungswiderstands – stilisiert.

Somit vermittelt einem die Formung des eigenen Aussehens im Geiste des (angenommenen) natürlichen Geschlechts vermittelt den Eindruck besonderer ästhetischer Standhaftigkeit – von der aus sich unmittelbar und weitaus größere Themen anpacken lassen: Vom Gestaltungsbekenntnis gegenüber dem eigenen Naturgeschlecht zur Verteidigung nationaler Leitkulturen und kultureller Identitäten ist es beileibe kein kategorialer, sondern allenfalls ein gradueller Sprung: In allen Fällen wird ein feststehendes Sein zum Fluchtpunkt des persönlichen (oder kollektiven) Identitätskonzept erklärt, und die avisierten Größen unterscheiden sich jeweils nur in inhaltlichen Nuancen. In jedem Fall harmonieren sie in ihrer politischen Stoßwirkung auf das Beste miteinander, so dass sich die Propagierung einer natürlich veranlagten Zweigeschlechtlichkeit vortrefflich mit einer strikten Abschottungs-, Abschiebungs- und Re-Nationalisierungspolitik verträgt und zudem in vorzüglicher Übereinstimmung mit der Idee eines hochentwickelt-überlegenen (deutschen?) Kulturwesens auftreten kann.

Der Anti-Gender-Reflex, wie er vor allem in rechtspopulistischen Bewegungen als notwendiges Kampfinstrument der politischen Auseinandersetzung anerkannt wird, klassifiziert demnach generell zwei einander ausschließende Formen der Gestaltung: Wird die Ästhetisierung der Zweigeschlechtlichkeit als moralisch eindrückliche Bekenntnisleistung zur natürlichen Ordnungsstruktur des Lebens begrüßt, gelten abweichende Gestaltungslösungen entweder als politisch infame Leugnungen des Seienden zur Durchsetzung linksalternativer Machtbestrebungen – oder aber schlicht als Hinweise auf pathologische Zustände. Das hieraus folgende, im Kern zutiefst anti-akademische Ressentiment gegenüber Ansätzen der Geschlechterforschung erweist sich demnach als polemisch verlängerter Arm eines Kampfes um das Deutungsmonopol über einen spezifischen Gestaltungsbegriff. Geschlecht/Gender, Körper, Nation, Kultur und Gestaltung/Design werden als schicksalhaft verbundene Einheit beschworen, deren Identitätskern auf dem Prinzip des Eigenen gegenüber dem Anderen, dem Stehenden gegenüber dem Bewegten, dem Eigentlichen gegenüber dem Uneigentlichen, dem Natürlichen gegenüber dem Verleugneten aufbaut.

Wesensfragen in Gender und Design

Verweisend auf ihre eigenen Arbeits- und Forschungsinteressen stellt Villa in der oben angesprochenen Replik die neuartigen Möglichkeiten des Selbst-Designs in den Mittelpunkt ihrer Ausführungen – auch, um zu zeigen, dass die Gender Studies die Frage nach der Gestaltung als eine genuin kultur- und gesellschaftsdiagnostische Aufgabe begreifen und entsprechend methodologisch fundieren: *„Ich finde ja bahnbrechend (und gesellschaftlich relevant), dass wir derzeit von einer Verkörperung des natürlichen kleinen Unterschieds umstellen auf eine arbeitsintensive Selbst-Gestaltung des abstrakt richtigen Körpers – auch mit den zunehmend normal werdenden Mitteln der ästhetischen Chirurgie."* (Villa 2017)

Kategorien von Richtigkeit, Angemessenheit, Natürlichkeit und Relevanz werden unter dieser Perspektive neu verhandelt und dabei produktiv mit der Frage nach den Gestaltungsspielräumen einzelner Personen verbunden. Insbesondere die Möglichkeiten der angedeuteten Ästhetisch-Plastischen Chirurgie lassen sich einerseits als Realisierungsoptionen eines individuell veranschlagten Authentizitätsempfindens auslegen – um durch künstliche Eingriffe den Körper in eine ästhetische Übereinstimmung etwa mit der sozialen Rolle oder dem wie auch immer veranschlagten Selbstbild zu bringen, ihn also gestaltend auszubalancieren. Andererseits ist nicht auszuschließen, dass sich gerade damit neue Normierungs- und Natürlichkeitsvorstellungen herausbilden und zu einem geschlechts- und körperästhetischen

Perfektionierungswettlauf ausweiten – insbesondere dann, wenn an spezifische physische Veränderungsmaßnahmen wiederum mehrheitlich bevorzugte Kultur- und Weltbilder gekoppelt werden, um hegemoniale Strukturen zu etablieren.

Doch zeigen sich gerade damit die sich wechselseitig bedingenden methodologischen Beziehungen zwischen Design- und Geschlechterforschung. Wenn einerseits das „post-essentialistische Paradigma der Gender Studies" (Hark/Villa 2015, 32) als forschungspraktisch stilbildend gelten darf, so wird damit implizit auch eine Aussage über den in diesem Feld in Anschlag gebrachten Designbegriff getroffen. Er kann ebenfalls nur durch eine ‚post-essentialistische' Auslegung verfügbar gemacht werden, gerade wenn es darum geht, ästhetische Optionen gegenüber politischen Hegemonien spezifischer Gestaltungspraxen abzuwägen. Erst die Enthaltung gegenüber einer Fixierung auf eine hier wie dort zugrundeliegende Wesenhaftigkeit gestattet die unvoreingenommene und theoriebildende Ausleuchtung der Gender- und Design-Fragen. „Gender ist, kurz gefasst, [...] nicht mehr, aber auch nicht weniger als ein soziales Klassifikationsschema, ein konstitutiver Rahmen, in dem sich Praxis performativ vollzieht" (ebd., 17). Wer in Sabine Harks und Paula-Irene Villas Ultrakurzdefinition den Begriff ‚Gender' durch ‚Design' ersetzt, verfügt über alle erforderlichen epistemologischen Prämissen, auf deren Grundlage sich Design methodologisch gesichert erforschen lässt.

Für die disziplinäre Etablierung und institutionelle Differenzierung stellt sich die Frage nach der Essentialisierung des jeweils eigenen Gegenstandsfeldes freilich nochmals aus einer ganz anderen – organisationspolitischen – Perspektive. Wie Claudia Mareis (2011) ausgeführt hat, liegt es zur Gewinnung institutioneller Autorität durchaus nahe, akademische Zuständigkeiten – und damit die Reklamation spezifischer Forschungsinteressen – über eine Wesensbestimmung des jeweils Fokussierten zu erwirken. Erforderlich sei jedoch umso mehr, so Mareis, das Streben nach Wesensbestimmungen im geschichtlichen Zusammenhang zu untersuchen, es also als Objekt des Forschungsinteresses zu begreifen und es nicht als strategisches Mittel zur Dringlichmachung eben jenes Interesses einzusetzen: *„So wird in einer bisweilen essentialistisch anmutenden Weise argumentiert, Design sei eine ‚genuine' Disziplin, die in keiner anderen Disziplin – weder in Kunst noch Wissenschaft – eine Entsprechung finde. Diese Argumentation ist zwar verständlich vor dem Hintergrund, dass Design in der Universitätslandschaft nur wenig Bedeutung hat. Es gilt jedoch, diesen Umstand kulturhistorisch zu analysieren, anstatt ihn essentialistisch zu behaupten."* (Mareis 2011, 73)

In vergleichbarer Weise dürfte dies auch für die Gender Studies gelten – und dies nicht zuletzt mit Blick auf die politischen Diffamierungsversuche, denen sie sich anhaltend ausgesetzt sehen. Fatal wäre es, ließen sie sich auf den zugetragenen Essentialisierungswettbewerb ein und würden um die Anerkennung favorisierter Geschlechter- und ihrer Gestaltungsbegriffe mit einer wesenszentrierten Aufrüstung in Terminologie und Methodologie reagieren. Der Drang nach Essentialisierung führt zur Ent-Wissenschaftlichung der Forschungspraxis und zur Beförderung identitätspolitischer Bekenntniskulturen. Wollen Gender- und Designforschungen – nicht zuletzt im Interesse ihrer eigenen gesellschaftlichen Bedingungen und intellektuellen Voraussetzungen – eine spezifische Differenz gegenüber weltanschaulich getriebenen Bewegungen erhalten und weiterhin gezielt herausstellen, scheinen sie angehalten, in konsequenter Weise das Sprechen vom Wesen zu historisieren und einen systematischen Abstand zu seiner Theoretisierung zu finden.

Literatur

Anders, Günther (2002): Die Antiquiertheit des Menschen 2. Über die Zerstörung des Lebens im Zeitalter der dritten industriellen Revolution. München: C.H. Beck (3. Aufl. [1980]).

von Borries, Friedrich (2016): Weltentwerfen. Eine politische Designtheorie. Berlin: Suhrkamp.

Brandes, Uta (2017): Gender Design. Streifzüge zwischen Theorie und Empirie. Basel: Birkhäuser.

Drügh, Heinz (2011): Einleitung: Warenästhetik. Neue Perspektiven auf Konsum, Kultur und Kunst, in: ders., Christin Metz, Björn Weyand (Hrsg.), *Warenästhetik. Neue Perspektiven auf Konsum, Kultur und Kunst*. Berlin: Suhrkamp, p. 9–44.

Emcke, Carolin (2016): Gegen den Hass. Frankfurt a.M.: S. Fischer.

Hark, Sabine / Villa, Paula-Irene (2015): „Eine Frage an und für unsere Zeit". Verstörende Gender Studies und symptomatische Missverständnisse, in: dies. (Hrsg.), *Anti-Genderismus. Sexualität und Geschlecht als Schauplätze aktueller politischer Auseinandersetzungen*. Bielefeld: transcript, p. 15–39.

Haug, Wolfgang Fritz (2009): Kritik der Warenästhetik. Gefolgt von Warenästhetik im High-Tech-Kapitalismus. Frankfurt a.M.: Suhrkamp.

Kirkham, Pat / Attfield, Judy (1996): 'Introduction', in: dies. (Hrsg.), *The gendered object*. Manchester, New York: Manchester University Press, p. 1–11.

Mareis, Claudia (2011): Design als Wissenskultur. Interferenzen zwischen Design- und Wissensdiskursen seit 1960. Bielefeld: transcript.

Schneider, Beat (2005): Design – eine Einführung. Entwurf im sozialen, wirtschaftlichen und kulturellen Kontext (Basel: Birkhäuser – Verlag für Architektur 2005).

Ullrich, Wolfgang (2017): Wahre Meisterwerte. Stilkritik einer Bekenntniskultur. Berlin: Klaus Wagenbach.

Ullrich, Wolfgang (2017): Alles nur Konsum. Kritik der warenästhetischen Erziehung. Berlin: Klaus Wagenbach.

Villa, Paula-Irene (2017): The Sargnagel talks back: Eine Replik auf die ‚EMMA'. Gender Studies als Sargnägel des Feminismus? Paula Villa antwortet auf einen Artikel der aktuellen EMMA, auf: https://missy-magazine.de/blog/2017/07/12/the-sargnagel-talks-back-eine-replik-auf-die-emma/ (12.07.2017).

Vukadinović, Vojin Saša (2017): Die Sargnägel des Feminismus, in: *EMMA*, 4/2017, p. 66–69.

AUTORINNEN UND AUTOREN

Till Beutling studierte von 2005 bis 2010 Design an der Köln International School of Design (KISD) und der Hong Kong Polytechnic University. Seither arbeitete er als Dozent für Designtheorie- und angewandte Designforschung an der German University Cairo (GUC), der KISD und der Chiba University. Er ist seit 2015 geschäftsführender Gesellschafter von FLUUR, einem Büro für interaktive Gestaltung in Köln.

Dr. **Tom Bieling**, forscht und lehrt seit 2010 am *Design Research Lab* der Berliner *Universität der Künste*, wo er das Forschungscluster „Social Design" leitet. Seit 2019 forscht und lehrt er als Postdoc am *Zentrum für Designforschung* der *HAW Hamburg.* Im Fokus seiner Arbeit stehen vorrangig Fragen zur sozialen und politischen Dimension von Gestaltung. Neben seiner Gastprofessur an der *Universität Trient*, einem Lehrauftrag für Transformationsdesign an der *NDU* St. Pölten, und seiner Dozentur für Designtheorie an der *Berlin International University of Applied Sciences*, hält der Mitgründer des *Design Research Networks* und Initiator von *Designforschung.org* Lehraufträge, Workshops und Vorträge an internationalen Institutionen und Universitäten (u.a. in Mumbai, São Paulo, Rio de Janeiro, Cairo, Mailand, Basel, Bern, Luzern, Milan, Portland, Spokane, Edinburgh, Brüssel, Nottingham, Tallinn, Bremen, Budapest, Dresden, Potsdam, Hildesheim, Eindhoven oder Rotterdam). Vom *Falling Walls* Konsortium wurde Bieling zum *Young Innovator of the Year* 2014 gewählt. Seit 2019 ist er Research Fellow am *Vilém Flusser Archiv.* Seine mehrfach ausgezeichneten Arbeiten werden weltweit ausgestellt (u.a. in New York, London, Manchester, Sheffield, Edinburgh, Mailand, Wien, St. Gallen, Brno, Eindhoven, St. Etienne, Karlsruhe, München, Dresden, Darmstadt, Paderborn, Köln oder Berlin). Nach seinem Studium an der KISD in Köln und der UFPR in Curitiba (Brasilien), war er u.a. wissenschaftlicher Mitarbeiter an den T-Labs / TU Berlin (2007–2010), Gastprofessor an der German University in Cairo (2011–2013) und promovierte zum Dr. phil. an der UdK Berlin. Er ist regelmäßiges Mitglied in Jurys, Forschungs- und Expertengremien und Autor von etwa 100 Artikeln in einschlägigen Fachjournals und Buchbeiträgen. Mit *"Design (&) Activism"* (Mimesis), *"Gender (&) Design"* und *"Inklusion als Entwurf"* (Birkhäuser) erscheinen in diesem Jahr gleich drei neue Bücher. Mehr Informationen unter www.tombieling.com.

Prof. em. Dr. **Uta Brandes** war von 1995 bis 2015 Professorin für Gender und Design und für Designforschung an der Köln International School of Design (TH Köln); international war dies die erste Professur im Design, die explizit Gender-fragen thematisierte. Als Autorin publizierte sie ihr neuestes Buch „Gender Design – Streifzüge zwischen Theorie und Empirie" (Birkhäuser, Oktober 2017), arbeitet derzeit u.a. an dem Beitrag „Gendered Textile Design" für das Buch „Textile Design in the Making", hg. v. Elaine Igoe (Bloomsbury 2018) und an dem Essay „Traum und Design" (gemeinsam mit Michael Erlhoff) für das „Traumlexikon" (Metzler 2018). Zahlreiche Vorträge und workshops führ(t)en sie – neben deutschen Hoch-schulen – u.a. nach Tokyo, Fukuoka, Hangzhou, Shanghai, Taipei, Hong Kong, New York und Sydney. Sie ist Gründungs-Vorsitzende der Deutschen Gesellschaft für Designtheorie und -forschung und initiierte 2013 das international Gender Design Network (iGDN, genderdesign.org), das seit 2017 auch den internationa-len Preis „IphiGenia Gender Design Award" für gender-sensibles Design vergibt. Gemeinsam mit Michael Erlhoff betreibt sie zudem das Designberatungs-Büro be design, wo sie insbesondere Unternehmen in Fragen der Einbeziehung von Gender in den Designprozess berät. Nach dem Studium arbeitete sie unter anderem als stell-vertretende Leiterin des Forschungsinstituts Frau und Gesellschaft, später als Lei-tende Ministerialrätin (stellvertretende Staatssekretärin) für Frauenfragen bei der Hessischen Landesregierung. Ende der 1980er Jahre baute sie als erste Leiterin das Schweizer Design Center in Langenthal auf. Anfang der 1990er Jahre entwickelte sie das Konzept für den Veranstaltungsbereich der Kunst- und Ausstellungshalle der Bundesrepublik Deutschland in Bonn und wurde Direktorin dieses Forums.

Dr. **Daniela Döring** ist Kulturwissenschaftlerin und seit 2010 wissenschaftliche Mitarbeiterin am Institut für Künste und Medien der Universität Potsdam. Von 2015 bis 2016 leitete sie gemeinsam mit Dr. Hannah Fitsch am Zentrum für In-terdisziplinäre Frauen- und Geschlechterforschung (ZIFG) der TU Berlin das vom Bundesministerium für Bildung und Forschung geförderte Projekt »GENDER TECHNIK MUSEUM. Strategien für eine geschlechtergerechte Museumspraxis«. Zuvor war sie tätig am Braunschweiger Zentrum für Gender Studies und langjäh-rige Mitarbeiterin der Stiftung Stadtmuseum Berlin. Als Stipendiatin des Graduier-tenkollegs »Geschlecht als Wissenskategorie« an der HU Berlin promovierte sie mit der Studie »Zeugende Zahlen. Mittelmaß und Durchschnittstypen in Proportion, Statistik und Konfektion« (Kadmos 2011).

Seit Januar 2017 leitet Prof. Dr. **Claude Draude** das Fachgebiet „Gender/Diversity in Informatiksystemen" am Fachbereich Elektrotechnik/Informatik der Universität Kassel. Ausgebildet als Kulturwissenschaftlerin und Soziologin, und promovierte Medienwissenschaftlerin, arbeitet sie heute als interdisziplinäre Technikforscherin zu den Schwerpunkten soziotechnische Systemgestaltung unter Einbezug partizi-pativer Methoden, Menschmodelle und Künstliche Intelligenz, Mensch-Maschine-Interaktion, sowie erkenntnistheoretische Grundlagen der Informatik. Claude Draude ist Direktoriumsmitglied des Wissenschaftlichen Zentrums für Informationstechnikgestaltung (ITeG) der Universität Kassel. Aktuelle Publikation: *Computing Bodies. Gender Codes and Anthropomorphic Design at the Human-computer Interface* (Springer VS, 2017).

Dipl. Ing.[in] **Dorothea Erharter** ist Geschäftsführerin des von ihr mitbegründeten Zentrums für Interaktion, Medien & soziale Diversität (ZIMD), das einerseits Forschungsprojekte und Beratungen im Bereich Gender & Technik durchführt, andererseits genderdidaktische Projekte in Schulen durchführt (Genderdidaktische Technologievermittlung, Friedenspädagogik/Gewaltprävention). Bis 2008 leitete sie das Usability Center der Fachhochschule St. Pölten. Erharter ist gelernte Architektin. Sie arbeitet und forscht an der Schnittstelle von Gender, Diversity und Usability. In ihrer „Freizeit" moderiert sie Systemische Konsens-Prozesse.

Prof. Dr. **Sabine Foraita** ist seit 2006 Professorin für „Designwissenschaft und Designtheorie" und vertritt dieses Lehr- und Forschungsgebiet an der Hochschule für angewandte Wissenschaft und Kunst in Hildesheim. Sie ist diplomierte Industrial Designerin und Magister Artium in Kunst und Design. 2005 schloss sie ihre Dissertation „Borderline – das Verhältnis von Kunst und Design aus der Perspektive des Design" ab. Schwerpunkte ihres Forschungsinteresses bilden: »Das Verhältnis von Kunst und Design«, »Entwicklungen in der Designwissenschaft« sowie »Zukunftsforschung in der Gestaltung«. Im Jahr 2011 wurde sie in den Vorstand der Deutschen Gesellschaft für Designtheorie und -forschung (DGTF) gewählt.

Dr. des. **Marion Godau** ist Professorin für Design, Kultur- und Kunstgeschichte im Fach Design der Fachhochschule Potsdam (FHP). Promotion an der Carl-von-Ossietzky-Universität Oldenburg, Fakultät Sprach- und Kulturwissenschaften mit dem Thema „Formgebung - Gestaltung - Industrial Design. Ein Beitrag zur Genealogie von ‚Design' anhand des ‚Gestaltungsdiskurses' in der Bundesrepublik Deutschland". Von 2005 bis 2012 wissenschaftlich-künstlerische Mitarbeiterin an der Universität Vechta im Fach Designpädagogik / Gestaltendes Werken. Zuvor u.a. Mitbegründern und Mitorganisatorin des Berliner Festivals DESIGNMAI, Vertretung des Lehrstuhls für Designwissenschaft und –theorie, FB Design und Medien, FH Hannover (2000/01), Lehraufträge an der Hochschule der Künste Berlin, Fachbereich Ästhetische Erziehung, Kunst- und Kulturwissenschaft (Wahlpflichtfach Design) (1990-99), sowie Soziokulturelle Forschungsprojekte an der HdK Berlin, z.B. zur Kulturgeschichte des Wohnens im 20. Jahrhundert und zum Lebensstil von FacharbeiterInnen (1987–95).

Dr. phil. **Sabine Hahn** (Mag. Kulturwissenschaften, Soziologie, Journalistik) forscht und lehrt zu Digitalen Medien, insbesondere Frauen und digitalen Spielen, u.a. an der Universität Köln. Zuvor war die promovierte Medienwissenschaftlerin selbst rund zehn Jahre in der Spieleindustrie und Digitalwirtschaft beschäftigt, mit Stationen bei englischen, koreanischen und amerikanischen Unternehmen.

PD Dr. **Daniel Hornuff** vertritt derzeit den Lehrstuhl für Theorie und Praxis der Gestaltung an der Kunsthochschule in der Universität Kassel. Nach dem Studium der Theaterwissenschaft, Germanistik, Komparatistik, Kunstwissenschaft und Philosophie promovierte er 2009 und habilitierte sich 2013. Er hatte etliche Lehraufträge inne und legte zahlreiche Publikationen zu Themen der Kunst- und Kulturgeschichte, Design- und Bildtheorie vor.

Dipl.-Des. (FH) **Katharina Krämer** ist seit 2015 wissenschaftliche Mitarbeiterin an der Fakultät Medien, Information und Design der Hochschule Hannover in der Koordinationsstelle für Gender und Diversity „same difference" und arbeitet dort an ihrem Promotionsvorhaben zu Gender und Diversity in der Designausbildung. Seit ihrem Diplom 2007 an der Hochschule Hannover im Bereich Produktdesign freiberufliche Forschungsmitarbeit in den Bereichen Gender und Design sowie Universal Design an der Hochschule Hannover. 2010 Forschungsaufenthalt und Lehrtätigkeit am National Institut of Design, India. Lehraufträge an der Hochschule Hannover und der HTW Berlin. Bis 2015 selbstständig tätig in den Bereichen Konzeptentwicklung, Konsumgüterdesign, Packaging Design und Corporate Design. Sie ist Mitglied des international Gender Design Network (iGDN) und veröffentlichte 2012 gemeinsam mit Birgit Weller das Buch „Du Tarzan Ich Jane – Gender Codes im Design".

Nicola Marsden ist seit 2002 Professorin im Studiengang Software Engineering an der Hochschule Heilbronn, sie leitete von 2003 bis 2007 als Dekanin die Fakultät für Technik und ist heute Mitglied der Fakultät für Informatik. Nach ihrem Studium der Psychologie war sie in internationalen Konzernen, der Unternehmensberatung, der Personal- und Organisationsentwicklung tätig und begleitete u.a. die Umstellung auf neue Systeme und Entwicklungsmethoden. Ihr Schwerpunkt liegt auf der interdisziplinären Forschung in den Bereichen Gender, HCI, virtuelle Teamarbeit und computervermittelte Kommunikation, Management und soziale Prozesse in der Informatik, Motivation und Einstellungsforschung, sowie menschzentrierte Gestaltungsprozesse. Sie leitet das Behavioral Research Lab der Hochschule, ist stellvertretende Direktorin des Heilbronner Instituts für Angewandte Marktforschung, im geschäftsführenden Vorstand des Kompetenzzentrums Technik-Diversity-Chancengleichheit und Mitglied im Baden-Württemberg Center of Applied Research für HAW-Spitzenforschung (BW-CAR).

Fred Meier-Menzel hat ihre Promotion mit dem Titel „Vom Aktmodell zur Aktivistin – die doppelte Kolonisierung des weiblichen Körpers in Ägypten" im April 2015 an der Bauhaus Universität in Weimar mit ‚Magna Cum Laude' abgeschlossen. Sie lehrt die Fächer Gestaltung, Kunst und Architektur am beruflichen Gymnasium in Berlin Weissensee. Am Berlin-Campus der „German University in Cairo" unterrichtet Fred den Kurs Interaction Design sowie das AWE-Fach „Body, Space and Design" an der Hochschule für Technik und Wirtschaft Berlin. Ab dem Herbst 2017 leitet sie ein Designentwicklungsprojekt in der Osttürkei mit geflüchteten Frauen in Zusammenarbeit mit dem Verbindungsbüro der Deutsch-Arabischen Handelskammer in Berlin. 2006 wurde Fred als Professorin der ‚German University in Cairo' (GUC), Ägypten, berufen, wo sie als ‚Head of Drawing Department' bis 2012 arbeitete. Sie war Gründungsmitglied der Designfakultät.

Tanja Paulitz, Professorin für Kultur- und Wissenssoziologie am Institut für Soziologie an der TU Darmstadt; Arbeitsschwerpunkte: Frauen- und Geschlechterforschung, Technik-, Wissenschafts- und Hochschulforschung, Arbeit und Technik, Methoden der qualitativen empirischen Sozialforschung.

Bianca Prietl, wissenschaftliche Mitarbeiterin und promovierte Soziologin am Institut für Soziologie an der TU Darmstadt (Arbeitsbereich: Kultur- und Wissenssoziologie); Arbeitsschwerpunkte: Wissenschafts- und Technikforschung, Geschlechterforschung, Diskurs- und Subjektforschung, Qualitative Empirische Sozialforschung.

Sarah Reininghaus studierte Literaturwissenschaft, Philosophie und Sprachwissenschaft. Ihr laufendes Promotionsprojekt thematisiert unter anderem die Fragen von Bildern der Shoa und der Holocausterinnerung in dezidierter Literatur und Film sowie deren Eingang und Verarbeitung in anderen populären Genres. Forschungsinteressen stellen neben dem Horrorfilm die Diskursanalyse, Genretheorie, Gender Studies (insbesondere in Verbindung zu Horror Film Studies) sowie Normalismustheorie, space theory und postkoloniale Theorie im Bereich des interkulturellen Films und der Literatur dar. Neben zahlreichen Vorträgen und Veröffentlichungen zu raumtheoretischen Aspekten in Literatur und Film sind vor allem Aufsätze zum Themenkomplex Weiblichkeit und Horrorfilm von ihr erschienen. Derzeit arbeitet sie an einem Handbuchartikel zum Erotischen Film sowie an der (Mit-)Herausgabe eines Sammelbandes zum Accented Cinema.

Dr. **Wolfgang Ullrich**, ab 1986 Studium der Philosophie, Kunstgeschichte, Logik/Wissenschaftstheorie und Germanistik in München. Magister 1991 mit einer Arbeit über Richard Rorty; Dissertation 1994 über das Spätwerk Martin Heideggers. Danach freiberuflich tätig als Autor, Dozent, Berater. 1997 bis 2003 Assistent am Lehrstuhl für Kunstgeschichte der Akademie der Bildenden Künste München, danach Gastprofessuren an der Hochschule für Bildende Künste Hamburg und an der Staatlichen Hochschule für Gestaltung Karlsruhe. Von 2006 bis 2015 Professor für Kunstwissenschaft und Medientheorie an der Staatlichen Hochschule für Gestaltung Karlsruhe. Seither freiberuflich in Leipzig tätig als Autor, Kulturwissenschaftler und Berater.

Antonia Wagner studierte Wirtschaftsingenieurwesen (KIT / Karlsruher Institut für Technologie) und Kunstwissenschaften (HfG / Staatl. Hochschule für Gestaltung Karlsruhe). Sie forscht an den Schnittstellen von Konsum, Feminismus, Design und Kunst und promovierte im Rahmen des von der VolkswagenStiftung geförderten Forschungsverbundprojekts „Konsumästhetik" über feministische Perspektiven auf Konsum in der Gegenwartskunst der 1960er bis 1980er Jahre. Seit 2016 ist sie wissenschaftliche Mitarbeiterin an der TU Berlin im Fachgebiet Marketing und lehrt dort „Konsumentenverhalten".

Prof. **Birgit Weller** ist Produktdesignerin – seit 1994 Professorin für Industrial Design in Hannover und seit 2012 an der Hochschule für Technik und Wirtschaft Berlin. Ihre Forschungsschwerpunkte sind Entwurfsmethodik sowie Universal Design Thinking (UDT) im interkulturellen Kontext. Seit 2009 ist sie Gastprofessorin am NID Indien und initiierte das DAAD Forschungsprojekt zum Thema UDT zwischen den Hochschulen in Hannover, Berlin und Indien. Sie leitete vielfältige Forschungsprojekte im Bereich Design und in Zusammenarbeit mit Unternehmen. Nach dem Diplom 1985 an der Kunsthochschule Berlin arbeitete sie als Designerin bei LEW/AEG Transportation. Seitdem ist sie in den Bereichen Transportation-, Investitions- und Konsumgüterdesign, Ausstellungsgestaltung und strategische Designberatung für weltweit agierende Unternehmen tätig. Birgit Weller ist Mitbegründerin des Büros use: identity and design network. Ihr gemeinsam mit Katharina Krämer veröffentlichtes Buch „You Tarzan Me Jane: Gender Codes in Design" erschien 2012.

Julia Willms studierte an der Johann Wolfgang Goethe-Universität Frankfurt a.M. Theater-, Film- und Medienwissenschaften. Zuvor Bachelor-Studium der Angewandten Literatur- und Kulturwissenschaften in Dortmund und an der California State University Long Beach. Abschlussarbeiten zu den Themenkomplexen „Zur Nutzbarmachung von Foltermotiven im zeitgenössischen Film" sowie „All the film you are about to see is *real*. Nothing has been *staged*.' – Zur Darstellbarkeit und Verortung von Tod: Im Spannungsverhältnis zwischen Snuff und anderen filmischen Formen". Forschungsinteressen stellen Film- & Medienwissenschaft, Genretheorie- & analyse mit besonderem Augenmerk auf das Horror- und Dokumentarfilmgenre, Diskursanalyse der Filmrezeption, Poststrukturalismus sowie reflexive und dekonstruktive Dokumentarfilmtheorien dar.

BILDNACHWEIS

Printed by
Rotomail Italia S.p.A.
July 2025

www.ingramcontent.com/pod-product-compliance
Lightning Source LLC
Chambersburg PA
CBHW080131270326
41926CB00021B/4430